# A ciência do ódio

# Matthew Williams

## A CIÊNCIA DO ÓDIO

A jornada de um cientista para compreender
a origem dos preconceitos e da violência que
ameaçam o futuro da sociedade humana

Tradução: Marcelo Barbão

**GLOBO**LIVROS

Copyright © 2021 by Editora Globo S.A. para a presente edição
Copyright © 2021 by Matthew Williams

Todos os direitos reservados. Nenhuma parte desta edição pode ser utilizada ou reproduzida — em qualquer meio ou forma, seja mecânico ou eletrônico, fotocópia, gravação etc. — nem apropriada ou estocada em sistema de banco de dados sem a expressa autorização da editora.

Texto fixado conforme as regras do Acordo Ortográfico da Língua Portuguesa (Decreto Legislativo nº 54, de 1995).

*Editora responsável:* Amanda Orlando
*Assistente editorial:* Isis Batista
*Preparação:* Mariana Donner
*Revisão:* Daiane Cardoso, Wendy Campos e Marcela Isensee
*Diagramação:* Equatorium Design
*Capa:* Studio DelRey
*Imagem de capa:* Tim Hall/Image Source/Getty Images

1ª edição, 2021

CIP-BRASIL. CATALOGAÇÃO NA PUBLICAÇÃO
SINDICATO NACIONAL DOS EDITORES DE LIVROS, RJ

W69c

Williams, Matthew
A ciência do ódio : a jornada de um cientista para compreender a origem dos preconceitos e da violência que ameaçam a sociedade humana / Matthew Williams ; tradução Marcelo Barbão. - 1. ed. - Rio de Janeiro : Globo Livros, 2021.
368 p. ; 23 cm.

Tradução de: The science of hate : how prejudice becomes hate and what we can do to stop it
ISBN 978-65-86047-98-1

1. Ódio. 2. Discurso de ódio. 3. Discriminação. 4. Criminologia. I. Barbão, Marcelo. II. Título.

21-73293

CDD: 152.4
CDU: 616.89-008.444.7:343.97

Camila Donis Hartmann - Bibliotecária - CRB-7/6472
15/09/2021 16/09/2021

Direitos exclusivos de edição em língua portuguesa para o Brasil adquiridos por Editora Globo S.A.
Rua Marquês de Pombal, 25 — 20230-240 — Rio de Janeiro — RJ
www.globolivros.com.br

*Para Dean.*

# Sumário

Prólogo: Viver com ódio ........................................................................ 9
Introdução ............................................................................................ 13

Parte um
1. O que significa odiar ......................................................................... 23
2. Contabilizando o ódio ...................................................................... 43
3. O cérebro e o ódio ............................................................................ 71
4. Meu cérebro e o ódio ........................................................................ 107
5. A ameaça grupal e o ódio ................................................................. 127

Parte dois
6. Trauma, contenção e ódio ................................................................ 167
7. Eventos-gatilho e o fluxo e refluxo do ódio .................................... 195
8. Subculturas do ódio .......................................................................... 227
9. O crescimento dos *bots* e *trolls* ...................................................... 253
10. Ódio em palavras e ações ................................................................. 285
11. O ponto de virada do preconceito para o ódio e como evitá-lo ......... 309

Agradecimentos ................................................................................... 337
Notas .................................................................................................... 339

# Prólogo:
## Viver com ódio

Nunca falei sobre a agressão que sofri. Mas agora parece ser o momento certo. Foi em um fim de semana nas férias de verão no final dos anos 1990. Um daqueles fins de semana que esperamos por meses. Eu estava em Londres visitando amigos e fazia um calor insuportável. Era a minha última chance de vê-los antes de começar uma pós-graduação em jornalismo, então queria aproveitar bastante. Passamos a manhã tomando sol no Regent's Park e por volta do meio-dia fomos almoçar. Muitos entre nós tinham acabado de passar pelas provas finais da graduação, então decidimos ir a um lugar com cerveja bem gelada para comemorar. Comemos feito reis e bebemos como se estivéssemos nos bons tempos da universidade. Terminado o almoço, decidimos continuar com a festa. O destino escolhido foi um bar em Tottenham Court Road, conhecido pela diversidade de frequentadores.

Depois de algumas horas de comemoração, saí do bar para sentir um pouco do ar denso de Londres. A luz daquele céu azul brilhante me atingiu em cheio, e meus olhos demoraram um momento para se ajustar. Depois que me acostumei com o asfalto reluzente, vi um cara parado ali perto. Ele se aproximou e pediu fogo. Antes que eu pudesse pegar meu isqueiro, dois outros caras pularam em cima de mim. Os três tinham aguardado pacientemente por um alvo. Era algo planejado, pensado, não era fruto das circunstâncias; não era um crime de oportunidade.

Em um instante, sem precisar pensar, eu sabia o que tinha acontecido. Eu tinha sido vítima de um crime de ódio. Eu me lembro do gosto metálico do sangue escorrendo pelo meu lábio cortado. O barulho ecoando na minha cabeça causado pelo soco bem dado. Vi os três rindo, desfrutando daquela vitória. Eu me virei, com medo de parecer durão — queria mostrar que tinham vencido, na esperança de que fossem embora. Alguns podem me chamar de covarde por não revidar — eu me senti assim, com certeza. Mas só conseguia pensar, naqueles primeiros segundos, em minimizar a violência e proteger as pessoas que estavam saindo atrás de mim. Então, um deles gritou: "Bicha maldita!".

Era toda a confirmação de que eu precisava. Eu reconheci o "jogo" em que estava envolvido. Era chamado de "espanque um gay", um "esporte" praticado em todo o país, no qual os jogadores de um time esperam do lado de fora de conhecidos bares gays que seus oponentes saiam bêbados, com menos condições de se defender, para que o jogo comece e ocorra a agressão. Era a "ludificação" do crime de ódio.

Parecia diferente de um daqueles ataques aleatórios alimentados pelo álcool nas noites de sábado. Não era violência sem sentido. A agressão foi uma mensagem. Só que não consegui entendê-la naquele momento. Mas nos dias e nas semanas seguintes eu voltaria a pensar várias vezes na agressão — até que só conseguia pensar naquilo. Uma agressão contra sua identidade tem esse poder. Você não pergunta "por que eu?", como a maioria das vítimas de crimes violentos. Você *sabe* o porquê, e isso é muito mais insidioso. É algo que fica marcado.

Eu não conseguia deter a enxurrada de perguntas que inundavam minha cabeça. Os meus agressores realmente odiavam o que eu era? Será que ódio é uma palavra muito forte? A agressão afirmava a heterossexualidade do cara que me deu o soco? Ou simplesmente era uma forma de proteger o território deles? Um sinal para mim e para outros que "meu tipo" não era bem-vindo na cidade "deles". Qualquer que tenha sido o motivo (ou motivos), a violência me fez questionar quem eu era, meu lugar na sociedade e meu relacionamento.

Não ando de mãos dadas com meu parceiro em público desde aquele dia. Olhando para trás, sinto como se minha intimidade tivesse sido roubada. O ataque contra minha identidade me deixou tão inseguro que me transformei. A sensação de vulnerabilidade era constante. Virou algo conectado à minha pessoa. Perdi algo aquele dia, e ainda sinto que nunca vou conseguir recuperá-lo.

As ações daqueles três homens não mudaram apenas minha vida pessoal, mas também a profissional. Logo depois da agressão decidi abandonar meu desejo de ser jornalista e me inscrevi em um mestrado em criminologia. As perguntas que eu tinha sobre a agressão que sofri me preocupavam, e a ciência era o lugar para encontrar as respostas.

Minha pós-graduação foi esclarecedora de uma forma que eu já esperava e de outras que me surpreenderam. Passei a maior parte do ano perambulando por estantes mal iluminadas de bibliotecas, assoprando a poeira de livros embolorados e me perdendo neles. Isso eu já esperava. No intervalo entre as atividades acadêmicas, consegui um emprego de meio período em um cibercafé onde tive uma experiência de aprendizado mais inesperada e menos formal. Como raramente havia clientes, eu tinha muito tempo livre. Para passar as horas, aproveitava a internet de alta velocidade. Não demorei muito para testemunhar meu primeiro incidente de ódio virtual. Um pequeno grupo de usuários de uma sala de bate-papo começou a atacar outros com insultos raciais. Então eles se viraram contra mim. Xingamentos homofóbicos encheram minha tela.

No mesmo ano, eu tinha experimentado o ódio nas ruas e on-line. Essas experiências foram importantes e criaram uma motivação que não desaparecia. Para alimentar tudo isso, decidi dedicar quatro anos da minha vida e fazer um doutorado. Foi o começo da minha jornada para tentar entender as motivações dos meus agressores e de pessoas como eles. Essa jornada, que continuo a trilhar, envolveu o estudo de algumas das partes mais obscuras da mente humana para descobrir o que faz um pensamento preconceituoso se transformar em ódio e, às vezes, em ação letal.

# Introdução

O ódio está programado? Eu me fiz essa pergunta no começo da minha jornada: "Existe algo na biologia dos meus agressores que pode ser, de alguma forma, responsável pelos atos de ódio contra mim?". A possibilidade era ao mesmo tempo confortante e perturbadora. Permitiria uma clara separação entre mim e meus agressores, mas significaria que o ódio é um problema ainda mais insolúvel. A pergunta serve como um bom ponto de partida para este livro. O debate natureza *versus* criação é tão fundamental para entender o ódio como é para entender todas as outras características que nos fazem quem somos.

A maioria dos criminosos de ódio são pessoas comuns e compartilham as mesmas características da população em geral. Comigo e com você. Não são todos patológicos, nem monstros, como retratados pela mídia. As mesmas bases para o preconceito e o ódio estão presentes em todas as pessoas.

Todos temos uma preferência inata por pessoas que, achamos, são como nós. Esse traço é comum não apenas a humanos, mas a outras espécies também. Há muito tempo, na história humana, nossos ancestrais desenvolveram esse traço para garantir o crescimento de seus grupos; construir fortes vínculos que estimulassem a confiança e a cooperação era essencial para a sobrevivência. Embora sejam menos importantes para a sobrevivência hoje, não há como evitar o fato, por mais desconfortável que isso possa nos fazer sentir, de que os seres humanos estão predispostos a favorecer pessoas do próprio grupo em detrimento das de outros.

Os cientistas agora conseguem mostrar como uma possível consequência dessa característica humana pode ser observada em nossos cérebros. Já passou o tempo em que os médicos precisavam quebrar crânios para dar uma olhada no que havia lá dentro. Tecnologias de escaneamento como a imagem por ressonância magnética funcional (fMRI), o tipo de escaneamento que um paciente precisa fazer para identificar a presença de um tumor, estão sendo usadas agora para produzir imagens tridimensionais do cérebro e mostrar reações em tempo real a estímulos externos, como fotografias. Sob certas condições, uma preferência predisposta por "nós" pode se transformar em uma aversão aprendida contra "eles", e os sinais cerebrais envolvidos nesse processo foram encontrados usando essa tecnologia de ressonância magnética.

Pessoas que dizem não ter visões preconceituosas sobre pessoas negras podem ser traídas por seus sinais cerebrais. Participantes em estudos de neurociência exibiram diferenças na atividade cerebral quando olharam para fotos de rostos brancos e negros. O mais incrível nessa descoberta é o fato de a área cerebral que demonstra maior correlação com o preconceito inconsciente — a amígdala cerebelosa — estar associada ao medo e à agressividade (ver primeira imagem do cérebro na seção de imagens). A amígdala cerebelosa é onde são formados os medos "preparados" (medos que adquirimos mais rapidamente) e os medos aprendidos. Pense em aranhas e cobras *versus* provas e dentistas. A ciência mostra que a amígdala cerebelosa pode gerar uma reação de medo quando processa imagens de pessoas com tons de pele mais escuros (e isso se aplica tanto a participantes brancos quanto a negros no estudo — ver mais sobre isso no Capítulo 3). Contudo, seria um erro presumir que nascemos com partes dos nossos cérebros pré-codificadas para reagir dessa forma.

Para estudar cérebros em estado natural, os psicólogos analisaram a interação entre crianças pequenas. Nos primeiros anos, quando temos pouca socialização, as ideias adultas sobre outros grupos desempenham um papel mínimo, se não inexistente, em nossas interações com outras crianças. Ver como as crianças brincam mostra o funcionamento da evolução. A partir de cerca de três anos de idade, começamos a reconhecer a existência de grupos e a desenvolver uma preferência por estar em um grupo e não em outro.

Meninas e meninos, membros do time Vermelho ou do Azul, fãs de Bob Esponja ou Peppa Pig — não importa o que define esses grupos (na verdade, para nossos ancestrais humanos, era improvável que a diferença se manifestasse na cor da pele por causa dos limites da migração). Mas crianças sentem ansiedade quando acham que podem ser excluídas do grupo ao qual pensam pertencer. Nesse estágio, as consequências de uma preferência pelo endogrupo sobre o exogrupo são mínimas. As crianças nessa fase de desenvolvimento não chegam a transformar a preferência pelo endogrupo em comportamentos violentos contra o exogrupo. Elas não roubam brinquedos dos outros ou começam guerras de clãs no recreio em razão do grupo a que pertencem. Mas, se um professor não as forçar a compartilhar de forma mais ampla, elas só dividirão os brinquedos com membros do endogrupo.

As interações entre crianças mais velhas ocorrem em um contexto social mais complexo do que o de um parquinho de pré-escola. A partir dos dez anos, aproximadamente, a capacidade de raciocínio está madura o suficiente para as crianças começarem a entender como a sociedade se organiza em hierarquias. Oportunidades para competir parecem surgir a cada momento e começam a dominar as brincadeiras e os comportamentos mais gerais. As crianças ainda dão muita importância à identidade do endogrupo, quem pertence a ele, por exemplo. No entanto, o mais importante é que começam a identificar de forma precisa aqueles que não pertencem a ele. A preferência pelo endogrupo pode começar a se transformar em sementes de preconceito contra o exogrupo, mesmo quando os grupos são formados por indivíduos muito parecidos.

Estudos clássicos de psicologia mostram que, quando "típicos" garotos adolescentes de classe média são colocados em grupos com os quais não tiveram contato anterior, eles podem rapidamente formar vieses uns contra os outros baseados no senso de pertencimento a um grupo. Isso ocorre até quando as identidades dos dois grupos são parecidas (ou seja, garotos de classe média brancos).* Quando os grupos entram em contato pela primei-

---

* Garotos de classe média brancos "típicos" ou, de modo mais geral, pessoas de sociedades ocidentais, escolarizadas, industrializadas, ricas e democráticas (WEIRD na sigla em inglês), formam o grosso dos participantes em estudos científicos sobre comportamento humano. Isso levou à afirmação de que a maioria das coisas que sabemos sobre o comportamento humano não é generalizável para toda a população do mundo, mas, pelo contrário, representa apenas as pessoas das sociedades WEIRD (J. Henrich et al., "The Weirdest People in the World?", Behavioral and Brain Sciences 33 (2010), 61-83). O que sabemos atualmente na ciência sobre o QI, raciocínio moral, justiça e cooperação, entre outras coisas, pode ser

ra vez, isso pode terminar em competição, especialmente quando recursos, como comida, são escassos. Embora o conflito não seja inevitável, ele pode irromper em caso de divisão desigual de recursos. Mas as divergências intragrupo não são inerentes e podem ser facilmente superadas. Dê aos dois grupos um problema comum para superar e eles esquecem suas diferenças, unindo-se para realizar uma tarefa que beneficie a todos.

É normalmente durante a adolescência que os pensamentos negativos sobre outros grupos podem se transformar em ações profundamente danosas. Preconceito e ódio contra membros do exogrupo podem começar a se enraizar. Esse incentivo ao preconceito, quando as ações prejudiciais podem se tornar normalizadas, não é algo inevitável. Todos temos dentro de nós precursores internos do preconceito, mas é preciso um conjunto específico de condições externas para ativá-los. Os fatores que contribuem para isso podem incluir uma economia em crise ou políticas divisionistas; situações que não atingem as crianças, mas que afetam a maioria dos adultos. Quando combinadas com outras influências, como modelos negativos e transmissão de valores de pares, uma falta de contato pessoal diário com o exogrupo e a exposição gradual a subculturas subversivas e à mídia on-line fanática, as sementes do preconceito podem germinar rapidamente e se transformar em ódio. Mesmo assim, *nem todo mundo* nessa situação explosiva cometerá crimes de ódio.

A boa notícia é que a maioria das pessoas aprendeu a suprimir o preconceito. Alguns pesquisadores usam o "processo civilizatório" para explicar por que, atualmente, a maioria de nós sente vergonha quando tem pensamentos preconceituosos.[1, 2] Centenas de anos de mudança social, ajudados pelos movimentos de direitos civis, de liberação feminina e dos homossexuais, tornaram inaceitável pensar e se comportar de maneira prejudicial a certos grupos na sociedade e, em particular, a grupos conhecidos por já estarem estruturalmente em desvantagem.

Entretanto suprimir o preconceito exige muita energia mental. Embora existam pessoas que argumentariam que não precisam suprimir nada porque

---

aplicado somente a um subconjunto da população mundial. Se você vem de uma sociedade WEIRD, então as descobertas desses estudos provavelmente podem ser aplicadas a você. Se não, então precisamos de mais estudos sobre sociedades como a sua para confirmar se o que sabemos pode ser aplicado de forma mais ampla.

estão livres de preconceitos (uma supressão em si mesma?), muitos de nós têm o cuidado de corrigir os pensamentos no exato segundo em que associamos uma pessoa de um grupo a uma característica negativa. Algumas pessoas podem ter que se lembrar que nem todos os gays são predadores sexuais, nem todas as pessoas com deficiência são parasitas que se aproveitam de auxílios do governo, nem todos os judeus são especuladores e assim por diante. Mas esse mecanismo de supressão, se presente, pode falhar sob certas condições, levando-nos mais rapidamente ao ódio.

## A ABORDAGEM DESTE LIVRO

O objetivo da minha jornada foi descobrir que conjunto de ingredientes é necessário para que alguém chegue às ofensas de ódio e como isso pode se espalhar rapidamente para outros — por que, em alguns momentos e em alguns lugares, podemos viver de forma harmoniosa e por que, em outros, as desavenças atingem proporções genocidas.

Entender a diferença entre pensar e fazer algo é o Santo Graal das ciências comportamentais. Sabemos muito sobre preconceito e como é formado, e temos um vasto conhecimento sobre o que acontece quando ele se torna tão extremo que leva a consequências violentas. É consenso que nem todo mundo que foi exposto aos pensamentos preconceituosos cometerá um crime de ódio, porém todos os que cometem esse tipo de crime foram expostos a pensamentos preconceituosos em algum momento. Mas coloque um grupo de especialistas em uma sala e peça que apontem o momento preciso em que o preconceito se transforma em ódio violento e terá muitas respostas contraditórias.

Como professor de criminologia, tenho a sorte de ter estudado um campo formado muito depois de várias das disciplinas científicas clássicas, o que me permite tomar emprestado, sem receios, um pouco de cada uma delas. Ao contrário de algumas disciplinas que geralmente trabalham de forma isolada, a criminologia encara problemas por múltiplos ângulos e a partir dos extremos. Isso é absolutamente crucial quando abordamos a pergunta: "Por que as pessoas cometem crimes de ódio?". Não é possível começar a entender o comportamento de ódio sem olhar o quadro completo, desde como a biologia e a socialização inicial predispõem os seres humanos a favorecer o endogrupo, até como as crises financeiras, as pandemias globais e a inteligência artificial (IA) podem criar as condições ideais para o florescimento do ódio.

Entender esse quadro geral é fundamental para entender os crimes de ódio *hoje*. A taxa atual de colapso das relações sociais no mundo é surpreendente. Não é coincidência que os números de crimes de ódio sejam altos em países nos quais a extrema direita está crescendo. Essa tendência é alimentada pela revolução da internet e sua corrupção por indivíduos mascarados, pela extrema direita e por atores estatais. Os líderes e as ideologias populistas fomentam as divisões na sociedade utilizando-se da internet para conseguir apoio.

A campanha presidencial de Donald Trump em 2016 contratou a Cambridge Analytica e o movimento pró-Brexit Leave.EU contratou a Aggregate IQ para, com a utilização de inteligência artificial e *microtargeting*, identificar pessoas mais vulneráveis a mensagens voltadas a fomentar os medos do "outro".[3] Durante a pandemia de Covid-19, as redes sociais foram inundadas de teorias da conspiração da extrema direita com ataques de ódio contra judeus, muçulmanos, chineses e pessoas LGBTQ+ por supostamente criarem e/ou espalharem a doença (mais sobre isso no Capítulo 10).[4] Além de campanhas organizadas, o usuário comum de internet também utilizou as redes sociais para postar mensagens de ódio, alimentadas pela desinformação e expressões impertinentes como "vírus chinês" e "kung flu" [flu significa gripe em inglês], usadas pela Casa Branca.[5] O mais preocupante nessa tendência é que pesquisas mostram que mensagens divisionistas feitas por figuras públicas estão diretamente ligadas ao incentivo para que algumas pessoas pratiquem atos de violência nas ruas. Em janeiro de 2021, o mundo foi testemunha de um exemplo vívido e sem precedentes, quando o prédio do Capitólio, nos EUA, foi invadido por apoiadores de Trump que tinham sido incentivados por sua retórica de polarização. Muitos foram fotografados usando camisetas e segurando bandeiras com símbolos de extrema direita, neofascistas e supremacistas brancos. O tumulto resultou em cinco mortes, incluindo um policial, e centenas de feridos. Minutos depois do cerco, Twitter, Facebook e YouTube excluíram o conteúdo de Trump que elogiava seus apoiadores, afirmando que os posts incitavam a violência. Mais tarde as três gigantes de tecnologia foram além e suspenderam as contas do presidente em um esforço para evitar mais agitação.

As novas tecnologias transformaram o ódio, amplificando seu poder para infligir danos. Se não for desafiada, a expressão de ódio em nossa sociedade moderna e conectada tem o potencial de se espalhar mais do que em qualquer outro ponto na história. Se não procurarmos entender completamente esse novo contexto, usando toda a ciência à nossa disposição, corremos o risco de que o ódio se espalhe além das comunidades individuais e tome nações inteiras.

Este livro está dividido em duas partes. A Parte Um começa examinando os casos de crimes de ódio individuais para entender o que significa odiar, antes de passar aos números e perguntar o que pode ser classificado como ódio e quanto de ódio existe em nossas sociedades. Depois, dedica-se a estudar como nossa capacidade de odiar é moldada por características comuns a todos os humanos — a evolução de nossa programação biológica e psicológica, bem como a influência de nosso rápido aprendizado.

A Parte Dois explora como o ódio é moldado por ingredientes que podem ser acrescentados a essas características humanas — *catalisadores* que reduzem nossa capacidade de suprimir nossos preconceitos e nos leva ao limiar do ódio. O ódio surge da combinação de características centrais que todos compartilhamos com essas forças catalisadoras. Embora todos tenhamos a capacidade de odiar, somente alguns estão expostos a uma quantidade de catalisadores suficiente para levar a uma explosão. Como essas exposições (e suas salvaguardas) não estão igualmente distribuídas por toda a sociedade ou no tempo, o ódio aparece com mais frequência em alguns grupos e em determinados períodos da existência humana.

Ao desmascarar os momentos em que o preconceito se transforma em crime de ódio, vou levá-lo em minha jornada pelo globo, de nossos ancestrais na pré-história à inteligência artificial no século XXI. Mergulho em casos de crime de ódio para contar as histórias das vítimas e dos agressores, falar com especialistas e usar as ferramentas científicas mais modernas. Olhando através de múltiplas lentes, apresento explicações inesperadas e chocantes que desafiam as percepções normalmente aceitas sobre o comportamento humano e, em cada estágio, aproximo-me da explicação de por que algumas pessoas agem de acordo com seus preconceitos e outras, não.

# PARTE UM

1

# O que significa odiar

**Srinivas e Alok**

Em 2017, em uma noite inesperadamente quente de fevereiro em Olathe, Kansas, Srinivas Kuchibhotla e seu amigo Alok Madasani decidiram terminar mais cedo o turno na Garmin, empresa de GPS, e tomar uma cerveja gelada. Eles tinham se mudado da Índia para o estado do Kansas no meio da década de 2000 para recomeçar a vida. Os 135 mil habitantes da comunidade de Olathe receberam bem os rapazes, e o Austins Sports Bar and Grill — um típico estabelecimento norte-americano que serve bons hambúrgueres e cerveja, localizado em um shopping aberto, tinha virado o local favorito deles.

No Austins, grandes TVs mostravam o jogo de basquete entre a Universidade do Kansas e a Universidade Cristã do Texas para um grande grupo de frequentadores. Srinivas e Alok se sentaram a uma mesa no pátio externo saboreando os inesperados 26 °C. Com duas cervejas Miller Lite bem geladas, conversaram sobre o trabalho antes de passar para filmes de Bollywood e as dificuldades da iminente paternidade de Alok.

No meio da conversa, Alok notou um homem branco, usando uma camiseta com emblemas militares e uma bandana, que se levantou de sua mesa e se aproximou. Pela cara do rapaz, Alok imediatamente suspeitou que havia algo errado. Apontando o dedo, Adam Purinton perguntou: "De que país vocês são? Estão aqui ilegalmente?".

Alok ficou em silêncio, preocupado de que o tom de ameaça das perguntas do agressor fosse o passo inicial para a violência. Tranquilo, Srinivas respondeu: "Estamos aqui legalmente. Temos o visto H-1B. Somos da Índia".

Purinton respondeu: "Pagamos pelos seus vistos. Vocês precisam ir embora daqui! Este não é o lugar de vocês! Malditos árabes!". Ele começou a empurrar Srinivas e a gritar: "Terrorista!".

Alok correu para dentro procurando o gerente, mas ao retornar encontrou dois clientes, um deles era um morador local chamado Ian Grillot, defendendo os indianos e insistindo para que Purinton fosse embora.

Um pouco depois, Purinton voltou, desta vez com uma camiseta diferente e o rosto coberto com um lenço. Gritando "Vão embora do meu país", ele tirou uma pistola semiautomática e abriu fogo contra seus dois alvos. Srinivas foi o mais atingido pelo ataque: quatro balas no peito. Alok foi atingido na perna e caiu no chão. Ele só conseguia pensar no filho ainda não nascido e que precisava se manter vivo.[1]

Ian, o frequentador que defendera os dois homens, contou os tiros escondido embaixo de uma mesa. Quando achou que tinha ouvido o nono tiro, levantou-se e perseguiu o terrorista que estava fugindo. Mas ele tinha contado errado; ainda havia uma bala no pente. Purinton se virou e descarregou a última bala, atingindo Ian na mão e no peito.

Enquanto outros frequentadores do Austins tentavam desesperadamente realizar os primeiros socorros nos dois indianos, a esposa de Srinivas, Sunayana, tentava ligar para ele. Ela queria saber a que horas ele voltaria, esperando que pudessem tomar chá no jardim desfrutando do pôr do sol. Quando ele não atendeu, ela começou a navegar pelo Facebook e encontrou a notícia: "Tiroteio no Austins Bar and Grill". Temeu o pior.

Alok e Ian sobreviveram ao ataque. Srinivas morreu pelos múltiplos ferimentos a bala.

A polícia informou a Sunayana que o tiroteio tinha sido premeditado — o marido dela fora assassinado por ser quem ele era, pela cor de sua pele. Sunayana tinha esperanças de que o ataque tivesse sido aleatório, como tantos outros nos Estados Unidos que via nas notícias. Saber que seu marido e o amigo dele tinham sido alvos por causa da nacionalidade e da raça deles aprofundou ainda mais a dor que sentia. Tentou entender os motivos pelos quais Purinton assassinara seu marido. O que o deixara tão magoado a ponto de realizar essa ação impensável? Do que tinha medo? De onde vinha essa raiva? Matar Srinivas tinha eliminado a dor que sentia?

Enquanto Alok e Ian ainda estavam se recuperando de seus ferimentos, foram procurados por jornalistas de todo o mundo para contar o que tinha acontecido. Em uma entrevista, Alok afirmou: "Tenho medo, claro. Quero que as pessoas realmente entendam que isso foi simplesmente ódio".

Da cama do hospital, contou, com os olhos marejados: "Eu estava fazendo o que qualquer um deveria ter feito por outro ser humano. Não tem a ver com o lugar de onde ele vem ou sua etnia. Somos todos seres humanos".[2]

Dias depois, Sunayana afirmou em uma conferência com a imprensa: "Sempre me preocupei. Ficar nos Estados Unidos era a coisa certa?... O que o governo vai fazer para impedir esse crime de ódio? Meu marido gostaria que a justiça fosse feita. Precisamos de uma resposta". Ela tinha lido sobre outros crimes de ódio por todo o país desde a eleição de Donald Trump em 2016. Logo após o ataque, ela disse a um jornalista: "Acompanhamos de perto as últimas eleições. Eu estava muito preocupada; não conseguia nem dormir".[3] Ela se lembra de perguntar ao marido: "Srinivas, estamos seguros neste país? Estou tão preocupada".[4]

Depois de fugir da cena do crime, Purinton dirigiu 112 quilômetros até Clinton, Missouri, e confessou seu crime ao funcionário de um restaurante Applebee's. Depois de ser capturado pela polícia, foi acusado de homicídio doloso e tentativa de homicídio pela justiça estadual, mas acusações específicas de crime de ódio não puderam ser feitas porque esse tipo penal não existe na legislação do Kansas.[*, 5] Somente em nível federal Purinton foi acu-

---

* Na época em que escrevi este livro, o crime de ódio não estava previsto na legislação do Kansas. No entanto, existe uma disposição para que um juiz imponha uma sentença mais dura se souber que um crime é motivado inteiramente ou em parte pela raça, cor, religião, etnia, nacionalidade de origem ou orientação sexual da vítima. No entanto, Purinton foi acusado de crime de ódio na justiça federal. A Lei de Prevenção de Crimes de Ódio Matthew

sado de crime de ódio. Ele admitiu que o ataque foi motivado pela raça das vítimas. Duas semanas antes do ataque, ele tinha notado Srinivas e Alok sentados naquele bar e havia dito ao garçom: "Viu aqueles terroristas no pátio?". Purinton confessou sua culpa em todas as acusações e foi condenado a três sentenças de prisão perpétua consecutivas sem possibilidade de condicional.[6]

Por causa da forte pressão da imprensa, tanto norte-americana quanto indiana, para que se falasse sobre o caso, seis dias depois do assassinato, o presidente Trump condenou diante do Congresso "o ódio e o mal em todas as suas terríveis formas".[7] O funeral de Srinivas, em Hyderabad, foi transmitido pela TV indiana e on-line. Era possível ouvir os participantes gritando: "Abaixo Trump!... Abaixo o racismo! Abaixo o ódio!".[8]

Um ano depois do assassinato de Srinivas, Sunayana criou a Forever Welcome, uma ONG para apoiar imigrantes e combater os crimes de ódio nos EUA.

O que levou Purinton a cometer um assassinato naquele dia? É o trabalho de um criminologista fornecer respostas a perguntas como essa. Analisar as histórias das vítimas e dos agressores de crimes de ódio e tentar encontrar algum sentido nelas usando a melhor ciência disponível. A criminologia surgiu como um campo de estudo em resposta ao problema do crime. Está, portanto, focada nas políticas dos governos e é impulsionada por uma grande questão: por que eles fizeram isso? Por trás dela existe uma variedade de questões menores que moldam a pesquisa de criminologistas que estudam o ódio: o que é ódio? Isso é útil para estabelecer uma motivação? Quantos crimes de ódio realmente acontecem? Quais são as consequências de crimes que têm como alvo nossa identidade? Como podemos acabar com o ódio? Por meio dos nomes e histórias das vítimas e dos agressores, este capítulo trata da primeira pergunta.

Shepard e James Byrd Jr., sancionada em 2009 pelo presidente Barack Obama, transformou em crime federal os danos corporais causados intencionalmente ou a tentativa de causar danos usando uma arma perigosa por causa da raça, cor, religião, nacionalidade de origem, gênero, orientação sexual, identidade de gênero ou deficiência, real ou percebida, da vítima. Ela ampliou a lei federal de crimes de ódio de 1969 para mais do que apenas raça, cor, religião e nacionalidade de origem.

## O que significa "odiar"?

Quando era mais jovem, Adam Purinton obteve o brevê de piloto enquanto estava na Marinha, foi controlador de tráfego aéreo por algum tempo e também trabalhou na indústria de TI. Então sofreu uma série de perdas que modificaram sua vida. O pai morreu de câncer apenas dezoito meses antes do assassinato de Srinivas. Isso o levou ao abuso de álcool e ao desemprego. Ele conseguiu alguns empregos braçais, inclusive como lavador de pratos em um restaurante de fast-food. Essa mistura tóxica de perda pessoal, fracasso e frustração pode ter exercido um papel na decisão de Purinton de matar naquele dia, mas não a explica totalmente. A retórica xenofóbica de Trump e a proibição da entrada de muçulmanos nos EUA naquele mesmo mês podem ter ajudado — será que Purinton acreditou no que ouvia, ou seja, que ele não era culpado por seus fracassos, mas sim os imigrantes? Pode ser, mas não sabemos. Mesmo que tenha sido assim, ainda faltam peças no quebra-cabeça. Nem todo norte-americano que sofreu profundas perdas pessoais e acredita em mensagens políticas divisionistas se torna violento. Então será que foi o ódio que levou Purinton a assassinar uma pessoa naquele dia?

Muito da nossa compreensão criminal sobre o ódio vem do estudo dos preconceitos. Os preconceitos se alimentam dos estereótipos, características atribuídas a uma pessoa ou grupo de pessoas, baseadas em generalizações e categorias rudimentares. São formados quando nossas atitudes e sentimentos em relação a outra pessoa são moldados pelas nossas percepções de um grupo ao qual pensamos que ela pertence. Preconceitos podem ser focados no que os psicólogos chamam de exogrupo ("eles") e endogrupo ("nós").

Quando focados no endogrupo, os preconceitos estão geralmente associados a estereótipos, categorias e sentimentos positivos — uma pessoa que é "um de nós" acaba associada à competência e lealdade, gerando simpatia e compaixão. Sozinha, nossa inata e geralmente inconsciente preferência por pessoas como "nós" pode resultar em discriminação contra "eles", se não trabalharmos para evitar isso. Atitudes e sentimentos positivos aumentam a probabilidade de que sejamos mais agradáveis "conosco" do que "com eles", e isso se reflete na quantidade de tempo, afeição, dinheiro e recursos que dedicamos a cada um dos grupos.

Quando os preconceitos estão focados no exogrupo, eles tendem a estar associados a estereótipos e sentimentos negativos. Purinton achava que Srinivas e Alok estavam drenando os recursos dos EUA ("Vocês estão aqui ilegalmente?") e que eram uma potencial ameaça à sua vida ("Viu aqueles terroristas no pátio?") — atitudes e pensamentos preconceituosos baseados em estereótipos infundados que geram emoções negativas.

No entanto, seria injusto afirmar que Purinton era *somente* preconceituoso contra o exogrupo de suas vítimas. Todos temos preconceitos, mas nem todos saem para as ruas cometendo crimes de ódio. Quando uma pessoa machuca ou mata outra porque pertence a um grupo em particular, ela passou do preconceito para algo além. "Ódio" se tornou a palavra normal para esse estado do ser, mas o que isso realmente significa? Ódio é um termo útil para explicar completamente os motivos?

O termo "ódio" significa coisas diferentes para pessoas diferentes em contextos diferentes, e é usado excessivamente, até de forma errada, para fins políticos. Se começarmos com o simples uso da palavra em conversas, "ódio" é usado todo dia. Uma discussão no jantar com meu jovem sobrinho geralmente termina com a exclamação: "Odeio legumes!". Uma conversa casual com meu vizinho terminou com a declaração: "Simplesmente odeio esse presidente!". Para eles, existe algo tão inerentemente errado com legumes e esse presidente que não imaginam que um dia serão capazes de aceitá-los. Ambos são rejeitados.

Mas ódio talvez seja uma palavra muito forte para expressar como eles realmente se sentem. Meu sobrinho não gosta do sabor de legumes e talvez até sinta nojo quando é obrigado a comê-los. Meu vizinho despreza o presidente e pode sentir muita raiva do comportamento dele. São todas fortes emoções negativas, mas ainda estão longe do ódio real. As emoções provavelmente diminuirão de intensidade com o tempo, talvez os gostos de meu sobrinho mudem quando ele ficar mais velho e meu vizinho supere esse sentimento quando o presidente deixar o cargo.

Sentir ódio está além do campo do ordinário e do comum, apesar de seu uso na linguagem do dia a dia. Quando ouvimos pessoas dizendo que odeiam um indivíduo (algo chamado ódio interpessoal), a situação que levou a esse estado mental provavelmente envolve um comportamento que as impactou diretamente. O pai abusivo é odiado por seus filhos, a esposa infiel é odiada por seu marido, o captor é odiado pelo prisioneiro. Mas mesmo nessas circunstâncias profundamente pessoais, esse estado mental pode mudar com o tempo, e talvez passe a ser mais bem descrito como antipatia, desprezo ou repulsa intensos.

No estudo científico do ódio, o termo é geralmente reservado para o desejo de eliminar todo um grupo por causa de um choque, real ou percebido, da visão de mundo (chamado ódio intergrupal). Um indivíduo ainda pode ser alvo do ódio, mas apenas por causa da sua associação com o exogrupo. Srinivas e Alok não viraram alvos por algo que fizeram contra Purinton, mas por causa da associação deles com um grupo maior que ele acreditava ser responsável pelo que estava errado nos EUA e possivelmente na vida dele.

O ódio dessa natureza vai além das emoções negativas de raiva, desprezo, repulsa e assim por diante (embora elas também possam estar presentes — ver mais adiante neste capítulo).[9] Emoções são sentidas quando somos estimulados pela informação recebida por meio dos sentidos, lembranças, pensamentos e processos químicos que fluem do nosso cérebro. Para a maioria das pessoas, isso é algo efêmero, às vezes tão transitório que podemos acordar com o pé esquerdo, de mau humor, mas na hora do almoço estarmos cheios de entusiasmo, energizados por algumas xícaras de café e bolinhos. Ódio, por outro lado, especialmente na forma intergrupal, é mais persistente, estável e intenso. Esse tipo de ódio é o foco deste livro.

## A *pirâmide do ódio*

Na década de 1940, que testemunhou o maior genocídio moderno na Europa ocupada pela Alemanha e os linchamentos no estado da Geórgia, Gordon Allport, psicólogo de Harvard, só conseguia pensar em preconceito e ódio. Esses e outros horrores ocorridos na primeira metade do século XX estimularam Allport a desvendar os alicerces do preconceito humano e o conflito de ódio que poderia dele resultar.[10] O livro que ele escreveu em 1954, *A natureza do preconceito*, moldou meio século de pesquisas sobre o tópico.

Allport considerava o preconceito uma antipatia em relação a todo um grupo de pessoas. Os exemplos que usou em seu trabalho estavam geralmente relacionados à negatividade expressa contra grupos religiosos e étnicos, principalmente judeus e negros. Em sua visão, para ser considerado preconceituoso você precisava ver todo um grupo de forma negativa, não apenas determinados indivíduos daquele grupo. Ao adotar essa visão, ele excluiu outras formas de preconceito, como sexismo (em que geralmente há atitudes positivas em relação às mulheres, apesar de ainda estarem sujeitas à discriminação — algo hoje reconhecido na pesquisa contemporânea sobre preconceito e chamado de "paternalismo benevolente").

Baseado em sua definição inicial de preconceito — negatividade em relação a um grupo inteiro —, Allport propôs uma escala para demonstrar que nem todos os preconceitos são iguais (ver Figura 1). No primeiro estágio, chamado *Antilocução*, o discurso de ódio é usado cada vez mais por setores do endogrupo, variando de piada a insultos abertos contra o exogrupo. Nesse estágio, os fluxos e refluxos do discurso de ódio dependem do estado das relações sociais e da ocorrência de eventos divisionistas, tão evidentes nas plataformas de redes sociais hoje.

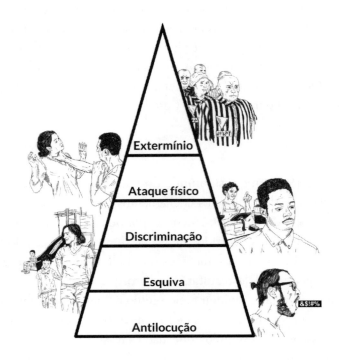

Figura 1: A pirâmide do ódio (adaptado de G. W. Allport, *A natureza do preconceito*, 1954).

No segundo estágio, *Esquiva*, vemos a separação do endogrupo e do exogrupo. Ele abrange desde a evitação "orgânica" por parte do endogrupo a certos estabelecimentos ou partes de uma cidade porque são frequentados pelo exogrupo, até a imposição pelo Estado da segregação em suas instituições, como escolas, transporte público e moradia.

No estágio três, *Discriminação*, vemos a negação do acesso a oportunidades, bens e serviços ao exogrupo, sufocando sua capacidade de avançar na sociedade. Esse exogrupo não tem a chance de atingir certo nível de educação, conseguir emprego em certas áreas, receber os melhores cuidados de saúde e tampouco obter proteção igual em termos jurídicos.[11]

A era da segregação racial no Sul dos EUA, do fim do século XIX até os anos 1960, é um bom exemplo desse terceiro estágio. Muitas das pessoas no poder, incluindo influentes líderes religiosos, políticos, empresários e acadêmicos, mantinham a crença de que os afro-americanos eram inferiores aos brancos em todos os aspectos, algo que estava entranhado no tecido social, criando um sistema de castas raciais que levava à subjugação e à exploração dos negros.* Hoje muitos governos continuam a discriminar partes da população, incluindo pelo menos 68 países nos quais é crime ter relações com pessoas do mesmo sexo, e em alguns deles essas relações são punidas com a morte.[12]

---

\* A noção de que a raça é biológica e hierárquica foi desacreditada pela ciência. Raça e etnia são construções sociais usadas para classificar humanos em grupos. A raça geralmente se refere a características físicas, como tom da pele, enquanto a etnia geralmente se refere a características culturais, como língua e religião. Os termos às vezes são usados para descrever a mesma coisa, mas os significados e usos são geralmente confusos e questionados. Por exemplo, a maioria dos estudiosos argumenta que falar de raça em termos de diferenças genéticas é equivocado porque a ancestralidade de toda pessoa no planeta é formada por um grupo central de ancestrais comuns. Isso garantiu que as diferenças genéticas médias entre tipos raciais construídos socialmente sejam, no geral, bastante pequenas. A variação humana é real, mas não tem a ver com as descrições convencionais de raça que ouvimos no dia a dia. A maior parte da pesquisa acadêmica e da literatura política usa o termo "raça" para se referir a grupos dentro da população que exibem diferenças físicas no tom da pele. Apesar de ser uma prática bastante aceita, não é algo científico, sendo uma reminiscência da expansão colonial europeia e da construção de império. No entanto, isso não significa que raça como uma categoria social não seja importante, já que ganhou significado por meio da interação dos humanos classificados em raças. Neste livro, pego emprestado o uso do termo raça dos trabalhos de pesquisa que incluo, mas não apoio seu uso científico para tentar atribuir diferenças inerentes entre populações.

O estágio de discriminação também é acompanhado por formas sutis de agressão. Ao usar seus privilégios para exercer o poder sobre o exogrupo, o grupo dominante frequentemente comete *microagressões* verbais e comportamentais.* Isso inclui *microataques* que são explícitos e têm como alvo a identidade do exogrupo.

O quarto estágio, *Ataque físico*, é a extensão consciente dos comportamentos encontrados nos estágios anteriores até a agressão total. A violência física pode não ser tolerada dentro da lei do país ou estado em questão, mas as autoridades podem fazer vista grossa. Em algumas situações, autoridades como a polícia podem, inclusive, praticar a violência ilegalmente.

Ataques contra cidadãos negros e LGBTQ+ realizados por membros da sociedade e da polícia se tornaram comuns nos EUA na metade século passado e continuam até hoje (o ataque de Purinton entraria nesse estágio; veja também o caso de Frank Jude Jr. mais adiante neste capítulo). Comportamentos semelhantes continuam acontecendo ao redor do mundo hoje, incluindo horríveis ataques físicos contra gays e lésbicas na Rússia por membros da sociedade e de forças policiais.[13]

No quinto e último estágio, *Extermínio*, a violência mortal contra um exogrupo se torna desejável e, em alguns casos, legal.[14] O Holocausto é o exemplo principal desse estágio, mas os genocídios não estão relegados ao passado. Desde 2016, estima-se que 24.800 muçulmanos ruaingas tenham sido eliminados pela maioria budista em Mianmar, e cerca de 700 mil tenham sido forçados a sair do país.[15] Esse e os recentes genocídios na Bósnia e Herzegovina (1992–1995), Ruanda (1994) e Darfur (2003–) servem como lembrança do que é possível quando uma sociedade permite que o ódio floresça.

---

* O termo microagressão descreve palavras e/ou comportamentos que resultam em discriminação não intencional contra um exogrupo. Além de microataques, microagressões também podem incluir microinsultos: palavras, conversas ou ações (geralmente inconscientes) que, apesar de rudes e insensíveis, não são explícitas (por exemplo, perguntar a uma pessoa com deficiência como ela conseguiu o emprego no lugar de uma pessoa sem deficiência); e microinvalidações: palavras, conversas ou ações que excluam com base na identidade (por exemplo, uma pessoa branca que pergunta a uma asiática nascida no Reino Unido onde ela "realmente" nasceu, ou uma pessoa branca que diz a uma pessoa negra "não vejo cores", negando a importância da identidade e da herança). Isso é mais comum no estágio um: Antilocução. D. W. Sue, "Racial Microaggressions in Everyday Life: Implications for Clinical Practice", *American Psychologist* 62 (2007), 271-86.

## O fator atração/repulsão

Toda escala de ódio é imperfeita. É uma tarefa difícil destilar esse lado mais obscuro da natureza humana de modo a abranger todas as circunstâncias. O que a tentativa de Allport nos mostra é que no preconceito fraco a moderado (até o estágio dois), o endogrupo *evita* o exogrupo, enquanto nas formas mais extremas de preconceito, que poderiam chegar a ódio (do estágio quatro para cima), o endogrupo *persegue* o exogrupo com a intenção de atacar e exterminar. Uma diferença central entre preconceito e ódio pode, portanto, ser o fator atração/repulsão. O fator repulsão é resultado de pensamentos negativos experienciados na presença do exogrupo: inquietação, incerteza e ansiedade gerados pela falta de conhecimento sobre "eles" ou o medo de ofender ou parecer preconceituoso.[16] O fator atração é resultado de um desejo ou necessidade de agir contra um exogrupo, descarregar as frustrações, eliminar uma ameaça percebida ou "corrigir" um comportamento.

Purinton entra no estágio de ataque físico, portanto na categoria *atração*. Ele tinha visto os dois indianos no Austins anteriormente e já os classificara como ameaça, dizendo que eram "terroristas". Apesar de o encontro ter sido, provavelmente, uma causalidade, a presença deles não o surpreendeu. Em vez de ignorá-los ou mudar de mesa para não ouvir a conversa sobre filmes de Bollywood, ele os perseguiu. Invadiu o espaço deles e questionou o direito de estarem nos EUA. Depois de ser expulso do bar, foi para casa, pegou uma arma e voltou para matá-los.

No extremo do espectro, o extermínio exige a alocação de muitos recursos para caçar e erradicar o exogrupo. As pessoas não medem esforços para localizar o exogrupo, em vez de evitá-lo. Na Alemanha nazista da Segunda Guerra Mundial, o custo de exterminar os judeus e outros grupos poderia ter sido usado no esforço de guerra. Esse tipo de comportamento ilógico tem mais em comum com paixões extremas ou obsessões do que com aversão a um grupo e emoções negativas. Alinhadas com paixões e obsessões, as pessoas que odeiam geralmente acreditam que estão embarcando em algum tipo de causa moral. Há uma crença de que seu ódio e as ações resultantes dele são virtuosas. Elas consideram que o exogrupo odiado age de modo a atacar a moral que os odiadores estão tentando defender. Os fins podem, então, justificar os meios, mesmo que o meio envolva o extermínio de grupos étnicos ou religiosos inteiros.[17]

## Sentindo ódio juntos

### Alexei

Em 2014, Alexei, de vinte anos, trabalhava como drag queen em Moscou, Rússia. Antes de cada show ele se transformava diante do espelho no clube gay local, tirando a falsa máscara heterossexual que precisava usar todo dia em público. Desde a aprovação da lei de "propaganda" antigay na Rússia em 2013, cujo objetivo seria proteger menores do conhecimento de "relacionamentos não tradicionais", ataques contra pessoas LGBTQ+ aumentaram a uma taxa surpreendente.

Grupos de liberdades civis dizem que a lei é um ataque aos direitos dos LGBTQ+ e uma maneira de banir todas as formas de expressão pública que se desviam do estilo de vida heterossexual. O suposto amplo apoio à lei entre o público significa que passar desapercebido é a única forma de pessoas como Alexei conseguirem sobreviver na Rússia moderna. O simples ato de andar de mãos dadas em uma rua central de Moscou leva a insultos homofóbicos e até violência física de transeuntes.[18]

O clube em que Alexei trabalhava funcionava como uma família substituta; ele havia perdido a verdadeira quando se assumiu gay. Longe das ruas hostis, o clube oferecia um refúgio que o ajudava a manter a esperança de que as coisas poderiam mudar algum dia. Por algumas horas à noite, a verdadeira identidade de Alexei brilhava sob as luzes dos holofotes, cativando multidões de outros rejeitados que o aceitavam como ele era. Mas depois da aprovação da lei de propaganda antigay, esse porto seguro se transformou em uma zona de guerra.

Poucos meses depois, o discreto clube virou um alvo. Uma grande placa de neon foi colocada acima da entrada piscando o aviso "Clube Gay Aqui ↓ ↓" à vista de todos os passantes. Foram os donos do edifício, supostamente a empresa ferroviária controlada pelo Kremlin, que a instalaram.[19] O perigoso aviso colocava um alvo nas costas de todas as pessoas que ousavam entrar no local. Um furgão da "Patrulha da Moralidade" ficava parado do lado de fora espionando todos que entrassem no clube.

Logo depois foi a vez da violência. Primeiro, dois homens provocaram os clientes que faziam fila do lado de fora, e quando não foi permitido que entrassem, atiraram contra a multidão, deixando buracos de bala na porta de entrada.

Então aconteceu o ataque a gás. Sulfeto de hidrogênio, uma substância química potencialmente letal, conhecido por causar danos cerebrais, foi bombeado através do sistema de ventilação. Alguns dos quinhentos frequentadores do clube tiveram dores de cabeça e vômitos, mas felizmente ninguém sofreu danos permanentes. Por fim, o clube foi cercado por um grupo de cinquenta homens que conseguiram entrar no prédio, o saquearam e depois o incendiaram.

Grupos de ódio organizados estavam por trás do ataque. Dmitry "Enteo" Tsorionov, líder do Vontade de Deus, um grupo cristão extremista, continua a liderar campanhas contra a homossexualidade na Rússia. "Homossexualidade não é diferente da pedofilia... É uma praga real, um vírus real que precisa ser destruído. Precisamos parar esse tumor para que não gere metástase", disse ele em uma entrevista.[20] O grupo fez campanha para que a lei de propaganda antigay fosse aprovada, com a esperança de que abrisse caminho para a criminalização da homossexualidade na Rússia com possibilidade de pena de morte. O Vontade de Deus tem conexões com o grupo neonazista Ocupar Pedofilia, que arma ciladas para gays e os filma enquanto estão sendo abusados e espancados, depois posta o vídeo no YouTube. Os dois grupos têm muitos seguidores no VKontakte, a versão russa do Facebook.[21]

Os tiros, o gás e os abusos acabaram sendo demais, e o clube que Alexei chamava de lar fechou as portas em março de 2014. Com o fim de sua família substituta, como tantos outros LGBTQ+ na Rússia, Alexei fez planos para deixar o país e escapar da perseguição de grupos como Vontade de Deus e Ocupar Pedofilia.[22]


Esses grupos são a força vital do ódio. Eles catalisam as atitudes negativas contra o exogrupo usando pessoas que pensam da mesma forma para validá-las. O Vontade de Deus fornecia um espaço no qual o preconceito contra homossexuais poderia se transformar em violência, alimentado por um grupo de pessoas que compartilhavam a mesma atitude, sentimento e código moral.

O ato de se juntar para expressar o mesmo ódio tem o efeito de minimizar o indivíduo dentro do grupo. Os psicólogos chamam isso de *desindividuação*. Grupos de ódio reagem como um único organismo no qual o senso de responsabilidade individual necessário para frear o mau comportamento se perde na mentalidade de grupo.[23] O indivíduo e o grupo se "fundem" (mais sobre isso no Capítulo 8). Em vez de o exogrupo ser visto como ameaçador ou desafiador da moral do indivíduo, agora ele é percebido como algo que desafia o grupo inteiro.

Embora o ódio desse tipo não seja considerado pela maioria dos cientistas como uma emoção em si, ele é acompanhado por uma variedade de sentimentos negativos que são amplificados em ambientes de grupo. Essas emoções baseadas no grupo, que Allport chama de "emoções quentes", exercem um papel fundamental em como o preconceito consciente é nutrido até virar ódio.

A raiva é uma característica comum do ódio e pode ser sentida contra grupos inteiros, assim como contra indivíduos. Quando a raiva vem acompanhada de ódio, a fonte é geralmente uma frustração deslocada ou não resolvida. Frustrações nascem de várias situações e podem incluir desemprego, insegurança, pobreza, problemas de saúde, solidão e insatisfação. Indivíduos que estão com raiva por causa de uma dessas coisas geralmente descontam em um exogrupo que é percebido erroneamente como a causa — "Estou desempregado porque ELES conseguem todos os empregos", "Estou menos seguro porque ELES são todos terroristas", "Sou pobre porque ELES estão sobrecarregando todo o sistema de seguridade social". O grupo de ódio é um lugar no qual essas frustrações podem ser compartilhadas. Você ouve que seus fracassos na vida não são culpa sua, mas dos outros, que também atuam como um grupo em direta oposição ao seu — "NÓS estamos doentes porque eles lotam o sistema de saúde", "NÓS estamos isolados porque eles tomaram nosso bairro"; "NÓS temos menos oportunidades porque ELES são a prioridade".

O parceiro da raiva odiosa é o medo. Geralmente os alvos do ódio provocam medo no odiador, e isso frequentemente tem como base a percepção de ameaça, resultando em uma sensação de impotência.[24] Todos conhecemos os estereótipos negativos mais comuns: imigrantes tomarão nossos empregos, as vagas nas escolas e os leitos nos hospitais. Os gays farão sexo com nossas crianças, além de minarem nossa masculinidade, valores familiares e a instituição do casamento. Os judeus só querem controlar a mídia e a indústria para moldar a sociedade de uma forma que os favoreça e assim nos discriminar. Os muçulmanos querem atacar e violentar nossas crianças, conspirar para fazer ataques terroristas e substituir nossos valores pela lei sharia. O odiador sente que tem pouco poder para superar todas essas ameaças equivocadas. Apavorada, com raiva e impotente é como a maioria imagina uma pessoa com ódio, e é certamente assim que imagino Adam Purinton.

As intensas emoções de humilhação e de vergonha podem também inspirar ações de ódio. Essas emoções profundas podem surgir de interações negativas pessoais, mas no caso do ódio intragrupo, elas geralmente surgem da projeção de humilhação individual sobre um exogrupo. Quando sentida de forma isolada, humilhação e vergonha geralmente resultam na esquiva do exogrupo. Pode ter sido assim que Purinton se sentiu depois das várias perdas em sua vida que transformaram um estilo de vida produtivo em disfuncional. Isolado, ele possivelmente usou o álcool para entorpecer esses sentimentos intensos.

Compartilhadas em um grupo, a humilhação e a vergonha podem provocar reações que resultam na perseguição do exogrupo por vingança. O conhecimento de que sua dor não é exclusiva, mas compartilhada com outros ao redor, gera sentimentos de injustiça e parcialidade coletivas que exigem uma solução. A humilhação e a vergonha coletivas, acompanhadas pelo ódio contra o exogrupo, podem levar a comportamentos extremistas, incluindo terrorismo (mais sobre isso no Capítulo 8).[25] A humilhação individual de Purinton pode ter assumido um caráter coletivo quando lhe disseram que os problemas de muitos norte-americanos desempregados não eram culpa deles mesmos, mas, sim, culpa dos imigrantes ilegais que roubaram seus empregos? Se for assim, essa humilhação coletiva foi então projetada sobre suas vítimas?

A falta de empatia também é um ingrediente do ódio que pode se desenvolver em grupos. A falta de empatia emocional — a resistência a se solidarizar com os sentimentos do outro — origina-se na relutância em se envolver na empatia cognitiva — a recusa a ver a situação na perspectiva "deles". Os psicólogos têm termos técnicos para fenômenos parecidos. O processo de *mentalizar* envolve imaginar como é ser "eles" emocionalmente. Ter uma *teoria da mente* significa ser capaz de entender as crenças, intenções e convicções do outro.

Esses dois tipos de empatia têm menos possibilidades de surgir quando o endogrupo raramente tem contato com o exogrupo. Por outro lado, o contato positivo pode inspirar a empatia e, por sua vez, reduzir o ódio.[26] Mas na ausência de uma ou de ambas as formas de empatia, é improvável que a compaixão surja, permitindo que os estereótipos negativos se intensifiquem a ponto de que grupos inteiros sejam despersonalizados. Se você não consegue imaginar como é ser membro de um exogrupo, só pode conceitualizar "eles" como um coletivo, o que significa que o individual está perdido. Sem distinguir os indivíduos na multidão, só são necessários alguns passos adicionais para desumanizar todos "eles".

## Ódio "visceral"

### Kazuya

Na noite de 26 de julho de 2016, Kazuya Ono dormia tranquilamente em seu asilo num subúrbio arborizado da cidade de Sagamihara, Japão. No asilo moravam centenas de pessoas com deficiência entre os dezoito e os setenta anos, incluindo Kazuya, de 43, que tinha capacidades cognitivas análogas às de uma criança pequena em decorrência do autismo.

Por volta das duas horas da manhã, um ex-empregado, Satoshi Uematsu, quebrou uma janela do térreo e entrou no asilo. Ele sabia que a maioria dos duzentos empregados estaria de folga e que apenas uns doze estariam cuidando do lugar. Caminhou confiante pela casa, pois conhecia bem o lugar e sabia onde estaria a equipe noturna. Ao virar por um corredor, ele encontrou um membro da equipe, que tentou impedi-lo. Uematsu rapidamente pegou uma das cinco facas que carregava na mochila. Empunhando-a na direção do empregado amedrontado, mandou que colocasse algemas. Com o caminho livre, Uematsu avançou pelas alas.

Na primeira, ele encontrou o quarto em que dormia Kazuya. Com a faca, golpeou a garganta do homem. Aterrorizado, Kazuya levantou os braços para se proteger, desviando a faca para baixo, o que fez com que ela cortasse seu peito. Pensando que ele estava morto, Uematsu passou para outra vítima. Ala por ala, quarto por quarto, ele calmamente cortou a garganta de cada uma das vítimas ainda dormindo. O ataque se tornou o maior assassinato em massa no Japão desde a Segunda Guerra Mundial, no qual Uematsu matou dezenove pessoas.*

Kazuya e outros 26 residentes, apesar de muito feridos, sobreviveram. Mas as feridas emocionais foram profundas. Sua família relatou em uma entrevista posterior que, quando está agitado, agarra o rosto e os braços, gritando: "Sangue, sangue, sangue!".[27]

Uematsu foi julgado e condenado à morte. No entanto, como o Japão não reconhece que crimes contra pessoas com deficiência possam ser motivados por hostilidades contra suas identidades, ele não foi condenado por crime de ódio.[28] Uematsu não foi diagnosticado com doença mental e foi considerado apto para ser julgado. Ele estudou para ser professor, era considerado bom funcionário na época em que trabalhava no asilo e era visto como alguém agradável e bom com crianças. Ele não agiu de forma impulsiva ou explodiu em um momento de raiva. Planejou meticulosamente o ataque, articulou seus motivos, realizou os assassinatos com fria precisão e aceitou sua punição.

Meses antes ele tinha escrito uma carta ao Parlamento do Japão, declarando que tinha "a capacidade de matar 470 pessoas com deficiência" e "estava consciente de que era horrível falar algo assim". A carta nunca chegou ao destino, mas caiu nas mãos da polícia, que mandou Uematsu passar por uma avaliação psiquiátrica. Ele passou e não foi considerado uma ameaça. Depois do ataque, ele contou aos jornalistas que imaginava "um mundo no qual as pessoas com deficiência... teriam a permissão de realizar uma pacífica eutanásia" já que elas "não tinham razão para viver" e que ele fez aquilo "... pelo bem do Japão e do mundo". Antes do seu crime de ódio, ele postou no Twitter: "As pessoas que do nascimento à morte só causam dor a quem está ao redor são realmente seres humanos?". Mais tarde ele admitiu que suas ações tinham se inspirado na diretiva de Hitler de erradicar as pessoas com deficiência na Alemanha nazista.[29]

Lembro-me de pensar na época em que li sobre o caso que as ações de Uematsu não poderiam ser explicadas por nada além do ódio e das emo-

---

* Os nomes das outras vítimas não foram divulgados pela polícia para evitar a vergonha entre as famílias por terem parentes com deficiência. Sinto que não reconhecer publicamente as vítimas só serve para apoiar o objetivo de ódio do assassino e consolidar ainda mais o fato de que as pessoas com deficiência são vistas como "diferentes" no Japão.

ções profundamente negativas que o acompanham. Ele foi incitado por uma forma visceral de ódio. O sentimento de repulsa gerado levou Uematsu a perceber as pessoas com deficiência como menos que humanas, permitindo seu extermínio frio e calculado.

Quando emoções viscerais como repulsa entram na mistura, o resultado provável é a desumanização. Membros do exogrupo não são mais pessoas, mas vermes, baratas, parasitas. Não apenas fazem parte de um universo moral diferente, como nem sequer são da mesma espécie. Em relação a esses sub-humanos, não temos obrigações, as regras não se aplicam e sua vitimização é tolerada.[30] A desumanização, portanto, permite que o exogrupo seja tratado com indiferença e desprezo. Como objetos à disposição do endogrupo, suas vidas e mortes não têm qualquer importância.

O ódio visceral não está reservado a exogrupos específicos. Pode alimentar a violência contra qualquer alvo visto como física ou moralmente inferior ao humano. As palavras de Dmitry Tsorionov, líder do grupo Vontade de Deus, deixam claro que os membros de seu grupo veem a homossexualidade como algo repulsivo e consideram aqueles que a praticam como parte de um universo moral diferente. Quando comentou sobre a lei de propaganda antigay, ele usou os termos "praga", "vírus" e necessidade de "destruir". Como Uematsu, esses indivíduos e grupos decidem que erradicar um alvo é sua missão de vida.

## O PERFIL DO ODIADOR

Assassinos de ódio, como Satoshi Uematsu, são, por sorte, raros. Por meio de vários fatores explorados neste livro, esse pequeno grupo de agressores está avançando para uma posição inimaginável de ódio desmedido que só pode ser suprido pelo engajamento em uma missão para subjugar e exterminar o exogrupo escolhido. Para distinguir entre esses e outros agressores de ódio mais comuns, os criminologistas criaram uma tipologia.[31] Baseados no exame de cerca de 170 casos de crime de ódio na polícia de Boston, os professores Jack McDevitt e Jack Levin da Universidade Northeastern estabeleceram quatro tipos de criminosos de ódio. Esses perfis forneceram as primeiras indicações da motivação psicológica — o que impulsiona o odiador — e dos fatores ambientais — o que provoca o odiador.

O *odiador com uma missão* ocupa o posto mais alto em termos de gravidade e perigo. Esses são os reincidentes que se dedicam a caçar o exogrupo. Eles tendem a se especializar em atividades de ódio, o que significa que evitam outras formas de crimes menores, como roubo. São impulsionados por um senso de moral, e se veem com a "missão" de "mandar uma mensagem" à comunidade mais ampla, dar uma lição no exogrupo, subjugá-lo e, se isso fracassar, erradicá-lo. Eles se enquadram na categoria "atração" descrita antes. O *modus operandi* é a violência física extrema e o assassinato. São os assassinos em série da fraternidade criminosa do ódio e incluem David Copeland, autor de ataques com bombas de pregos em Londres em 1999, Satoshi Uematsu no Japão, Anders Breivik na Noruega, Brenton Tarrant na Nova Zelândia e Dylann Roof, Robert Gregory Bowers, Patrick Crusius e o supremacista branco da década de 1970, Joseph Paul Franklin, nos EUA (mergulho fundo nos passados de Copeland e Franklin no Capítulo 6).

*Odiadores retaliativos* vêm em segundo lugar, e também fazem parte da categoria "atração", mas apenas por curtos períodos de tempo. O perfil retaliativo descreve pessoas que se envolvem com violência vingativa. É frequente que a vingança seja exercida contra membros inocentes de um grupo associado com um malfeitor. Esse tipo de crime de ódio tornou-se comum recentemente em reação aos ataques terroristas de extremistas islâmicos. Nos EUA, no período de um ano após os atentados de 11 de setembro, o FBI registrou 481 crimes de ódio motivados pelo anti-islamismo, com incríveis 58% deles ocorrendo até duas semanas depois do ataque.[32] Da mesma forma, no mês dos atentados de 7 de julho em Londres, os crimes de ódio contra muçulmanos cresceram 22%.[33] A retaliação acontece de várias formas, mas as mais prováveis são o assédio e a violência nas ruas. A maioria dos agressores são odiadores de meio período encorajados e/ou ameaçados por um delito real ou percebido, e procuram descontar a frustração, por um período limitado, naqueles que compartilham alguma característica parecida com o perpetrador, depois voltam ao seu comportamento habitual — de obediência às leis ou de prática de pequenos delitos.

*Odiadores defensivos* assumem a terceira posição. Ao contrário dos odiadores com uma missão e dos retaliadores, esse perfil faz parte da categoria "repulsão". A atitude deles em relação ao exogrupo se situa entre o forte preconceito e o ódio, e eles só agem quando sentem que seu território está sendo invadido ou seus recursos, ameaçados. Crimes de ódio em defesa própria tendem a ocorrer quando o exogrupo se muda para uma área onde o endogrupo é maioria, e a "invasão" é vista como algo que vai desvalorizar propriedades, corromper as crianças e atrair criminosos. Esse é um tipo de crime de ódio no qual é mais provável que as mulheres exerçam um papel, seja o de concretizar a ação, seja o de incentivar os homens a agirem.

*Criminosos em busca de emoção* ficam no último posto. Diferentemente das outras categorias, esses criminosos podem não odiar seus alvos e, na verdade, podem ser motivados pelo grupo e pelo desejo de ser membro de um bando. Um certo grau de preconceito provavelmente tem um papel na escolha do alvo, mas exerce um papel limitado na atividade. A socialização em bando e a necessidade de provar a própria masculinidade são os componentes centrais.[34] Esses criminosos são provavelmente jovens que participam com regularidade de atividades criminosas menores e, dessa forma, não se especializam em crimes de ódio.

Os perfis nunca são 100% precisos, e há alguns odiadores que não se enquadram nessa tipologia ou se movem entre as categorias. Um odiador pode passar de um padrão de crime de ódio defensivo ao retaliativo, dependendo das circunstâncias. Os perfis de odiadores também podem ser contraditórios. Embora seja mais provável que os crimes de ódio contra muçulmanos e LGBTQ+ envolvam grupos de jovens desconhecidos, é maior a probabilidade de que os crimes de ódio contra pessoas com deficiência sejam cometidos por indivíduos mais velhos e conhecidos das vítimas. Os crimes de ódio contra vítimas mestiças são às vezes cometidos por membros de seus próprios grupos raciais, enquanto bissexuais e transgêneros podem terminar sendo vítimas de criminosos gays. Pessoas de minorias étnicas que também são LGBTQ+ podem sofrer crimes de ódio cometidos por familiares e amigos próximos.

Não há nenhuma pesquisa de perfil de odiador, o que significa que é difícil estimar com precisão o número de tipos diferentes que estão nas ruas e on-line. Em seguida, mergulho nas tentativas de estimar o aumento da onda de ódio no mundo e revelo por que nem todo mundo que sofre nas mãos de preconceituosos violentos é contabilizado.

2

## CONTABILIZANDO O ÓDIO

### Eudy

EM 27 DE ABRIL DE 2008, Eudy Simelane, de 31 anos, comemorava com amigos na Noge Tavern em KwaThema, África do Sul. A grande novidade era o trabalho como representante de uma importante empresa farmacêutica de Pretória. Nenhum dos amigos dela poderia ter imaginado que uma mulher abertamente lésbica seria contratada para esse cargo, e o salário mensal significava que ela poderia ajudar seus pais aposentados.

Eudy estava acostumada ao sucesso, apesar das desvantagens que enfrentam as lésbicas negras na África do Sul. Aos quatro anos, ela começara a jogar futebol com seu irmão e, quando chegou à adolescência, seu talento era evidente. Começando como meio-campo no Spring Home Sweepers, o time local, chegou à seleção nacional feminina, Banyana Banyana, e mais tarde se qualificou como árbitra internacional. Eudy estava pronta para apitar oficialmente na Copa do Mundo masculina de 2010. Esse sucesso e a coragem de assumir sua sexualidade quando jovem a elevaram a um status de celebridade local. Ela usava esse reconhecimento não para si mesma, mas para apoiar instituições de caridade locais que trabalhavam com portadores de HIV e pessoas LGBTQ+.

Na mesma noite em que Eudy comemorava, Thato Mphiti estava sentado do outro lado do bar tomando um Carling Black Label. Às 22h, já na quarta garrafa, seu amigo Themba Mvubu chegou com dois outros homens. Quando saíram do bar por volta da uma hora da manhã, os quatro homens perceberam que Eudy ia para casa caminhando na frente deles e decidiram roubá-la.

Mphiti ameaçou Eudy com uma faca enquanto os outros três procuravam dinheiro. Frustrado por não encontrar nada de valor, ele mandou que Eudy lhe entregasse os tênis. Nesse momento, Mvubu reconheceu Eudy como a famosa jogadora lésbica, e os homens decidiram levá-la a um terreno próximo, um lugar famoso entre os moradores locais como ponto de desova de cadáveres. Com os braços presos contra a grama áspera, ela foi violentada por um dos homens. Mphiti então esfaqueou Eudy várias vezes, antes de jogar seu corpo em um riacho nos fundos do terreno, a apenas duzentos metros de sua casa.

No dia seguinte, o corpo foi descoberto por moradores. O irmão de Eudy foi chamado para identificá-la. A irmã tinha sido esfaqueada 25 vezes, no peito, nas pernas, no rosto e nas solas dos pés.

O ataque contra Eudy se tornou um dos primeiros casos proeminentes de "estupro corretivo" na África do Sul, uma tendência crescente que envolve homens jovens que estupram lésbicas porque acreditam que essas mulheres precisam ser "curadas". No momento em que escrevo não existe lei que reconheça o elemento homofóbico desses estupros alimentados pelo ódio.

Na primeira sentença recebida pelos homens condenados pelo estupro e morte de Eudy, o juiz disse que a orientação sexual dela não tinha "nenhuma importância" no assassinato. Um recurso julgado depois de meses de campanha por parte de grupos de direitos dos homossexuais determinou que era provável que a prática de "estupro corretivo" tivesse cumprido um papel no crime, anulando a primeira decisão. Mphiti e Mvubu receberam longas sentenças de prisão, mas os outros homens foram absolvidos por falta de provas. Foi a primeira vez que um elemento de ódio foi reconhecido pelo sistema judiciário da África do Sul.[1]

* * *

O assassinato de Eudy e os julgamentos posteriores demonstraram como alguns países ainda têm problemas para definir crimes de ódio. O contexto no qual aconteceram o estupro e o assassinato de Eudy mostra com certeza que sua orientação sexual foi central para as motivações dos agressores. Quinhentos casos de "estupro corretivo" são informados por ano na África do Sul, e mesmo depois que o segundo julgamento reconheceu a prática pela primeira vez, ainda há casos em que isso não é considerado. Quase três anos depois do assassinato de Eudy, na mesma localidade, Noxolo Nogwaza, de 24 anos, uma conhecida ativista lésbica com dois filhos, foi estuprada, ferida com cacos de vidro e espancada com blocos de concreto até a morte. O caso não foi registrado como crime de ódio pela polícia ou pelo judiciário. Em uma declaração, o porta-voz do Ministério de Segurança da África do Sul disse que "assassinato é assassinato", e que eles não olhavam para a orientação sexual quando realizavam suas investigações.[2]

Este capítulo lida com a segunda subpergunta que preocupa os cientistas que estudam o ódio: quantos crimes de ódio realmente acontecem? A estatística oficial sobre crimes de ódio em qualquer país reflete mais o processo de informação, registro e processamento do que o número real de crimes de ódio que são cometidos. A maioria dos crimes de ódio fica fora do radar oficial em todos os países. Os EUA e o Reino Unido aparecem muito neste livro. Isso se deve ao volume de pesquisa científica realizada nesses países, o que, por sua vez, acabou moldando a forma como os governos têm tentado lidar com o problema. Governos que têm um bom histórico no tratamento dos crimes de ódio desenvolveram mecanismos para contabilizar casos de ódio, incluindo leis para guiar as ações das agências de segurança e departamentos de estatística que analisam grandes pesquisas nacionais sobre vítimas. Para que esses mecanismos sejam criados, é preciso um reconhecimento geral de que, de fato, existe um problema no país.

Quando isso é aceito, as estatísticas de crimes de ódio são usadas pelos governos e outros setores para monitorar tendências ascendentes e descendentes. Essas tendências são moldadas por três fatores.

## Como e quando são contados

Em primeiro lugar, as leis são específicas de cada região e, portanto, podem variar de acordo com cada estado ou país. Em alguns casos, as forças policiais e os advogados devem resolver em qual jurisdição um crime pode ter sido cometido, por exemplo, se um criminoso tiver cruzado as fronteiras de um estado e, portanto, qual legislação deve ser aplicada. A certeza é que não existem leis universais contra crimes de ódio, e isso significa que não podemos esperar que toda pessoa (nem policiais ou promotores) saiba o que é um crime de ódio.

Aumentar o conhecimento das leis entre o público em geral pode incutir a aceitação de que alguns comportamentos constituem crimes de ódio. Pensando pelo outro lado, criar novas leis que criminalizem os comportamentos das minorias, como homens gays, pode motivar os agressores a aumentarem suas atividades e fazer com que cidadãos que antes obedeciam às leis se transformem em criminosos. Vimos como isso aconteceu na Rússia com a introdução da lei de propaganda antigay. As leis agem como uma forma de comunicação do Estado para os cidadãos, apresentando as normas que devem reger os padrões de comportamento. Quando fui agredido no final dos anos 1990, não havia lei protegendo pessoas LGBTQ+ especificamente contra crimes de ódio. Se houvesse, e se meus agressores soubessem que esse tipo de crime tinha uma punição mais severa, talvez tivessem pensado duas vezes antes de pular em cima de mim.

Em segundo lugar, a disposição das vítimas e das testemunhas de se apresentarem para denunciar os crimes para a polícia também pode impactar nas tendências dos crimes de ódio. As comunidades LGBTQ+ no mundo todo foram, em algum momento, controladas e perseguidas pela polícia, e só recentemente esse relacionamento melhorou em algumas grandes cidades do mundo ocidental. As relações entre comunidades negras e a polícia também sofrem com o excessivo policiamento de bairros de minorias étnicas, com abordagens injustificáveis e assassinatos de homens, mulheres e crianças negras desarmadas. Onde a confiança foi corroída entre grupos minoritários e a polícia, é pouco provável que membros dessas comunidades esperem que um policial leve suas queixas de um crime de ódio a sério, e, em casos extremos, podem ter medo de serem vitimizadas uma segunda vez pela polícia. Houve o caso de um rapaz gay no Reino Unido nos anos 1990 que fez uma queixa por ter sido estuprado por outro homem e terminou sendo preso pelo ato de "sodomia". Foi deixado uma noite na cela sem cuidados médicos ou psicológicos.[3]

Em terceiro lugar, as tendências dos crimes de ódio também são afetadas por níveis de aceitação entre os policiais de que esses crimes aconteceram. Esse é o final do processo de geração de estatísticas que muitas vezes é negligenciado na pesquisa.* Em minhas entrevistas com policiais, ficou claro que registrar um incidente como crime de ódio começa um processo que consome mais tempo do oficial e da polícia em comparação com outros crimes. No Reino Unido, a definição de crime de ódio tem como base a perspectiva — se a vítima ou a testemunha acha que uma identidade minoritária foi alvo de hostilidade, elas têm o direito legal de que o ato seja registrado como crime de ódio, independente das provas. Mas quando se trata de processar o suposto agressor, é preciso provas das motivações, e uma declaração da vítima não é suficiente para garantir a condenação. É necessário ter provas sólidas: talvez processos anteriores por crime de ódio, o pertencimento a grupos de extrema direita ou o uso de insultos de ódio durante o ataque ouvidos por terceiros. A polícia sabe disso (mas a vítima, geralmente, não), portanto, eles podem tentar uma espécie de negociação com a vítima para descobrir "o que realmente aconteceu". Às vezes o resultado pode ser que o elemento de "ódio" de um crime seja descartado por falta de provas essenciais para assegurar uma condenação.**

---

* Podem existir estágios posteriores, como decisões nas quais os crimes são enviados a agências governamentais que publicam relatórios estatísticos para o público. Crimes de ódio menores, como desordem pública, podem não ser repassados para as agências governamentais pela polícia.

** Esse processo também evita criar a falsa esperança na vítima de que os agressores serão condenados por crime de ódio. O fracasso na condenação pelo elemento de ódio de um crime é a razão mais citada pela insatisfação das vítimas com o processo judicial nos casos de crime de ódio na Inglaterra e no País de Gales (ver M. L. Williams e J. Tregidga, "All Wales Hate Crime Research Project: Final Report", Cardiff: Race Equality First, 2013).

## A *distorção no mundo do ódio*

Todos os três fatores, criminalização, disposição da vítima e da testemunha de denunciar e treinamento policial se combinam para produzir um padrão nas estatísticas dos crimes de ódio no mundo. O Mapa 1 (um coroplético) na seção de imagens mostra o número total de crimes de ódio em 2019 por países que enviam informações ao Office for Democratic Institutions and Human Rights (Odihr).* Esse mapa mostra diferentes cores para os países em razão da frequência dos crimes de ódio registrados pela polícia em cada nação, com tons mais frios de verde e azul indicando níveis baixos, e tons mais quentes de laranja e vermelho indicando níveis altos.

O Reino Unido, um dos menores países no mapa, está pintado de vermelho-escuro, indicando o maior número de crimes de ódio (cerca de 105 mil na Inglaterra e no País de Gales).** Esse é um número muito mais alto do que o registrado nos EUA e na Rússia, que contam com uma população muito maior. Nos EUA, houve 7.314 incidentes de ódio registrados (8.559 delitos — podem ocorrer mais de um delito em um incidente, como vandalismo e agressão) em 2019, um número muito menor que o do registro britânico. Baseando-se nessas comparações, o Reino Unido parece ser um país incrivelmente intolerante e cheio de ódio. Essa suposição fica ainda mais gritante quando olhamos para o Mapa 2 (um cartograma) na seção de imagens. Em um cartograma, o tamanho de cada país representa o volume do que está sendo medido, em nosso caso, os crimes de ódio informados à polícia. Através das lentes das estatísticas de crime de ódio, o mundo parece pouco familiar, com o Reino Unido dominando o planeta, e a maioria da Europa, Ásia e Rússia espremida em uma fração do tamanho real. Mas é uma lente deformada que diz mais sobre como os crimes de ódio são informados, registrados e processados em diferentes países do que sobre a real

---

\* No Reino Unido, isso inclui crimes de ódio contra raça, religião, orientação sexual, deficiência e identidade transgênero. Nem todos os países reconhecem os crimes de ódio em todas essas categorias (ver hatecrime.osce.org). Alguns países que possuem estatísticas de crime de ódio não estão incluídos neste mapa.

\*\* O total para Inglaterra e no País de Gales exclui a Grande Manchester devido a questões técnicas dos sistemas da polícia.

predominância da vitimização. Colocado de forma diferente, o Reino Unido é provavelmente o melhor país na informação, registro e processamento de crimes de ódio no mundo, enquanto a maioria dos outros é bastante deficiente nesse aspecto.

Talvez o mais surpreendente seja o baixo número de crimes de ódio informados ao FBI pelos departamentos de polícia nos EUA. O Mapa 3 na seção de imagens mostra o "lado oculto" do crime de ódio registrado pela polícia nos EUA. Cada ponto representa um departamento de polícia que serve a mais de 10 mil pessoas e que informou zero crime de ódio em sua jurisdição em 2019.* O mapa mostra alguns pontos surpreendentes onde se poderia esperar ver algum volume de crimes de ódio informados. Estados como Texas e Flórida, lares de mais de sessenta grupos de ódio organizados, incluindo a KKK, estão tomados por pontos nebulosos que precisam de uma análise mais profunda.

Uma alternativa mais útil a esses números oficiais da polícia é encontrada nas estatísticas produzidas por pesquisas nacionais de vitimização de crimes. Se você for um dos sortudos participantes da amostra, receberá um entrevistador indicado pelo governo, que espera que você não bata a porta na cara dele quando lhe pedir que responda uma série de perguntas. Se você for educado, como eu, se sentará pacientemente por uma hora enquanto o estranho pergunta como foi sua vida no último ano, incluindo sua experiência com crimes. Como esses entrevistadores não são policiais e tendem a ser mais gentis e interessados, com todo o tempo do mundo para saber mais sobre sua vida, eles conseguem boas informações. Isso inclui experiências de crime de ódio que você pode ter sofrido, mas não se preocupou em informar à polícia por algum motivo. Em criminologia, usamos essas pesquisas com as vítimas para fornecer reflexões mais precisas sobre a realidade.

Comparando Reino Unido e EUA, os dados mais recentes da Pesquisa sobre Crimes para Inglaterra e País de Gales mostraram 190 mil crimes de

---

* Mapa adaptado de uma visualização similar de registros policiais mostrando crimes de ódio zero/baixos produzido pelo Projeto Documentar o Ódio da ProPublica.

ódio por ano em média (2017–2020),* enquanto a Pesquisa Nacional sobre Vitimização de Crimes nos EUA mostra cerca de 204.600 crimes de ódio de todos os tipos por ano (média de 2013–2017).** As duas pesquisas definem e medem os crimes de ódio mais ou menos da mesma maneira, embora a pesquisa do Reino Unido inclua a motivação por gênero e a pesquisa dos EUA, não.

Isso diminui a diferença entre países de forma considerável, mas ainda há algo pouco convincente nos dados dos EUA, já que a população é cinco vezes maior do que a do Reino Unido. Os EUA também são mais etnicamente diversos (cerca de 72% da população é branca, enquanto, no Reino Unido, esse percentual é de 87%), o que significa que há mais minorias étnicas para vitimizar (e crimes de ódio racial são geralmente predominantes).*** Então, o que poderia estar acontecendo para impedir que indivíduos informem crimes de ódio à polícia e aos entrevistadores do governo no país com a maior população imigrante e o maior número de grupos de ódio organizados do planeta?****

---

\* É perguntado às vítimas qual a percepção que têm sobre as motivações do agressor para o incidente, que é uma medida indireta do ódio. Cinquenta e cinco por cento desses crimes foram percebidos como motivados racialmente, 26% como motivados por deficiências, 22% por religião, 12% por homofobia e 4% por identidade transgênero. O total não soma 100% por arredondamento e porque mais de um tipo de viés pode ser atribuído a cada incidente. O mais importante é que esses números excluem crimes nos quais nenhuma vítima individual pôde ser identificada ou entrevistada, como em alguns tipos de desordens públicas (por exemplo, insultos raciais que não têm como alvo um indivíduo, mas um grupo) e no homicídio. O primeiro tipo constitui uma quantidade significativa de crimes de ódio denunciados à polícia no Reino Unido.

\*\* Cinquenta e sete por cento desses crimes de ódio foram motivados por raça, 27% foram motivados por identidade transgênero, 26% foram motivados por homofobia, 16% por deficiência e 8% motivados por religião. O total não soma 100% por arredondamento e porque mais de um tipo de viés pode ser atribuído a cada incidente. Assim como o CSEW, o NCVS não considera todos os tipos de crime de ódio.

\*\*\* A questão contraditória aqui é que mais minorias étnicas e imigrantes fazem com que os EUA sejam mais multiculturais e mais tolerantes, mas eu argumentaria que esse não é o caso em muitas partes do país, já que os grupos minoritários não estão espalhados da mesma forma em todo o país (eles tendem a se agrupar nas Costas Leste e Oeste, que geralmente são vistas como áreas mais tolerantes).

\*\*\*\* O Southern Poverty Law Centre identificou 940 grupos de ódio operando nos EUA em 2019: https://www.splcenter.org/hatewatch.

## Criminalização do ódio

Para descobrir isso devemos voltar aos vários fatores que compõem as estatísticas de crimes de ódio. Enquanto no nível federal os crimes de ódio estão claramente definidos nos EUA, em nível estadual há variações significativas. Alguns estados têm leis de crimes de ódio abrangentes, enquanto outros não têm nenhuma, não prevendo sequer aumento de pena para crimes motivados pelo ódio (são três no momento em que escrevo: Arkansas, Carolina do Sul e Wyoming, abrangendo cerca de 9 milhões de norte-americanos). A Geórgia estava nessa lista até a introdução da lei de crime de ódio em julho de 2020.

O Arkansas é a suposta sede da Ku Klux Klan e onde mora seu líder, Thomas Robb. A Carolina do Sul foi onde Dylann Roof assassinou nove membros da Igreja Metodista Episcopal Africana Emanuel, em Charleston, no ano de 2015. Seus crimes não puderam ser julgados pelo estado como motivados por ódio, e ele só pôde ser acusado por crimes de ódio em nível federal. O Wyoming foi o lar e, agora, última morada de Matthew Shepard, o estudante que, por ser gay, foi torturado e assassinado por Aaron McKinney e Russell Henderson em 1998. O assassinato provocou indignação nacional e, em 2009, resultou na aprovação de legislação federal sobre crime de ódio, que ampliou os grupos protegidos e incluiu indivíduos LGBTQ+.[*] A Geórgia foi onde Ahmaud Arbery, que estava desarmado, foi perseguido e assassinado a tiros enquanto praticava corrida no dia 23 de fevereiro de 2020. Os dois agressores brancos, Travis McMichael e seu pai, Gregory, foram acusados de assassinato mais de dez semanas depois, mas sem reconhecimento oficial de sua motivação racial.

A possibilidade de aplicação da lei federal de crimes de ódio às vezes é usada para justificar a falta de legislação estadual nos EUA, mas este é um argumento falso. Se o crime de ódio em questão é considerado menos grave (por exemplo, assédio racial ou homofóbico), é menos provável que a lei federal seja usada. Nesses estados, ser diferente do padrão cristão heterossexual branco torna sua vida menos segura.

A ausência de leis de crime de ódio abrangentes em nível estadual também diz aos cidadãos que o governo e a polícia locais se importam menos

---

[*] Lei de Prevenção de Crimes de Ódio Matthew Shepard e James Byrd Jr., 2009.

com a vitimização das minorias do que com outros princípios, como o de liberdade de expressão. Nesses contextos, é menos provável que a noção de "crime de ódio" seja compreendida pela vítima — e menos ainda por uma testemunha — em crimes que incluam elementos de preconceito contra um aspecto de identidade. Podemos então esperar que grupos minoritários nos estados norte-americanos sem leis contra crime de ódio ou com uma legislação limitada consigam se reconhecer como vítimas de crimes de ódio e reportá-los à polícia?

## Sophie

Nas primeiras horas do sábado, 11 de agosto de 2007, Sophie Lancaster, de vinte anos, e seu namorado Robert Maltby, de 21, estavam voltando de uma festa na casa de um amigo na pequena cidade de Bacup, Lancashire. No caminho, eles pararam em um posto de gasolina na Market Street para comprar cigarros.

Namoravam havia dois anos e tinham planos de entrar na universidade em outubro. Formavam um casal solitário, geralmente não saíam muito, mas de vez em quando se reuniam com os góticos locais. O visual deles era diferente — cabelos trançados com fitas de cores vivas e piercings no nariz e nos lábios — e já tinha atraído atenção indesejada no passado. Desafiadores e com espírito livre, Sophie e Robert nunca mudaram a aparência e formavam um belo casal. Apenas um mês antes, eles tinham conversado sobre casamento.

No posto, encontraram um grupo de adolescentes na porta. Começaram a conversar, amigavelmente, e deram a eles uns cigarros que tinham acabado de comprar. Em vez de irem para casa, Sophie e Robert decidiram ir com os garotos até a pista de skate ali perto.

Ao chegarem, foram apresentados a outros membros do grupo, incluindo Ryan Herbert, de dezesseis anos, e Brendan Harris, de quinze. Os dois garotos não gostaram muito da chegada dos dois góticos, ou *moshers*, como se referiam a eles com desprezo. Herbert e Harris mostraram sua desaprovação indo para o outro lado da pista de skate.

Sophie e Robert continuaram a conversar com os novos amigos, e seus piercings atraíam muita atenção. Enquanto isso, vários outros garotos se juntaram a Herbert e Harris. Todos ficaram escutando a conversa e olhando para eles. Um dos garotos chamou o amigo que estava conversando com Robert: "Por que você trouxe essas aberrações para cá? Vamos descer a porrada nele!". O clima mudou rapidamente. Harris pulou sobre Robert, acertando um soco na cabeça dele. "Sai de cima dele!", gritou Sophie. Um grupo atacou Robert e o jogou no chão. Eles o chutaram de todos os ângulos, até que ele perdeu a consciência.

Sophie pedia para que parassem e colocou seu corpo entre Robert e seus agressores. Ela protegia a cabeça dele e gritava. O grupo mandou que saísse, mas ela se recusou a abandonar o namorado.

Herbert chutou Sophie tão forte que ela cambaleou para trás e caiu no chão. Harris então se juntou ao ataque. Sophie foi simultaneamente chutada na cabeça pelos garotos, de ambos os lados. Herbert deu o golpe final no crânio dela. A força do impacto foi tão grande que o rosto de Sophie ficou marcado com a sola do tênis dele.

Os ferimentos no rosto de Sophie e de Robert foram tão terríveis que os paramédicos não conseguiram identificar o sexo dos jovens ao chegarem ao local. Enquanto as vítimas eram levadas ao hospital, os garotos ficaram se vangloriando do ataque para outras pessoas: "Há dois *moshers* quase mortos no parque Bacup... Vocês precisam ver, estão bem ferrados", disse Herbert.

Robert acabou recuperando a consciência no hospital, mas tinha perdido a memória daquela noite. Sophie ficou em coma por treze dias e morreu nos braços da mãe, depois que a família concordou em desligar os aparelhos que a mantinham viva.

Cinco garotos foram presos depois do ataque. Durante o interrogatório, a polícia disse que Harris estava "rindo e brincando" sobre o ataque com sua mãe. Harris e Herbert foram condenados por homicídio doloso e os outros garotos, por lesão corporal grave dolosa.

Na sentença, o juiz declarou: "Estou convencido de que a única razão para todo esse ataque sem motivo foi que Robert Maltby e Sophie Lancaster foram escolhidos apenas com base na aparência, porque tinham um visual e se vestiam de forma diferente de vocês e seus amigos... Esse foi um caso terrível que chocou e indignou a todos. Os animais selvagens, pelo menos, quando caçam em bando, têm um motivo legítimo para fazer isso, que é conseguir comida. Vocês não têm nenhum, e seu comportamento naquela noite degrada a própria humanidade".

Harris e Herbert foram condenados à prisão perpétua, e os outros garotos receberam entre quatro e seis anos.[4] A história da brutal agressão e do assassinato está bem retratada no filme da BBC, *Murdered for Being Different*, de 2017.

A agressão contra Sophie e Robert não foi incluída nas estatísticas oficiais da polícia sobre crimes de ódio em 2007. Apesar de o país ter algumas das leis mais inclusivas no mundo, elas ainda estão limitadas a certas características individuais: raça, religião, deficiência, orientação sexual e identidade transgênero. Dessas características, só raça e religião têm legislação específica contra crimes de ódio. Ódio dirigido contra outras características só é tratado no estágio de condenação, quando um juiz pode aumentar a sentença se houver provas de que o crime é qualificado pela hostilidade contra a identidade da vítima.

Diferenças nas leis têm consequências. O juiz no caso de Sophie decidiu que os agressores tinham atacado o casal em razão de sua identidade. Os crimes dos agressores foram considerados qualificados pela hostilidade em relação à identidade gótica das vítimas, e suas sentenças refletiram esse fator agravante. Mas como não existe uma lei específica para crimes de ódio contra subculturas alternativas, eles não foram contabilizados. Tratar grupos de pessoas de forma diferente na legislação transmite a mensagem de que um grupo deve ser menos protegido do que outro.

Como no momento do ataque que sofri não existia o crime de ódio antigay, a polícia teria que registrar minha experiência como um ataque contra meu corpo, não contra minha identidade, caso eu tivesse feito a denúncia. Isso me faz sentir que tenho um pouco menos de importância aos olhos do sistema.

Falta de reconhecimento, até perseguição, é algo que continua acontecendo ao redor do globo. Quem um país ou estado vê como vítima "legítima" continua influenciando muito o número oficial de crimes de ódio. Mesmo nas legislações mais avançadas e inclusivas, ainda existem brechas que dificultam um verdadeiro retrato de todos os crimes motivados pelo ódio.

Para além dos países que reconhecem o crime de ódio em suas leis, a completa ausência de estatísticas em alguns países, como o Japão, pode ser explicada pela constante recusa desses governos de reconhecer que o ódio deveria ser criminalizado ou ter uma punição mais dura. O assassinato em massa no asilo em Sagamihara não foi reconhecido pela polícia ou outras autoridades como crime de ódio contra pessoas com deficiência, apesar de o assassino ter admitido por escrito e em sua confissão que sentia "que era melhor que os deficientes desaparecessem". Embora existam algumas leis antidiscriminação que protegem certos grupos minoritários contra tratamento injusto por agências governamentais e no local de trabalho, não existem leis no Japão que criminalizem agressões motivadas pelo ódio. O mais próximo que o país chegou de aprovar leis específicas foi em 2016, quando apresentou o projeto de lei contra discurso de ódio depois de sofrer duras críticas internacionais pela falta de regulamentação por parte do governo contra as frequentes manifestações e abusos on-line dirigidos à minoria étnica coreana (zainichi) no país cometidos por organizações de ultradireita. No entanto, a Constituição japonesa protege a liberdade de expressão, que é usada para justificar o discurso de ódio. Portanto, a nova lei contém cláusulas para evitar essas manifestações, mas não age contra os manifestantes caso aconteçam.

Para muitos, isso não é o suficiente para o reconhecimento da discriminação e do ódio sofridos por grupos étnicos no Japão.[*] Parte da questão é que o governo não registra a etnia no censo, uma ferramenta que, afirmam, é usada para informar sobre as boas estratégias políticas (o que incluiria a política de justiça criminal, sem dúvida). Esse fato levou alguns a afirmar que o exemplo oficial demonstra que a raça não tem importância na cultura japonesa. O governo japonês declarou que o país é monocultural, monoétnico e homogêneo. Essa é uma posição estranha quando sabemos que centenas de milhares de chineses, sul-coreanos, filipinos e brasileiros vivem lá, sem mencionar os grupos étnicos japoneses minoritários, como os povos ainu e ryukyuano, que sofrem discriminação há centenas de anos.[5]

---

[*] Em dezembro de 2019, o distrito de Kawasaki, em Tóquio, aprovou uma lei que proíbe o discurso discriminatório contra estrangeiros em espaços públicos, com uma punição máxima de 500 mil ienes. O distrito abriga uma das maiores comunidades coreanas da cidade.

O Japão não está sozinho. Dos países que enviam estatísticas oficiais de crimes de ódio para o Odihr, somente uma pequena minoria costuma publicar dados abrangentes, que cobrem várias motivações e tipos de crimes (no momento em que escrevo este livro estão incluídos o Reino Unido, a Finlândia, a Suécia e os Países Baixos). Países como a Rússia, a Bósnia e Herzegovina, Croácia e Sérvia, conhecidos pela presença de um forte clima de tensão étnica e religiosa, informam um baixo número de crimes de ódio. Nesses e em outros países que compartilham características semelhantes, é provável que o conceito de "crime de ódio" esteja perdido em meio a debates mais amplos, que são comuns em nações que passaram por guerras. Nesses contextos, não existem leis apropriadas, a polícia local não está bem treinada e não são desenvolvidos programas governamentais para proteger grupos minoritários contra as perseguições.

## Atos "emblemáticos" de ódio e a criminalização

Infelizmente, muitas vezes é preciso um ato "emblemático" de ódio, um ato tão atroz que atraia atenção internacional, para mudar a situação legal. No caso de Sophie e Robert, embora a lei no Reino Unido não tenha mudado para incluir góticos ou subculturas alternativas como grupo protegido, muitas forças policiais passaram a reconhecê-los. Foi preciso a morte de Sophie para que mudanças ocorressem, mesmo que limitadas. O assassinato racista de Stephen Lawrence em 1993, em Londres, e os vários erros cometidos pela polícia, levaram à legislação contra crimes de ódio do Reino Unido em 1998 (embora tenha demorado mais cinco anos para que outras características além da raça fossem protegidas pela lei e ainda exista um desequilíbrio entre essas características). O assassinato racista de James Byrd Jr. em 1998 no Texas e o assassinato homofóbico de Matthew Shepherd no mesmo ano levaram à criação da legislação contra crimes de ódio em nível federal nos EUA em 2009.

Alguns países que ainda possuem leis inadequadas estão passando por transições similares depois de seus próprios atos "emblemáticos" de ódio. O assassinato racista de Shehzad Luqman em Atenas, no ano de 2013, colocou a legislação sobre o ódio em pauta na Grécia. O ataque de 2007 contra a Marcha do Orgulho Gay em Budapeste levou a mudanças na lei da Hungria para proteger a comunidade LGBTQ+. A tensão violenta entre georgianos e ossetianos do sul por causa da disputa por território, que começou em 1989, e os ataques de 2012 contra uma manifestação LGBTQ+, incluindo a discriminação cometida pela polícia em Tbilisi, inspiraram a mudança na Geórgia. Ainda demorará décadas para que os números dos crimes de ódio reflitam uma fração da verdadeira magnitude da vitimização nesses países e em muitos outros, mas a mudança está acontecendo devido ao trabalho das organizações de direitos humanos e de algumas pessoas inspiradoras.

## Ódio percebido versus ódio provado

Além de um reconhecimento geral na legislação de que o crime de ódio existe e deve ser punido, existem outros detalhes muito importantes.[6] Há muitos exemplos para listar aqui, mas um deles que influencia bastante a contagem de crimes de ódio é a definição de crime de ódio no estágio de registro policial. Uma definição mais ampla de crime de ódio é "baseada na percepção", o que significa que a polícia contabiliza o crime de ódio quando a vítima percebe que foi alvo do crime por causa de sua identidade ou essa é a compreensão da testemunha. A definição alternativa é estritamente "baseada em provas", o que significa que a polícia registra o ato como crime de ódio somente quando as provas sustentam essa conclusão, independentemente do que perceberam a vítima e a testemunha. As provas poderiam incluir o uso de insultos racistas ou homofóbicos durante o crime, a presença de iconografia extremista, uma ligação conhecida entre o perpetrador e um grupo extremista (seja on-line, off-line ou ambos), e/ou um histórico prévio de outros crimes de ódio.

A definição baseada em provas pode parecer razoável, mas não reconhece que nem todos os atos de ódio são acompanhados por uma declaração ou símbolos de ódio marcados na pele ou nas paredes declarando a motivação. E nem todos são cometidos por intolerantes com históricos anteriores. A situação se complica quando a vítima declara que houve insultos durante o ataque, mas não há testemunhas. A limitação da definição baseada em provas inevitavelmente significa que menos crimes de ódio são contabilizados. O Reino Unido adota uma postura baseada em percepção, enquanto muitos outros países adotam a alternativa. Isso explica parcialmente a alta contagem de crimes de ódio por parte da polícia no Reino Unido em comparação com outros países.

Enquanto a postura da definição baseada em percepção tem maiores chances de incluir os crimes de ódio, um lado negativo é sua incompatibilidade com as exigências de um julgamento. Em 2018 ocorreram 111.076 crimes de ódio segundo a polícia britânica, mas somente 18.055 foram a julgamento. Algumas dessas discrepâncias ocorrem porque crimes de ódio menos sérios são resolvidos no ato pela polícia (chamada disposição extrajudicial), quando o agressor admite a culpa e a vítima decide qual é a punição comunitária. A dificuldade de localizar o agressor de um crime de ódio, especialmente quando se trata de atos violentos aleatórios cometidos por estranhos, também pode terminar em um registro policial que não chega à fase judicial. Mas a fonte mais provável dessa "brecha na justiça" é a desistência da vítima e a falta de provas sólidas de que um crime foi motivado pelo ódio.

É muito difícil provar, com convicção, que um ato criminoso (o que os advogados chamam de *actus reus*) é resultado de uma atitude de ódio contida dentro da mente do perpetrador (chamado de *mens rea*). Um advogado pode facilmente demonstrar que um ato criminoso foi cometido, mas é muito mais difícil provar que o ato foi motivado por ódio contra a identidade da vítima. Mesmo se a vítima afirmar que um insulto de ódio foi usado durante o ataque, pode ser que não haja testemunhas para comprovar. A defesa também poderia argumentar que o insulto foi motivado por medo ou raiva, e não por ódio. Essas complexidades significam que somente os crimes de ódio mais evidentes chegam à fase judicial — aqueles cujas testemunhas ouviram o uso de insultos ou viram símbolos de ódio (demonstrando hostilidade), cujo réu tinha um histórico de agressões de ódio, e/ou ligações com ideologias extremistas (demonstrando motivação).*

---

* A Seção 145 da Lei de Justiça Criminal 2003 (Inglaterra e País de Gales) impõe o dever de aumentar a sentença por qualquer crime cometido quando: a) o agressor demonstra hostilidade contra a vítima com base no pertencimento (real ou suposto) da vítima a um grupo racial ou religioso; ou b) o ataque foi motivado (total ou parcialmente) por hostilidade contra membros de um grupo racial ou religioso tendo como base seu pertencimento àquele grupo. Essas são as alternativas. Isso significa que em um caso no qual a demonstração de hostilidade possa ser provada, não há necessidade de também provar a motivação e

Nos países que desenvolveram boas leis e que operam com definições amplas, qualquer diferença significativa na contagem dos crimes de ódio ocorre por causa da relação entre cidadãos e a polícia.

## A *polícia e o ódio*

### Frank

Na madrugada de 24 de outubro de 2004, os amigos Frank Jude Jr. e Lovell Harris, ambos negros, foram à festa de inauguração de uma casa no bairro de classe média branca de Bay View em Milwaukee, Wisconsin. O anfitrião da festa era um policial local, Andrew Spengler, e quando os dois homens negros chegaram, muitos dos convidados já estavam bêbados.

Frank e Lovell foram convidados por duas mulheres brancas, Katie Brown e Kirsten Antonissen, e a chegada do quarteto gerou desaprovação e burburinho entre muitos dos convidados. Quando Katie e Kirsten foram ao banheiro juntas, Spengler, com quatro policiais amigos, começaram a questionar Frank e Lovell: "Com quem vocês vieram?"; "Quem conhecem na festa?"; "Trouxeram algo para beber?".

Por volta das 2h45 da madrugada, os quatro saíram da festa porque não se sentiam bem-vindos. Quando eles estavam indo para o carro, Spengler e cerca de nove policiais de folga quiseram impedir. O distintivo de Spengler tinha desaparecido, e Frank e Lovell eram os principais suspeitos. Quando os dois homens negaram ter roubado o distintivo e se recusaram a sair do carro, um dos policiais gritou: "Crioulo, podemos te matar!".

Os policiais começaram a balançar o carro e quebraram os faróis enquanto Lovell gritava por ajuda dos vizinhos.

"Cala a boca, crioulo, esse é o nosso mundo!", disse um dos policiais.

Quando as duas mulheres saíram do carro para mostrar as bolsas, quatro policiais agarraram Frank pelas pernas. Ele se agarrou no assento do carro temendo por sua vida, enquanto os quatro homens o puxaram até

---

vice-versa. (CPS 2020, Racist and Religious Hate Crime — Prosecution Guidance). A Lei de Crime e Desordem de 1998 cria situações específicas para crimes que demonstrem hostilidade em relação à raça ou religião, ou mostrem motivações de ódio.

tirá-lo do carro. Depois de arrastá-lo pelo chão, eles se voltaram para Lovell e também o arrancaram do carro. A revista infrutífera dos dois homens serviu para intensificar a violência.

Um dos policiais, munido de uma faca, obrigou Lovell a caminhar alguns metros pela rua, pressionando a arma contra sua nuca. Depois que Lovell foi instruído a se sentar no meio-fio, o policial perguntou, de forma ameaçadora: "Quem você pensa que é, crioulo?".

Ele continuou em silêncio. O policial lentamente passou a faca pelo rosto de Lovell, resultando em um corte profundo. Lovell lembra-se de que o policial sentiu prazer durante o ataque.

"Agora vou enfiar essa faca na sua bunda, crioulo", disse o policial.

Quando ele mandou a vítima se levantar, Lovell aproveitou. Saiu correndo pela rua escura com as mãos no rosto ensanguentado.

Enquanto isso, dois policiais seguravam os braços de Frank para trás, ao passo que os outros se revezavam para surrá-lo. Depois de levar muitos golpes no corpo, Frank caiu no chão, onde foi chutado várias vezes na cabeça. Seu rosto estava banhado em sangue.

O "interrogatório" continuou. Enquanto dava um forte mata-leão, um policial perguntava pelo distintivo. Frank repetia que não sabia de nada sobre distintivo algum e pedia que parassem. Depois de um golpe forte contra sua cabeça, Frank perdeu a consciência por um momento e caiu de costas no chão com um forte baque.

Enquanto a violência se desenrolava, Kirsten conseguiu chamar a polícia: "Estão dando uma surra nele!", ela gritou ao celular.

Spengler notou que ela estava ao celular e mandou que desligasse. Quando Kirsten não obedeceu, ele torceu o braço dela para trás, arrancou o telefone e jogou-o contra o carro, quebrando-o em pedaços. Katie tentou ligar para a polícia, mas seu telefone também foi apreendido. Os demais convidados apenas observavam da varanda. Os telefones deles permaneceram nos bolsos e bolsas.

Por volta das três horas da manhã, dois policiais que estavam de plantão chegaram à cena. Para horror de Katie e Kirsten, o ataque continuou com a participação de um dos policiais. Depois que Frank foi algemado no chão, a violência tomou um rumo ainda mais absurdo. Um policial tirou uma caneta do bolso e sussurrou para Frank: "Vai me contar onde está o distintivo ou vou enfiar essa caneta no seu ouvido".

O policial cumpriu sua ameaça. Com um forte golpe, enfiou a caneta até o fundo do ouvido de Frank, que começou a sangrar muito. Os gritos de Frank não foram suficientes para evitar que o policial fizesse o mesmo no outro ouvido. A tortura continuou com dois outros policiais dobrando vários dos dedos de Frank para trás até quebrá-los. Nesse ponto, Frank se lembra de estar "chorando como um bebê". "Por favor, parem, por favor", pedia.

De todos os lados, os policiais atacavam Frank, os punhos desciam rápido e pesados. Um policial abriu as pernas de Frank e chutou sua virilha com tanta força que ele saiu do chão. Quando Frank se dobrou sobre sua virilha por causa da dor, o policial que estava de serviço aproveitou para pisotear sua cabeça até ouvir o som dos ossos quebrando.

O dono da festa, então, apontou uma arma para a cabeça de Frank e disse: "Sou a porra da polícia. Posso fazer o que quiser. Eu poderia te matar".

Em um esforço final para encontrar o distintivo perdido, os policiais enfurecidos destruíram o carro e cortaram as roupas de Frank com uma faca. Não encontraram nada. A violência só parou quando um terceiro policial chegou ao local. Parou porque Frank foi preso, apesar de não ter revidado em momento algum durante sua brutal tortura. O policial encontrou Frank sangrando, sem roupas, na rua, incapaz de se levantar.

Ele levou imediatamente Frank para hospital, onde a médica do pronto-socorro sentiu-se obrigada a tirar fotografias como provas porque os ferimentos eram incomuns e extensos. Ele tinha lesões no couro cabeludo, rosto, ouvidos, pescoço, peito, abdome, costas, braços, pernas, nádegas e períneo. Em vinte anos de medicina de emergência, a médica nunca tinha visto lesões como aquelas. Depois do exame inicial, Frank agarrou a médica pela mão e pediu que ela não o deixasse sozinho porque tinha medo de que seus agressores voltassem para "terminar o que começaram".[7]

Nos dias seguintes ao terrível ataque e à tortura de Frank Jude Jr. e Lovell Harris, nenhum dos policiais foi preso, e o departamento de polícia não quis cooperar. Somente depois que um jornal local publicou as fotos tiradas pela médica das chocantes lesões de Frank e detalhou os prováveis danos permanentes que ele poderia sofrer, algo aconteceu.

Manifestações públicas nos dias seguintes à publicação da matéria pressionaram a polícia de Milwaukee a demitir os envolvidos. Mas em um julgamento estadual, Spengler e dois outros policiais foram absolvidos por um júri totalmente branco, com base em falsos testemunhos fornecidos por policiais e convidados da festa. Algumas das testemunhas alegaram que tinham "sofrido perda de memória".

Os protestos que aconteceram depois do veredicto levaram a uma investigação federal. No final, sete dos policiais envolvidos foram condenados. Alguns dos policiais de folga que participaram com gritos de incentivo acabaram voltando ao trabalho e puderam continuar a patrulhar as ruas de Milwaukee.


Fiquei totalmente horrorizado quando li sobre o caso. Respeito o trabalho dos policiais. Esse respeito é resultado do meu trabalho de pesquisa com a polícia, mas também vem do fato de que minha irmã e o marido dela se tornaram policiais logo depois que iniciei meu doutorado. Sei como o fato de exercerem esse tipo de trabalho afeta toda minha família, e como eles, assim como muitos outros policiais, arriscam a vida para nos proteger. Acredito que a polícia é o público, e o público é a polícia.

A polícia só consegue fazer seu trabalho de forma eficiente se as pessoas às quais ela serve aprovam seu papel, sua autoridade, suas ações e seu comportamento. Confiamos que a polícia protegerá *todos* nós e não discriminará e protegerá apenas alguns. Quando ocorre um abuso dessa confiança, o respeito diminui e, em casos extremos, a legitimidade da polícia acaba minada. Deixamos de reconhecer a polícia como um serviço que funciona para o bem das pessoas e, em vez disso, vemos uma organização corrupta e interessada só em si mesma. No pior dos casos, isso leva à quebra da ordem social, os cidadãos questionam e desobedecem, de forma deliberada, a lei que os policiais são contratados para garantir. No melhor dos casos, os cidadãos se desvinculam da polícia — eles se recusam a cooperar com investigações, a se apresentar como testemunhas e a reportar crimes. Essas respostas foram vistas por todos os EUA depois do assassinato de George Floyd pelo policial Derek Chauvin, de Minneapolis, em maio de 2020.

A confiança na polícia e a correspondente disposição a cooperar podem influenciar a contagem de crimes de ódio. Mesmo quando alguém sabe que foi vítima de crime de ódio, fazer a denúncia à polícia depende da confiança que se deposita nela. Na Rússia, Alexei nunca denunciou os ataques que havia sofrido por medo de perseguição, e mesmo se tivesse, é duvidoso que a polícia teria levado a denúncia a sério.

Não denunciei o ataque de ódio que sofri há mais de vinte anos. Por quê? Não queria contar ao policial que era gay. Crescer e frequentar a escola no fim dos anos 1980 em uma pequena vila no País de Gales moldou o meu pensamento sobre as autoridades. A Seção 28 da Lei de Governos Locais foi introduzida em 1988 no governo de Thatcher e dizia que os professores não podiam discutir ou promover a "aceitação da homossexualidade como uma suposta relação familiar", e a polícia era conhecida por perseguir e armar falsas acusações de "crimes sexuais" contra os gays. A Seção 28 só foi revogada em 2003.

Nos EUA, o relacionamento entre as comunidades negras e a polícia foi marcado pela brutalidade policial e por casos de assassinato nas últimas décadas. Muitos casos atraíram bastante atenção da mídia, incluindo os de Frank Jude Jr. e Lovell Harris em Milwaukee, Wisconsin, em 2004; Sean Bell em Nova York, em 2006; Oscar Grant em Oakland, Califórnia, em 2009; Trayvon Martin em Sanford, Flórida, em 2012; Michael Brown em Ferguson, Missouri, em 2014; Breonna Taylor em Louisville, Kentucky, em março de 2020; George Floyd em Minneapolis, Minnesota, em maio de 2020; Tony McDade em Tallahassee, Flórida, em maio de 2020 e Rayshard Brooks em Atlanta, Geórgia, em junho de 2020.

As pesquisas do professor Matthew Desmond e colegas nas universidades de Harvard, Yale e Oxford notaram que, nos EUA, existe uma clara disparidade racial relacionada ao uso da força pela polícia. É muito mais provável que adolescentes e adultos negros sejam espancados e mortos pela polícia mesmo quando outros fatores são considerados (tais como resistência à prisão e treinamento do policial).[8] Desmond e seus colegas procuraram testar o efeito dos casos bastante divulgados de brutalidade policial sobre a disposição da comunidade negra para denunciar crimes para a polícia. A hipótese era de que casos famosos de brutalidade policial contra homens negros desarmados reduziria o número de denúncias nos bairros negros — a teoria era que casos de brutalidade reduzem a confiança na polícia e isso pode resultar na falta de engajamento.

Os pesquisadores focaram o efeito do ataque contra Frank Jude Jr. e Lovell Harris. Eles mediram o número de ligações para o 911, número de emergência da polícia, antes e depois da notícia sobre o ataque. No ano após a divulgação do ataque, foram feitas cerca de 22.200 ligações a menos em Milwaukee, representando uma redução de 20% em relação ao ano anterior. A queda foi muito mais acentuada nos bairros negros, com uma redução de 13.200 ligações, enquanto nos bairros brancos foram 8.800 a menos. Mas a maior preocupação para os pesquisadores foi o tempo que a redução pareceu durar nos bairros negros. Com base nos cálculos deles, a redução nesses bairros durou bem mais que um ano após a divulgação do acontecimento. Nos bairros brancos, a redução durou somente sete meses.

Os pesquisadores também descobriram que o assassinato de Sean Bell pela polícia no Queens, Nova York, um dia antes de seu casamento em 2006, teve um efeito na redução de ligações ao 911 nos bairros negros de Milwaukee. Essa análise forneceu provas de que casos não locais de assassinatos cometidos pela polícia também impactam na denúncia de crimes locais. O estudo concluiu que casos de brutalidade policial podem ter um efeito nacional na redução de ligações ao 911, e que isso tem maior probabilidade de impactar os bairros negros do que os brancos em termos de volume e duração.

A falta de denúncias leva a um ciclo vicioso no qual a ausência de policiamento e prisão de criminosos pode significar uma liberação no aumento de casos, tornando os bairros negros menos seguros. No estudo de Milwaukee, os índices de homicídio aumentaram 32% nos seis meses seguintes ao caso de Frank Jude Jr., quando houve uma diminuição de 22 mil ligações feitas à polícia. Aquele verão foi o mais letal na cidade em sete anos.

O assassinato de Trayvon Martin, adolescente desarmado de dezessete anos, cometido por um vigilante de bairro na Flórida em 2012, resultou em protestos e passeatas por todos os EUA, e depois da absolvição do atirador, o presidente Obama falou em um discurso: "Eu poderia ser Trayvon Martin há 35 anos".[9] O assassinato de Michael Brown, de dezoito anos, em Ferguson, Missouri, em 2014 por um policial branco que o alvejou com seis tiros no peito, incitou três rodadas de protestos — depois do assassinato, durante o

64 *Matthew Williams*

julgamento, considerado incomum e tendencioso, e na absolvição do policial em questão. Um ano depois, uma investigação do Departamento de Justiça descobriu que o Departamento de Polícia de Ferguson tinha se envolvido em más condutas ao discriminar afro-americanos. Como consequência do tiroteio, Obama se comprometeu a investir 75 milhões de dólares em câmeras corporais para policiais com o objetivo de fornecer mais provas em futuros julgamentos dessa natureza. O assassinato de George Floyd pela polícia por estrangulamento em Minneapolis no ano de 2020 resultou na acusação de homicídio culposo contra o policial envolvido, em tuítes do presidente Trump incitando a violência, em protestos no mundo todo e no pior levante civil nos EUA desde o assassinato de Martin Luther King Jr., em 1968.

A ampla cobertura local, nacional e global desses incidentes e de outros similares inevitavelmente levou à quebra da confiança nos funcionários dos governos regionais e nas polícias entre grandes parcelas da população. A falta de denúncias de vitimização criminosa dentro das comunidades negras, como resultado disso, significa que milhares de casos de crime de ódio não foram registrados nas estatísticas oficiais.

## O REGISTRO DE CRIMES DE ÓDIO ESTÁ AUMENTANDO?

Há questões em aberto em relação ao aparente aumento no registro de crimes de ódio pela polícia. Muitos à direita do espectro político preferem evitar a associação entre eventos como a votação do Brexit ou a eleição de Donald Trump com o aumento de crimes de ódio na história recente. Eles argumentam que mudanças nos registros e nas denúncias é o que explica a tendência ascendente.

Esses argumentos não podem ser totalmente descartados. Nos últimos dez anos, as polícias do Reino Unido, EUA e muitos outros países investiram muito em recursos adicionais para financiar campanhas voltadas ao aumento das denúncias de crimes de ódio por vítimas e testemunhas. Essas campanhas se concentraram em desafiar os motivos pelos quais até 50% dos crimes de ódio não foram denunciados no passado: desconfiança da polícia e medo de vitimização secundária contra comunidades minoritárias, e preocupação com o agravamento da situação (por exemplo, quando o agressor é um vizinho). As provas sugerem que as campanhas estão funcionando. Felizmente, a cultura policial em muitos países mudou profundamente nas últimas décadas, e os policiais participaram de muitos treinamentos para reconhecer os crimes de ódio e aumentar a detecção e o registro. Há poucas dúvidas de que o aumento em denúncias de crimes de ódio registrados pela polícia na última década deve ser atribuído a esses fatores.

Mas o impressionante aumento de crimes de ódio perto da votação do Brexit, da eleição de Trump e depois de ataques terroristas bastante divulgados não pode ser explicado apenas por esses fatores. Na época da votação do Brexit, segundo um editorial do *Spectator*: "Talvez o referendo tenha levado a um aumento no crime de ódio. Mas talvez não tenha. Apesar dos artigos raivosos culpando o Brexit, a única coisa clara é que não há provas de nenhum dos lados".

Em busca de uma resposta definitiva, a equipe do Gabinete de Pesquisas Comportamentais no Reino Unido e meu HateLab, na Universidade de Cardiff, começaram a gerar um quadro completo do crime de ódio no Reino Unido, juntando todas as fontes de informações, desde registros policiais a dados sobre postagens no Facebook. Contrapondo as manchetes de jornais de direita como "Grande mito de que Brexit gera crimes de ódio" do *Daily Mail*, conseguimos provar que a votação do Brexit e as narrativas polarizadoras divisionistas apresentadas pelas campanhas Leave.EU e Vote Leave levavam diretamente a um aumento genuíno de crimes de ódio, algo que continuou por vários anos.

Nossa primeira hipótese era de que as campanhas pela saída legitimavam, durante um período temporário, os crimes de ódio contra membros do exogrupo em uma tentativa de proteger os recursos do endogrupo, sejam econômicos (por exemplo, ameaças aos empregos, moradia, tempo de espera nos hospitais públicos) ou simbólicos (por exemplo, ameaças ao "nosso estilo de vida"). Nas semanas anteriores à votação, as campanhas a favor do Brexit intensificaram as acusações de que esses recursos estavam sendo ameaçados pelos migrantes da UE. As duas questões mais cobertas na imprensa nas semanas anteriores ao plebiscito foram imigração e economia, com determinados grupos (turcos, albaneses, romenos e poloneses) como alvo da cobertura negativa.

Nossa segunda hipótese foi de que lugares com o maior pico de crimes de ódio relacionados com o Brexit também tinham características demográficas que indicavam que certos membros do endogrupo eram mais suscetíveis à propaganda divisionista oriunda de campanhas pró-saída. Esperávamos que as áreas com o pico mais alto em crimes de ódio relacionados com o Brexit também tivessem altos níveis de migração, desemprego e votos a favor da saída. Muitas das áreas que votaram majoritariamente pela saída da UE viram a migração crescer na última década antes do plebiscito. Em algumas áreas com maioria de votos a favor da saída, os imigrantes, que antes representavam 1 em cada 50 da população, chegaram a 1 em cada 4 na época do referendo. Esses lugares também sofreram os maiores cortes em empregos e serviços.

A migração para essas áreas, concentradas no Norte e na costa sul da Inglaterra, é composta principalmente por trabalhadores mais jovens, que não falam inglês e com baixa qualificação. A combinação de moradores locais desempregados e uma abundância de migrantes empregados, competindo pelos escassos recursos em um momento de recessão e cortes, cria uma sensação maior de "nós" contra "eles". A falta de interação e compreensão intercultural entre a população local e a migrante leva ao aumento das tensões. Combinados com o efeito galvanizador do resultado do referendo, esses fatores criam as condições perfeitas para o surgimento de crimes de ódio.

Em nossa análise, usamos modelos estatísticos que levam em conta vários fatores conhecidos por terem efeito sobre os crimes de ódio. Em cada uma das populações vivendo nos 43 distritos policiais da Inglaterra e do País de Gales, medimos a taxa de desemprego, renda média, nível educacional, privação de saúde, taxa geral de crimes, dificuldade de acesso a moradia e serviços, qualidade de vida, taxa de migração e a quantidade de votos para sair da UE. Para analisar o argumento apresentado pelos grupos de direita de que o aumento nos crimes de ódio tinha a ver com mais denúncias, controlamos a frequência com que cada força policial aumentava a conscientização sobre o problema do ódio em seus canais de redes sociais, nos quais incentivavam o público a denunciar crimes de ódio como vítimas ou testemunhas. Também anulamos o efeito de um grande número de outros eventos que podem ter causado o aumento dos crimes de ódio, incluindo ataques terroristas no país e no exterior, como o assassinato de Jo Cox dias antes do referendo.

Mesmo quando esses fatores influentes são controlados, o voto no referendo em si ainda surge como um poderoso fator explicativo. No mês posterior à votação houve um aumento de mais de 1.100 crimes de ódio (29% maior) do que o esperado para o mesmo período sem a votação. Dos outros fatores que podem ter tido um impacto (influxo de migração, desemprego, nível educacional etc.), somente a quantidade de votos a favor da saída surgiu como um prenunciador significativo dos crimes de ódio. Quanto maior o número de votos a favor da saída da UE em uma área, maior o aumento de crimes de ódio depois da votação. Isso mostra que a votação agiu como um sinal para que possíveis criminosos de ódio saíssem às ruas. O contra-argumento de que o pico nos crimes de ódio poderia ser explicado por mais vítimas se apresentando para denunciar não se sustenta. Descobrimos que as forças policiais que incentivavam com mais frequência as denúncias em redes sociais não registravam mais crimes de ódio do que as forças que as encorajavam de maneira menos frequente.

Análises similares demonstraram que a eleição de Donald Trump, em 2016, foi associada a um dos maiores aumentos nos crimes de ódio registrados na história dos EUA, perdendo apenas para o aumento de crimes de ódio contra muçulmanos depois do Onze de Setembro.[10] Mesmo quando controlamos explicações alternativas, os condados que tiveram mais votos a favor de Trump experimentaram os maiores aumentos em crimes de ódio.

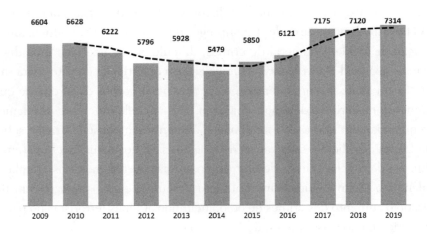

Figura 2: Número total de incidentes de ódio registrados pelo FBI (2009–2019) com a linha de média móvel.

Nos países em que os níveis de denúncia de crimes de ódio são de moderados a bons, no sentido de que capturam uma visão parcial da vitimização que é relativamente estável com o tempo, os dados apontam uma tendência ascendente. Não há dúvida de que isso é influenciado por uma ampla quantidade de fatores, mas o que se destaca de todos os outros como algo especial de nosso tempo e que exerce a maior influência é a natureza divisionista da retórica política.[11] Em algumas partes do mundo existe a liberdade para o ódio crescer nas ruas e on-line e, para um número importante de pessoas, em nenhum outro ponto de suas vidas elas foram tão cercadas, tão afetadas e estiveram tão despreparadas para enfrentar isso.

Nas ciências, é muito difícil chegar a uma conclusão definitiva baseada nos dados disponíveis no momento, e, portanto, é imprudente fazer uma declaração final sobre um fenômeno. Sabemos que crimes de ódio estão acontecendo hoje por todo o globo, mas governos, polícias, testemunhas e até vítimas em alguns países e estados são tão incapazes de reconhecer o ódio pelo que ele é que não podemos ter certeza de que há mais ódio agora do que em qualquer outro ponto da história.

Como não é possível mensurar diretamente os crimes de ódio com precisão, uma alternativa é mensurar os componentes que sabemos que alimentam o ódio — os catalisadores sociais, econômicos e políticos, e nossas características humanas biológicas e psicológicas fundamentais. Aumentos na desigualdade, polarização política, eventos divisionistas e abusos na internet, entre outras coisas, podem aumentar o sentimento de ódio, e se pudermos medir e entender melhor esses catalisadores, podemos descobrir quando, onde e contra quem o ódio pode surgir. Antes de nos aprofundarmos no estudo desses catalisadores, devemos primeiro observar como nossa programação interna evoluída pode estabelecer a base para o ódio em todos nós, se não lutarmos contra ele.

3

# O CÉREBRO E O ÓDIO

EM UM DIA FRIO DE fevereiro de 2016, o jornalista musical John Doran fez uma pausa na edição da sua revista on-line, *The Quietus*, e foi dar um passeio pela rua principal de seu bairro na região de Hackney, Londres. John crescera em Liverpool nos anos 1970 e trabalhara em uma fábrica durante anos, antes de se mudar para a capital e virar jornalista, com trabalhos publicados na revista *Vice* e no jornal *The Guardian*, entre outros.

Nada em especial chamou a atenção de John enquanto caminhava pela Stamford Hill Broadway naquele dia. A rua não estava muito cheia, e ele viu alguns rostos conhecidos. Mas então algo estranho aconteceu. Quando ele passou por um dos vários cafés, John ouviu alguém gritar: "Vou te cortar ao meio, seu barrigudo desgraçado!".

Ele olhou ao redor e viu um homem corpulento passando. E se perguntou: "Foi ele que disse isso? E se foi, por que mais ninguém na rua está reagindo?". Então um homem com roupa de corrida passou por John. A voz explodiu uma segunda vez: "Por que não arranja um maldito emprego, seu vagabundo!?".

John ainda não conseguia localizar de onde vinha a voz, e não houve nenhuma reação das outras pessoas de novo. Foi aí que ele entendeu. Ninguém estava gritando essas palavras. Era sua própria voz que ele ouvia, bem alta e clara, mas na sua cabeça.

Mais xingamentos internos se seguiram enquanto outras pessoas passavam por ele, dessa vez pura irascibilidade racista, homofóbica e misógina. Insultos profanos e violentos. John não tinha controle sobre as palavras que apareciam em sua mente, todas carregadas de ódio. Com repulsa, confuso e aterrorizado, ele voltou para casa com a cabeça baixa, esperando que a voz se calasse se ele não olhasse para ninguém.

Cerca de quatro meses antes desse estranho incidente, John estava indo de bicicleta para o trabalho depois de deixar o filho na escola. Apenas dois minutos depois, ele se deparou com um caos no trânsito — era a hora da entrada nas escolas, nada de mais. Dois carros bloqueavam o caminho dele e estavam buzinando. Nenhum dos dois motoristas queria dar marcha à ré e deixar o outro passar. "É melhor não me meter no meio deles", pensou John. Ele deu a volta por trás do carro mais próximo. Foi a decisão equivocada. O motorista deu marcha à ré com raiva, pisando fundo no acelerador antes que John pudesse escapar.

Foi um borrão psicodélico a partir daí que pareceu durar dias, mas ele ficou apenas sessenta segundos inconsciente. Testemunhas disseram que viram John ser lançado da bicicleta pelo carro com uma força incrível. Ele aterrissou de cabeça no asfalto, quebrando o capacete em dois. Quando recuperou a consciência, viu o para-choque em cima dele. Em meia hora chegou uma ambulância, e os paramédicos fizeram vários testes para avaliar os danos. Perguntaram seu nome, mas ele só conseguia se lembrar de "John". Ele disse que tinha 21 anos. Estranhamente, sentia-se exultante, como se estivesse drogado com cetamina em uma rave — em sua inconsciência psicodélica, ele reviveu seus vinte anos em um minuto. Além desses dois lapsos de memória e da dificuldade para usar seu smartphone, que parecia um quebra-cabeça, John parecia bem, muito bem — ele estava até mais feliz do que antes. Quer dizer, até que recuperou a memória e entendeu que tinha, na verdade, 45 anos.

Nas horas seguintes, ele sofreu com muitas dores. Uma leve concussão que lhe exigiu duas semanas de "descanso cognitivo" (quer dizer, nada de trabalho, TV ou leitura) foi a pior parte, ou foi o que ele pensou. As coisas começaram a ficar mais estranhas naquele mesmo dia do acidente. Como jornalista musical, John sempre teve gostos definidos e nunca escondeu sua opinião sobre bandas de que não gostava. Naquela noite, enquanto esperava pelo jantar em seu restaurante favorito, sua namorada percebeu que ele estava apreciando a música ambiente composta por uma playlist de rock independente, tocando bateria no ar e sorrindo ao som de The Libertines, Muse e Reef. Mais músicas parecidas eram tocadas, uma faixa após a outra, e ele mal podia acreditar no que ouvia. Aquilo era incrível. Perplexa, sua namorada perguntou se ele sabia de quem eram as faixas. Afinal, ele tinha feito alguns comentários mordazes sobre essas bandas no passado. Ele sabia exatamente quem eram, mas seu gosto musical tinha mudado desde o acidente naquela manhã. A partir daí as coisas foram piorando. Ele teve problemas de memória e vocabulário. Se suas tarefas diárias não estivessem escritas, ele ficava confuso e atrapalhado.

John decidiu se afastar do trabalho por dois meses, mas algumas semanas depois começou a ter pensamentos cheios de ódio e profundamente perturbadores. Encontrar estranhos na rua fazia com que esses pensamentos surgissem, especialmente quando estava cansado. Negros, asiáticos, mulheres, gays, obesos, pessoas com visual desleixado — tudo levava a epítetos que parte de sua mente cuspia sem ele querer. Mesmo quando teve problemas com o uso abusivo de álcool anteriormente, a ponto de pensar em suicídio, nunca havia chegado nem perto de pensar coisas assim.

Quando me contou essa experiência, ele falou: "Não vou repetir as coisas que estava pensando, mas apenas imagine as piores coisas, as mais repugnantes e agressivas que puder. Foi horrível, e eu não conseguia parar".

John lutava contra sua voz interior durante a maioria dos encontros com outras pessoas. Ele tentava bloquear os pensamentos, mas não conseguia. Evitar encontros era a única maneira de silenciar essa voz. "Tive suficiente presença de espírito para perceber que havia algo errado... Sentia que havia envelhecido trinta anos em um dia", contou.

Sentindo-se fraco e envergonhado, John se tornou um recluso. O conteúdo publicado em sua revista musical o definia abertamente como alguém antirracista, antimisógino e anti-homofóbico. De onde vinham essas explosões interiores? A origem estaria em sua infância? Liverpool nos anos 1970 era um lugar progressista em comparação com outras partes do Reino Unido, mas a Frente Nacional era muito ativa, e as relações raciais estavam em um momento ruim. Isso se refletia nas conversas que ele ouvia nas fábricas em que trabalhava. Talvez essas coisas tenham ficado, de alguma forma, guardadas no fundo da sua mente, e agora ressurgiam com força — mas por quê?

Mais tarde, John foi diagnosticado com uma lesão traumática de moderada a severa gravidade no cérebro (no córtex pré-frontal, para ser exato). As conexões (axônios) entre os neurônios na parte da frente do cérebro de John tinham sido esticadas a ponto de se romperem pela força com que sua cabeça bateu no chão naquela manhã de novembro. Seus sintomas foram causados pelo acidente. Ele ficou aliviado com a notícia. Levara a vida de determinada maneira, sem atitudes preconceituosas, então um dia foi atropelado por um carro e se tornou um racista misógino homofóbico que cuspia ira intolerante. O acidente mudou sua voz interior apenas por um curto período, e ele nunca verbalizou ou agiu de acordo com ela. A voz acabou sumindo depois de dois meses, e John voltou a ser o mesmo de antes. Os axônios tinham se reparado, e o cérebro voltou à sua função normal.

Pesquisas neurocientíficas sugerem que em casos como o de John, as partes do cérebro responsáveis pelo controle da emoção e da tomada de decisões morais são danificadas por lesões ou doenças, como um trauma ou um tumor. Um dos primeiros estudos de mudança comportamental devido a lesões cerebrais foi o "American Crowbar Case", envolvendo o trabalhador ferroviário Phineas Gage. Em um acidente industrial em 1848, uma barra de metal entrou pelo lado esquerdo do rosto de Gage, passou por trás de seu olho, atravessou o cérebro, saiu pelo alto do crânio e foi parar a 25 metros de distância coberta de sangue e pedaços de seu lóbulo frontal esquerdo.

Gage sobreviveu, por incrível que pareça, e dizem que ele deixou o local do acidente quase sem ajuda de seus companheiros. Seis meses depois, sem uma boa parte do cérebro, ele trabalhava na fazenda dos pais. Apesar de não ter nenhum déficit de mobilidade, fala ou inteligência, sua personalidade havia mudado — antes, era uma pessoa agradável, responsável e de boa convivência, mas, depois, tinha se tornado rude, insolente e errático. A área do cérebro de Gage responsável pelo elemento emocional das tomadas de decisões racionais tinha sido danificada, resultando em um novo Gage, pelo menos por um tempo.[1] As mudanças imediatas em sua personalidade foram diminuindo com o tempo. Anos mais tarde, seu comportamento antissocial era mínimo, indicando que outras partes do cérebro podem ter compensado os danos causados no acidente.

Atualmente, existem dezenas de casos documentados nos quais danos cerebrais foram associados a mudanças extremas de comportamento. No começo dos anos 1980, um britânico que se envolveu em um acidente de trânsito aos 26 anos desenvolveu comportamentos sexualmente pervertidos incomuns e chegou a cometer três agressões sexuais, indo parar na prisão. Uma ressonância magnética cerebral revelou danos causados pelo acidente em seu córtex pré-frontal.[2] Em 2007, no Chile, uma mulher de sessenta anos matou a própria mãe afogando-a na banheira. Em 2009, tentou fazer o mesmo com outro parente. Os exames em seu cérebro encontraram uma lesão em seu córtex pré-frontal causada pela remoção de um pólipo nasal mal realizada.[3] Em 1994, um homem de 32 anos foi condenado por homicídio e estupro no Reino Unido. Antes do julgamento, ele foi analisado por psiquiatras e diagnosticado como esquizofrênico e delirante. Sua mãe contou que ele tinha sido uma criança tímida, mas com tendências a agressividade, mesmo sem ser provocado. Depois de sua prisão, ele passou por uma ressonância que revelou um tumor na amígdala cerebelosa esquerda, a parte do cérebro responsável pelo medo e pela agressividade.[4] Um tumor pressionando a amígdala cerebelosa também foi encontrado no famoso caso de Charles Whitman, que esfaqueou sua esposa e sua mãe no coração e depois matou catorze pessoas a tiros na Universidade do Texas em 1966. Antes do ataque, ele reclamava de dores de cabeça e desejos extremamente violentos.[5]

Em princípio, essas provas parecem apontar para um papel central do cérebro no comportamento criminoso. Mas devemos nos perguntar, com as centenas de tumores cerebrais diagnosticados todos os dias no Reino Unido e nos EUA, e tantos outros casos de danos cerebrais, por que não vemos mais assassinatos e massacres? O dano cerebral nos casos de John Doran e Phineas Gage, o primeiro leve e o segundo extremo, não levou a nenhuma forma de comportamento criminoso. E o que podemos falar dos cérebros sem tumores e sem lesões de pessoas que cometeram atos grotescos, como o atirador de Las Vegas, Stephen Paddock, em 2017?[6]

É muito tentador pensar que pessoas que cometem crimes hediondos tenham algo fisicamente errado em seus cérebros, já que isso as distingue com mais facilidade do resto da sociedade. Podemos colocá-las em uma caixa e racionalizar mais facilmente o comportamento delas como sendo o resultado de alguma terrível anomalia biológica. Mas o cérebro isolado raramente é, se é que chega a ser, o único responsável pela maldade humana. Não posso dizer com certeza, mas ficaria muito surpreso se tumores ou lesões cerebrais fossem os culpados pela retórica de ódio utilizada por figuras da direita alternativa ou da extrema direita como Milo Yiannopoulos, Richard Spencer e Stephen Yaxley-Lennon.[*]

Com o desenvolvimento de novas tecnologias de ressonância magnética nas últimas décadas, os cientistas passaram a estudar, além das anomalias, como o cérebro "normal" processa o ódio. O consenso científico é claro: ninguém chega a este mundo com o cérebro pré-configurado para o preconceito e o ódio. Começamos a vida com um cérebro aparentemente predisposto a distinguir o "nós" do "eles", mas quem somos "nós" e quem são "eles" é algo aprendido, não predeterminado. Esse mecanismo neurológico arraigado significa que todos temos alicerces básicos que podem formar o preconceito e o ódio. Todos somos capazes de odiar quando certa combinação de eventos e ambiente age sobre esse traço humano.

## SOB A ARMADURA CINZENTA

O cérebro evoluiu para dar apoio à sobrevivência humana em uma variedade de situações que foram mudando com o tempo. Fez um excelente trabalho trazendo-nos até aqui, mas, apesar das coisas incríveis que nosso cérebro é capaz de fazer, alguns podem achar que a evolução fez um desserviço, já que

---

[*] O termo "direita alternativa" (ou alt-right no original em inglês) é usado para descrever a subcultura de extrema direita que surgiu por volta de 2010 e é principalmente associada ao nacionalista branco norte-americano Richard B. Spencer.

a natureza não nos concedeu as proteções que deu a outras espécies. Não temos uma armadura natural para proteger nossos órgãos vitais, nenhuma arma natural como chifres ou presas e nenhuma camuflagem natural para nos disfarçar quando somos ameaçados. Tatus, cobras, polvos e muitos outros animais que compartilham o planeta conosco estão bem equipados com características biológicas específicas para se defenderem, atacarem ou se esquivarem de uma ameaça. Para nos defender, temos apenas a "armadura" cinzenta dentro do nosso crânio.*

Isso pode, a princípio, parecer injusto considerando os mecanismos de defesa, às vezes impressionantes, disponíveis para outras espécies (que humano não gostaria de voar para evitar um predador?) — mas nossos cérebros são incríveis, mais ainda do que o poder de voar. Tão incríveis que fomos capazes de criar mecanismos de defesa artificiais que superam aqueles encontrados na natureza. Nossos cérebros são responsáveis por armaduras autorreparadoras, órgãos impressos em 3D, drogas que prolongam a vida, sistemas de aviso de terremotos — a lista é longa.** Somente o cérebro humano é capaz de desenvolver essa tecnologia avançada para diminuir as ameaças e contribuir para a sobrevivência de nossa espécie.

Mas nem sempre tivemos essas incríveis conquistas de engenharia e medicina à disposição. Se considerarmos todo o período da existência de nossa espécie, essas formas aprimoradas de proteção são bastante recentes. No entanto, nossos cérebros não ficaram inertes todos esses anos. Estavam ocupados evoluindo para reconhecer ameaças de predadores — animais que queriam nos comer, membros de tribos vizinhas que queriam nossa comida, água e abrigo, e estranhos desastres climáticos e naturais. Por meio da experiência de ver nossa família atacada por animais predadores, nossas casas

---

* O cérebro, na verdade, é feito de matéria cinzenta e branca.

** Uma invenção que me impressionou especialmente foi criada na Universidade de Cardiff pelo dr. Rhys Pullin e colegas, em parceria com Microsemi, uma empresa de defesa californiana. Eles foram engenhosos ao criar um sistema que usa ultrassom em tempo real para detectar quando o traje de proteção de um soldado recebeu danos microscópicos invisíveis a olho nu, mas que são sérios o suficiente para enfraquecer sua capacidade de proteção. Essa inovação tem o potencial de diminuir muito o custo de enviar cerca de 5 milhões de armaduras ao redor do mundo para inspeções de raios x com o objetivo de encontrar danos microscópicos e, mais importante, salvar vidas em zonas de guerra.

pilhadas por tribos vizinhas e vilas inteiras arrasadas por inundações inesperadas, nossos cérebros pré-históricos aprenderam a reconhecer ameaças à segurança pessoal e grupal. Esse processo de aprendizado durante milhões de anos moldou o cérebro de uma forma que permitiu que os humanos modernos enfrentassem o ambiente e terminassem por dominá-lo.

## Cérebros antigos em um mundo moderno

Apesar da adaptabilidade de nossos cérebros, esse mecanismo de enfrentamento só é flexível até certo ponto. Ainda há partes do cérebro que estão presas no passado. As ilusões de ótica são um bom exemplo disso. Uma das mais conhecidas é a ilusão da máscara côncava (ver Figura 3). Quando a máscara é virada do lado inverso, apesar de sabermos que é côncava, nossos cérebros processam a imagem como se partes da face, nariz, lábios, sobrancelhas, maçã do rosto e queixo estivessem salientes, não invertidas. Em um nível intelectual, sabemos que aquilo que estamos vendo não é real, mas nosso cérebro se recusa a interpretá-lo corretamente. Isso acontece porque milhões de anos de evolução nos dizem que narizes se projetam para fora, e não para dentro.

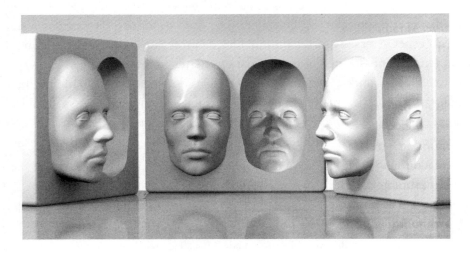

Figura 3: A ilusão da máscara côncava.
Animated Healthcare Ltd / Science Photo Library

Os processos cognitivos que alicerçam a ilusão da máscara estão programados e operam em um nível inconsciente. Nossas percepções do ego e dos grupos aos quais achamos que pertencemos e não pertencemos também se baseiam em programações desatualizadas. Como o cérebro é incapaz de processar toda a informação que existe no mundo, ele cria atalhos. Desenvolvemos processos que nos predispõem a pensar com a ajuda de categorias, e ao fazer isso elas funcionam criando uma série de aproximações. Fazemos isso desde os primórdios da mente humana. Essas categorias são formadas pela identificação de diferenças entre indivíduos e, depois, pela generalização para grupos de pessoas — "esse tipo de pessoa é folgada, então todo mundo no mesmo grupo é folgado".

## Predispostos a preferir "nós", mas não a odiar "eles"

Assim como o pensamento categórico rudimentar, há processos básicos psicológicos que nos predispõem a preferir pessoas como nós. Um famoso experimento, criado nos anos 1970 por Henri Tajfel, mostrou que até a menor diferença entre grupos resultaria em maior recompensa para o endogrupo ("nós") do que para o exogrupo ("eles").[7]

Tajfel separou seus estudantes em dois grupos, mas eles não foram divididos por gênero, raça, idade, cor de cabelo, atratividade, tamanho dos sapatos ou qualquer outra característica pessoal discernível. Em vez disso, um grupo foi chamado de "subestimadores" e o outro de "superestimadores", com base nas suas estimativas do número de pontos presentes em uma imagem. Sem que soubessem, eles foram na verdade divididos em grupos aleatoriamente, sem qualquer relação com suas estimativas. Para tornar a diferença entre grupos ainda mais insignificante, nenhum membro de um grupo se encontrava com membros do outro — eles eram mantidos separados e apenas foram informados que pertenciam a um ou a outro grupo.

Dessa forma, Tajfel tinha dois grupos que acreditavam estarem separados por diferenças mínimas e insignificantes — o que ele chamou de "grupos mínimos". Então ele pediu que cada participante distribuísse dinheiro entre os grupos, com a condição de que nenhum indivíduo se beneficiasse da divisão. A diferença arbitrária entre grupos fez com que participantes distribuíssem mais dinheiro ao seu próprio grupo, apesar de não terem nenhum ganho pessoal.

Quase todas as vezes que esse experimento é realizado dentro das condições originais, ocorre o mesmo resultado. O experimento age como um espelho do mundo real — com base em condições mínimas, as pessoas favorecem sistematicamente o endogrupo em detrimento do exogrupo: você dá à pessoa parecida com você uma gorjeta maior, um presente um pouco mais caro, o emprego.

Esses processos automáticos de categorização e preferência pelo endogrupo nos ajudam a navegar pelo mundo — quem evitar e com quem se relacionar. Mas as pessoas são complicadas e multifacetadas, e enquanto alguns aspectos das identidades podem se relacionar com o grupo ao qual pertencem, outros podem divergir ou mesmo contradizer esses traços — um membro do exogrupo pode até compartilhar traços com o endogrupo. É quando os processos automáticos do cérebro falham e não conseguem fornecer a informação necessária para tomar a decisão correta. Esses mecanismos psicológicos comuns a todos nós — categorização e preferência automática por pessoas como nós em detrimento das que não são como nós — podem ser os precursores do preconceito e do ódio se não trabalharmos contra eles.

## "Não vejo diferença alguma"

Nossos cérebros estão programados para reconhecer diferenças entre características do endogrupo e do exogrupo. Experimentos de "cegueira à mudança" mostram esse fenômeno em ação (ver Figura 4).

**O cumprimento inicial.**

A recepcionista original se abaixa atrás do balcão.

A recepcionista substituta aparece.

O participante não reconhece a troca.

Figura 4: Cegueira à mudança.

A troca sutil de recepcionistas brancas no meio de um atendimento faz com que o participante não perceba nada. Isso acontece porque a recepcionista branca original se esconde debaixo da mesa para pegar uma pasta, onde outra recepcionista branca está pronta para se levantar e terminar a transação.

Depois do experimento, quando contamos aos participantes que houve troca das recepcionistas, eles dizem não se lembrar, e geralmente ficam chocados ao assistir ao vídeo da transação e a mudança. Mesmo quando as roupas e o penteado da segunda recepcionista são diferentes, a cegueira à mudança continua. Mas troque a raça ou o gênero da recepcionista e a maioria nota. Nossos cérebros são muito sensíveis a essas diferenças — então mesmo quando uma pessoa diz que não vê raça, gênero e deficiência física, o cérebro vê.

Muito do que o nosso cérebro faz é automático — não temos consciência de que ele está processando informações de certa maneira, ou de quando essas informações são usadas para basear nossas decisões ou comportamentos. Isso é necessário, já que a alternativa — ser consciente de cada processo — causaria tanta distração que levaria à paralisia por excesso de informações.

## Os cérebros e o viés inconsciente contra "eles"

Quando esse processamento automático favorece pessoas do nosso próprio grupo, e ao fazer isso cria desvantagens para pessoas de outro grupo, chamamos de viés inconsciente contra o exogrupo. Outro termo usado é *preconceito implícito*. Quando o preconceito implícito se relaciona a características como raça, religião, orientação sexual, deficiência ou identidade de gênero, o cérebro não está agindo sozinho. É preciso que tenhamos aprendido essas diferenças depois do nascimento para que o cérebro possa usá-las dessa forma inconsciente.

Vejamos a raça como exemplo. A cor da pele das pessoas às quais um bebê é exposto no primeiro ano de vida, os tipos de relacionamentos que uma criança vê representados em livros infantis, os personagens e relacionamentos que ela vê na TV e os estereótipos transmitidos a estudantes primários por professores, pais e amigos moldam como a parte automática de seus cérebros processa o "nós" e o "eles". Se, em tenra idade, uma criança é amplamente exposta somente a uma cor de pele e a uma cultura, a uma representação limitada de relacionamentos e a estereótipos negativos de outras raças, então o cérebro irá automaticamente diferenciar o "nós" do "eles" com base nisso. O cérebro deve ser alimentado com essa informação para que ela seja acrescentada à programação original. Muito dessa "alimentação" cultural no começo da vida passa desapercebida e sem controle, o que significa que não percebemos seus efeitos mais tarde, a menos que façamos um esforço para reconhecê-los.

## Como mensurar o viés inconsciente

Se não formos confrontados com uma situação que deixa claro o processamento tendencioso automático do cérebro, podemos afirmar que não temos preconceitos e realmente acreditar nisso. Os privilégios culturalmente concedidos a brancos, homens cis, heterossexuais, cristãos e pessoas sem deficiência física ou mental podem impedir que muitos percebam como seus pensamentos e comportamentos (ou a falta deles) contribuem para os problemas "deles". Quando enfrentamos uma situação na qual somos obrigados a tomar uma decisão que beneficiará uma pessoa em detrimento de outra, podemos acreditar que sempre fazemos a escolha justa. Mas durante o processo de tomada de decisão, o viés frequentemente está presente sem percebermos.

Conhecer o grau de preconceito implícito que carregamos, e contra quais grupos, é um desafio complicado. Como o preconceito é geralmente malvisto, cientistas não podem confiar nas declarações dos próprios participantes no que se refere a suas atitudes. Portanto, medidas indiretas foram desenvolvidas para superar o *viés de desejabilidade social* que é encontrado em respostas a entrevistas e pesquisas que tentam medir o preconceito. A técnica mais usada é o Teste de Associação Implícita de Harvard (TAI).[8]

O TAI é baseado em uma tarefa de classificação que trabalha com as décadas de "alimentação" cultural e experiência pessoal — aquilo que informa o processamento automático sem que percebamos. Pode ser usado para avaliar atitudes em relação a muitas características, incluindo gênero, orientação sexual e peso. Na versão com foco na raça, são apresentados ao participante rostos brancos e negros e palavras agradáveis e desagradáveis (por exemplo, "desastre" e "paz", "doce" e "agonia"). Na primeira tarefa, o participante deve apertar uma tecla com a mão esquerda quando vê um rosto branco ou uma palavra agradável, e uma tecla diferente com a mão direita para cada rosto negro ou palavra desagradável. Na segunda tarefa, o processo é parcialmente invertido: o participante deve apertar a tecla da mão esquerda para rostos brancos e palavras desagradáveis, e a da mão direita para rostos negros e palavras agradáveis.* Se o participante tem uma preferência automática por rostos brancos em relação a negros, essa segunda tarefa leva mais tempo para ser completada porque é mentalmente mais fácil para ele associar rostos brancos com palavras agradáveis do que com palavras desagradáveis. Há um tipo de conexão cognitiva naquele participante, baseada em anos de experiência e exposição à "alimentação" cultural, que cria uma "cola" mental entre rostos brancos e palavras boas, mas não entre rostos negros e palavras boas.**

Cerca de 75% dos milhões de participantes brancos que realizaram o TAI sobre raça têm preferência automática por rostos brancos sobre negros. Mas o interessante é que quase 50% dos participantes negros mostraram algum grau de preferência por brancos sobre negros.[9] Isso sugere que a preferência inconsciente medida pelo TAI é moldada pela "alimentação" cultural à qual estamos expostos durante a socialização.

Poucos participantes brancos e negros se classificariam como preconceituosos em relação à raça, caso fossem perguntados. Desde que o teste foi desenvolvido, muitos estudos mostraram que pessoas com maior preferência por brancos do que por negros têm maior probabilidade de desenvolver comportamentos que podem estar ligados ao preconceito. Isso inclui rir de piadas racistas e defini-las como engraçadas; médicos que tratam pacientes negros de forma insatisfatória e votar em McCain em vez de Obama na eleição presidencial dos EUA em 2008.[10]

---

* Veja o site do teste em implicit.harvard.edu. O teste não tem o objetivo de dar um resultado definitivo em uma tentativa. Os inventores sugerem que você deve realizá-lo cerca de dez vezes durante algumas semanas e fazer uma média de seu resultado.

** No experimento original, metade dos participantes realizou as tarefas em outra ordem, para descartar qualquer efeito de aprender um padrão de teclas antes do outro.

Outra forma de medida indireta do preconceito que tenta acessar o funcionamento interno do cérebro é o teste Viés Linguístico Intergrupal (VLI).[11] Os participantes devem olhar imagens ou vídeos nos quais uma pessoa do seu endogrupo realiza uma atividade e depois uma pessoa do exogrupo realiza a mesma atividade. Por exemplo, são mostradas pessoas brancas e negras ajudando uma pessoa de idade a atravessar a rua ou começando uma briga em um bar. Depois, os participantes devem descrever o que viram.

As palavras usadas nas descrições das ações dos membros do endogrupo e do exogrupo realizando as mesmas atividades são analisadas e comparadas. Os cientistas procuram palavras que descrevam as falhas de uma pessoa como específicas da situação e passageiras (por exemplo, verbos que descrevem comportamentos com claro começo e fim) ou como inatas e constantes (por exemplo, adjetivos que se descolam de comportamentos específicos e descrevem disposições gerais da pessoa).

A pesquisa mostra que nos casos de agressão, o membro do endogrupo tem maior probabilidade de ser descrito como "machucando alguém" (indicando um comportamento temporário — quer dizer, nosso grupo raramente é assim), enquanto o membro do exogrupo tem maior probabilidade de ser descrito como "agressivo" (indicando uma disposição mais geral, ou seja, "o grupo deles é sempre assim"). No caso do comportamento útil, o oposto é observado. Um membro do endogrupo tem maiores chances de ser descrito como "prestativo" (indicando uma disposição mais geral), enquanto outro do exogrupo provavelmente será descrito como se estivesse "ajudando" (indicando um comportamento temporário). A suposição no teste VLI é que os participantes não estejam policiando suas escolhas de palavras, já que não é dito explicitamente que o experimento está relacionado com preconceito e estereótipos. Ainda assim, com base na comparação linguística, as diferenças na escolha das palavras podem indicar um pensamento estereotipado.

Tanto o TAI quanto o VLI foram desenvolvidos antes de as tecnologias de ressonância magnética estarem amplamente disponíveis. Apesar de o primeiro ter sido bastante usado em pesquisas por décadas, o aumento da sofisticação da tecnologia de imagens significa que, agora, psicólogos e neurocientistas podem olhar diretamente para o cérebro, sem uma intervenção humana consciente, para descobrir as partes envolvidas no processamento do preconceito e do ódio.

## A LOCALIZAÇÃO DO ÓDIO NO CÉREBRO

A ciência médica descobriu como a maior parte do corpo humano funciona. O hepatologista dominou o fígado, o nefrologista descobriu como funcionam os rins e o cardiologista conhece o coração como a palma da sua mão. Escrevemos a maior parte do manual que mostra como os humanos funcionam. Mas uma parte ainda desafia a ciência: o cérebro. Embora os neurocientistas entendam muitos transtornos e doenças do cérebro, como epilepsia e câncer cerebral, faltam páginas no manual sobre a localização e o processamento de emoções, atitudes e comportamento social.

Imagine montar o mais complicado móvel da Ikea com um manual de instruções em que faltam três quartos das páginas. Você conhece o resultado final, sabe que cada parte deve estar em algum lugar e que todas têm uma função, mas não sabe quais são todas essas funções ou como tudo se une. Isso é uma fração do desafio enfrentado pelos neurocientistas que estudam o ódio. Eles viram os resultados do ódio (podem tê-lo sentido pessoalmente) e sabem quantas partes do cérebro são necessárias para sentir e agir, mas no começo não sabiam quais partes funcionavam para processar o ódio e seus resultados comportamentais, ou como se relacionavam entre si.

Trabalhando com um manual de instruções parcial, os neurocientistas mapearam os elementos de ódio no cérebro. A parte complicada foi pegar conceitos humanos como preconceito, ameaça, repulsa e empatia, e localizá-los no cérebro para entender como eles se unem para criar o conceito humano do ódio. O advento das novas tecnologias de imagem cerebral nos anos 1990 tornou essa tarefa menos desafiadora. Nas últimas três décadas, neurocientistas investiram muito tempo recrutando participantes para os testes, pessoas como nós, para realizar estudos de imagens cerebrais. Aparelhos de ressonância magnética muito caros agora podem tirar fotos internas dos nossos cérebros em ação enquanto somos expostos a estímulos, como fotos de rostos ou símbolos emotivos, e registrar o que nossos cérebros revelam sobre nossos pensamentos mais íntimos. Mas provavelmente seja errado falar em "pensamentos".

Esses aparelhos não podem ler as mentes, pelo menos não como Deanna Troi de *Star Trek*. Em vez disso, eles registram o fluxo de sangue ao redor de várias regiões do cérebro e os sinais elétricos disparados pelos neurônios enquanto os participantes são expostos a imagens em uma tela. Essa atividade fornece uma ideia de quais partes do cérebro podem estar envolvidas no processamento de fenômenos como preconceito e ódio. A maior parte dessa pesquisa foi realizada sobre o preconceito racial. No entanto, muito do que foi encontrado pode ser, provavelmente, aplicado a qualquer tipo de preconceito.

*As partes que processam o preconceito*

A pesquisa mais recente na neurociência sugere que existe uma "rede de preconceito" no cérebro, e o processamento cognitivo do ódio está espalhado por essa complexa rede de neurônios.* Alguns dos primeiros estudos de imagens cerebrais da virada do século indicavam que as amígdalas cerebelosas poderiam ter um papel no preconceito.[12] As amígdalas cerebelosas são duas massas no cérebro em forma de amêndoas. Essas duas estruturas estão na base de cada hemisfério (ver Figura 5).[13]

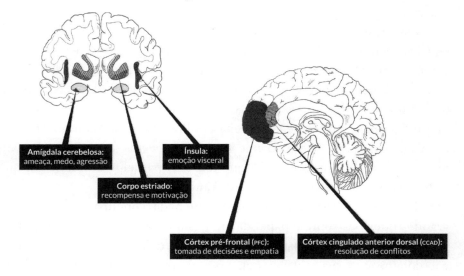

Figura 5: A rede do preconceito.

* Sou grato pelas conversas sobre cérebro e ódio com os professores David Amodio e Jay Van Bavel. Qualquer erro na reprodução dessas conversas é meu.

Nesses primeiros estudos, o cérebro dos participantes brancos foi escaneado usando fMRI enquanto olhavam fotos de rostos brancos e negros. Anteriormente, foram realizados testes para medir seus preconceitos implícitos e explícitos como comparação. Em alguns participantes, a amígdala cerebelosa parecia se ativar quando os rostos negros, mas não os brancos, eram mostrados na tela — o sangue fluiu para essa parte do cérebro e essa maior oxigenação foi captada pela fMRI, indicando aumento de atividade (ver imagens do cérebro na seção de imagens). Da mesma forma que os músculos da perna precisam de mais sangue e oxigênio quando corremos, partes do cérebro precisam de mais sangue e oxigênio quando estão processando a informação que passa por nossos órgãos sensoriais.

A amígdala cerebelosa é responsável por acionar o medo e a agressividade em resposta às ameaças no ambiente — qualquer coisa, de aranhas a potenciais agressores humanos.[*] Quando uma ameaça é detectada, a amígdala se comunica com outras partes do cérebro para iniciar o "alerta vermelho" — a reação "lutar ou fugir". O coração acelera, o sangue é bombeado para os músculos e a ação é realizada.[14]

Essa resposta extrema só acontece com altos níveis de ativação da amígdala cerebelosa. Nos primeiros desses estudos pioneiros nos EUA, a ativação era muito fraca para iniciar o alerta vermelho, mas um sinal fraco no "ruído" era captado pelo aparelho em alguns participantes brancos. O sinal também estava ligado aos resultados do TAI dos participantes. Aqueles que tinham uma preferência implícita por brancos mostravam maior ativação da amígdala cerebelosa quando viam rostos negros do que quando viam brancos. O mais interessante foi que todos os participantes disseram que tinham visões pró-negros antes do experimento.[15]

Esses primeiros estudos não foram nada conclusivos e restaram grandes questões sobre o papel da amígdala cerebelosa no preconceito e no ódio. Como a amígdala cerebelosa é conhecida por processar a detecção de ameaças, sua ativação pela visão de rostos negros e não de bran-

---

[*] Eu uso "medo" e "agressividade" de forma intercambiável para descrever a reação da amígdala nesta seção. Medo e agressividade são os possíveis resultados da ameaça detectada e se relacionam com a reação de "lutar ou fugir".

cos poderia fornecer a primeira evidência do racismo no cérebro? Como nem todos os participantes brancos tiveram a mesma reação no cérebro, será que alguns deles se sentiram menos ameaçados quando viam rostos negros ou controlaram sua reação, pois não queriam parecer preconceituosos? Existe uma parte consciente do cérebro que liga um "controle manual" para cancelar um sinal gerado automaticamente pela amígdala cerebelosa, o detector de ameaças?

## Como desligar o piloto automático da amígdala cerebelosa

A amígdala cerebelosa é uma parte antiga do cérebro. Como um dos nossos ancestrais na pré-história, ela não é muito inteligente, mas é muito rápida em detectar ameaças. Ela se desenvolveu como um sistema de alerta que captava informações do ambiente antes de qualquer outra parte do cérebro. Quando nossos ancestrais distantes enfrentavam uma ameaça extrema* (imagine um encontro com um tigre-dente-de-sabre), a informação entrava por meio dos olhos e desviava de todas as outras regiões do cérebro, indo direto para a amígdala cerebelosa.[16] Como se estivessem no piloto automático, em um instante, nossos ancestrais ou fugiam ou jogavam suas lanças na ameaça percebida.

Depois da amígdala cerebelosa, nosso córtex pré-frontal evoluiu. O córtex pré-frontal está na parte da frente do cérebro e age como a área de controle executivo onde o processamento detalhado é realizado (ver Figura 5).** É onde a informação é avaliada, as emoções são consideradas e as decisões são tomadas. Quero ir ao McDonald's ou ao KFC? Caminho na direção do es-

---

\* Antes da revolução agrícola cerca de 12 mil anos atrás, os humanos dependiam quase exclusivamente da caça e da coleta para sobreviver. É comum pensar que as principais ameaças à sobrevivência dos caçadores-coletores nesse período eram os animais predadores, os riscos ambientais e outros humanos (provavelmente nessa ordem).

\*\* O córtex pré-frontal está dividido em regiões, cada uma com sua função específica. As duas mais importantes para entender o ódio são, em primeiro lugar, a dorsolateral (na parte superior exterior) do córtex pré-frontal (dlPFC) — a parte mais inteligente onde as decisões racionais são tomadas — ou seja: "Quais as consequências de tomar essa decisão?". Em segundo lugar, a ventromedial (na parte inferior interna) do córtex pré-frontal (vmPFC): a parte emocional que coloca nossos sentimentos no processo de tomada de decisões — por exemplo: "Como minha decisão impactaria nas emoções dos outros e nas minhas?".

tranho e sorrio ou fico distante e evito o contato visual? Como meus amigos se sentiriam se eu contasse o que realmente acho dos imigrantes?

O mais importante é que o esperto córtex pré-frontal coloca freios na rápida, mas burra, amígdala cerebelosa quando descobre que uma ameaça percebida é, na verdade, benigna. Ele muda o cérebro do "piloto automático" para o "controle manual". Como nosso ancestral tinha um córtex pré-frontal menor e menos sofisticado, a amígdala cerebelosa estava livre para detectar ameaças por todos os lados a uma incrível velocidade, mesmo quando elas não existiam. Isso não era tanto um problema, já que geralmente era melhor prevenir do que remediar. Nos humanos modernos, a amígdala cerebelosa ainda atua como um sistema de alarme. Mas, na ausência de predadores carnívoros de quatro patas e tribos de saqueadores,* será que a amígdala ainda reage com a mesma supervelocidade?

Outros estudos neurocientíficos mais recentes conseguiram ver como o cérebro funciona no modo "piloto automático" da amígdala cerebelosa. Infelizmente, mostrar rostos negros a participantes brancos nos testes com ressonância magnética por milissegundos, em vez de segundos como nos estudos anteriores, fez com que a amígdala cerebelosa ligasse o alarme de detecção de ameaças. Mostrar rapidamente os rostos negros não deu ao córtex pré-frontal tempo suficiente para registrá-los como rostos, muito menos como rostos negros ou brancos. A amígdala cerebelosa, por outro lado, se acende como uma árvore de Natal. Ela reconhece de forma equivocada os rostos negros como ameaças potenciais quase imediatamente.[18] O córtex pré-frontal não poderia registrar os rostos rápido o suficiente para cumprir essa função, o que significa que a amígdala cerebelosa estava livre para realizar sua detecção preconceituosa de ameaças.

---

* Não está clara a extensão da ameaça imposta por tribos saqueadoras em tempos pré-agrícolas. Desse período, os arqueólogos encontraram restos humanos (alguns em túmulos coletivos) com ossos quebrados, crânios esmagados e fragmentos de pontas de lanças encravados em ossos, indicando mortes violentas causadas por outros humanos. Mas essas descobertas são raras. Antes do cultivo da terra, os humanos tinham poucas posses para proteger e eram nômades. Em vez de lutar, as diferentes tribos que se encontravam provavelmente cooperavam para caçar e coletar e compartilhavam comida. As coisas ficaram muito mais violentas entre humanos quando a agricultura introduziu o sedentarismo, a dependência de um número limitado de fontes de alimentação e a desigualdade nos recursos.[17]

O objetivo do atalho da amígdala cerebelosa é garantir a sobrevivência. A amígdala cerebelosa não se preocupa muito com os detalhes do que estamos enfrentando; só o registro de uma ameaça *em potencial* já é suficiente para realizar algum tipo de ação. Mas o custo dessa conveniência é a precisão. O detalhe pode ser importante e, quando não é um tigre-dente-de-sabre que estamos enfrentando, vale a pena gastar um pouco mais de tempo para decidir se a ameaça potencial representa um amigo ou um inimigo.

Na maioria das vezes não vemos imagens de rostos negros piscando rapidamente fora de um laboratório, então nosso córtex pré-frontal pode processar o rosto pelo que ele realmente é e mandar a amígdala cerebelosa ficar quieta. A maioria das pessoas faz isso, porque somos motivados a não agir de acordo com nossa detecção automática e preconceituosa de ameaça: porque rejeitamos pessoalmente o preconceito, sentimos a pressão social para não parecermos preconceituosos, ou sentimos culpa quando pensamos de uma forma preconceituosa.[19]

Naqueles que experimentam uma resposta preconceituosa a ameaças durante um encontro com uma pessoa negra, e que não são motivados a superá-la, a neurociência sugere que o córtex pré-frontal reagirá de uma forma mais leve ou de uma forma não controlada, permitindo que a amígdala cerebelosa determine o comportamento. Em encontros sociais, o resultado mais provável é o constrangimento social induzido pela ansiedade — a pessoa com a resposta preconceituosa a uma ameaça presta menos atenção à pessoa negra, franze mais o rosto, ri menos, comete erros ao falar, hesita e realiza microagressões verbais. Fora dos encontros sociais, essa resposta cerebral pode levar à discriminação (no âmbito de emprego, moradia, finanças, educação, saúde, justiça criminal...). Infelizmente, a amígdala cerebelosa desregrada não se limita a pessoas com tendência a respostas preconceituosas a ameaças. Em várias situações da vida real, normalmente pessoas bem-intencionadas podem ver o "piloto automático" da detecção de ameaças se sobrepor ao "controle manual" do cérebro.

Estar simplesmente muito estressado, cansado ou sob o efeito de drogas ou álcool pode inibir a velocidade com a qual o córtex pré-frontal mantém a amígdala cerebelosa sob controle.[20] Quando alguém ocupado e exausto só oferece o seu lugar no metrô lotado para uma pessoa da mesma raça, e alguns amigos bêbados em um bar encaram longamente uma pessoa de outra raça que acabou de entrar, há uma boa chance de que suas amígdalas cerebelosas tenham se liberado para iniciar o processo de ansiedade por causa de um desempenho deficiente do córtex pré-frontal.

### Uma consequência devastadora de não conseguirmos desligar o piloto automático

Em agosto de 2011, um homem negro de 29 anos foi considerado pela Polícia Metropolitana de Londres suspeito de tentar adquirir uma arma de fogo de um criminoso. Um veículo policial sem identificação seguiu Mark Duggan quando ele deixou a casa do indivíduo em um táxi. Quando voltava da região conhecida como East London, três viaturas policiais fecharam o táxi, forçando-o a parar. Mandaram Mark sair do carro. Poucos segundos depois, ele foi morto por um dos policiais.

Ele afirmou que Mark estava segurando uma arma de fogo quando foi morto. Durante a busca por provas depois do tiroteio, uma arma foi encontrada a catorze metros do veículo, sobre uma cerca. No interrogatório, nenhum dos onze policiais no local informou ter visto Mark jogar a arma. Como chegou lá, permanece um mistério. Duas testemunhas alegaram que foi tirada do veículo depois do assassinato e colocada sobre a cerca por um dos policiais.

Apesar de a Polícia Metropolitana não ter assumido responsabilidade pelo assassinato, concordou em pagar uma soma não revelada à família de Mark depois de um processo civil. No interrogatório, uma testemunha declarou que Mark estava segurando um celular quando foi morto. O assassinato de Mark provocou os piores motins na história moderna britânica.[21]

Nesse caso, a ciência diz que o policial tinha maior probabilidade de atirar por causa da cor da pele de Mark, independentemente de ele estar segurando um celular ou uma arma. Isso se aplica a centenas de assassinatos de homens negros por policiais no mundo todo em situações que exigiam reações ultrarrápidas.

Em muitos tiroteios policiais com homens negros, uma afirmação frequentemente feita pelo policial é que o resultado teria sido o mesmo se o agressor fosse branco — que a cor da pele não teve nada a ver com a decisão de atirar. A ciência diz outra coisa. Pesquisas sobre a decisão de puxar o gatilho mostram que o cérebro de atiradores brancos exibe um sinal do córtex pré-frontal mais fraco quando enfrentam suspeitos negros em vez de brancos.[*,22] Em termos mais simples, ao enfrentar um suspeito negro segurando um celular, a resposta rápida, mas burra do "piloto automático" da amígdala cerebelosa de atirar não é controlada pelo fraco sinal do córtex pré-frontal, e tem permissão para rapidamente controlar o córtex motor — e o dedo do policial aperta o gatilho. Ao enfrentar um suspeito branco segurando um celular, o sinal mais forte do córtex pré-frontal força o "piloto automático" a se acalmar, e o resultado é que o córtex motor deixa se ser controlado pela amígdala — o dedo do policial não aperta o gatilho.

Uma metanálise de 42 estudos sobre decisões de atirar envolvendo pouco menos de 3.500 atiradores descobriu que todas as provas apontavam na mesma direção. Os atiradores tinham mais probabilidade e eram mais rápidos ao apertar o gatilho contra alvos negros armados e desarmados em comparação com alvos brancos. Infelizmente, foi preciso um menor grau de certeza de que um alvo negro estava segurando uma arma para que eles disparassem, comparado com alvos brancos. Os atiradores que endossavam estereótipos culturais negativos dos negros mostraram o maior viés.[23] O estudo fundacional nesse campo descobriu que atiradores negros e brancos mostraram o mesmo nível de viés, indicando que essa é uma reação aprendida.[24]

A incapacidade da área de controle executivo do cérebro de desligar o piloto automático rápido o suficiente nesses encontros ameaçadores de alto risco com suspeitos negros pode ser desastroso. Como esse processo é aprendido, há esperanças de que exista uma forma de desaprendê-lo ou desprogramá-lo.

---

* Os atiradores nesse estudo eram estudantes sem um treino formal no uso de armas de fogo. A metanálise mencionada no próximo parágrafo inclui atiradores com várias formações, incluindo aqueles treinados no uso de armas de fogo.

*Respostas preparadas da amígdala cerebelosa* versus *respostas aprendidas*

Demonstramos que a amígdala cerebelosa ativa e pode disparar alertas vermelhos quando imagens de rostos negros são vistas no laboratório, e que isso pode dominar nossas reações quando são necessárias decisões instantâneas, geralmente levando a consequências devastadoras. Então por que não vemos ainda mais violência contra os negros?

A pesquisa mostra que a amígdala cerebelosa não vem pré-configurada com essa detecção preconceituosa de ameaças. O que e quem ela vê como ameaça é aprendido através do condicionamento do medo. A amígdala cerebelosa se alimenta de medos preparados e medos aprendidos. Adquirimos facilmente os medos preparados — aprendemos a temer aranhas muito mais rapidamente do que a temer provas na escola. O medo das provas vem da experiência e da exposição a informações dentro de nossa cultura com o passar do tempo. A resposta da amígdala cerebelosa aos rostos negros no laboratório é aprendida, não preparada. O aprendizado necessário para se temer rostos negros depende da experiência de cada cultura.

Um inovador estudo de imagens cerebrais apoia esse argumento. O estudo mostrou que tocar "Straight Outta Compton" do NWA enquanto participantes brancos viam rostos negros durante uma ressonância magnética resultava em maior ativação da amígdala cerebelosa. Em comparação, tocar "Only One" do Slipknot — heavy metal, mais comumente associado a um público branco — não levou a maior ativação.[25] Só existe uma explicação para isso: para esses participantes brancos, o rap era uma dica estereotípica racial e, portanto, um estímulo para a detecção de ameaça preconceituosa — uma criação cultural, não biológica inata.

A amígdala cerebelosa também conversa com o hipocampo, a região cerebral responsável pela memória.[26] Sob condições de ameaça extrema, ela pode instruir o hipocampo, que normalmente guarda fatos não emocionais (pense em algo como estudar para provas), para guardar medos extremos na memória de longo prazo (pense em uma faca na mão de uma pessoa negra na rua). Ver um negro segurando uma faca parecida em outro contexto, como uma churrascaria, pode trazer de volta a lembrança do incidente de rua ao hipocampo, que envia um sinal para a amígdala cerebelosa iniciar o alerta vermelho. É funcional, o cérebro está tentando nos proteger de ataques, mas a taxa de falsos positivos (medo iniciado no contexto errado) é alta na sociedade moderna, já que o número de ameaças é muito menor em comparação com a época de nossos ancestrais distantes. O acúmulo de medos extremos na memória de longo prazo é uma característica do transtorno de estresse pós-traumático (Tept). Tratamentos como a terapia cognitivo-comportamental foram bem-sucedidos na reprogramação do cérebro ao dissociar o medo de traumas passados dos eventos atuais.[27]

## Como desaprender a detecção preconceituosa de ameaças

Apesar de à primeira vista não parecer, esse processo de detecção preconceituosa de ameaça aprendida é algo bom, pois medos aprendidos podem ser combatidos com mais facilidade do que os preparados (como o medo de aranhas e cobras). Estudos que pedem a participantes para imaginar um exogrupo de uma forma positiva (por exemplo, médicos e esportistas negros) antes dos testes sobre preconceitos mostram uma redução no viés implícito.[28] Estudos sobre a amígdala também mostram que visualizar rostos de celebridades negras não resulta em ativação, indicando que a detecção preconceituosa de ameaças pode ser reduzida se os participantes aprenderem a ver os negros em geral de uma forma mais positiva.[29]

As pesquisas mostram que a amígdala só começa a reagir a rostos negros na adolescência, ao redor dos catorze anos, o que significa que ela aprende a detecção preconceituosa de ameaças durante a infância e com o aumento da exposição à cultura.[30] As crianças que convivem com grupos mais diversos mostraram menos ativação nas amígdalas cerebelosas quando viam rostos negros, indicando que a mistura inter-racial antes dos doze anos limita os efeitos da detecção de ameaça preconceituosa aprendida.[*, 31] Um surpreendente conjunto de resultados mostrou que tanto as crianças brancas quanto as negras com mais de catorze anos exibiam respostas

---

* O contrário também pode ser verdade: as pessoas com menos preconceito implícito, medido pela ativação da amígdala cerebelosa, podem estar inclinadas a se misturar com grupos diversificados.

da amígdala cerebelosa a rostos negros, indicando que as crianças negras aprendem essa detecção preconceituosa de ameaças da mesma forma que seus colegas brancos. Essa descoberta foi replicada em um estudo com adultos negros.[32]

Apesar dessas descobertas animadoras sobre o poder da associação positiva para rebater o viés racial aprendido, é mais fácil adquirir a detecção preconceituosa de ameaças do que removê-la. Mesmo quando uma pessoa consegue desaprender a temer um exogrupo, ela sempre pode ter recaídas. A amígdala cerebelosa sempre continuará aprendendo a partir do que ela é exposta, e escolher o que chega ao cérebro e o que não chega é difícil quando a torneira cultural não pode ser desligada. Se a informação da mídia, da família e dos amigos que levou ao processamento preconceituoso original não mudar, então a amígdala cerebelosa vai continuar a se alimentar dela, gradualmente recuperando o medo desaprendido. Quando a pessoa encontrar negros no futuro, se o córtex pré-frontal continuar dormente (por falta de motivação para rejeitar o preconceito, inibição por estresse ou intoxicação extrema ou em razão do risco e da velocidade do encontro), a reação do piloto automático terminará em qualquer ponto entre a ansiedade e o assassinato por autodefesa. Com base nessa compreensão, a resposta está além do cérebro, na própria sociedade — devemos reformar a sociedade e suas instituições se quisermos mudar ao que a amígdala é exposta e, por sua vez, o que ela detecta como ameaças potenciais.

## AS PARTES QUE PODEM NOS LEVAR AO ÓDIO

Pesquisas mais recentes sobre o papel da amígdala na rede de preconceito levanta algumas dúvidas sobre a universalidade de sua função. Em 2008, um estudo de ressonâncias magnéticas realizado pelo professor Jay Van Bavel e colegas da Universidade de Nova York descobriu que imagens mistas de rostos negros e brancos com distintivos de times esportivos mudavam o foco da resposta da amígdala cerebelosa dos rostos negros para as equipes com as quais os participantes se identificavam.[33] O distintivo da equipe provou ser um estímulo maior do que o rosto negro. Isso sugere que a amígdala cerebelosa se adapta ao que parece importante ao participante no contexto do momento.

Nem todos os preconceitos são iguais, e a amígdala cerebelosa só pode justificar o processamento preconceituoso (ameaças são vistas onde não existem por causa das décadas de informações distorcidas que ela aprende) em algumas situações. No entanto, as provas sugerem que, no processamento do ódio no cérebro, a amígdala não age sozinha. Ela tem cúmplices que podem amplificar o preconceito.

A maior parte do que foi discutido neste capítulo até o momento se relaciona com os comportamentos de "repulsão" como resultado do preconceito implícito — afastamento, microagressões, discriminação e violência em defesa própria. A neurociência indicou a ínsula, uma estrutura em forma de pirâmide invertida no fundo do cérebro (temos duas, assim como a amígdala cerebelosa), como candidata para o processamento de preconceitos e ódio mais extremos, que levam a comportamentos de "atração" — quando o alvo é ativamente perseguido (ver Figura 5, p. 87).

Além de várias outras funções, a ínsula possui um papel central na *rede de saliência* que processa o que é importante para nós em nosso ambiente — pense como você percebe expressões emocionais no rosto de um parceiro ou amigo mais rapidamente do que no de um estranho. Ela exerce uma função no processamento do aprendizado de eventos dolorosos — pense em um incidente no qual você foi machucado por alguém de outro grupo e como isso fez com que se sentisse em relação àquele grupo. Outra função é o processamento da percepção da dor nos outros — pense naquela vez que você viu alguém ser atingido em uma área sensível do corpo e como isso fez você se retrair. E também processa a profunda emoção visceral, incluindo medo extremo, pavor, aversão e repulsa — pense em quando viu algo grotesco ou sentiu um cheiro ruim que embrulhou seu estômago.[34] Cada um desses aspectos tem algo a ver com o processamento do ódio pelo cérebro.

### Reconhecimento de expressões faciais no rosto de outras raças

A rede de saliência é uma série de regiões cerebrais que se comunicam entre si para determinar o que é importante para nós em vários contextos e nossa reação subsequente.* Para simplificar, a rede acende o holofote da atenção e depois diz como devemos nos comportar.[35] O papel da ínsula nesse processo é despertar as emoções relacionadas com o que é importante para nós no ambiente. O que é importante e a forma do comportamento resultante varia muito dependendo do indivíduo.

As redes de saliência de viciados em heroína e de médicos vão se ativar de forma distinta ao visualizar uma agulha hipodérmica. No caso do viciado em heroína, a rede entra em ação jogando luz sobre a agulha. Emoções e lembranças "viscerais" da última vez que se drogou são despertadas, criando uma sensação de desejo pela droga (processada pela ínsula). Sinais são então rapidamente enviados ao corpo estriado, a parte do cérebro que processa recompensa, motivação e ação (ver Figura 5, p. 87). Com o aumento da vontade de se drogar novamente, o viciado aciona o córtex pré-frontal, que freneticamente começa a resolver como vai conseguir dinheiro para comprar um pouco de heroína. Para o médico, o "holofote" da rede de saliência passa pela agulha sem registrá-la como algo importante, já que tem uma conexão não emocional com ela e a vê todo dia.

O mais interessante é que para o viciado em heroína em recuperação, a rede age de forma um pouco diferente do que para quem continua viciado. O holofote ainda brilha sobre a agulha, mas em vez do centro de recompensa e motivação (corpo estriado) tomar conta, outra parte da rede é conectada: o córtex cingulado anterior dorsal (CCAD), responsável pela resolução de conflitos (ver Figura 5, p. 87). O CCAD faz parte da área de controle executivo, que inclui o córtex pré-frontal, e assim permite que o viciado em recuperação selecione a resposta correta — siga em frente e ignore a lembrança emocional e a vontade de se drogar.

A rede de saliência também se ativa quando vemos expressões faciais. Como animais sociais, estamos bem conscientes do estado emocional de outras pessoas. Uma expressão perplexa de um colega, de tristeza de um familiar, de desapontamento de um parceiro e de raiva de um estranho evocarão uma reação da rede de saliência. Reconhecemos a expressão, rea-

---

* A rede de saliência consiste na ínsula anterior (a parte maior da ínsula), a amígdala cerebelosa, o corpo estriado e o córtex cingulado anterior dorsal.

gimos sentindo uma emoção, lembramos a última vez que vimos aquela expressão na pessoa e aí decidimos o que fazer. Explicamos ao colega nosso plano de negócios, consolamos o familiar, compensamos por termos esquecido o aniversário de casamento e nos afastamos rapidamente do estranho. A capacidade da rede de saliência de reconhecer estados emocionais a partir de expressões faciais é mais eficiente durante a adolescência. Essa é uma época emocionalmente turbulenta e desafiadora para a maioria dos adolescentes, e é bom saber que estão mais bem equipados para perceber um amigo com problemas do que a maioria dos adultos.[36]

A rede de saliência supera a rede de preconceito. Pesquisadores na China queriam descobrir se as expressões faciais faziam diferença na forma como o cérebro dos participantes processava imagens de rostos de outra raça.[37] Descobriram que os participantes que mostraram preconceito implícito no TAI reconheciam com mais facilidade as emoções negativas nos rostos de outras raças em comparação com rostos da mesma raça e tinham maior probabilidade de rotular emoções como negativas nos rostos de outras raças quando a expressão era ambígua. No cérebro desses participantes do teste chinês, quando eram mostrados rostos negros com expressões de repulsa, a ínsula e a amígdala cerebelosa eram ativadas; uma combinação tóxica do holofote da atenção, uma reação à repulsa na imagem e uma resposta de ameaça. No teste, os participantes que mostraram menos preconceito implícito no TAI operavam a rede de saliência de forma diferente. A ínsula foi ativada, mas a amígdala cerebelosa continuou dormente. Em vez disso, o CCAD se ativou, indicando um processo de resolução de conflito. Qualquer que tenha sido a emoção sentida em relação ao rosto negro que expressava repulsa, ela foi logo atenuada pela influência reguladora da área de controle executivo do cérebro.

## Ódio e dor

Desde cedo (ao redor dos três anos), esperamos que a dor seja mais frequente e mais dolorosa se infligida por um exogrupo ameaçador.[38] Mas o problema não é que essa dor realmente *seja* mais frequente ou dolorosa, a questão é que somos mais sensíveis à dor intencionalmente infligida por um grupo que já nos atemoriza.

Quando a dor tem uma dimensão moral, como um crime de ódio que comunica a objeção do agressor a um estilo de vida, a ínsula, em conjunção com outras regiões do cérebro da vítima,* automaticamente registra a desaprovação do ato à velocidade da luz. Isso acontece muito antes que a porção inteligente do córtex pré-frontal avalie e junte racionalmente as partes para entender o que aconteceu. Literalmente sem pensar, o cérebro da vítima registra o ataque pelo que é e avalia negativamente o agressor e outras pessoas associadas a ele. É pouco provável que ataques violentos que não tenham essa dimensão moral (por exemplo, um ataque de um membro do próprio endogrupo)** gerem a mesma atividade cerebral, o que significa que a vítima deve sentir danos emocionais menores.[39]

Quando o ataque é sério, por exemplo, quando existem ferimentos físicos, a ínsula pode trabalhar em conjunto com a amígdala cerebelosa e o hipocampo para envolver o evento na memória de longo prazo, tanto por ser um incidente doloroso como por ter uma dimensão moralmente desafiadora. Esse traço humano garante que, no futuro, incidentes com potenciais predadores parecidos serão evitados. Em casos extremos, atos de agressão de membros do exogrupo que tanto infligem dor quanto desafiam uma posição moral podem gerar uma ideia tendenciosa na vítima em relação ao grupo agressor.[40]

Assim como o processamento tendencioso da dor direta, a ínsula também se ativa em termos de linhas raciais quando visualizamos a dor dos outros. Um estudo do professor Xu da Universidade de Pequim mostrou que a ínsula em estudantes universitários chineses e brancos se iluminou quando viam bochechas alfinetadas com uma agulha, mas somente se o rosto fosse da mesma raça.[41] Essa descoberta foi replicada em estudos mais recentes com outros participantes chineses e brancos, e com participantes brancos e negros.[42]

No entanto, esse viés racial no registro cerebral da dor dos outros é desfeito quando a pessoa da outra raça pertence a um *endogrupo superordenado* (um endogrupo que supera outro em termos de sua importância percebida). Se

* Córtex orbitofrontal esquerdo e amígdala cerebelosa.

** Uma exceção seria uma traição violenta por um membro do endogrupo, pois existe aí uma dimensão moral.

a pessoa da outra raça estuda na mesma universidade que nós (portanto está em nosso endogrupo superordenado que supera a raça), então a ínsula vai se ativar quando a virmos com dor, mas não se ela for de uma universidade rival (o que a colocaria no exogrupo superordenado).[43] Parece que há uma hierarquia funcionando, assim como no caso da amígdala cerebelosa, e ambas vão privilegiar o que é mais importante para nós naquele contexto: ser da mesma universidade, empresa ou até cidade poderia superar a diferença racial quando se trata de ter empatia com a dor.

Na ausência de um endogrupo superordenado, as consequências de o cérebro não registrar a dor de outras raças pode ser grave. Com menos empatia, temos menos disposição a ajudar a diminuir o sofrimento dos outros — uma probabilidade menor de compartilhar recursos ou fornecer ajuda física e apoio emocional. É por isso que organizações de caridade em países predominantemente brancos apelam a endogrupos superordenados quando querem conseguir doações para causas em países predominantemente não brancos. Mostrar o sofrimento de crianças de outras raças com seus pais preocupados ativa as ínsulas de potenciais doadores brancos que também são pais. Ser pai (endogrupo superordenado) supera a diferença racial. Esse efeito também pode se ampliar para avós, tios, tias e assim por diante.

## O processamento cerebral do ódio "visceral"

Boa parte da pesquisa sobre a ínsula concentrou-se em seu papel no processo da repulsa. A ínsula se desenvolveu para nos proteger de outro tipo de ameaça — coisas que deveríamos evitar ingerir. Antes de beber e comer, nossos ancestrais testavam a água ou a comida provando e cheirando, por segurança. Um cheiro ou gosto um pouco estranho imediatamente fazia a ínsula se ativar, o que por sua vez enviava uma mensagem ao estômago criando uma sensação de náusea, e a comida ou água seria cuspida para evitar um potencial envenenamento. Essa função persiste hoje, mas o papel da ínsula se expandiu.[44]

Os professores Lasana Harris e Susan Fiske, do Centro de Estudos do Cérebro, da Mente e do Comportamento, da Universidade de Princeton, realizaram um estudo com ressonância magnética para identificar se a ínsula poderia ser ativada por pessoas consideradas do nível mais baixo da sociedade.[45] Para demarcar essa condição, eles usaram o Modelo de Conteúdo do Estereótipo, que classifica pessoas em quatro grupos.[46] Esse modelo sugere que estereotipamos pessoas em dois eixos: simpatia e competência. Sentimos orgulho daqueles que consideramos que têm alta simpatia e alta competência, como os atletas olímpicos super-humanos. Sentimos pena daqueles que consideramos ter alta simpatia e baixa competência, como as pessoas mais velhas e as com deficiência. Invejamos aqueles que consideramos com baixa simpatia e alta competência, como os extremamente ricos. E sentimos repulsa daqueles que consideramos com baixa simpatia e baixa competência, como os viciados em drogas sem-teto.

Esse modelo não é perfeito, e muitos se recusariam a aceitar a ideia de que todos fazemos essas generalizações tão simplistas, mas, para os objetivos do estudo de Harris e Fiske, esses foram os exemplos usados. Os resultados foram fascinantes. As primeiras três categorias — atletas olímpicos super-humanos, idosos e pessoas com deficiência e os ultrarricos — só ativaram o córtex pré-frontal. Assim como os papéis anteriormente discutidos, essa área entra em ação quando pensamos em uma pessoa. O ato de imaginar como é ser igual a eles, tanto do ponto de vista emocional quanto em termos de crenças, intenções e convicções (conhecido na psicologia como mentalização e teoria da mente, respectivamente), explica nossas decisões sobre eles. Para simplificar: quando o córtex pré-frontal se ativa, os participantes estão sentindo empatia e, dessa forma, humanizando. A última categoria, os viciados em drogas sem-teto, ativou a ínsula e a amígdala cerebelosa, mas não o córtex pré-frontal. Para os considerados no nível mais baixo da sociedade, não houve empatia e humanização; ao contrário — houve repulsa, desumanização e sensação de ameaça.

Outros estudos de neuroimagem descobriram que a resposta de repulsa do cérebro pode ser ativada quando participantes brancos veem rostos de outras raças.[47] Isso pode estar ligado à associação que participantes brancos fazem de rostos de outras raças com noções particulares sobre cultura e tudo que eles imaginam que isso envolve: por exemplo, hábitos de alimentação, práticas de higiene e rituais. A ínsula não foi criada para ser ativada em resposta a pessoas de outras culturas, mas, quando lhes atribuímos qualidades que nos causam repulsa, ela é ativada. E quando isso acontece sem a correspondente ativação da área de controle executivo do cérebro (por exemplo, córtex pré-frontal e o CCAD), o resultado é mais repulsa e menos empatia pelo exogrupo. Acrescente uma diferença fundamental na moral e/ou nas crenças e pode ocorrer um processo de desumanização, um pré-requisito para o ódio "visceral". Pensar no exogrupo como menos que humanos abre caminho para tratos indescritíveis — e estamos um passo mais perto do genocídio.

## Hackeando o cérebro para odiar

Geralmente, é difícil para os humanos machucarem outros humanos. Pesquisas sobre a disposição de soldados e policiais para matar outras pessoas mostram que o comportamento não é algo que acontece naturalmente. Estudos de soldados na Segunda Guerra Mundial mostraram que muitos não miravam em seus alvos, e um número expressivo (que pode estar ao redor de 70%) não disparou um único tiro. Apesar de os números exatos não serem conhecidos, a análise fez com que os militares estabelecessem treinamentos psicológicos para aumentar a propensão de soldados a sentir um ódio "visceral" dos inimigos, para que fosse mais fácil matá-los no campo de batalha.

Vinte anos depois da Segunda Guerra Mundial, mais de 90% dos soldados na Guerra do Vietnã atiraram.[48] As técnicas psicológicas usadas basearam-se em *desindividuação, deslocamento* e *desumanização*. Desindividuação é um processo psicológico pelo qual o indivíduo sente-se privado de responsabilidade porque se percebe como parte de um grupo maior. Na guerra, a noção é que não matar o inimigo representa mais perigo não apenas para si mesmo, mas para sua unidade. Deslocamento de responsabilidade para uma figura de autoridade, o processo psicológico de conformidade identificado por Stanley Milgram, permite que soldados se privem de culpa quando a decisão de matar é tomada por um oficial superior.

Finalmente, e com certeza o mais perturbador, a desumanização envolve ver o inimigo como sub-humano. O inimigo é visualizado como baratas, vermes e parasitas, e o comportamento e as crenças dele são colocados em direta oposição aos dos soldados. Os soldados são levados a crer que o inimigo come coisas sórdidas e animais que consideramos de estimação; ficam semanas sem tomar banho; fedem a suor e fezes; e negam os direitos humanos mais básicos aos mais fracos em suas sociedades. São uma praga e um mal que deve ser eliminado. São o oposto dos atletas olímpicos super--humanos — são sub-humanos, equivalentes aos viciados sem-teto.

Se essa lavagem cerebral psicológica funciona, quando precisa enfrentar um inimigo, o córtex pré-frontal do soldado permanece dormente enquanto sua ínsula e amígdala cerebelosa se ativam como fogos de artifício. Assim, é um pouco mais fácil tirar a liberdade do inimigo, dissociá-los do resto da sociedade, puxar o gatilho.*

Assim como a amígdala cerebelosa, a ínsula se desenvolveu para nos manter vivos, mas as condições modernas nas quais vivemos agora fizeram com que muitas de suas funções sejam menos essenciais para nossa sobrevivência. Claro, ela ainda é útil para o rápido reconhecimento da expressão de repulsa de nosso parceiro quando somos pegos enfiando o dedo no nariz, para sentir empatia com a dor de um amigo quando ele bate com o dedo na quina da mesa e nos ajuda quando cheiramos a caixa de leite que já está vencido, mas não morreríamos se não pudéssemos fazer essas coisas.

A ciência mostra que a ínsula adaptou suas habilidades a nosso ambiente social cada vez mais complexo. Ao fazer isso, aplicou seus truques de sobrevivência para lidar com outros seres humanos. Como ela aprende a partir da informação alimentada, assim como a amígdala cerebelosa, seu processamento pode ser preconceituoso. E pode ser mais rápido ao captar expressões negativas nos rostos das pessoas das outras raças, registrar a dor de forma diferente dependendo de quem a demonstra, limitar a capacidade de sentir a dor daqueles que não são como nós e iniciar uma resposta de repulsa quando encontramos um membro do exogrupo.

Colocado de forma simples, quando uma ínsula e uma amígdala cerebelosa preconceituosas trabalham juntas, na ausência de um sinal regulador da área de controle executivo do cérebro, um membro do exogrupo pode ser visto como ameaçador, com aparência de raiva, capaz de nos infligir dor, repulsivo, não merecedor de empatia e sub-humano. Uma resposta que chega à beira do ódio.

---

* Esse processo é capturado brilhantemente no episódio "Men against Fire", da série *Black Mirror* da Netflix, escrito por Charlie Brooker. No episódio, soldados sofrem lavagem cerebral por meio de um chip implantado em seus cérebros que fazem os "inimigos", chamados de "baratas", parecerem não humanos, facilitando que sejam eliminados.

## O que o resto do cérebro está fazendo enquanto odiamos?

Pesquisas identificaram outras partes do cérebro que também exercem um papel no processamento do ódio. O corpo estriado fica mais ativado quando os participantes visualizam rostos da mesma raça, e isso é importante porque afeta como tomamos decisões em relação a riscos e recompensas. Assim, visualizar rostos da mesma raça nos faz sentir que podemos ter um resultado melhor em uma interação com aquela pessoa, o que significa que há uma chance maior de preferirmos ativamente essas pessoas do que as de outras raças.[49] Também descobriu-se que as partes do cérebro que processam a visão, e por consequência os rostos, reagem de forma diferente quando estes são da mesma ou de outra raça.[50] A parte do cérebro chamada de área fusiforme de faces é responsável por nos informar se estamos vendo ou não um rosto — pense no rosto da sua avó em comparação a uma torradeira. Se essa área for danificada, uma pessoa não vai conseguir diferenciar uma pessoa da outra (mas, felizmente, ainda consegue saber que a avó não é uma torradeira e vice-versa). Em vários estudos de imagens cerebrais, essa área apareceu ativada mais rápido para rostos da mesma raça do que de raças diversas. Isso é conhecido como efeito da outra raça.[51] A ativação mais lenta da área fusiforme de faces pode significar que uma pessoa reconhece mais lentamente rostos de outras raças como indivíduos. Elas processam outros grupos raciais em um nível mais abstrato, o que significa que os veem menos como indivíduos e mais como parte de um todo separado. As implicações para lembrar e distinguir entre rostos de outra raça e, assim, estereotipá-los são significativas.

Como ódio é um conceito humano, tentar encontrar uma única região ou conjunto de regiões no cérebro que sejam *totalmente* responsáveis por isso é uma perda de tempo. Não podemos apontar uma parte do cérebro, removê-la e depois afirmar que extirpamos o ódio. O que os neurocientistas tentaram fazer é localizar partes do cérebro que reagem quando apresentadas a estímulos que podem levar a uma resposta que se relaciona com um componente de ódio. Os resultados nos dizem que o conceito humano de ódio tem algo a ver com o processamento *aprendido* pelo cérebro de detecção de ameaça e medo (pela amígdala cerebelosa) e repulsa, dor, reconhecimento de emoções (pela ínsula), e como a empatia e os conflitos internos moldam as decisões (envolvendo o córtex pré-frontal e o CCAD). Essas duas últimas áreas do cérebro controlam o preconceito e o ódio e são, de longe, as mais sofisticadas.

Da perspectiva do cérebro, realmente não temos desculpa para agir com ódio se estamos motivados a rejeitar o preconceito. Dizer "meu cérebro me obrigou a fazer isso" simplesmente não é verdade quando podemos pisar no freio, graças ao sistema de controle executivo mais avançado de todas as espécies.[52] Mesmo depois de danos cerebrais na área de controle executivo, pensamentos de ódio ainda podem ser impedidos de se transformarem em ações. John, apresentado no começo deste capítulo, conseguiu nunca verbalizar ou agir de acordo com sua voz interna involuntária cheia de ódio.

Todas minhas leituras sobre neurocientistas procurando o ódio no cérebro criaram em mim uma coceira mental. Quando passava de uma região cerebral para outra durante minha pesquisa, tinha essa estranha sensação da presença delas em minha própria massa cinzenta. Da mesma forma que poderia sentir meu coração bombeando e meus ossos estalando, comecei a imaginar minha amígdala cerebelosa formigando quando via uma aranha e minha ínsula estremecendo quando sentia o cheiro de leite azedo. Claro, não havia formigamento ou estremecimento real, mas o aumento da consciência das partes constituintes do meu cérebro tornou seu papel em moldar meus pensamentos e comportamentos mais evidente do que nunca. Eu precisava saber o que meu cérebro estava fazendo quando processava rostos negros e brancos, e só havia uma forma de fazer isso — permitir que um neurocientista o examinasse.

# 4

## MEU CÉREBRO E O ÓDIO

DESDE OS MEUS DOZE ANOS eu sabia que não era como a maioria dos outros garotos. As paredes dos quartos dos meus amigos estavam tomadas por pôsteres do Manchester United, filmes do *Rambo* e Cindy Crawford de biquíni. Minhas paredes eram decoradas com pôsteres bem organizados da tabela periódica, de filmes da série *Star Trek* e de David Hasselhoff deitado sobre um carro.\*

Apesar de saber que provavelmente eu não era heterossexual, lembro-me de ter visões tendenciosas sobre relações entre pessoas do mesmo sexo. Por um tempo, senti vergonha quando acabei percebendo o que eu era. A vergonha vinha de décadas de "alimentação" cultural que abarrotavam o meu jovem e impressionável cérebro com a noção de que relações homossexuais eram erradas. Isso piorava com o retrato negativo da comunidade LGBTQ+ na mídia, que chegou ao auge durante a epidemia de HIV/AIDS no final dos anos 1980.

Por cima de tudo isso, em 1988 o governo de Thatcher proibiu que todos os professores falassem com os estudantes sobre relacionamentos gays. A gênese da lei conhecida como Seção 28 foi um livro infantil sobre

---

\* Para aqueles que nasceram muito depois dos anos 1980, estou me referindo ao KITT de *A Super Máquina*.

pais gays, *Jenny Lives with Eric and Martin*, encontrado em uma biblioteca de um Departamento de Educação de Londres dirigido pelo partido Trabalhista (na verdade, estava disponível apenas para professores). Lembro-me de ver esta manchete no *Daily Mail* que meu pai tinha comprado: "Salvemos as crianças de lições sexuais tristes e sórdidas". Quando a lei foi debatida no Parlamento, Thatcher disse: "Crianças, que precisam ser ensinadas a respeitar valores morais tradicionais, estão aprendendo que têm o direito inalienável de serem gays. Todas essas crianças estão sendo impedidas de ter um início de vida saudável".

Meu cérebro absorveu essa informação como uma esponja, e não tive como impedir. O resultado foi uma confusão. Lembro-me de ter visto dois homens se beijando pela primeira vez em um programa de TV, e meu cérebro automaticamente os processou como "outros". No começo, não senti como se estivesse vendo alguém como eu. Minha mente consciente sabia que eu era igual a eles, mas não pude parar aquele julgamento automático.

Pouco depois disso, um amigo me contou que era gay. Minha resposta foi lacônica. Em vez de apoiá-lo e fazer com que sentisse que não estava sozinho, eu me afastei dele. A enxurrada de propaganda antigay à qual meu cérebro tinha sido exposto, como o cérebro de quase todo mundo durante os anos 1980 e 1990, distorcia minha visão, impedia-me de apoiar meu amigo e me obrigou a ficar no armário por mais tempo.

Depois de vários anos, meu cérebro acabou eliminando a separação programada culturalmente entre "eles" e "mim". Quando percebi o que meu cérebro estava fazendo, aceitei que era gay e comecei minha nova vida, a alimentação cultural do meu cérebro infantil foi vencida. Fui motivado a desprogramar meu cérebro. Em vez de vergonha, senti orgulho. Entrei em contato com meu antigo amigo gay, me abri com ele e pedi desculpas. Felizmente, ele entendeu, pois também tinha passado pelo mesmo processo de desprogramação.

Assumir minha condição aos vinte e poucos anos me forçou a enfrentar os preconceitos que tinha em relação a gays. Ao desafiar minha homofobia internalizada de frente, passei a reconhecer o processamento automático do meu cérebro em várias outras categorias. Quando era provocado por uma conversa ou encontrava alguém do exogrupo, eu refletia e questionava qualquer preconceito e os estereótipos que tinha.

A forma como o cérebro se alimenta de cultura e experiência significa que encontros negativos com membros do exogrupo podem moldar a maneira como julgamos outras pessoas mais tarde. Um homem heterossexual que se encontra com um gay pela primeira vez em uma reunião social pode ver um estereótipo negativo se enraizar ainda mais se a interação for predatória, sexualmente falando. Um cristão que se encontra com um judeu pela primeira vez em uma negociação financeira pode ver seu estereótipo negativo enraizado se sentir que foi enganado. Um branco que se encontra com três jovens negros pela primeira vez na porta de um bar gay de Londres pode ver seu estereótipo negativo aprofundado se a interação termina sendo violenta.

Primeiros encontros com membros do exogrupo são basilares. No meu caso, eu provavelmente mantive visões estereotipadas de jovens negros quando tinha vinte e poucos anos por causa da minha limitada oportunidade de interagir com negros quando cresci. Minha cidade natal, como muitas cidades menores no País de Gales, é incrivelmente branca, e não havia alunos negros nas escolas em que estudei. Enquanto estava na Universidade de Cardiff no meio dos anos 1990, não havia estudantes negros na minha turma de graduação. No geral, eu só tinha contato pela mídia e recebia principalmente notícias negativas. Claro, eu tinha os meios intelectuais para questionar o que me diziam. Mas provavelmente não surpreende que eu não passasse muito tempo questionando se jovens negros eram diferentes de mim. Isso pode ter mudado depois que encontrei os três homens na porta daquele bar em Londres. Não consigo me lembrar se minha atitude mudou em relação a jovens negros depois do ataque. Tudo que me lembro é a ansiedade que o ataque me causou e por quanto tempo isso durou. Até hoje eu ainda tomo precauções quando saio de um bar gay. Só depois de começar a pesquisar a neurociência do ódio passei a me perguntar se a identidade dos meus agressores tinha moldado o processamento automático do meu cérebro em relação a jovens negros desde o crime de ódio.

## O ENCONTRO COM UM NEUROCIENTISTA E UM APARELHO DE RESSONÂNCIA MAGNÉTICA

"Mas e se a ressonância mostrar que você é preconceituoso?"

Esse foi o aviso do meu marido, pais e irmãos, que ficaram todos preocupados com a minha ideia de ter o cérebro analisado enquanto reage ao preconceito e ao ódio. Mesmo assim, eu queria saber como era fazer parte de um desses estudos neurocientíficos. Como era ter o cérebro escaneado, cutucado, computado, renderizado e analisado por um grupo de neurocientistas em jalecos brancos à procura do ódio? (Felizmente não cutucaram meu cérebro, fico feliz em informar.)* Eu estava preparado para a possibilidade de que meu cérebro enviasse sinais diferentes quando apresentado a rostos negros e brancos. Todos temos preconceitos implícitos, incluindo aqueles que estudam o ódio como meio de vida. Mas eu não tinha certeza do que esses sinais significariam no contexto do *eu*.

Se presentes, os sinais poderiam revelar minha exposição à mídia dos anos 1980 e 1990 que inundou minha amígdala cerebelosa e ínsula com estereótipos racistas? Eles poderiam indicar uma sensação de ameaça deixada pela agressão sofrida décadas antes? Se o ataque foi uma fonte de informação que alimentou meu cérebro, então claramente isso moldaria minhas reações inconscientes. Ou eu estava me preocupando à toa? Meu cérebro poderia acabar sendo neutro, por assim dizer. Sem nenhum sinal de preconceito ou ódio.

Mandei um e-mail para o Brain Research Imaging Centre da Universidade de Cardiff (Cubric) para tentar encontrar alguém interessado em me ajudar nessa jornada. O Cubric é uma instituição que recebe amplos financiamentos e dispõe de equipamentos de neuroimagem de última geração. Na época de sua criação em 2016, foi considerada a instituição de imagens cerebrais mais avançada na Europa. A dra. Zargol Moradi, pós-doutoranda, respondeu meu e-mail. A dra. Moradi, que tinha feito seu doutorado na Universidade de Oxford, explicou que o processo de escaneamento seria feito em dois estágios.

---

* Embora verdadeiras cutucadas com eletrodos tenham sido usadas em estudos com eletroencefalografia invasiva!

O primeiro estágio foi gerar um mapa geral do meu cérebro, usando o aparelho de Imagem de Difusão por Ressonância Magnética. O aparelho usa imãs de alta potência e ondas de rádio para detectar o fluxo de sangue no cérebro. Ao registrar o movimento do sangue, produz uma imagem da matéria branca do cérebro. Isso é considerado uma medida indireta da atividade cerebral, já que o aparelho não consegue ver o disparo dos neurônios — o processo real de atividade cerebral.

O segundo estágio envolve a realização de uma tarefa em um aparelho de magnetoencefalografia (MEG), que capta sinais no cérebro mais rapidamente do que a MRI de difusão. Em vez de rastrear o fluxo do sangue para partes do cérebro, a MEG vê os sinais elétricos produzidos pelos neurônios, uma medida direta do que o cérebro está fazendo.

## A MRI de difusão: mapeando meu cérebro

No primeiro estágio não precisei realizar nenhum teste enquanto estava na máquina, bastava eu me deitar por meia hora depois do almoço — fácil, foi o que pensei inicialmente. No entanto, a atmosfera do Cubric me fez lembrar uma operação traumática que precisei fazer quando era criança. A sensação piorou quando a dra. Moradi me pediu para colocar uma bata hospitalar e retirar todos os itens de metal. Ela me avisou que o aparelho era 60 mil vezes mais poderoso do que o campo magnético da Terra, o que significa que qualquer piercing, anel ou implante seria arrancado e voaria pelos ares (e possivelmente atravessaria meu corpo) se não fosse removido. Informei que não tinha piercings e minha preocupação diminuiu um pouco.

Toda a discussão sobre fortes campos magnéticos me deixou pensando em como a tecnologia de MRI realmente funciona. Nossos corpos são formados por 60% de água, uma boa parte dela está no sangue. A água contém prótons de hidrogênio que são pequenas versões da Terra, tendo um polo norte e um sul, girando constantemente em seus eixos.*

---

* Se você se lembrar das lições de química da escola, deve saber que a água consiste em dois átomos de hidrogênio e um de oxigênio, e átomos são formados por prótons, nêutrons e elétrons.

Assim como a Terra, o próton de hidrogênio que gira cria um campo magnético. Naturalmente, esses prótons giram de forma aleatória no corpo, mas quando expostos a uma força magnética externa forte, podem ser obrigados a girar na mesma direção. Quando o campo magnético de um aparelho de MRI é ligado, os prótons de hidrogênio na água em nosso sangue se alinham como as cordas em uma guitarra. As ondas de rádio são liberadas em pulsos sobre os prótons, tirando-os do alinhamento. Depois de cada pulso, os ímãs trazem os prótons de volta, e a velocidade com a qual eles voltam à posição depende de quanto oxigênio existe no sangue. O efeito é como tocar as cordas da guitarra com uma palheta. Essa "afinação" é captada por bobinas de radiofrequência que agem como ouvidos, colocadas ao redor da cabeça. Essas leituras são então enviadas a um computador para análise.[1]

Antes da primeira análise, a dra. Moradi falou com evidente orgulho sobre a tecnologia MRI de difusão, apelidada de "Connectome" (referindo-se à complexa rede de conexões neurais no cérebro conectando cerca de 86 bilhões de neurônios). Ela me contou que, ao rastrear as moléculas de água no cérebro, a máquina é capaz de gerar imagens de qualidade dez vezes superior à das imagens dos aparelhos de MRI da maioria dos hospitais. É o telescópio Hubble da neurociência, e o Cubric tem um dos três únicos no mundo.

"Vamos construir uma imagem completa da sua matéria branca, mas também focando de perto as partes do seu cérebro que hipoteticamente estão relacionadas ao preconceito", disse a dra. Moradi, enquanto anotava meus dados em uma prancheta.

Ela me pesou para ter certeza de que eu não era demais para a máquina — há um limite de 100 kg. Para surpresa da dra. Moradi, eu estava com 101 kg (escondo bem), mas me contaram que eu estava dentro da tolerância aceitável. Foram feitas algumas perguntas sobre a minha saúde, incluindo o endereço do meu médico. "Preciso para caso encontremos algo anômalo, como um tumor", justificou.

Minha mente voltou para a operação na infância e meu coração disparou. "Respire fundo", sussurrei para mim mesmo.

Tudo estava banhado no branco típico de clínicas, com exceção das telas dos computadores na sala de controle que mostravam os dados que saíam do aparelho. Fui levado para a máquina e pediram que eu me deitasse na bancada. Depois de colocar uns tampões nos ouvidos, minha cabeça foi guiada para as bobinas de radiofrequência e presa com pedaços de espuma.

"Tente não se mover ou teremos que recomeçar tudo", avisou a dra. Moradi. Um monitor cardíaco foi ligado ao meu dedo e um pequeno balão de borracha foi acomodado em minha mão. "Aperte com força se tiver um ataque de pânico." Quase não ouvi a voz abafada.

A dra. Moradi e sua assistente foram para a sala de controle, longe do gigantesco campo magnético. "Podemos começar?", disse ela pelo interfone.

Fiz sinal de positivo e fui lentamente enterrado debaixo de sete toneladas de ímãs. A partir desse ponto experimentei uma cacofonia de zumbidos, bipes, cliques e estrondos infernais enquanto os gigantescos ímãs ligavam e as ondas de rádio eram disparadas contra minha cabeça. A dra. Moradi verificava como eu estava de vez em quando com um tom tranquilizador: "Faltam apenas vinte minutos agora, Matt".

E terminou. Eu saí um pouco tonto, mas feliz com meu desempenho — não entrei em pânico, não me mexi (apesar de sentir uma coceira na testa) nem espirrei. O participante perfeito, pensei. Como esperava, a dra. Moradi ficou impressionada com meu comportamento. Mas toda a experiência foi manchada pelo comentário final dela.

"Pelo seu peso, eu esperava um cérebro maior."[*]

## A MEG: *encontrando um sinal no ruído*

Esperei duas semanas pela segunda MRI no cérebro. A dra. Moradi me encontrou no laboratório da MEG no final das grandes instalações do Cubric. O aparelho de MEG estava isolado para minimizar a interferência magnética das máquinas de MRI. Como o campo magnético de um cérebro é muito fraco (cerca de um bilhão de vezes mais fraco do que um ímã de geladeira), para detectar qualquer atividade em seus bilhões de neurônios a MEG usa alguns dos sensores mais sensíveis que existem.

---

[*] Meses depois, ela me contou que era uma piada! Anuncio, feliz, que o tamanho do meu cérebro está um pouco acima da média.

Esses sensores, chamados dispositivos supercondutores de interferência quântica, ou Squids, devem ser mantidos a -270 °C e isolados de outros campos magnéticos para funcionar de forma apropriada. Os Squids são tão sensíveis que foram comparados a ouvir um alfinete caindo no chão em um show do AC/DC.[2] São usados para detectar ondas gravitacionais, ondulações no espaço-tempo emanando de eventos cataclísmicos no universo, como uma estrela se transformando em supernova ou a colisão de dois buracos negros a 1,8 bilhão de anos-luz.[*] Também foram usados em tentativas de detectar os áxions, as partículas fantasmas praticamente sem peso algum que eram candidatas a serem os componentes da matéria escura que forma 85% do universo. Mais localmente, eles têm sido usados para estudar a atividade cerebral em pessoas que sofrem de epilepsia e doença de Alzheimer. Pode não ser surpresa saber que a teoria que fundamenta os Squids, a junção Josephson, deu a seu xará, Brian Josephson, o Nobel de Física em 1973. Olhar para meu cérebro para encontrar sinais de preconceito parece fácil se comparado com essas gigantescas conquistas científicas, pensei.

Quando a dra. Moradi prendeu três sensores na minha cabeça, ela perguntou casualmente: "Você está usando algum creme facial ou sombra nos olhos?".

"Não", respondi. Curioso, perguntei por que ela estava preocupada com isso.

"Os sensores MEG vão captar os pequenos traços de metal presentes em alguns produtos e isso vai interferir no aparelho, então é melhor remover antes de começarmos", explicou.

Fui guiado a uma sala revestida de metal com fios pendurados sobre a minha cabeça. Dentro dela estava o aparelho de MEG. Uma comprida cadeira branca de couro estava presa a um enorme cilindro de um metro de largura e dois de altura. Havia um buraco no fundo onde cabia minha cabeça, o que o fazia parecer um secador de cabelo de salão de beleza ridiculamente grande. Isso que parecia um secador continha os Squids e uma quantidade considerável de hélio líquido para mantê-los congelados.

---

[*] Essa primeira observação direta das ondas gravitacionais foi feita em 2016, com a ajuda dos meus colegas da Universidade de Cardiff.

Fui colocado na cadeira, e pediram que eu enfiasse minha cabeça o máximo possível dentro do cilindro. Na minha frente se acendeu uma tela, pontilhada com indecifráveis códigos de computador. A dra. Moradi explicou que quando o experimento começasse, linhas cruzadas pretas apareceriam no meio da tela. Minha única tarefa era apertar um botão com meu dedo indicador direito quando as linhas pretas ficassem vermelhas. Ela repetiu o mesmo aviso que tinha dado no primeiro teste: "Uma coisa que você não deve fazer é mexer a cabeça. Se mexer, as leituras não serão corretas".

Todo o experimento deveria durar cerca de vinte minutos — sem problema, pensei. A dra. Moradi fechou a porta de metal de treze centímetros de espessura e me trancou na sala com isolamento magnético. Fui deixado apenas com um pequeno alto-falante e um microfone para me comunicar com o mundo exterior.

"Matthew, podemos começar?", a voz dela estalou pelo alto-falante.

"Quando quiserem", respondi meio hesitante.

A tela na minha frente piscou por um momento e então o código de computador foi substituído pela mensagem "Prepare-se". Pigarreei para me preparar. As linhas cruzadas pretas piscaram e, por trás delas, havia um rosto masculino branco, com a expressão neutra. As linhas cruzadas ficaram vermelhas e eu apertei o botão, o que as fez ficarem pretas de novo. Então o rosto branco foi rapidamente substituído pelo de uma mulher negra, com a expressão de raiva. As linhas ficaram vermelhas de novo, então apertei o botão.

Comecei a ponderar como o experimento estava montado. A dra. Moradi estava medindo a velocidade com que eu apertava o botão depois que as linhas ficavam vermelhas? A minha velocidade era afetada pela raça e a emoção do rosto que aparecia? Ver um rosto negro com raiva antes de a linha ficar vermelha acelerava minha reação? O que isso poderia dizer sobre qualquer preconceito implícito que eu poderia ter?

*Rosto masculino branco com raiva*

*Linhas pretas cruzadas*

*Rosto feminino branco neutro*

*Linhas vermelhas cruzadas — clique...*

Depois de cinco minutos, minha cabeça estava girando. Eu só conseguia focar as linhas cruzadas:

*Linhas pretas cruzadas*

*Rosto feminino negro feliz*

*Linhas vermelhas cruzadas — clique...*

Para os meus olhos cansados, os rostos pareciam todos fundidos em um só. Eu quase não conseguia perceber o gênero, a raça ou a expressão.

*Rosto masculino negro neutro*

*Linhas pretas cruzadas*

*Rosto masculino negro com raiva*

*Linhas vermelhas cruzadas — clique...*

Depois de vinte minutos, a tela se apagou, e o barulho da pesada porta se abrindo me trouxe de volta à sala fria de metal. Esfreguei os olhos.

"Fiquei parado o suficiente para o teste dar certo?", perguntei para a dra. Moradi.

"Ficou. Acho que teve um espasmo nas costas que apareceu no teste, mas podemos compensar isso", ela disse enquanto os sensores eram retirados da minha cabeça.

Depois do experimento, perguntei como funcionava. A dra. Moradi revelou que minha velocidade de resposta às linhas vermelhas que apareciam não tinha nada a ver com a medição do preconceito implícito. Era um processo para focar minha atenção; colocar minha área de controle executivo sob pressão. Isso permitia que os Squids detectassem algum sinal cerebral que poderia estar ligado ao processamento de viés inconsciente.

Depois da ressonância, a dra. Moradi inseriu os dados no supercomputador do Cubric, que levou quarenta horas para processar toda a informação captada na tarefa. Depois, essa informação foi combinada com meu MRI de difusão detalhado para produzir imagens tridimensionais da minha atividade cerebral.

## O meu cérebro mostrou sinais de preconceito?

Antes de receber os resultados fiz o Teste de Associação Implícita. Eu estava curioso para saber se os dois resultados iriam bater. Fiz a versão on-line do TAI sobre raça duas vezes. O primeiro resultado indicava que eu tinha uma leve preferência automática por rostos negros em vez de brancos, e o segundo resultado, alguns dias depois, indicava uma leve preferência automática por rostos brancos. Não era uma grande variação, já que a escala de preferência automática varia entre leve, moderada e forte. Portanto, concluí que o teste estava me dizendo que eu me situava em algum ponto entre ter uma pequena preferência por rostos negros e uma pequena preferência por rostos brancos.* Isso fazia sentido, já que conscientemente não sentia uma preferência por nenhum dos dois. Mas esse teste procura tendências inconscientes ou implícitas, então aceitei os resultados pelo que eram.

Viajei ao centro da cidade de Cardiff para pegar os resultados das minhas ressonâncias. Durante a viagem, pensei no que meus resultados significariam para mim e para este livro. Um resultado que mostrasse áreas do meu cérebro reagindo a rostos negros, mas não a brancos, poderia indicar preconceito implícito. O resultado do TAI sugeria que isso era uma possibilidade. Lembrei-me de que todos temos preconceitos, e o que fazemos com isso é o que conta. Além disso, um resultado "positivo" levaria a uma leitura mais interessante.

Encontrei-me com a dra. Moradi em um café onde ela me mostrou as imagens do meu cérebro. Havia três orientações — de frente, de lado e de cima — e partes do meu cérebro estavam coloridas em um mapa de calor que ia do vermelho-escuro ao amarelo-claro (ver o segundo conjunto de imagens do cérebro na seção de imagens).

"Essas são as áreas de ativação", disse a dra. Moradi. "Vemos a ativação quando você foi exposto a rostos masculinos negros com raiva."

"Então meu cérebro não reagiu da mesma forma a rostos masculinos negros neutros ou felizes, ou a rostos femininos negros?"

"Não", ela disse.

"E a rostos brancos com raiva?", perguntei.

"Apenas de negros com raiva", ela explicou.

Isso me deixou um pouco perplexo. Perguntei à dra. Moradi quais áreas se iluminavam. Apontando para as laterais do meu cérebro nas imagens, ela

---

* Como afirmado em uma nota anterior, o teste não tem o objetivo de fornecer um resultado definitivo em uma tentativa. Os inventores sugerem que você deveria realizá-lo cerca de dez vezes durante algumas semanas e fazer uma média de seus resultados.

disse: "Aqui está a ínsula". Ela moveu o dedo para o centro do meu cérebro. "E este é o córtex cingulado anterior dorsal."

Perguntei por que minha amígdala cerebelosa não estava aparecendo.

"O MEG é ótimo na detecção de neurônios quando se ativam, mas não consegue ir fundo o suficiente no cérebro para escanear a amígdala cerebelosa", ela explicou.

Lembrei da pesquisa que tinha feito enquanto esperava os resultados da ressonância. Se minha ínsula se ativasse quando via imagens de rostos masculinos negros com raiva poderia ter algo a ver com minha rede de saliência processando emoções profundas em relação ao lugar em que estava meu "holofote da atenção" durante o teste. A ativação do meu CCAD, parte da região do controle executivo do meu cérebro, poderia estar relacionada a uma necessidade de resolver um conflito interno. A coativação da ínsula e do CCAD em outros estudos estava associada com menos preconceito implícito no TAI, espelhando meus resultados anteriores.

Para mim, parecia plausível que rostos masculinos negros com raiva despertassem uma emoção profunda em mim, e a área de controle executivo do meu cérebro regulasse, então, essa emoção. Eu tinha contado anteriormente para a dra. Moradi sobre a agressão que sofri e apresentei essa hipótese.

"Isso poderia estar relacionado com o crime de ódio?"

"É possível que essa ativação conjunta se relacione com a agressão que sofreu no passado", ela disse.

Procurei na minha pasta e tirei uma pesquisa da revista *Nature: Neuroscience* e fiz uma paráfrase de uma parte que havia marcado: "Sabemos que a ínsula conversa com a amígdala cerebelosa... E que as duas estão envolvidas na memória emocional. É possível que olhar para rostos masculinos negros com raiva tenha forçado meu cérebro a lembrar da emoção sentida no momento da agressão?".

Ela concordou e acrescentou uma nova ideia: "Mas como a agressão aconteceu há tanto tempo, seu córtex cingulado anterior dorsal pode ter colocado freios na ínsula...".

Terminei o pensamento dela: "Permitindo-me racionalizar que não existe necessidade de sentir agora as mesmas emoções do passado".

"Possivelmente. Mas você precisa se lembrar de que a pesquisa de neuroimagem é feita em múltiplos participantes e nunca tiramos conclusões a partir de uma única ressonância."

Apesar da cautela da dra. Moradi, a pesquisa confirma a linha de pensamento que compartilhamos enquanto ela mostrava imagens do meu cérebro. Uma equipe de psicólogos das universidades de Harvard, Columbia e Michigan State criou um estudo para testar se os medos aprendidos eram mais difíceis de desaprender se a fonte desse medo fosse um homem negro. O primeiro estágio do experimento envolvia a administração de choques elétricos nos participantes enquanto viam imagens de rostos masculinos e femininos, brancos e negros, e monitoravam as respostas galvânicas da pele — uma medição fisiológica do medo. Naturalmente, sempre que um participante recebia um choque eles registravam medo.

O segundo estágio mostrava os mesmos rostos, mas sem o choque elétrico. A resposta galvânica da pele nesse estágio mostrava que o medo continuava a ser sentido em resposta à visão apenas do rosto masculino negro, mesmo com a ausência do choque elétrico. O estudo concluiu que é mais difícil esquecer uma experiência ruim com um homem negro do que a mesma experiência ruim com qualquer outra pessoa.[3]

Como esse estudo sugere, é possível que a memória da minha agressão fosse mais forte por causa da raça dos agressores. A ínsula[*] processa a dor de forma diferente se ela foi infligida por um membro do endogrupo ou do exogrupo, especialmente se tiver uma mensagem moral.[4] Em um instante, sem pensar, eu sabia que era vítima de um crime de ódio. Imediatamente avaliei negativamente os agressores — eles eram uma ameaça para mim e para minha visão de mundo. Quando dispararam aquele insulto homofóbico, meu córtex pré-frontal racionalmente compreendeu o motivo deles. A natureza física da agressão pode ter estimulado minha ínsula, amígdala cerebelosa e hipocampo a trabalharem juntos para embutir o incidente doloroso e moralmente desafiador em minha memória de longo prazo, para ser abruptamente recordado e regulado toda vez que vejo o rosto de um homem negro com raiva. Quando tento pensar naquele momento, a agressão é uma das poucas

---

[*] Em conjunto com o córtex orbitofrontal esquerdo e a amígdala cerebelosa.

lembranças vívidas que tenho. Não há dúvida de que a violência ficou marcada em mim, mas me surpreendeu que a raça e o sexo dos meus agressores poderiam ter algo a ver com a persistência da memória.

No final, a ressonância levantou mais perguntas do que respostas. Se não tivesse sido uma vítima daquele crime de ódio há vinte anos, será que meus resultados teriam sido diferentes? O preconceito dos meus agressores contra pessoas como eu criou um preconceito em mim contra pessoas como eles — jovens negros com rostos cheio de raiva? E se meus agressores tivessem sido brancos? Com essas perguntas surgiram dúvidas se a ressonância poderia me contar algo sobre meus preconceitos implícitos. Compreensivelmente, a dra. Moradi não tinha respostas a essas perguntas. Parece que a neurociência do preconceito e do ódio ainda tem um longo caminho a percorrer antes de termos conclusões sólidas.

## ONDE A NEUROCIÊNCIA DO ÓDIO FRACASSA

### O salmão da dúvida

Um estudo com imagens de um cérebro diferente de todos foi apresentado na conferência da Organização para o Mapeamento do Cérebro Humano em São Francisco no ano de 2009. Mas algo cheirava a peixe podre. Os cientistas apresentaram resultados de uma fMRI do cérebro de um salmão morto. Você não leu errado. Eles realmente colocaram um salmão morto comprado em um supermercado local em um aparelho de ressonância magnética de milhões de libras. Como bons neurocientistas que eram, escanearam o cérebro do peixe como fariam com o de um humano, e descreveram os resultados da seguinte forma:

> O salmão media aproximadamente 45 centímetros, pesava 1,72 quilos e não estava vivo no momento da análise... A atividade administrada ao salmão envolvia completar uma tarefa de mentalização inconclusiva. Uma série de fotografias foi apresentada ao salmão mostrando indivíduos em situações sociais com um valor emocional específico. Foi pedido que o salmão determinasse qual emoção o indivíduo na foto deveria estar experimentando.[5]

Apesar de o salmão já estar morto fazia algum tempo, a fMRI captou atividades cerebrais durante a tarefa. Os resultados causaram muito burburinho e foram recebidos com humor, como era a intenção dos autores. O artigo era um lembrete (não muito agradável) para a comunidade de neuroimagens de que resultados equivocados podem ser produzidos quando correções estatísticas não são aplicadas.

Apenas um ano antes, um grupo de cientistas do MIT questionara o número de estudos publicados em periódicos respeitados que encontraram fortes evidências da localização de fenômenos psicológicos, como o ódio, no cérebro.[6] Em nenhum outro campo de pesquisa social ou comportamental ocorreram tantas descobertas impressionantes em tão curto espaço de tempo. Em vez de enfiar um salmão morto em um aparelho de fMRI, os pesquisadores do MIT optaram por realizar uma revisão estatística forense de 55 estudos de neuroimagem. Concluíram que 28 deles continham erros na estatística (devido ao erro de não independência),* levando a resultados incorretos. Muitos desses estudos eram focados nas regiões do cérebro como as abordadas neste e no capítulo precedente, incluindo a amígdala cerebelosa e a ínsula, e afirmavam ter mostrado provas de que essas regiões estavam fortemente ligadas a estados psicológicos e comportamentos.

Os autores dos estudos criticados rapidamente defenderam seu trabalho. Em 2009, um tipo de correção estatística exigida para descontar esses resultados falsos (correção para comparações múltiplas)** se tornou amplamente usado pelos neurocientistas. Mas essa controvérsia no campo motivou os

---

* O erro de não independência surge de um procedimento de dois passos nas imagens cerebrais. No passo 1, várias áreas do cérebro são correlacionadas com uma medida psicológica, por exemplo, o preconceito. No passo 2, os dados de áreas onde são encontradas altas correlações (por exemplo, a amígdala cerebelosa e a ínsula) são medidos para produzir os resultados publicados. Essa postura distorce a imagem ao selecionar apenas os resultados com alta correlatividade do "ruído", apresentando assim o padrão que está sendo procurado. Isso é similar ao problema de viés de seleção (ver E. VUL et al. "Puzzlingly High Correlations in fMRI Studies of Emotion, Personality, and Social Cognition", *Perspectives on Psychological Science* 4 (2009), 274-90).

** Essa correção é usada quando múltiplos testes de significância estatística são realizados, como nos estudos de imagens cerebrais. Quanto mais testes de significância, mais provável que um resultado significativo seja errôneo (um falso positivo, quando a atividade cerebral parece ter sido observada nas estatísticas quando, na verdade, não existe nenhuma).

cientistas a questionarem o que realmente significam os sinais no cérebro. A presunção preponderante é de que um aumento do fluxo sanguíneo em uma região do cérebro se deve à necessidade de oxigênio para seu desempenho, assim como os músculos da perna quando estamos correndo. É uma suposição razoável, já que sabemos como nossos corpos funcionam, mas, além disso, o que mais pode ser concluído além de qualquer dúvida razoável? Por exemplo, em muitos dos estudos mencionados, a amígdala cerebelosa é consistentemente identificada como o lugar de processamento do medo, que supostamente está relacionado com a ameaça e o preconceito. Mas é um grande salto afirmar que, com base nas descobertas, quando um aspecto aumenta (por exemplo, o resultado de preconceito implícito no TAI) o outro também aumenta (por exemplo, a atividade da amígdala cerebelosa). Tirando as questões estatísticas, como os cientistas podem concluir que a ativação da amígdala cerebelosa está diretamente relacionada com o resultado de um teste ou a visualização de um rosto, quando também sabemos que ela se ativa em relação a cheiros intensos, imagens sexualmente explícitas, distintivos de times esportivos rivais e, talvez, mais importante, com a experiência de ser enfiado no aperto de um aparelho de fMRI e ser testado para descobrir seus preconceitos — duas coisas que induzem à ansiedade. O medo de ser enterrado sob um ímã de sete toneladas capaz de arrancar objetos metálicos de seu corpo significa que você sente preconceito contra aparelhos de fMRI? Provavelmente não.

Quando uma coleção de estudos de imagens cerebrais mostra as mesmas áreas do cérebro se ativando em resposta a estímulos que provocam o preconceito, existe a tentação de parar de procurar respostas em outro lugar. Paramos de fazer perguntas porque os testes confirmam o que já sabíamos — o preconceito e o ódio existem, e podemos localizá-los no cérebro.

Observando o padrão de atividade na minha ressonância, comecei a pensar em minha tentativa de encontrar significado no ruído. Os seres humanos sempre veem ordem nos padrões, mesmo quando ela não existe. Parece uma característica da qual não conseguimos escapar. Imagine ser um neurocientista no primeiro estudo de imagens do cérebro de viés implícito. Os resultados mostram que parte do cérebro está ativa quando os participantes olham para rostos negros e brancos, mas a atividade é maior com os negros. Essa área, a amígdala cerebelosa, esteve associada com medo e agressividade em estudos anteriores, então tentamos criar uma razão para a atividade: em alguns participantes, mas não em todos, ver rostos negros resulta em atividade na amígdala cerebelosa, o que indica medo ou, talvez, uma percepção de ameaça, que conectamos com o preconceito. Paramos de fazer perguntas. Não consideramos com muitos detalhes por que as amígdalas cerebelosas de alguns participantes se ativam em resposta a rostos brancos ou por que outras partes do cérebro não mostram atividade. Publicamos e partimos para o próximo estudo. Mas então neste segundo estudo outra parte do cérebro que não esperávamos se ilumina. É a ínsula, conhecida de pesquisas anteriores por estar relacionada com a dor e a emoção profunda — podemos trabalhar com isso, e incluímos em nossa narrativa que o preconceito também está relacionado com esses sentimentos. Então, o próximo estudo mostra outra área ativada, o CCAD, que está envolvido na resolução de conflitos e por isso deve estar relacionado à regulação do preconceito — assim temos agora uma "rede de preconceito" no cérebro. Criamos significado a partir dos padrões apresentados e, às vezes, minimizamos a informação que contradiz nossa história.

Esse processo de descoberta neurocientífica levou a algumas afirmações incomuns. Em 2005, uma equipe de pesquisadores da UCLA e da Caltech afirmaram ter descoberto o neurônio Halle Berry.[7] Foi pedido a pacientes de epilepsia, que tiveram eletrodos colocados em seus cérebros para localizar a origem de suas convulsões, que olhassem para uma série de fotos que incluía paisagens, objetos e rostos famosos. Em um paciente, os cientistas encontraram um único neurônio que só se ativava com três imagens: fotos da Halle Berry, fotos da Halle Berry vestida de Mulher-Gato e das palavras HALLE BERRY. Ele não se ativava com outras imagens, incluindo de outras celebridades e de outras mulheres vestidas como Mulher-Gato.

Foi a primeira vez que um estudo tinha isolado um único neurônio com um estímulo específico, e foi um choque para o conhecimento neurocientífico convencional — porque simplesmente não existem neurônios suficientes na parte do cérebro em questão para que funcionasse assim. Mas foi encontrado um neurônio que somente se ativava quando aparecia a Halle Berry. As perguntas não poderiam parar por aí. Apesar de terem sido mostrados outros rostos, junto com paisagens e objetos, os cientistas não conseguiram apresentar uma lista abrangente. Talvez aquele neurônio se ativasse com outra imagem que compartilhasse traços da Halle Berry. Mas os cientistas já tinham uma história para ser publicada, e agora temos o neurônio Halle Berry.*

## A neurociência pode responder às grandes questões sobre ódio?

O estudo do neurônio Halle Berry e outros parecidos baseiam-se nas provas visuais da atividade cerebral. Não há dúvidas de que mostrar fotos bonitas do interior de nossas cabeças cobertas de pixels coloridos é uma forma poderosa de argumentar. Olhar nosso próprio cérebro e ver partes iluminadas é uma experiência tão inebriante que minha reação instintiva foi aceitar que a dra. Moradi tinha encontrado o que eu estava procurando. Naquele momento eu estava sofrendo do que o professor Joe Dumit, da Universidade da Califórnia, em Davis, chama de "hiperalegação do cérebro".[8]

Em seu livro, *Picturing Personhood*, o professor Dumit questiona as afirmações das imagens cerebrais. Eu liguei para saber sua opinião sobre o estudo do ódio por meio de ressonâncias magnéticas. Ele disse que um teste importante para os neurocientistas é responder à pergunta: "Eu poderia fazer o caminho inverso a partir desse resultado?". Vejamos este exemplo: padrões específicos de atividade em uma área do cérebro indicam epilepsia. Neurocirurgiões podem até demarcar áreas problemáticas para extração com o objetivo de reduzir o número de convulsões de um paciente. Isso é um bom exemplo de "fazer o caminho inverso" partindo de uma ressonância para chegar ao diagnóstico. O mesmo não pode ser feito com a ressonância que procura a existência de fenômenos sociais e psicológicos no cérebro. Um neurocirurgião não procuraria atividade na amígdala cerebelosa e/ou ínsula em uma ressonância e concluiria que uma pessoa é preconceituosa ou odiosa. Essas partes do cérebro mostram sinais por uma grande variedade de razões e, por isso, há simplesmente muito ruído para termos certeza, além de qualquer dúvida razoável, de que elas estão se ativando porque a pessoa sente ódio.

---

* Esse neurônio foi descoberto em apenas um participante, e os autores não sugerem que todos tenhamos um neurônio Halle Berry.

Boa parte do problema resume-se à pergunta fundamental que esses cientistas propõem — podemos localizar uma construção social humana, como o ódio, dentro do cérebro? Apesar de todos concordarmos que o ódio existe, não há um consenso sobre sua definição. Múltiplos significados existiram em diferentes épocas e lugares. Primeiro, o preconceito racial foi reconhecido e legislações contra ele foram criadas, depois foi a vez dos preconceitos de gênero, orientação sexual, deficiências físicas e mentais, religião e assim por diante. Mas onde e por quais instituições esses preconceitos foram reconhecidos variou enormemente, como ainda acontece. Comparados com alguns países, os cidadãos do Reino Unido desfrutam de várias proteções contra o ódio, mas isso foi conquistado a duras penas, e só recentemente alguns grupos receberam igual proteção. E ainda existem alguns grupos lutando por reconhecimento. O conceito de ódio muda dependendo do lugar e da época. Como podemos esperar que uma construção social tão variável estivesse localizada dentro do cérebro? O cérebro atualiza sua programação sempre que existe uma mudança na lei para reconhecer um novo tipo de ódio? E se os cientistas fossem capazes de encontrar um novo tipo de ódio no cérebro? A legislação deveria abarcá-lo?

A razão pela qual usei a frase "além de qualquer dúvida razoável" anteriormente foi chamar a atenção para o ônus da prova nos tribunais. Os neurocientistas agora afirmam que encontraram provas ligando características do cérebro à responsabilidade diminuída — adolescência, capacidade mental reduzida, psicopatia, cegueira ao risco relacionado a vícios, para nomear alguns.[9] "Meu cérebro me obrigou a fazer isso" se torna um argumento mais convincente quando os jurados podem ver as diferenças entre as imagens de um cérebro "normal" e um com "responsabilidade diminuída". Imagens cerebrais geralmente não são permitidas como provas em um processo porque um juiz pode considerar que serão prejudiciais — que as impressionantes ressonâncias com sua suposta certeza científica podem confundir ou enganar um júri.

Não é preciso muita imaginação para conjecturar uma situação na qual o cérebro de pessoas consideradas "de risco" é examinado atrás de preconceitos, e aqueles vistos como odiadores — talvez devido a altos níveis de atividade na amígdala cerebelosa e na ínsula em resposta à visão de rostos negros, e uma falta de atividade na área de controle executivo — sejam enviados para programas de reabilitação. A noção de Orwell de "crimepensar", do livro *1984*, se tornaria realidade. Agir com cautela é a coisa mais sensata que a lei, e todo o resto de nós, deve fazer em relação a esse assunto.

## Além do cérebro

Impressionantes tecnologias de ressonância magnética podem localizar regiões de atividade quando certos estímulos são apresentados. Mas perguntas sobre o que essa ativação realmente significa e como um estímulo pode ser desvinculado de outros lançam dúvida sobre a capacidade dos neurocientistas de nos contar tudo o que precisamos saber sobre o ódio. Mesmo que pudéssemos localizar o ódio no cérebro com certeza, como isso nos ajudaria a resolver o problema? Como lidaríamos com pessoas cuja atividade cerebral nos diz que sentem ódio de um grupo, mas que insistem em dizer que não? Acreditamos na ressonância ou na pessoa? E se a pessoa admite que sente ódio de um grupo, mas é capaz de controlar sua expressão, de forma que isso nunca se manifeste em um comportamento? Confiamos que sob todas as condições ela será capaz de impedir que pensamentos de ódio se transformem em atos de ódio? Se não for, deveríamos extirpar as partes do cérebro que achamos que sejam responsáveis pelo processamento do ódio, assim como extirpamos as áreas problemáticas do cérebro responsáveis pelas convulsões nos epilépticos? Como isso poderia reduzir a capacidade dessa pessoa de identificar outras ameaças no ambiente?

Há fortes provas mostrando que estamos predispostos a preferir pessoas como nós. Esse é o ingrediente mais básico do ódio. Mas a progressão para o ódio não é inevitável, e o pensamento preconceituoso durante encontros com outros humanos é algo que nossos cérebros aprendem, e não algo inato. A maioria dos neurocientistas concorda que o cérebro é apenas uma parte da equação. Embora possa existir um componente neural no ódio, as imagens cerebrais nos contam pouco sobre contextos fora do aparelho — quais fatores pessoais, sociais, econômicos e ambientais podem transformar uma preferência relativamente benigna por "nós" em preconceito e ódio. Para responder a essa pergunta, precisamos olhar além do cérebro, começando pela ameaça *grupal*.

# 5

# A AMEAÇA GRUPAL E O ÓDIO

BIJAN EBRAHIMI NASCEU NO Irã em 1969 e se mudou para o Reino Unido para se juntar às duas irmãs na virada do milênio. Ele tinha ficado em seu país natal para cuidar dos pais até que eles morressem. Quando recebeu o visto permanente como refugiado em 2001, ele se mudou para Bristol. Interessado em contribuir para a sociedade, fez cursos para ser encanador e carpinteiro em uma instituição local, mas uma deficiência física o impediu de trabalhar. Ele também sofria de transtornos mentais e de fala. Para ficar perto de suas irmãs, estabeleceu-se em Capgrave Crescent em Brislington. Era um dos poucos moradores de uma minoria étnica. Durante esse tempo, Bijan foi vitimizado por alguns moradores brancos.

Ele adorava trabalhar no jardim, mas os filhos dos vizinhos destruíam suas flores e plantas. Seu gato foi atacado pelo cachorro descontrolado do vizinho. Quando ele informou as autoridades, o vizinho incitou o cachorro a atacá-lo. Sua vida era constantemente ameaçada. Ele denunciou cerca de cinquenta incidentes para a polícia, incluindo cinco casos de danos por atos criminosos, dezessetes ataques, sete ameaças de morte, cinco casos de assédio, doze desordens públicas e uma de crueldade contra um animal. Ele sentia que todas eram motivadas por preconceito racial e quase sempre fornecia provas em vídeo feitas de seu celular para corroborar as denúncias. Uma das irmãs de Bijan foi testemunha de alguns desses ataques, e recorda que ele era chamado de "estrangeiro", "barata" e "paki"*, além disso, mandavam que voltasse a seu próprio país, tanto moradores jovens quanto mais velhos.[1] A polícia notou motivação racial em dezesseis dos incidentes denunciados. O resultado de tudo isso foi uma advertência a um vizinho por danos por atos criminosos.

Como se esse tormento não fosse suficiente, alguns dos vizinhos começaram um rumor de que Bijan era pedófilo, apesar de nunca ter sido acusado de nenhum crime sexual em sua vida. Essas alegações se espalharam dentro da pequena comunidade de Capgrave Crescent, e quando Lee James, de 24 anos, se mudou para a rua com sua namorada e filhos pequenos, os moradores logo quiseram avisá-lo do "predador local de crianças". Apesar de James conhecer as histórias sobre Bijan, ele só o encontrou em algumas ocasiões. Uma delas foi em um anoitecer quente de verão, na quinta-feira, 11 de julho de 2013. James estava bebendo algumas latas de Budweiser enquanto cuidava dos filhos que brincavam no gramado protegido pelas sombras das casas. De seu apartamento, Bijan viu que James estava bebendo álcool e decidiu filmá-lo como prova. Conforme suas tradições, Bijan não tolerava bebida, muito menos na frente de crianças. James notou o celular na mão de Bijan e, com raiva, foi até o apartamento dele para tirar satisfações. "Não ouse me filmar, certo... Pare de tirar fotos dos meus filhos", James gritou.

Durante a discussão, a polícia foi chamada. Ao chegar ao apartamento, a polícia prendeu Bijan pela confusão, mas não James. Do lado de fora, um grupo de quinze vizinhos brancos tinha se juntado para olhar o que acontecia. Enquanto Bijan era levado para o carro da polícia, o grupo gritava insultos e vaiava. No dia seguinte, Bijan foi liberado sem nenhuma acusação. A polícia descobriu que as fotos que ele tinha tirado não eram das crianças, mas de James bebendo. Consciente da tensão no local, a polícia falou para Bijan ligar para a delegacia se sentisse insegurança a qualquer momento. Ele voltou para sua casa ouvindo provocações dos vizinhos: "Pedófilo!"; "Onde estão suas algemas?"; "Por que você voltou?". Ele ligou para a polícia várias vezes,

---

* De "pakistani", forma pejorativa como são tratados os migrantes de regiões como Paquistão, Índia, Bangladesh, entre outros, na Inglaterra. (N.T.)

sem resultado. No sábado, Bijan temia tanto por sua segurança que ficou trancado em seu apartamento.

Quando o sol se pôs e a noite caiu, James e seus amigos começaram a beber novamente no gramado. Bêbados, eles gritavam insultos e ameaças contra Bijan, que estava trancado, com medo. Com a esperança de que já tivessem dormido, Bijan esperou até uma hora da manhã do domingo para regar suas adoradas plantas. Mas justo naquele momento James voltava para seu apartamento e o viu. Eles começaram a discutir e a brigar. Um vizinho lembra-se de ouvir James gritar: "O que acha disso?", enquanto batia na cabeça de Bijan. James contou que, enquanto espancava Bijan até a morte, ele o chutou "como uma bola de futebol... eu sentia muita raiva". Então, com a ajuda de um vizinho, James arrastou o corpo sem vida de Bijan até o gramado onde seus filhos tinham brincado alguns dias antes. Sem remorso, e ainda furioso, James jogou álcool sobre o cadáver e colocou fogo para que toda a rua visse.

James foi sentenciado a um mínimo de dezoito anos por homicídio doloso, mas não por crime de ódio.* Como James se declarou culpado pelo assassinato, nenhuma testemunha da rua foi chamada em um julgamento para prestar esclarecimentos se o crime foi motivado pela deficiência ou raça de Bijan. Não havia provas sólidas para acusar James de um crime relacionado a ódio.

Mas a ausência de provas concretas não significa que o ódio não tenha exercido um papel no crime (ver a seção sobre provas de ódio no Capítulo 2). Na sentença, o juiz disse que as acusações de que Bijan era pedófilo não tinham base real. Uma revisão do caso concluiu que de 2005 até sua morte, Bijan esteve sujeito a um padrão de assédio, ataques e danos criminosos repetidos, alguns deles graves e muitos por preconceito racial. Também declarou que houve vários casos documentados nos quais homens com deficiência tinham sido acusados erroneamente de serem pedófilos, depois perseguidos e assassinados por causa desses rótulos.[2]

---

* Lee James foi acusado de assassinato simples sem uso de arma de acordo com a Lei de Homicídio de 1957 (com emendas da Lei de Justiça Criminal de 2003, anexo 21), cuja pena é um mínimo de quinze anos de prisão. Não havia provas suficientes para acusar James de homicídio motivado por hostilidades em relação à raça ou deficiência de Bijan. Se ele tivesse sido acusado e considerado culpado disso, a pena deveria ser no mínimo de trinta anos de prisão.

No julgamento, a irmã de Bijan, Manizhah Moores, contou sobre o impacto do crime:

> Ele morou em Bristol enquanto viveu no Reino Unido e conheceu muitas pessoas boas. Infelizmente, também foi submetido, diariamente, a um assédio horroroso por pessoas ruins. Chamem de racismo, chamem de preconceito, não importa como chamemos isso, as coisas que nosso irmão precisou enfrentar foram bárbaras... Em nossa visão, esse preconceito entre alguns membros da comunidade local ajuda a explicar por que os eventos chegaram ao ponto de Bijan ter sido chutado até a morte e queimado... Quando Bijan foi brutalmente assassinado em 14 de julho de 2013, nossas vidas mudaram para sempre. Não há palavras neste mundo que possam descrever o vazio que sentimos. Parte de nós morreu com ele. Três ou quatro vezes por semana minha irmã dirige até Brislington, senta no carro e chora... Nos domingos, a cadeira de Bijan está vazia. O fato de o corpo de Bijan ter sido queimado tirou nossa oportunidade de prestar as últimas homenagens ao nosso irmão, já que não foi possível ver o corpo antes de enterrá-lo. Para nós foi como se Bijan tivesse sido assassinado duas vezes. A perda de Bijan deixou um buraco nas nossas vidas e nunca poderemos preenchê-lo. Nossas vidas nunca mais serão as mesmas.[3]

Uma investigação da polícia sobre como o caso de Bijan foi tratado encontrou provas de racismo institucional.[4] Eles tinham marcado Bijan como um reclamador em série, acreditando nos vizinhos brancos de Capgrave Crescent que também faziam reclamações contra ele e espalhavam os terríveis rumores de que era uma ameaça às crianças. A investigação notou que ao tratar com a polícia, Bijan sempre foi respeitoso, cooperativo e calmo, apesar da extrema angústia que sofria nas mãos dos vizinhos e dos serviços que deveriam protegê-lo. O chefe de Polícia de Avon e Somerset reconheceu que a força policial fracassou na proteção de Bijan. Sua morte poderia ter sido evitada se tivessem simplesmente feito o trabalho corretamente, sem preconceito. Depois da investigação, dois policiais foram presos e quatro foram demitidos. No total, dezoito policiais foram investigados, incluindo sargentos e inspetores.

Alguns dos primeiros trabalhos científicos identificam a ameaça grupal como a principal motivação para o preconceito e o ódio.[5] Durante toda a história humana, a ameaça grupal representa a principal fonte de conflito — tribos, exércitos e nações concorrentes que batalham por um lugar no topo. Hoje, afora sérios conflitos territoriais e ideológicos, a ameaça grupal real nos níveis mais básicos da sociedade é algo raro. Para a maioria de nós, a ameaça grupal é imaginada — desde o exogrupo causando infecções mortais indiscriminadas e ondas de crimes, ao roubo dos preciosos empregos e a erradicação de estilos de vida locais e nacionais. Mas mesmo as ameaças imaginadas podem ter consequências para as relações intergrupais.

É difícil escapar das manchetes sensacionalistas. "Grã-Bretanha ameaçada pelo vírus gay", "Cidades da Grã-Bretanha tomadas por gangues asiáticas", "Três milhões de trabalhadores britânicos são agora estrangeiros" e "Tribunais da sharia ganham importância na Grã-Bretanha". Geralmente, a percepção da ameaça grupal é o suficiente para ativar uma resposta defensiva do endogrupo. Bijan foi vítima de uma "crença local" que nunca foi contestada pela polícia; o silêncio foi provavelmente visto como uma confirmação de que ele era uma ameaça para as crianças. Essa percepção foi o suficiente para que Lee James chutasse a cabeça de Bijan até matá-lo? Era uma explicação muito simples pelo histórico de abuso de ódio que ele sofreu.

Os perseguidores de Bijan tinham algo em comum — acreditavam que sua comunidade estava, de alguma forma, em perigo pela presença dele e do que representava. Por qual outro motivo os abusadores teriam gritado para que "voltasse ao seu país" e o chamariam de "estrangeiro" e "barata"? O assassinato de Bijan foi um ato de agressão defensiva para expulsá-lo e dar um aviso a qualquer outra pessoa do "grupo" dele para pensar duas vezes antes de morar ali?

Histórias parecidas com a de Bijan repetem-se em diferentes momentos e lugares, e a ciência é definitiva: em mais de cem estudos psicológicos cobrindo mais de 100 mil pessoas em 28 países desde os anos 1960, uma descoberta é consistente — é mais provável que membros dos grupos dominantes expressem preconceito e ódio quando percebem uma ameaça de um grupo subordinado.[6] A morte de Bijan é uma lembrança trágica de que esse fenômeno persiste além dos laboratórios da universidade onde foi identificado.

A CIÊNCIA DO ÓDIO *131*

## A EVOLUÇÃO DA DETECÇÃO DE AMEAÇA GRUPAL

O capítulo anterior mostrou como nossos cérebros evoluíram para garantir a sobrevivência de nossa espécie. O cérebro fez isso nos inclinando a uma conexão forte com nosso próprio grupo, o que gerou confiança e cooperação. Essa conexão garantiu que pudéssemos caçar e coletar com sucesso, e nos defender contra ameaças externas de predadores animais, do ambiente e possivelmente de humanos concorrentes. A defesa contra a competição agressiva foi central para a sobrevivência. A agressão pode surgir quando o endogrupo quer aumentar sua posição e seus recursos, e quando deve se proteger contra ameaças reais ou imaginadas de um exogrupo.

A capacidade do *Homo sapiens* de se adaptar às múltiplas ameaças no ambiente é incomparável, principalmente por causa do cérebro superior que permitiu uma linguagem sofisticada, cooperação e solução de problemas. É possível que outras espécies humanas, apesar de serem, potencialmente, mais fortes fisicamente, não tenham conseguido se adaptar ao vasto conjunto de ameaças da mesma forma. Assim como a predisposição para se conectar com o endogrupo, a resposta a ameaças provavelmente evoluiu com o tempo. A capacidade do *Homo sapiens* de reconhecer essas advertências, incluindo as impostas por exogrupos, ajudou a garantir que os genes fossem transmitidos na cadeia evolutiva. A alternativa é que nossos ancestrais teriam sido mortos pelo clima instável, animais predadores e possivelmente por outros humanos que competiam conosco.

Planejamos uma fuga quando enfrentamos um agressor mais forte em um beco escuro, lembrando nosso caminho até o ponto da ameaça e traçando uma rota de fuga. Adaptamos nossa estratégia quando encaramos uma comercialização injusta de produtos em um mercado, usando leis ou subterfúgios para retificar o desequilíbrio, e assim podemos alimentar nossa família. Reduzimos o contato com colegas de trabalho que estão doentes e assim evitamos a infecção e continuamos a ganhar dinheiro. Cada uma dessas adaptações a ameaças está associada com uma resposta emocional. O agressor gera medo, a trapaça gera raiva e a pessoa doente causa repulsa. Quando enfrentamos ameaças repetidas de natureza similar, essas emoções podem se intensificar, aumentando a sensibilidade, a velocidade e a magnitude de nossa resposta.[7]

A sensação de que nosso grupo está sempre sob ataque, seja real ou imaginário, não só nos deixa bem conscientes da ameaça, mas também faz com que vejamos ameaças onde elas não existem. Como o alarme do cinto de segurança ultrassensível no seu carro que apita sempre que você coloca uma sacola de compras no assento do passageiro, nossa capacidade de detectar ameaças pode se tornar tão sensível que cria falsos alarmes. A pessoa no beco não era um agressor, mas alguém de fora da cidade perguntando como chegar a um endereço; aquele vendedor no mercado não era desonesto, simplesmente errou no troco; aquele colega não estava infectado com um vírus temível, apenas tinha uma forte ressaca.

Mas o que leva alguns de nós a tirar essas conclusões extremas tão rapidamente sobre cada uma dessas potenciais ameaças? Talvez o forasteiro fosse negro e estivesse usando um moletom com capuz; o vendedor fosse judeu e estivesse usando um relógio caro; o colega de trabalho fosse chinês e tivesse acabado de voltar de uma viagem para a China. Cada um era possivelmente um membro de um exogrupo (dependendo de sua própria identidade), cada um com características discerníveis que nos levaram a classificá-los rapidamente (de forma equivocada).

Em milissegundos nossos mecanismos de detecção de ameaça podem ser acionados por dicas visuais que se baseiam nos estereótipos negativos em nossas cabeças. Negro e moletom com capuz é igual a violência, igual a medo, igual a ameaça; judeu e ganancioso é igual a desonestidade, igual a raiva, igual a ameaça; chinês e má higiene alimentar é igual a risco de saúde, igual a repulsa, igual a ameaça. A cada classificação equivocada de ameaça baseada em estereótipos e sinais errados, existe uma chance de nascer o preconceito. O forasteiro se perde e não se sente bem-vindo, o vendedor é injustamente acusado, manchando sua reputação, e o colega chinês é evitado e excluído.

Nosso ameaçômetro, que foi essencial para a sobrevivência humana, agora está desatualizado e não nos serve mais. Temos o peso de um sistema biológico semelhante a um detector de fumaça — desenhado para reagir exageradamente porque é melhor prevenir do que remediar. Mas a probabilidade de experimentar alarmes falsos não está distribuída igualmente entre a população. Aqueles que não conseguem reconhecer o poder de sua biologia para influenciar o comportamento, para resistir à lavagem cerebral da mídia e trocar competição por cooperação, têm maior probabilidade de detectar ameaças onde elas não existem, e geralmente com um toque de preconceito.

## Nossa biologia e a ameaça

Em 2010, estudantes da Universidade de Amsterdã receberam um e-mail convidando-os para participar de um estranho experimento psicológico. O texto do e-mail mencionava que os participantes tinham que ser homens e que participariam de um estudo sobre os efeitos de medicamentos na tomada de decisões. A recompensa pela participação era de dez euros. O e-mail estava assinado pelo professor Carsten De Dreu. Cerca de 280 holandeses responderam oferecendo-se para participar. Todos tiveram que responder uma série de perguntas que determinariam se estavam aptos para o experimento. Fumantes, consumidores crônicos de álcool e drogas, e quem tomava medicamentos para doenças mentais foram excluídos. O grupo de pessoas caiu para setenta.

Os primeiros participantes do teste chegaram ao laboratório do professor De Dreu ao meio-dia. Os homens foram instruídos a se sentarem em frente a computadores em cubículos individuais, assim um não veria o outro durante o experimento. Eles tiveram que ler uma página com informações e assiná-la, dando seu consentimento. Aqueles que o fizeram receberam sprays nasais com a instrução de autoadministrarem o conteúdo. Depois de uma vigorosa rodada de cheiradas, as telas dos computadores começaram a piscar, e os homens iniciaram uma série de testes de calibragem.

Cerca de quarenta minutos depois, o experimento real começou. Uma tarefa de Dilema de Escolha Moral surgiu nas telas dos computadores. Foram apresentadas aos homens cinco escolhas hipotéticas entre as quais não havia nenhuma resposta correta, mas suas decisões determinariam o destino de outras pessoas, como as seguintes:

1. Um bonde está indo em direção a seis pessoas que vão morrer se nada for feito. Apertar um interruptor vai desviar o bonde e ele vai matar só uma pessoa.

2. Seis exploradores estão presos em uma caverna. Um espeleologista está emperrado na saída, que é muito estreita para a passagem de um adulto. Apertar um botão vai abrir um buraco maior com uma explosão, permitindo que o resto dos espeleólogos escapem, mas vai matar aquele que está emperrado.
3. Um navio afunda deixando seis marinheiros no mar. Todos nadam para um bote salva-vidas, que só pode acomodar cinco com segurança. Negar o acesso a um irá salvar cinco vidas, mas um marinheiro vai se afogar.[*]

Para cada um dos cenários, os cientistas especificaram as características da pessoa que morre, para observar se os participantes mostravam maior probabilidade de sacrificar um membro do endo ou do exogrupo. Para a condição do endogrupo, a pessoa que morreria se a escolha fosse feita para salvar as outras cinco tinha um típico nome holandês, como Dirk ou Peter. Para a condição do exogrupo, a pessoa que morreria recebia um nome típico árabe ou alemão, como Mohammed ou Helmut. As cinco pessoas que seriam salvas não tinham nome em nenhum dos casos. Os setenta participantes, holandeses do sexo masculino, foram alocados de forma aleatória para receber a versão do endogrupo ou do exogrupo da tarefa, o que significa que qualquer variação no preconceito que existisse entre os membros do grupo não influenciaria os resultados gerais.

Quanto aos resultados, o grupo de participantes no teste ficaram divididos igualmente. Metade tinha menos probabilidade de sacrificar Dirk ou Peter e maior probabilidade de matar Mohammed e Helmut, enquanto a outra metade não mostrou viés em relação aos tipos de nomes. Mas por que uma metade tinha maior probabilidade de proteger o endogrupo sobre o exogrupo? Pela alocação aleatória, o motivo não poderia ser a existência de preconceito contra árabes ou alemães.

Lembrem-se do spray nasal autoadministrado antes do experimento. Metade do grupo tomou o hormônio oxitocina, o hormônio liberado quando

---

[*] Esses são cenários comuns usados na tarefa do Dilema de Escolha Moral e são apresentados aqui como ilustrações das tarefas dadas aos participantes masculinos holandeses.

A CIÊNCIA DO ÓDIO 135

nos apaixonamos e por mulheres grávidas, enquanto a outra metade inalou um placebo. Aqueles que inalaram a "droga do amor" tiveram maior probabilidade de salvar um membro do próprio grupo e sacrificar um de fora. O professor De Dreu tinha encontrado a primeira prova de que hormônios produzidos naturalmente podem alimentar o etnocentrismo humano.[8]

O capítulo anterior mostrou como a detecção de ameaças se baseia muito em certas regiões do cérebro. Também existem processos químicos que influenciam como essas regiões trabalham, às vezes nos transformando em detectores de fumaça ultrassensíveis. Acredita-se que a oxitocina aumenta a confiança e a empatia e reduz a agressividade em grupos.[9] Mas o experimento do professor De Dreu mostrou que ela é a "droga do amor" só até certo ponto.

O lado mais nebuloso do "abraço químico" foi exposto, e De Dreu acha que sua natureza tóxica foi construída durante a evolução.[10] Para sobreviver, os seres humanos precisam que os grupos funcionem bem, com membros confiáveis que podem gerar recursos, e não os usar excessivamente para lucro pessoal. Para que os grupos trabalhassem assim, os humanos desenvolveram uma capacidade de julgar em quem confiar e em quem não. Mais confiança dentro de um grupo significava melhor cooperação, tendo como resultado maior probabilidade de sobrevivência, enquanto os menos integrados morriam.

O hormônio oxitocina pode ter um papel ativo na preferência por "nós", quaisquer que sejam as linhas divisórias entre "nós" e "eles". Inalemos oxitocina e em uma hora nos tornamos mais confiantes e cooperativos com nosso endogrupo. Mas o amor tem um limite, e De Dreu mostrou que só compartilhamos esse afeto com pessoas como nós, e não com exogrupos discerníveis. Isso é conhecido como *favoritismo do endogrupo*.[11]

Após apresentar provas de que a oxitocina motiva os seres humanos a sacrificar o "eles" se necessário para proteger o "nós", De Dreu e colegas deram um passo à frente com o próximo experimento. Eles queriam ver se, além do efeito de *favoritismo do endogrupo* da oxitocina, ela também deixava os participantes mais propensos a machucar ativamente o "eles", comportamento conhecido como *negatividade do exogrupo*. Essa é uma distinção importante, porque a negatividade do exogrupo pode ocorrer não apenas quando uma escolha precisa ser feita entre "nós" e "eles", como no Dilema de Escolha Moral, mas também quando nenhuma escolha é necessária, o que significa que nos posiciona mais próximo ao ódio.

O experimento dividiu um grupo de holandeses em dois, deu a um grupo oxitocina e ao outro, um placebo, e todos fizeram o Teste de Associação Implícita (TAI). A vantagem do TAI em relação ao Dilema de Escolha Moral é que ele mede o viés inconsciente em vez de confiar que os participantes dirão a verdade. Para alguns dos participantes, os nomes holandeses ou árabes nas tarefas do Dilema de Escolha Moral podem ter servido de alerta à verdadeira natureza do experimento — isso está testando os níveis de preconceito —, e como a maioria é afetada pelo viés de desejabilidade social, eles podem ter alterado conscientemente suas escolhas para não parecerem tão preconceituosos. O TAI impede isso (ver a seção sobre a medição de viés inconsciente no Capítulo 3). Os resultados indicaram que os cientistas estavam no caminho certo. Os holandeses que receberam oxitocina tinham significativamente maior probabilidade de associar termos negativos com árabes, mas não com alemães ou holandeses, do que os que receberam placebo. Isso foi um sinal de negatividade do exogrupo. Mas essa descoberta era suficiente para dizer que a oxitocina aumenta o preconceito e a agressão contra exogrupos? Ainda não.

Em outro experimento, De Dreu e seus colegas usaram um teste baseado no Dilema do Prisioneiro, no qual um participante deve decidir se vai ou não cooperar com outro "prisioneiro", sem que possa se comunicar com ele. Uma recompensa maior é oferecida se os dois cooperarem, mas, se um trair o outro, o traidor recebe uma recompensa menor e o traído, nada — o que significa que o medo da traição pode superar o desejo pela recompensa maior. A versão de De Dreu designou participantes em grupos e estabeleceu níveis diferentes de recompensa para manipular o medo dos participantes de seu endogrupo perder. Os participantes que receberam oxitocina tinham menor probabilidade de cooperar com o exogrupo do que os que receberam placebo, mas o resultado só foi significativo quando o medo do exogrupo foi manipulado para ser alto; apenas o desejo de recompensa não teve o mesmo efeito. O experimento, portanto, mostrou que a oxitocina estimula os seres humanos a ficarem na defensiva contra o exogrupo, mas somente quando aquele grupo for percebido como uma ameaça.[12] Como afirma De Dreu, a oxitocina promove ações de "proteção e defesa".

No experimento mais recente, grupos foram colocados em posição contrária em outro teste, com alguns membros do grupo recebendo oxitocina e outros não. Aqueles que receberam a "droga do amor" tiveram mais sucesso em coordenar os ataques contra outros times. A cooperação deles com o endogrupo aumentou e seus ataques foram mais precisos, visando outros grupos mais fracos e que não representavam tanta ameaça.[13] Essa é a primeira prova de que a oxitocina tem um papel na melhoria da eficiência da agressão ofensiva — atacar quando a ameaça do exogrupo é baixa.

As provas sobre o papel da oxitocina nas relações intergrupais estão crescendo, mas os primeiros resultados mostram que esse hormônio pode promover a agressão em humanos em resposta a um exogrupo. Mas sem os sprays nasais de oxitocina — algo que não pode ser comprado em lojas de conveniência ou farmácias locais —, quando esse hormônio é produzido nos seres humanos? Sabemos que é produzido quando encontramos pela primeira vez um potencial interesse amoroso. Também é por causa dele que novas mães e, um pouco menos, os novos pais ficam "caidinhos" pelos seus e por outros bebês. Existem provas de que é produzido durante rituais culturais também, como quando o All Blacks da Nova Zelândia realiza o Haka antes de uma partida de rúgbi.[14] Em todos os exemplos, quando enfrentamos um membro de um exogrupo que parece ameaçar algo que é importante para nós — um pretendente concorrente na festa, um homem usando uma capa de chuva espiando as crianças no playground ou um galês enorme vestido de vermelho cantando o hino nacional do País de Gales, "Hen Wlad Fy Nhadau" —, essa liberação de oxitocina pode inspirar agressão.

A oxitocina pode ter um papel a desempenhar no ódio, especialmente quando é provável que o agressor a tenha produzido (por exemplo, se são pais cuidando de uma criança), e quando se sentem ameaçados por um exogrupo discernível (por exemplo, uma outra raça).

### Bijan como a outra raça ameaçadora

Sabemos que a afirmação de que Bijan Ebrahimi era um pedófilo foi fabricada somente para demonizá-lo e transformá-lo ainda mais no "outro", mas foi esse rumor que Lee James usou como motivação, e não a raça ou a deficiência física da vítima. Depois da declaração de James e da decisão judicial que acatou sua palavra, várias organizações de caridade que apoiam vítimas de crimes de ódio escreveram ao promotor-geral para reclamar formalmente de que o juiz tinha ignorado todo o preconceito sofrido por Bijan nas mãos de alguns moradores brancos de Capgrave Crescent.

Essas organizações tinham opiniões firmes e sérias. Bijan foi rotineiramente submetido a crimes motivados por raça durante muitos anos por seus vizinhos — os mesmos que começaram rumores infundados de que ele era pedófilo —, o que os vincula a motivações de ódio para o assassinato. O judiciário só pôde inferir os motivos de James das provas disponíveis sobre a natureza dos encontros dos dois nas semanas e nos dias antes do assassinato de Bijan. Nenhuma das testemunhas brancas de Capgrave Crescent precisou se apresentar para confirmar se James tinha usado linguagem racista enquanto cometia o ato ou durante suas interações com a vítima nos dias anteriores. De um ponto de vista científico, essa falta de provas admissíveis não descarta o papel do ódio em relação à raça ou deficiência física de Bijan na motivação do crime.

Se pedissem aos professores Michael Gilead e Nira Liberman da Universidade de Tel Aviv que dessem uma olhada nesse caso, eles questionariam se o papel de James de cuidar dos filhos tinha interagido com a raça de Bijan para produzir o resultado fatal. A pesquisa deles observou os efeitos do *sistema motivacional de cuidados* em relação ao viés contra o exogrupo. Em comparação com outras espécies, os humanos passam uma quantidade de tempo excessiva criando e protegendo seus filhos. As crianças humanas continuam vulneráveis por muitos anos, e houve a evolução de um sistema de cuidados adequado que ajuda na sobrevivência do nosso grupo diante de ameaças de exogrupos.

Os professores Gilead e Liberman testaram se ser pai faz com que tenhamos mais probabilidade de expressar preconceito contra pessoas que não são "nós". Quase mil adultos de Israel e dos EUA foram recrutados para o estudo. Metade dos participantes eram "munidos" com um estímulo de cuidado mediante a tarefa de se lembrar em detalhe dos primeiros dias depois do nascimento de um filho ou olhando fotos de crianças. A tarefa da outra metade era ou se lembrar do que tinha visto na TV nos últimos dias ou olhar fotos de paisagens. Aqueles que tinham o sistema motivacional de cuidados ativado pelas tarefas iniciais tinham muito mais probabilidade de expressar atitudes racistas contra árabes-israelenses e árabes-americanos.[15]

Para reduzir qualquer dúvida de que o processo de cuidar de crianças nos torna mais preconceituosos quando encaramos uma ameaça grupal, em outro estudo os mesmos cientistas pediram que algumas participantes levassem seus bebês ao laboratório. Foi pedido a 66 mulheres acompanhadas de seus filhos com menos de cinco anos, muitos dos quais ficaram no colo enquanto o experimento era realizado, que lessem um artigo sobre o influxo de imigrantes africanos e a criminalidade associada a isso (estupro, assassinato, roubos — coisas bastante assustadoras). Outras 64 mulheres leram o mesmo artigo, mas seus filhos tinham ficado em casa. Depois de estudar o artigo por alguns minutos, foi pedido aos dois grupos que opinassem sobre as políticas de refugiados do governo, por exemplo: "O governo deveria deportar todos os refugiados africanos" e "O governo deveria permitir mais refugiados africanos por ano". As que tinham os filhos no colo apresentaram maior probabilidade de concordar com a deportação de refugiados em comparação com as mulheres que não estavam com seus filhos.

Pais, principalmente na presença de filhos pequenos, podem se tornar hipervigilantes a ameaças de um membro do exogrupo pelos mecanismos desse sistema motivacional de cuidados desenvolvido. Portanto, é razoável pelo menos cogitar a hipótese de que James tenha sido influenciado por esse mecanismo quando viu Bijan gravando-o enquanto seus filhos brincavam no gramado naquele dia. A falsa acusação de que Bijan era um predador de crianças pode ter sido o primeiro gatilho desse mecanismo, mas a ciência mostra que a raça pode ter sido o segundo.

Devemos nos perguntar o que motivou a criação do rumor de que Bijan era um predador de crianças antes de James se mudar para a rua. Se Bijan fosse branco e não tivesse deficiência alguma, os moradores culpados pela criação desse boato teriam começado a persegui-lo? Se a resposta for não, então a criação do rumor está entrelaçada com a identidade de Bijan como refugiado iraniano com deficiência. A raça dele (e possivelmente também a deficiência física) era percebida como ameaça por algumas pessoas, que espalharam o rumor de predador de crianças para que ele fosse visto como uma ameaça por todos. Mas ainda precisamos explicar por que esses aspectos da identidade de Bijan pareciam tão ameaçadores para uma minoria dos vizinhos.

## Sociedade, competição e ameaça

Em 1954, o psicólogo Muzafer Sherif, disfarçado de supervisor de acampamento, levou um grupo de garotos de onze anos, todos brancos, norte-americanos de classe média, a um acampamento de verão no Parque Estadual Robbers Cave em Oklahoma. Os garotos não se conheciam antes da viagem, então os cientistas fizeram com que participassem de exercícios de conexão. Os garotos juntaram madeira, pegaram água e construíram uma jangada. Durante uma das tarefas, alguns garotos viram uma cobra, e o grupo adotou o nome Cascavéis. Eles fizeram uma bandeira para a tribo recém-nomeada e a colocaram no acampamento. Em pouco tempo, os garotos sentiram que eram donos do parque na base das Montanhas Sans Bois.

Esse sentimento de segurança estava a ponto de ser desafiado. Sem que soubessem, um segundo grupo, os Águias, tinha sido colocado ali por Sherif como competidores diretos. Esse seria o famoso "Experimento de Robbers Cave".[16] O experimento foi criado para provar que o preconceito e o conflito surgem entre grupos por causa da competição por recursos limitados e não por causa de diferenças individuais, como raça, orientação sexual ou deficiências físicas ou mentais. O impulso de Sherif para provar sua teoria veio da violência que havia testemunhado durante o genocídio grego de 1913–1922, com o assassinato em massa de quase 750 mil civis gregos pelos turcos sob o Império Otomano. Ao contrário dos seus contemporâneos, ele deu as costas aos laboratórios de psicologia e realizou seu experimento no ambiente selvagem, literalmente.

Na primeira parte do estudo, os Cascavéis e os Águias, grupos de igual tamanho, foram mantidos separados. Em poucos dias, cada grupo desenvolveu uma identidade, e os garotos foram mostrando sinais de pertencimento a um endogrupo. A segunda fase do estudo montou o palco para a germinação de animosidades entre os grupos. Primeiro, eles tomaram conhecimento da presença do outro grupo. Ouviam vozes desconhecidas no bosque, mas não conseguiam ver nada. Os garotos inicialmente presumiram que o outro grupo poderia ser de raça diferente — um sinal dos tempos. A reação imediata foi desafiá-lo e tentar espantá-lo. Gritos com insultos raciais ecoaram por toda a floresta. Quando os dois grupos se encontraram e perceberam que eram todos garotos brancos norte-americanos, a imaginada ameaça racial foi substituída por qualquer outra diferença mínima que puderam encontrar — os Águias eram "desonestos", os Cascavéis eram "maricas", a natureza da divisão era irrelevante.

Então os cientistas, que atuavam como conselheiros do acampamento e cuidadores, começaram a colocar os dois grupos um contra o outro, propondo tarefas em que somente uma equipe poderia ganhar o prêmio: doces, canivetes, o tipo de coisa que garotos de onze anos achavam valioso nos anos 1950. Eles competiram em quase todos os jogos que você pode imaginar num acampamento: montagem de barracas, arremesso de saquinhos de sementes, beisebol, cabo de guerra. Os cientistas também analisaram a limpeza da cabana, canto e improvisação, algo que manipulavam para aumentar a tensão, dando pontos de recompensa de forma injusta para um grupo. Uma sequência de vitórias dos Cascavéis abalou os Águias, e certa noite os chefes declararam guerra.

Os Águias derrubaram a bandeira dos Cascavéis, colocaram fogo nela e içaram o pano queimado. Nesse ponto, os cientistas pararam com suas manipulações e simplesmente acompanharam a luta das duas tribos. A vingança dos Cascavéis foi invadir o acampamento oposto, o que motivou os Águias a cogitar o uso de violência física. O caos tomou conta e o conflito explodiu. Os cientistas intervieram e fecharam o acampamento por um período para garantir que ninguém saísse ferido. Sherif tinha provado sua teoria — dois grupos de garotos brancos norte-americanos íntegros podem chegar a se odiar e apelar para a violência se forem forçados a competir por algo percebido como um recurso escasso.

Embora no experimento de Sherif a competição entre os Cascavéis e os Águias representasse a ameaça inicial, os grupos naturalmente desenvolveram traços culturais diferentes que também levaram à divisão. Os Águias gostavam de nadar sem roupa e evitavam falar palavrões, enquanto os Cascavéis eram mais tímidos, no entanto mais boca-suja. Esses traços eram importantes para cada grupo, e qualquer ameaça de uma das tribos a esses costumes convidava a uma retaliação. Um Cascavel nadando sem roupa ou um Águia xingando se tornaram símbolos de traição e possível infiltração.

Valores e sistemas de crença diferentes entre endogrupo e exogrupo foram a fonte de muitos conflitos durante toda a história. A dimensão moral do ódio foi tratada no Capítulo 2 — aqueles que embarcam em tal comportamento geralmente se veem como em uma cruzada para corrigir as crenças de seus alvos ou erradicar a fonte dessas crenças. Uma ameaça para nossa cultura ou forma de vida pode existir de modo independente das ameaças a nossos recursos, embora estejam geralmente entrelaçadas.

Walter e Cookie Stephan, da Universidade Estadual do Novo México, combinaram os dois tipos de ameaça, as chamadas ameaças *realistas* e *simbólicas*, em um conceito que denominaram Teoria da Ameaça Integrada (ITT na sigla em inglês).[17] Na ITT, os dois tipos de ameaça podem funcionar em nível grupal e individual: membros do endogrupo podem perceber que, como indivíduos, como grupo, ou ambos, estão sendo ameaçados por algum exogrupo. Quando uma ameaça é percebida como vinda de um membro do exogrupo, digamos, imigrantes tomando os empregos locais ou comprando bares fechados e transformando em mesquitas, membros do endogrupo podem sentir medo e raiva. Mas as ameaças não precisam ser reais para terem esse efeito. Simplesmente a *percepção* da ameaça, incluindo a criação de uma sensação de ameaça por políticos abomináveis, pode resultar em tensões entre grupos. Por todo o mundo, a ITT mostrou ser capaz de prever atitudes negativas em relação a outras raças, gêneros, nacionalidades, orientações sexuais e até pessoas com câncer e HIV.

## Contexto e ameaça

O conceito de Sherif de ameaça competitiva e os conceitos dos Stephan de ameaças realistas e simbólicas operam todos dentro do contexto. Com cada um dos nossos estranhos incompreendidos que apresentamos no começo deste capítulo — o forasteiro, o vendedor do mercado e o colega de ressaca —, o contexto mais amplo pode piorar seus destinos. O sentimento de estar constantemente sob ameaça pode ser causado e agravado por condições políticas, econômicas, sociais e de saúde que aumentam nossa sensação de vulnerabilidade. Em tempos nos quais figuras políticas espalham retórica divisionista sobre imigrantes "perigosos", nosso ameaçômetro explode quando nos encontramos com um forasteiro usando um moletom com capuz; em tempos de recessão e recursos escassos, nosso ameaçômetro vai se equivocar quando nos sentimos enganados pelo vendedor privilegiado; em tempos de intolerância e desinformação sobre riscos de saúde, nosso ameaçômetro vai registrar erroneamente o colega de trabalho de ressaca como o precursor da morte.

Pessoas como Bijan são frequentemente rotuladas como ameaças econômicas no contexto de uma recessão global. Aos olhos de alguns dos vizinhos brancos, ele era um refugiado iraniano ocupando uma das moradias escassas em um local onde muitos dependiam da ajuda do Estado. Ele também era deficiente, o que significa que poderia estar recebendo benefícios adicionais, e os moradores locais podem ter se ressentido por isso. A percepção de um tratamento preferencial recebido pelos refugiados em tempos de austeridade consolida a noção de que pessoas como Bijan ameaçam a forma de vida das "pessoas locais" (quer dizer, pessoas brancas britânicas). Isso foi exacerbado porque Bijan preferiu viver perto das irmãs, o que significa que foi colocado em uma área com poucas pessoas de minorias étnicas.

Pesquisas mostram que crimes de ódio têm maior probabilidade de acontecer em áreas de maioria branca, em comparação com áreas mais mistas, pois a sensação de ameaça econômica ganha força quando o "outro" estranho se muda (ver mais neste capítulo). Portanto, primeiro foi o contexto que fez Bijan se tornar uma "ameaça dupla" para alguns na região — um imigrante com deficiência física tomando os recursos escassos. Chamá-lo de forma maldosa de predador de crianças criou a "tripla ameaça" que levou ao seu assassinato.

Meus agressores me percebiam como uma ameaça no contexto de uma época de intolerância contra pessoas LGBTQ+. Na virada do milênio, a Seção 28 ainda estava vigente, o que significa que não tiveram nenhuma exposição formal na escola a concepções positivas de pessoas como eu. A epidemia de HIV que acontecia, matando milhões globalmente nos anos 1990, provavelmente moldou suas visões. A ausência de legislação criminalizando atos de ódio contra LGBTQ+ teria também enviado o sinal de que o Estado não se importava o suficiente para me garantir proteção extra.

Nossa percepção de ameaça sempre opera dentro do contexto, e a ciência mostra que quanto mais duro o contexto, mais ameaças vemos e mais extremas elas parecem ser. Um estudo em doze países europeus descobriu que aqueles que estavam sofrendo recessões e que tinham grandes populações imigrantes tinham um nível muito mais alto de preconceito racial do que as economias fortes.[18] Recessões econômicas, ambientes políticos hostis, ataques terroristas e pandemias são apenas alguns dos contextos que podem hiperativar o mecanismo de detecção de ameaça humana (falaremos mais sobre isso no Capítulo 7). Quando essa hiperativação ocorre na presença de um exogrupo aparentemente ameaçador, o resultado pode ser a hostilidade preconceituosa.

Para criar o contexto certo e estabelecer as divisões para a geração da ameaça, Sherif construiu seu experimento cuidadosamente. Criou dois grupos com fortes identidades. Garantiu que não houvesse nenhum contato entre os grupos anteriormente. Limitou os recursos, assim apenas um prêmio poderia ser conquistado durante as competições. Na sociedade não há cientistas para manipular essas condições. Tampouco é preciso, já que as condições surgem naturalmente.

A Grande Recessão de 2007–2009 e o declínio dos setores industriais do carvão, aço e automóveis nas últimas décadas no Reino Unido tiveram maior impacto em algumas cidades do que em outras. Essa queda econômica foi combinada com um aumento na migração, gerando as condições para que as populações locais percebessem os imigrantes como ameaças realistas e simbólicas. Essas ameaças percebidas são exacerbadas em áreas onde há poucos empregos entre locais, mas muitos, apesar de precários e temporários, entre os migrantes.

No Reino Unido, quase todos os locais afetados por uma combinação de desindustrialização e imigração estão ao norte de Londres. Muitos foram selecionados pelos governos conservadores como áreas de dispersão de pessoas buscando asilo e recebem uma parte desproporcional da carga. Quase 60% de pessoas pedindo asilo são colocadas nas cidades mais pobres, aumentando a tensão sobre os recursos locais em tempos de recessão.[19] Todos os lugares no Reino Unido que viram um grande aumento proporcional na chegada de estrangeiros entre 2005 e 2015 também viram um aumento consistente em crimes de ódio motivados por raça e religião. O aumento mais impressionante foi em West Yorkshire, onde a taxa de crimes de ódio por mil habitantes chegou ao mesmo nível que Londres, bem acima da média nacional.

Em West Yorkshire, a taxa de população estrangeira quase duplicou entre 2005 e 2015. Em 2016, 2.369 pessoas asiladas viviam nos cinco condados dirigidos pelos Trabalhistas que formam a área. Comparemos com o total de zero asilado nos oito condados dirigidos por conservadores que fazem divisa em North Yorkshire. Pessoas do Leste europeu também migraram para essas áreas, a maioria jovem, com baixa qualificação e pouco domínio da língua. Estima-se que dois em cada cinco migrantes poloneses morando em Londres tenham educação superior, mas entre os migrantes das áreas mais pobres do Reino Unido somente um em quatro está nesse mesmo nível.[20] A barreira da língua leva à falta de interação entre as populações locais e migrantes, o que cria outras barreiras. Essas barreiras alimentam a percepção de ameaça, já que, sem uma língua comum, existe pouca compreensão. Onde os trabalhadores migrantes e os locais interagem de forma diária e compartilham a mesma língua, como em Londres, vemos uma redução na percepção da ameaça e níveis mais altos de aceitação e tolerância.

Em 2016, em resposta à questão: "Até que ponto você concorda ou discorda que sua área é um local em que pessoas de diferentes etnias se relacionam bem?" somente 53% dos moradores concordaram em Kirklees, o segundo condado mais etnicamente diverso de West Yorkshire, um lugar onde 21% se identificam como não brancos e 10% são estrangeiros.* Em um distrito, Dewsbury East, apenas 41% concordaram. Comparemos com a média nacional de 85%, e de 89% em Camden, Londres, onde 34% se identificam como não brancos e 40% como estrangeiros. Esses resultados são sintomáticos da fraca integração, que é causada por fracassos nos dois

---

* Pesquisa Kirklees CLiK 2016: Concordam totalmente: 14%; Tendem a concordar: 39%; Nem concordam nem discordam: 34%; Tendem a discordar: 9%; Discordam totalmente: 3%. Censo Reino Unido 2011: Não brancos inclui grupos étnicos mistos/múltiplos, asiáticos/britânico-asiáticos, negros, britânico-africanos/caribenhos/negros e outros grupos étnicos. Os estrangeiros não incluem os nascidos na República da Irlanda.

lados — populações minoritárias e brancas que não se misturam e resistem às tentativas de integração impostas pelos governos locais e nacional.

A cidade de Dewsbury, em Kirklees, foi rotulada, pela imprensa nacional, como um dos "espaços fracassados" do multiculturalismo na Grã-Bretanha, com a colaboração de uma série de eventos com conteúdo racial e da cobertura local da imprensa. Por um lado, organizações de extrema direita tiraram proveito das péssimas relações raciais na cidade. O Partido Nacional Britânico (BNP) esteve envolvido em tumultos raciais em 1989 durante uma disputa contra o fato de crianças brancas serem mandadas para uma escola primária de maioria asiática, e uma manifestação da Liga de Defesa Inglesa (EDL) em 2013 motivou um fracassado ataque a bomba por extremistas islâmicos. Em 2016, a parlamentar Jo Cox foi assassinada por um fanático de extrema direita na vila de Birstall. Por outro lado, Dewsbury se tornou conhecida por ser a cidade natal de um dos perpetradores do ataque a bomba em 7 de julho de 2005 em Londres, e do mais jovem homem-bomba do Reino Unido, que viajou para a Síria em 2015.

São sinais não apenas do fracasso da integração, mas também do alto nível de desconfiança mútua e isolamento grupal, que chegou a criar um sentimento tóxico de "nós" contra "eles". Pegando Dewsbury como exemplo, quanto maior a sensação de "eles" como uma ameaça, mais extremo se torna o discurso público. No ponto mais extremo, moradores brancos podem dizer que os muçulmanos locais são culpados pelo terrorismo e pelas gangues de pedófilos, enquanto os muçulmanos poderiam dizer que os brancos locais são culpados pelo aumento nos crimes de ódio e pelo colapso dos valores tradicionais. Quando o discurso está tão polarizado e é amplamente adotado, grupos políticos como o EDL, o BNP, o Partido da Independência do Reino Unido (UKIP) e o Partido Brexit conseguem tirar vantagem dos problemas e propor políticas extremas, como o banimento da burca e a deportação de residentes estrangeiros, com pouca resistência dos moradores locais — coisas que não seriam aceitas em lugares onde o discurso não é tão antagônico. O objetivo da extrema direita é criar as condições, ou maximizar as já existentes, para permitir que a opinião pública seja levada ainda mais para a direita. Por outro lado, a percepção da ampla aceitação local de políticas extremas que ameaçam o estilo de vida dos muçulmanos cria oportunidades para que defensores de ideologias radicais se instalem e transformem membros normalmente pacíficos da comunidade em potenciais terroristas (mais sobre isso no Capítulo 8).

## A *ameaça em suas próprias palavras*

Enquanto eu escrevia este livro, tive a oportunidade de trabalhar em um documentário para a BBC sobre o aumento dos crimes de ódio. A produção me deu a tarefa de analisar as estatísticas. Os outros membros da equipe viajaram pelo país falando com vítimas, agressores e recrutas dos movimentos nacionalistas. Em uma cidade em West Yorkshire, não muito longe de Dewsbury, um jovem estava disposto a conversar com a equipe sobre como entendia o "problema" que o país estava enfrentando. Muito do que ele dizia estava de acordo com os tipos de ameaças conceitualizadas por Sherif e outros psicólogos. Quando perguntaram por que ele achava que muitas das vítimas do ódio racial em West Yorkshire eram do Leste europeu, James (não é seu nome verdadeiro) afirmou:

> Porque as pessoas estão perdendo seus empregos... há uma enorme competição por empregos, a pobreza está aumentando, o desemprego está crescendo. Há lugares onde as pessoas perderam suas indústrias, perderam as coisas que tornavam sua região próspera, perderam seus meios de vida... E agora veem os últimos empregos desaparecendo e sendo levados para outros lugares e, infelizmente, algumas dessas pessoas direcionam sua raiva de uma forma muito equivocada.

Como resposta ao pedido de refletir sobre o argumento de que a imigração cria crescimento econômico, James falou:

> Essas pessoas [os políticos] vão continuar inundando a Grã-Bretanha com imigrantes o máximo que puderem porque é parte do plano deles, depois vão afirmar que a economia cresce, vão afirmar que trazem riqueza para cá, mas não é verdade. A economia poderia crescer em tamanho, mas está muito pior para a pessoa comum, muito pior em termos de lista de espera

em hospitais, de espera por um clínico geral, pior em termos de tamanho das salas de aula para as crianças, pior em termos de espaço, em termos de congestionamento, demora mais tempo para chegar ao trabalho de manhã.

Para James, os crimes de ódio contra pessoas do Leste europeu podem ser explicados pela ameaça realista percebida: ameaça aos empregos, à saúde pública e à educação. Como a Teoria da Ameaça Integrada sugere, essas ameaças realistas também estão relacionadas a ameaças simbólicas, à perda da identidade de lugares onde a indústria era a base do caráter. Eles sentem que a "grandeza" desses lugares está, de alguma forma, ameaçada e diminuída pelos imigrantes. James continuou apresentando suas ideias:

> Você caminha pelas áreas de Bradford e vê pessoas usando burcas, vê todas essas lojas diferentes que essas pessoas trouxeram, vê essas mesquitas gigantescas com milhares de pessoas entrando nas sextas-feiras. Isso não é a Grã-Bretanha, isso não é a Europa. Não estou dizendo que essas pessoas não deveriam existir, há um lugar para essas pessoas no mundo, mas esse lugar não é aqui na Grã-Bretanha... Todo mundo que veio para cá, esses imigrantes, todos podem celebrar sua cultura, seu estilo de vida, podem abraçar sua herança cultural, enquanto se você for um inglês branco pode ser acusado de racismo simplesmente por querer içar a bandeira da Cruz de São Jorge ou comemorar o dia dele.

"Burcas", "lojas diferentes" e "mesquitas gigantes" com pessoas de pele escura entrando são símbolos que ameaçam a visão de James de como deveriam ser a Grã-Bretanha e a Europa. Boa parte da entrevista foi repetitiva e parece que ele foi cuidadoso e não quis sair do roteiro. Ele admitiu ter se preparado, o que não é surpreendente, já que a expectativa era que aparecesse na televisão nacional (sua entrevista nunca foi ao ar), e pode explicar por que fez tanto esforço para negar que fosse racista.

> Quando você usa termos como racista(...) esses termos não terão nenhum efeito sobre mim, realmente não reconheço essa palavra(...) porque é uma palavra ideológica usada para silenciar pessoas que têm um ponto de

vista legítimo, sem nenhum peso ideológico, é uma tática para silenciar(...) Quero deixar bem claro, não odeio ninguém por causa da cultura, cor ou etnia, simplesmente não acredito que toda cultura, cor e etnia tenha o direito de viver na Grã-Bretanha ou na Europa.

Sua negação fez com que pensássemos que James era mais um nacionalista *branco* do que o nacionalista que ele tentava parecer ser.

Independentemente da posição política de James, ele não está sozinho ao expressar suas preocupações sobre a recessão econômica, a perda da "britanicidade" e a taxa de imigração de estrangeiros. A diferença é que a maioria não associa esses aspectos da mesma forma que James. A recessão econômica e as mudanças percebidas na cultura estão relacionadas exclusivamente à imigração somente para pessoas hipersensíveis a ameaças dessa natureza.

Nem todas as áreas do Reino Unido com grande aumento de migração estrangeira e um número significativo de crimes de ódio compartilham o mesmo passado industrial de West Yorkshire. As dores econômicas da desindustrialização e os desafios da identidade da classe trabalhadora britânica, portanto, são uma parte menor na explicação dos crimes que têm os grupos minoritários como vítimas nessas áreas. Em comparação com West Yorkshire, Essex tem um caráter demográfico totalmente distinto. É um centro conservador com a segunda economia mais próspera do Reino Unido (depois de Londres). Abriga fortes setores agrícola, eletrônico, farmacêutico e financeiro, tem empregos e salários mais altos do que a média regional e nacional. É 91% branco (a média do Reino Unido é de 87%), e todo o condado recebeu apenas sessenta asilados no momento em que escrevo. A população da cidade de Chelmsford, sede do Condado de Essex, tem somente 6% de moradores negros e de minorias étnicas e 7% de estrangeiros. Só recebeu uma pessoa que pediu asilo até 2016. A cidade de Maldon é ainda mais branca — a população é 2% negra e de etnias minoritárias, 3% estrangeira e não há ninguém que pediu asilo. No entanto, a taxa de imigração mais do que dobrou entre 2005 e 2015, apesar de o número total de migrantes ter permanecido pequeno. Maldon teve uma votação de 63% a favor e 37% contra a saída da UE, alinhada com todo o condado (nenhum dos 14 conselhos que forma Essex votou a favor da permanência). Castle Point e Thurrock tiveram votações de 73% a favor e 27% contra e 72% a favor e 28% contra, respectivamente, a terceira e quarta áreas com mais votos a favor da saída em todo o Reino Unido. Esses conselhos estão localizados na ponta mais ao sul de Essex, que abriga o menor número de pessoas que pediram asilo no condado. Na sequência da votação do Brexit, Essex viu um aumento de 58% em crimes de ódio raciais e religiosos, um dos maiores do país.

A dra. Alita Nandi e colegas da Universidade de Essex demonstraram que as minorias que vivem em áreas com grande maioria de brancos têm maior probabilidade de sofrer assédio racial. Esse risco diminui em áreas mais multiculturais onde há pouco apoio a grupos de extrema direita, como em algumas regiões de Londres, mas aumenta em áreas multiculturais que apoiam fortemente esses grupos, como West Yorkshire.[21] Em conjunto, os dados de lugares mais multiculturais e pobres e de lugares monoculturais ricos sugerem que algo parecido está acontecendo em ambos para estimular os crimes de ódio. Nos dois contextos, o grupo majoritário sente a necessidade de defender sua comunidade de ameaças externas.

Os produtores do documentário da BBC em que eu estava envolvido também entrevistaram três criminosos de ódio confessos de uma cidade costeira no sudeste. Assim como James, dois desses homens, Doug e Phil (não são os nomes reais), fazem referência a ameaças realistas e simbólicas como os motivos para cometer crimes de ódio contra imigrantes.

> **Doug:** Você se sente segregado na sua própria cidade, no seu próprio lugar, sabe?... É uma sensação de ser expulso de um lugar que era uma região linda, onde você se sentia seguro ao crescer, agora você não se sente seguro.

> **Entrevistador:** Então você acha que realmente não tinha nenhum problema até se sentir ameaçado?

> **Doug:** Não, não tinha nenhum problema com eles, sabe, quando começaram a chegar aqui era apenas um pouco estranho, não tinha nenhum problema, e de repente terminamos sendo, como agora, o povo inglês é uma minoria onde estamos vivendo, sabe, e isso não está certo.

**Entrevistador:** E você alguma vez fez justiça com as próprias mãos?

**Phil:** Sim, fiz, sim, claro que fizemos.

**Entrevistador:** Como?

**Phil:** Descendo a porrada neles.

**Entrevistador:** Descendo a porrada neles?

**Phil:** É, isso mesmo, o que mais você pode fazer, sabe o que estou falando, é a única, a única defesa que temos, sabe o que estou falando.

**Doug:** Quero dizer, o meu ponto de vista é que, no fim das contas, eles só estão vindo aqui por uma coisa e é para tomar nossos benefícios, pegar nossas casas... É tudo de graça, sabe, éramos a Grã-Bretanha, agora somos apenas a Bretanha, não temos mais nada grande, sabe...

**Entrevistador:** Mas vocês não são racistas?

**Phil:** Não, não, não, não, não, ouça o que vou falar, tenho amigos muçulmanos, tenho amigos negros e tudo isso. Sou racista contra os imigrantes, é, os imigrantes. Pelo simples fato do que estão fazendo com nosso país, sim, estão vindo para cá e estão nos usando, estão tirando um sarro da nossa cara. Como não ser racista quando algo assim acontece, sabe o que quero dizer, tipo, não estou brincando.

**Doug:** Eles nos obrigaram, eles nos obrigaram a ser racistas dessa forma, tipo, digo que não sou racista contra, digamos, contra os negros ou pessoas que querem tipo, seguir alguma, qualquer religião que quiserem seguir, isso é problema delas. Mas quando se trata de pessoas que basicamente sobem em um barco, cruzam o oceano, chegam aqui e usam tudo que é nosso, é, isso te faz um racista nesse sentido porque você meio que acha que são um lixo.

**Phil:** Bom, você sabe o que estou falando, muitas pessoas não aceitam, pessoas que já estão cansadas, você sabe o que quero dizer. Vai chegar a um ponto em que todo mundo vai se juntar, vai acabar causando, basicamente tipo uma guerra racial. E sabe de uma coisa, sei que pode parecer estúpido, sim, mas estou louco para que esse dia chegue, sabe?

**Doug:** Então é isso, é assim que costumamos lidar com as coisas, e é por meio da violência, a ação é basicamente violenta, sabe, para que eles entendam que não são bem-vindos, não queremos eles aqui, já estamos cansados.

A racionalização usada pelos jovens ao defender seu território de "estrangeiros" é uma referência comum entre outros agressores por todo o globo. A noção de comunidades em defesa, primeiro desenvolvida em 1972 nos EUA, ajuda a explicar esse tipo de comportamento territorial racializado.[22] O medo de que a invasão por estrangeiros vá ameaçar a identidade comunitária motiva ações defensivas, que podem se manifestar em crimes de ódio contra o grupo minoritário. A teoria atraiu apoio empírico em Nova York e Chicago.[23] Mas ao contrário dos locais dilapidados em West Yorkshire, as partes de Nova York e Chicago estudadas para testar a teoria foram bairros ricos e de maioria branca, parecidas com as partes do sudeste da Inglaterra.

Os resultados das análises estatísticas apoiam ainda mais a ideia de que os crimes de ódio são mais provavelmente perpetrados quando um exogrupo é visto como uma ameaça, mesmo sob condições de relativa prosperidade. Ao contrário do crime geral, que cresce em áreas socialmente desorganizadas e dilapidadas, os dados dos EUA mostram que os crimes de ódio, especialmente contra minorias étnicas e imigrantes, também parecem explodir em locais socialmente organizados e ricos. Os agressores nessas áreas temem que a contaminação por estrangeiros mude sua forma de vida para pior — aquelas pessoas vão desvalorizar suas casas, transmitir ideias subversivas aos filhos na escola, namorar suas filhas.

Há algumas fortes semelhanças entre percepções de ameaça da classe baixa branca e da classe média branca criadas pelo "outro" racial ou nacional.

As pesquisas mostram que, independentemente da classe social ou localização, as pessoas brancas geralmente têm concepções equivocadas sobre o islamismo.[24] Também há evidências que sugerem que as pessoas com salários mais altos, melhores qualificações e com empregos profissionais e gerenciais têm visões tão negativas sobre a imigração quanto as pessoas com baixos salários, pouca qualificação e com ocupações nos serviços e trabalhos braçais. Para o grupo abastado, o problema são mais as ameaças simbólicas (contra os valores) do que as realistas (contra o autointeresse econômico).[25]

A percepção da ameaça do exogrupo e os crimes de ódio que podem ser incentivados dessa percepção não estão confinados a áreas com grandes minorias, economias problemáticas e políticos extremistas. Os contextos opostos em termos demográficos e político-econômicos — pequenas minorias, economias fortes e políticos moderados — podem gerar a mesma sensação de ameaça com a presença de um pequeno exogrupo. Nas antigas cidades industriais do norte da Inglaterra, as minorias são um bode expiatório que pode ser facilmente punível por tudo que há de errado e ruim na área. No sul mais rico, ouvem histórias do que aconteceu em outro lugar e ficam com medo de que as mesmas coisas aconteçam na região, se não defenderem o que é "deles por direito". São essas histórias que podem infectar outros com estereótipos negativos do exogrupo e criam uma sensação de ameaça onde realmente não existe nenhuma.

## A MÁQUINA CULTURAL, AMEAÇA GRUPAL E ESTEREÓTIPOS

Nos tempos pré-históricos, nosso mecanismo de detecção de ameaça aprendia sem intermediários — víamos em primeira mão quem matava nossos parentes e roubava nossa comida. Desde o nascimento da história oral, essa informação foi adulterada, até o ponto em que, nos tempos modernos, ela foi transformada em uma arma para fabricar ameaças e medo nas massas. Essa desinformação é o que alimenta nossos estereótipos dos exogrupos.

Estereótipos são as imagens das pessoas de outros grupos que temos em nossas cabeças. Essas imagens nos contam algo sobre esses grupos — a cultura, o temperamento, o nível de ameaça — antes mesmo de interagirmos com eles. São eficientes porque se baseiam em categorias em vez de em toda informação disponível sobre outras culturas ou grupos. Também são confortantes, já que criam um mundo e grupos de pessoas de forma previsível. Porém, mais frequente é que esses estereótipos sejam uma visão exagerada e distorcida da realidade.

Os moradores de Capgrave Crescent tinham uma visão estereotipada de Bijan, um refugiado iraniano com deficiência, que o colocava em oposição direta à versão deles de herança "inglesa branca". Eles não tiveram tempo para descobrir quem ele era realmente ou se compartilhavam valores, desejos ou problemas parecidos. Se tivessem, descobririam muitas coisas em comum, e o estereótipo negativo que os dividia teria desaparecido. Mas, em vez disso, alimentaram o estereótipo do invasor estrangeiro, o malandro aproveitador dos benefícios sociais, o predador de crianças.

O que foi responsável pela criação do estereótipo de Bijan que o transformou em uma ameaça aos olhos de seus vizinhos brancos? Em parte, foi a própria versão deles de uma cultura "inglesa branca". De forma ampla, a cultura se refere a nossas ideias, valores, história, religião, linguagem, tradições e comportamento social. É transmitida para nós desde a infância por nossos pais e parentes, amigos, sistema educacional, religião e mídia, inclusive mídias impressas, on-line e televisivas. Um país pode abrigar muitas culturas, mas a referência será feita à cultura dominante que encapsula a forma de vida de uma maioria. O Reino Unido é formado por uma população nativa (incluindo imigrantes de segunda ou mais gerações) e pessoas migrando de vários lugares do mundo, cada uma trazendo sua própria herança cultural, mas também os valores mais amplos do lugar que chamam de lar. Também há subculturas ligadas a lugares e identidades que adaptam a cultura dominante aos valores daquela comunidade. Pessoas podem acatar algumas partes da cultura dominante, enquanto rejeitam outras por terem uma compreensão mais específica dentro da comunidade. Isso pode levar a situações nas quais a cultura dominante pode rejeitar o preconceito, mas outras dessas subculturas podem endossá-lo. Quando essas subculturas limitam o contato fora do seu grupo, o preconceito pode persistir e florescer.[26]

Estereótipos de outros e sua cultura ou grupo são sempre comparados com os nossos, e nos pontos em que as variações ocorrem, surgem os julgamentos, sejam positivos ou negativos — invejo o equilíbrio entre trabalho e vida da cultura deles; respeito o foco na família na cultura deles; sinto nojo da falta de higiene com a alimentação e do tratamento dos animais na cultura deles; fico espantado como tratam as mulheres na cultura deles. A informação que usamos para fazer esses julgamentos raramente vem da outra cultura ou grupo, por meio de seu povo ou de suas instituições. Normalmente vem da nossa própria máquina cultural, que é criada pelo grupo dominante e suas instituições, e assim apresenta uma visão deformada e geralmente mal-informada dos outros.

Às vezes, isso acontece de propósito, especialmente no meio de uma guerra cultural. Durante a Guerra Fria, instituições culturais norte-americanas e soviéticas produziram propaganda sobre o outro lado. Depois da Segunda Guerra Mundial, a CIA investiu pesado na infraestrutura de televisão internacional europeia (chamada Eurovision, não confundir com a competição musical) e incentivou a venda de programas dos EUA para a Europa ocidental, espalhando os ideais da cultura norte-americana e, dessa forma, diminuindo a influência comunista. O objetivo dessa guerra cultural era que um grupo e um estilo de vida dominassem o outro. Para os EUA, cumprir esse objetivo exigia ter os não norte-americanos (quer dizer, europeus) ao seu lado. Os EUA não podiam usar o patriotismo, então o comunismo foi mostrado como uma ameaça a todas as culturas.

Mais recentemente, políticos espalharam desinformação sobre outros grupos para alimentar estereótipos negativos em um esforço para criar uma sensação de ameaça e angariar apoio para suas campanhas. Durante a campanha para a eleição presidencial de 2016, Donald Trump fomentou estereótipos e criou ameaças que vinham dos muçulmanos e mexicanos; durante a campanha no referendo da UE em 2016, Nigel Farage e outros no Reino Unido fomentaram estereótipos e criaram ameaças que vinham dos imigrantes; e durante a eleição brasileira em 2018, Jair Bolsonaro fomentou estereótipos e inventou ameaças que vinham da população indígena e LGBTQ+.

Geralmente, a representação equivocada de outras culturas é resultado de falta de informação, incompreensão e/ou falta de disposição para chegar a uma visão detalhada e equilibrada. Pais, amigos e professores, conscientemente ou não, podem implantar estereótipos negativos em crianças a partir dos cinco anos. Crianças não muito mais velhas do que isso podem começar a associar uma sensação de ameaça e sentimentos negativos a esses estereótipos, incluindo medo, aversão, desprezo e repulsa. Não é surpresa que em sociedades divididas como a da Irlanda do Norte, crianças com três anos já eram capazes de mostrar sua lealdade a uma religião contra a outra, e aos seis podiam expressar medo, aversão e uma sensação de ameaça contra protestantes ou católicos. A maioria desses estereótipos foi criada a distância, com menos de 4% frequentando escolas mistas e pouquíssimos socializando depois da escola com crianças de outra religião.[27]

A fonte cultural mais influente que molda os estereótipos e as ameaças que eles evocam é a mídia. As representações de culturas minoritárias na TV, no rádio, na música popular e nos noticiários podem entrar em nossa cabeça tanto quanto as visões de nossos pais, amigos e professores. Isso acontece em parte porque esses meios são criados para entreter, e usam diversos truques para chamar nossa atenção e prendê-la o máximo possível. A maioria prefere assistir à TV ou ouvir sua banda favorita do que conversar com os pais ou com um professor. Mas assim como os pais e professores, a mídia também pode desinformar.

Muitos devem se lembrar de programas como *The Dick Tracy Show*, *Tom e Jerry, Hong Kong Fu, The Lone Ranger, Jonny Quest* e *Looney Tunes*. Todos contribuíram para representar outras culturas de forma equivocada. Muitos agora não estão no ar, mas, se forem disponibilizados pelos serviços de *streaming*, provavelmente terão avisos sobre o conteúdo. Sim, eram algo de época, mas demonstram como nossa compreensão de pessoas diferentes foi moldada por esses programas supostamente inocentes.

Talvez mais chocantes sejam as comédias britânicas dos anos 1960 e 1970 que usavam a ameaça racial como uma estratégia para arrancar risadas. Muitos leitores britânicos se lembrarão de Alf Garnett de *Till Death Us Do Part* (1965–1975) da BBC1, que se tornou o herói dos intolerantes por causa de seus costumeiros insultos raciais e queixas sobre os medos de "contaminação" dos negros. O programa durou uma década e levou a vários shows derivados com Alf até 1998. Eles também podem se lembrar de Spike Milligan da série de comédia da BBC *Q...* (1969–1982), em que frequentemente aparecia fazendo *blackface* e representava paquistaneses como "Daleks" que exterminavam animais de estimação para colocar no curry. Ele depois fez o programa *Curry and Chips* da iTV, vestindo-se como um imigrante paquistanês-irlandês com o apelido "Paki-Paddy". O apetite da iTV por comédias racistas culminou em *Love Thy Neighbour* (1972–1976), que mostrava a ameaça de uma família das Índias Ocidentais invadindo o território de um casal inglês branco. Os criadores do programa acharam engraçado ter o protagonista branco chamando os invasores de pouco inteligentes, canibais e pervertidos sexuais.

Os roteiristas do programa afirmaram que seus esforços criativos eram uma sátira que atacava o homem branco de classe média inglês, mas parece que a maioria dos espectadores não entendeu isso. Em uma pesquisa patrocinada pela bbc com 563 crianças e 317 pais em 1974, a maioria concordou com os sentimentos (que deveriam discordar e lastimar) expressos pelos personagens racistas.[28] Os homens brancos racistas que deveriam ser a piada terminaram inspirando empatia. Suas ansiedades, atitudes e comportamentos em relação aos personagens de outras raças entravam em conexão com a audiência, tanto adultos quanto crianças. As visões deles estavam refletidas na TV e, por sua vez, serviam para reforçá-las. A bbc enterrou a pesquisa, com medo de que abalasse a afirmação de que suas comédias satirizavam o racismo e provasse, em vez disso, que alimentavam atitudes intolerantes.

Boa parte da representação equivocada surge do viés sistêmico existente na criação de produtos na mídia e a falta de grupos minoritários em papéis não estereotipados. Os EUA são os maiores produtores de mídia do mundo. Ao redor de 41% da população norte-americana é formada por grupos raciais minoritários. Em 2018–2019, as pessoas não brancas tinham cerca de 28% dos papéis principais nos filmes lançados, comparados com 11% na década anterior. Em torno de 30% dos filmes de Hollywood lançados em 2018–2019 incluíram um elenco que estava perto ou até superava a representação da população minoritária nos EUA na época. Apenas uma década antes, esse número era de somente 10%. Em 2019, os atores brancos ainda ficavam com a maior parte dos papéis em Hollywood (67%), com atores negros (16%), latinos (5%) e asiáticos (5%) significativamente sub-representados. Os programas de TV em 2018-2019 pareciam melhores, com pouco mais de 50% das produções (em comparação com cerca de 10% apenas uma década antes) incluindo um elenco que estava perto ou acima da representação, e atores negros, latinos e asiáticos representando ao redor de 40% do total.[29]

Nem toda a produção da mídia é culpada de perpetuar estereótipos negativos do outro como uma ameaça. Alguns programas trabalham ativamente contra isso apresentando personagens minoritários de uma forma positiva. O beijo entre o capitão Kirk e a tenente Uhura em *Star Trek* em 1968, famoso por ser o primeiro beijo inter-racial transmitido na TV (apesar de posteriormente se constatar que outros beijos inter-raciais já haviam sido mostrados na TV), causou alvoroço na época. Em pouco tempo, outros programas de TV também foram, ousadamente, aonde poucos tinham ido antes: *Julia, What's Happening, 227, The Cosby Show, The Oprah Winfrey Show, Um Maluco no Pedaço, Noah's Arc, Black-ish, Crônicas de San Francisco, The Ellen DeGeneres Show, Queer Eye, Will & Grace, Queer as Folk, The L Word, Looking, Glee, Pose, Transparent, I Am Cait, Speechless, Atypical, Special.* Esses e muitos outros programas de TV, filmes pioneiros e noticiários avançaram bastante para mostrar uma visão mais equilibrada e menos ameaçadora (embora nunca perfeita) dos grupos minoritários da sociedade.

Curiosamente, sabemos que aquilo que é visto, lido e ouvido todos os dias pode moldar a forma como as audiências pensam. Muitos de nós tiveram aquela conversa com o parente mais velho e resmungão no Natal. Eles repetem comentários preconceituosos infundados e, quando são desafiados a revelar a fonte, dizem que foi algo que leram ou viram na TV. Reviramos os olhos e, dentro de nossa bolha liberal de amigos e conhecidos, lamentamos pela toda-poderosa máquina cultural. Empresas de publicidade e marketing a usam para vender produtos, políticos gastam milhões para angariar votos e os governos dependem disso para espalhar as mensagens de segurança em tempos de crise. Mas a ciência pode explicar o poder de influência da mídia?

Psicólogos demonstraram que assistir a uma comédia que utiliza o preconceito como tática para conseguir risadas pode piorar os comportamentos. Em um estudo, pesquisadores descobriram que participantes masculinos eram mais relutantes em fazer uma doação para caridade e mais dispostos a cortar a ajuda para uma organização feminina depois de ler e ouvir piadas sexistas, mas não piadas neutras.[30] Em outros estudos, ouvir piadas sexistas, antimuçulmanas e antigays aumentou a aceitação da discriminação contra mulheres, muçulmanos e gays.[31] A conclusão dos psicólogos é de que não foi a comédia que despertou o preconceito nos participantes, mas o humor que temporariamente os liberou da obrigação de regular as atitudes preconceituosas que já tinham, algo que rotineiramente reprimem devido a pressões sociais mais amplas para não parecerem pessoas preconceituosas. Piadas sexistas, racistas e homofóbicas são "liberadoras" do preconceito que molda o comportamento.

Da mesma forma que a máquina cultural pode dividir, também pode aproximar pessoas de diferentes bases, mesmo que nunca tenham se encontrado. Programas populares que rompem com estereótipos negativos aumentaram a aceitação e reduziram o preconceito entre as audiências.[32] Pesquisas mostram que o espectador médio pode se conectar com personagens "minoritários" ficcionais, especialmente aqueles que sofrem preconceito, ampliando a perspectiva e a empatia.[33] Esse processo também molda atitudes e comportamentos no mundo mais amplo, às vezes a ponto de vermos mudanças reais. Um trabalho experimental na Alemanha apoia a ideia de que assistir a programas de TV ocidentais mostrando a integração bem-sucedida de diferentes culturas, ao contrário da TV influenciada pelos soviéticos que tinha a tendência de mostrar pouco conteúdo de outras culturas, gerava tolerância e reduzia crimes de ódio contra imigrantes.[34] Sobre o progresso do apoio popular ao casamento gay nos EUA, o vice-presidente Joe Biden disse em 2012: "Acho que *Will & Grace* provavelmente fez mais para educar o público norte-americano do que quase tudo que qualquer pessoa tenha feito até o momento. E acho que as pessoas temem o que é diferente. Agora elas estão começando a entender".[35]

Apesar do aparente poder da máquina cultural para fazer e desfazer estereótipos negativos e as ameaças associadas a isso, são poucos os cientistas que concordariam que somos todos enganados por aqueles que controlam a mensagem. Tirando as crianças pequenas, podemos resistir ao que nos dizem nos jornais e na TV. Como consumidores ativos da mídia, pegamos e escolhemos. Aqueles abertos ao conhecimento e a uma visão igualitária do mundo podem questionar os estereótipos negativos que entram em seus lares e abraçar o lado positivo com a esperança de que ajudarão a alcançar uma sociedade mais justa. Igualmente, aqueles que rejeitam o conhecimento e que veem o mundo como uma selva competitiva e impiedosa, na qual o forte vence e o fraco perde, podem rejeitar o retrato de estereótipos positivos e usar os negativos para alimentar suas preferências por relações desiguais. É claro que sempre há um grupo intermediário de indecisos, aqueles que marcam "não sei" nas pesquisas, que estão felizes se outro diz o que devem pensar; talvez seja porque não tenham tempo ou interesse ou sejam incapazes de decidir por si mesmos.

## Como neutralizar a *percepção* de ameaça

Havia uma terceira fase no experimento de Sherif em Robbers Cave. Depois de conseguir criar competição e sensação de ameaça entre os dois grupos de garotos até que a violência fosse inevitável, os cientistas introduziram uma última manipulação. O objetivo principal de Sherif no estudo era observar se um desafio comum poderia inspirar algum tipo de cooperação intergrupal capaz de reverter todas as ameaças e o ódio gerados nas semanas anteriores. O primeiro *objetivo superordenado* — um termo usado por psicólogos para descrever tarefas que só podem ser realizadas mediante a cooperação de duas ou mais pessoas — foi restaurar o suprimento de água para os acampamentos, que tinha sido cortado pelos cientistas. No começo, os Cascavéis e os Águias tentaram resolver o problema de forma separada. Eles seguiram a fonte de água da montanha até um tanque, e ali perto os cientistas haviam escondido a válvula que faltava debaixo de um deslizamento de pedras. Cada grupo tentou mover em turno as pedras, ainda relutantes em interagir. Com o calor do dia pesando, os muros construídos entre eles nas duas semanas anteriores começaram a cair. Os garotos perceberam que poderiam retirar as rochas mais rapidamente se formassem uma única equipe e trabalhassem como uma corrente.

No jantar daquela noite, os sinais do fim do antagonismo já eram evidentes. O sucesso contundente da primeira tarefa comum foi uma surpresa para os cientistas, e eles planejaram uma segunda. Foi dito aos garotos que seria possível alugar o filme *A ilha do tesouro* para assistir aquela noite, mas não havia fundos na vaquinha. Foi pedido que cada grupo contribuísse com uma pequena quantia. No começo, houve resistência: "Eles que paguem", disseram alguns garotos. Então um Águia sugeriu que cada indivíduo desse uma parte igual, e todos votaram a favor da proposta. Os pesquisadores viram isso como um passo em direção à paz.

Uma tempestade se apresentou como uma oportunidade para um terceiro objetivo superordenado. Membros dos dois grupos estavam acampando ao lado do lago e tiveram tempo de armar só uma barraca antes da chuva. Cascavéis e Águias dormiram juntos por uma noite, debaixo de trovões e relâmpagos — grande desculpa para manter as aparências. Finalmente, os cientistas planejaram uma viagem ao estado vizinho, dizendo aos garotos que cada grupo viajaria em seu próprio ônibus. Todos os garotos ficaram animados com a notícia, mas então houve um imprevisto. Um dos veículos teve problemas — a viagem foi cancelada. "Podemos ir todos em um só ônibus", gritou um dos garotos. Foram poucas as vozes dissidentes, e eles partiram. As cenas finais do experimento são dos garotos bebendo refrigerante juntos, posando para uma foto na divisa estadual e cantando "Oklahoma" de Rodgers e Hammerstein na volta para casa.

Em um estudo anterior, uma espécie de piloto para o famoso experimento de Robbers Cave, dois grupos de garotos, os Jiboias e os Panteras, tinham se recusado a entrar em guerra, apesar de a equipe de Sherif ter manipulado muito a situação: eles roubaram, rasgaram bandeiras, derrubaram barracas e danificaram propriedades, culpando cada um dos grupos. Mas nenhum dos garotos mordeu a isca, encontrando razões não litigiosas para explicar alguns dos acontecimentos, e depois culpando os cientistas pelos erros mais extremos — eles tinham sido descobertos.

A diferença central entre os dois experimentos foi que, no primeiro, os Jiboias e os Panteras se conheceram antes do começo da competição direta. Isso foi cuidadosamente evitado por Sherif no segundo estudo, e os Cascavéis e os Águias eram completos estranhos antes do primeiro contato no acampamento. Apesar de Sherif ter visto o primeiro experimento como um fracasso, e não ter divulgado suas descobertas na época, a harmonia entre os Jiboias e os Panteras nos conta algo. O contato positivo entre grupos realmente diminui o sentimento de "nós" contra "eles". Mesmo com uma forte ameaça competitiva, é muito menos provável que o resultado seja tensão e ódio se os dois grupos se conhecem pessoalmente. Sob essas condições, é muito menos provável que estereótipos negativos permaneçam, independentemente dos esforços de outras pessoas para fabricá-los (mais sobre isso no capítulo final).

## Além da ameaça

Os humanos têm um dos mecanismos de detecção de ameaça mais altamente desenvolvidos entre todas as espécies. O que garantiu nossa dominação sobre o planeta antes hostil agora está sendo usado para detectar ameaças em um ambiente que é o mais seguro de nossa história. A maioria de nós, em nossas casas seguras, com ar-condicionado ou aquecimento, não precisa enfrentar o frio ou o calor mortais, nem está sujeito a ser comido vivo por animais predadores. Esses eram os árduos desafios encarados por nossos ancestrais, que dependiam fortemente de seus mecanismos hipersensíveis de detecção de ameaças. Esse sistema não acompanhou o ambiente moderno. Nossa biologia e psicologia defasadas registram ameaças onde geralmente não existe nenhuma.

A percepção da ameaça é parte fundamental do preconceito e do ódio. Mas nem todo mundo que percebe uma ameaça de um exogrupo, mesmo que esteja cheio de oxitocina, no meio de uma recessão e obcecado por reprises de comédias racistas britânicas dos anos 1970, sai nas ruas para cometer um crime de ódio. Sherif é famoso por nos mostrar que o ódio e a agressão que podem resultar disso são fenômenos inerentemente grupais. Ameaças a grupos motivam uma reação mais do que ameaças a indivíduos (a menos que o ataque contra o indivíduo seja percebido como um ataque contra o grupo). O que Sherif não mostrou em seu estudo foi que alguns membros dos Cascavéis e dos Águias tinham o pavio mais curto que outros.

Alguns deles se tornaram os chefes dos bandos. Eles lideraram suas tribos para a batalha e suprimiram toda oposição interna. Alguns garotos abandonaram o acampamento, incomodados com a forma como as coisas estavam caminhando — talvez não estivessem convencidos de que valia a pena levar tão a sério as ameaças da tribo oposta. Vários moradores em Capgrave Crescent não participaram da demonização ou vitimização de Bijan, apesar de serem parte do endogrupo. E nem todo homem heterossexual que cruzou comigo na porta de um bar gay no final dos anos 1990 sentiu a necessidade de me machucar fisicamente. Nem todo mundo se sente ameaçado por um exogrupo, e nem todo mundo comete um crime de ódio.

Mas aqueles que cometem crimes de ódio identificam de forma rotineira a ameaça percebida feita por seu grupo alvo como a motivação para a agressão.

A primeira parte deste livro delineou as bases sobre as quais todos navegamos pelo mundo social — as partes biológicas e psicológicas que todos temos em comum, e a ampla exposição à cultura com a qual todos aprendemos como parte de nossa socialização inicial. Em isolamento, é improvável que esses ingredientes básicos resultem em comportamentos que associaríamos com ódio, mas eles são necessários para sua germinação. Na Parte Dois, adotamos um olhar forense na ciência dos *catalisadores* que nos aproximam do pior comportamento humano. Começamos com uma exploração das histórias individuais das pessoas culpadas por ações de ódio, examinando como os traumas e as profundas perdas sofridas na infância estão ligados às suas maneiras violentas mais tarde na vida.

# PARTE DOIS

# 6
## Trauma, contenção e ódio

No meio de agosto de 1980, Joseph Paul Franklin saiu da pequena cidade de Johnstown, Pensilvânia e dirigiu 3 mil quilômetros pela estrada interestadual 80 em seu Camaro bordô, parando em um hotel de Salt Lake City, Utah. Para surpresa do recepcionista, Franklin exigiu um quarto que não tivesse sido usado anteriormente por uma pessoa negra. Ao ver as tatuagens com temáticas racistas de Franklin, o recepcionista pensou melhor antes de questionar os motivos e entregou as chaves. Algum tempo depois de fazer o check-in, Franklin saiu para dar um passeio de carro pela cidade. No caminho de volta para o hotel, ele parou junto ao meio-fio, procurando os serviços de uma prostituta. No carro, com a mulher, Franklin conversou sobre amenidades antes de passar a uma conversa intensa sobre integração racial, chamando os negros de "macacos burros". Então perguntou se ela sabia onde se encontravam os "cafetões negros", e se havia algum estabelecimento que fosse frequentado por casais inter-raciais em Salt Lake City. Eles foram para o hotel e ficaram um tempo juntos. Antes que ela fosse embora, ele disse que era um "assassino pago pela KKK" e que poderia matar seu cafetão, se ela quisesse. A garota não aceitou a oferta.

Depois de alguns dias passando de um hotel para outro, usando várias identidades falsas, Franklin juntou informações sobre a cidade e descobriu que a área residencial ao redor do Liberty Park era racialmente mista. Em 20 de agosto, ele explorou o parque e conversou com outra prostituta sobre suas visões sobre os afro-americanos antes de voltar para o hotel. Ao redor das 21h naquele mesmo dia, ele partiu em seu Camaro de volta para o Liberty Park. Dirigiu rápido e se enganou no trajeto, precisando fazer um retorno e passar um sinal vermelho antes de deixar o carro em uma vaga num cruzamento. Dali ele caminhou até o parque com um rifle. Ele se ajeitou em um local no meio dos canteiros e armou seu ninho de atirador.

Naquela noite, Ted Fields e seu amigo David Martin tinham decidido sair para correr. No caminho, eles se encontraram com Karma Ingersoll e Terry Elrod. Os quatro, dois rapazes negros e duas garotas brancas, decidiram repetir a rota no Liberty Park que Ted e Karma tinham feito no dia anterior. Ao redor das 22h, Ted estava à frente do grupo, com Karma, Terry e David logo atrás. Coberto pela vegetação, Franklin viu o grupo inter-racial. Ajoelhado, posicionou cuidadosamente o rifle e fez a pontaria.

David foi atingido primeiro com uma bala no braço direito. Menos de um segundo depois, o braço de Terry foi atingido por um estilhaço. Ted parou, virou-se e viu os amigos protegendo as feridas, o sangue pingando sobre a grama. Então David foi atingido por uma segunda bala, que dessa vez atravessou seu peito e saiu pelas costas. Enquanto se afastava da direção de onde vinham os tiros, uma terceira bala o atingiu por trás. Seu corpo desabou no chão. Ted se jogou para proteger o corpo ensanguentado de David.

"Oh, meu Deus, Ted, eles me acertaram", gritou David.

Em pânico, as garotas tentaram arrastar o corpo de David para a calçada antes que Ted mandasse que corressem. Depois de alcançar uma distância segura, Karma olhou para trás e viu Ted lutando para tirar o corpo de David da mira do atirador. Foi quando Ted também caiu. Franklin tinha atirado mais duas vezes, acertando Ted no coração e no pulmão.

Contente por suas vítimas estarem mortas, Franklin voltou correndo para seu carro, jogou o rifle no porta-malas e saiu da cidade. Depois que ficou claro que os tiros tinham parado, duas testemunhas correram até David e Ted para prestar os primeiros socorros. Quando a ambulância chegou, Ted já estava morto. David morreu horas depois no hospital.

As mulheres que Franklin tinha encontrado nos dias anteriores ouviram falar dos tiros, e quando souberam que as vítimas eram negras, imediatamente suspeitaram dele. Nunca informaram suas suspeitas para a polícia, com medo de serem presas por prostituição. Demorou um mês para a polícia localizar e prender Franklin.

Os assassinatos racistas no Liberty Park, Salt Lake City, não tinham sido os primeiros de Franklin. No fim dos anos 1970, ele tinha embarcado em uma missão para matar os "inimigos da raça branca", e geralmente selecionava casais inter-raciais como alvos. Seu objetivo era manter a "pureza" da raça branca, e isso significava enviar uma mensagem às pessoas brancas e negras. Ele também visava judeus e admitiu ter tentado matar o magnata da pornografia Larry Flynt (deixando-o parcialmente paralisado) por incluir casais inter-raciais na revista *Hustler*.

Franklin acabou admitindo que matou vinte pessoas em sua missão de começar uma guerra racial. Sua fúria assassina o levou do Tennessee a Wisconsin, do Missouri à Geórgia, de Oklahoma a Indiana, de Ohio à Pensilvânia e à Virgínia. Enquanto estava no corredor da morte, Franklin tentou explicar seus atos para aqueles que quisessem ouvir. Ele renunciou às visões racistas e culpou sua infância traumática, em particular a mãe autoritária, por deformar suas opiniões sobre os negros. Franklin foi executado por seus crimes em 20 de novembro de 2013.

A evolução moldou a forma como o cérebro trabalha para influenciar nosso comportamento. O comportamento humano também é moldado por eventos muito mais particulares, tão íntimos que estão guardados em nossa memória — nossos próprios passados. Nossas histórias pessoais de conflito, ansiedade, perda e trauma configuram a maneira como interagimos com os outros.

As experiências passadas gravadas em nossa mente, como anéis no tronco de uma árvore, podem agir como motivadores primários de nosso comportamento, superando o impulso básico. Nossas reações diante de um estranho em um beco escuro não são iguais, apesar de termos alguns fatores em comum, como o modo de funcionamento de nosso cérebro. Os humanos trazem consigo uma "bagagem" de sua infância e vida posterior, o que significa que cada resposta a um evento é pintada com uma paleta de cores individual única. Não podemos começar a entender completamente o comportamento até reconhecermos esses passados profundamente pessoais e às vezes traumáticos.

Essa abordagem criminológica psicossocial do comportamento pode ser especialmente útil na compreensão de crimes causados em parte pelos sentimentos de injustiça e frustração, como terrorismo e crimes de ódio.[1] Crimes "instrumentais", como roubo e assalto, podem às vezes ser entendidos como produtos de forças sociais e econômicas mais amplas. Recessões econômicas, cortes nos benefícios governamentais, desemprego, aumento da evasão escolar, desigualdade de renda e falta de moradias acessíveis para alugar podem se combinar para explicar a forte variação (a quantidade total pode ser explicada em um modelo estatístico) na propensão de alguém roubar uma residência ou uma loja.[*,2] A concretização desses crimes é geralmente racional — "não tenho dinheiro, é mais fácil consegui-lo de forma ilegítima do que legítima, e as chances de ser pego são baixas". Mas esses "grandes" motivadores não explicam muito a variação nos crimes de ódio. A maioria dos crimes de ódio parece irracional para nós porque geralmente são impulsionados por frustrações não resolvidas dos agressores, que raramente são reveladas. Para desencavá-las seria preciso olhar para seus passados.

Ao nos aprofundarmos nas histórias dos agressores, podemos localizar as perdas e traumas que fizeram sua parte na alimentação do ódio. Se trabalharmos com a perspectiva de que as pessoas culpadas dos piores comportamentos podem ser compreendidas se olharmos para elas como um produto de sua própria experiência pessoal no mundo, isso acabará humanizando-as. Elimina a conveniente habilidade de demonizá-las, e, em vez disso, oferece uma forma de racionalizar esse tipo de comportamento como algo que todos poderíamos ser capazes de fazer.

---

*Associação com companhias equivocadas, falta de autocontrole e uma sensação de pressão, entre outros fatores, também contribuem para explicar a variação remanescente no crime instrumental.

## O criminoso de ódio "médio"

Há poucos estudos científicos que envolvam a participação direta de agressores de crimes de ódio. Pessoas condenadas por crimes de ódio raramente admitem o elemento "ódio" em seus crimes, então quando pedimos que participem da pesquisa, elas se recusam, às vezes de forma educada. A maioria diz que racismo, homofobia ou qualquer outro preconceito não tiveram nada a ver com o motivo de escolherem suas vítimas como alvo. Aqueles que concordam em participar geralmente são homens e fazem parte de uma gangue de ódio organizada — são hiperviolentos e têm algo a dizer sobre sua "missão". Esse viés na seleção de participantes pode significar que a ciência reflete apenas uma minoria dos agressores de ódio.*

O professor David Gadd, da Universidade de Manchester, é um dos poucos criminologistas a conseguir se conectar com pessoas comuns que cometeram atos de violência racial. Em 2008, ele entrevistou quinze homens brancos violentos de Stoke-on-Trent na região de West Midlands, na Inglaterra. Stoke vivenciou o tipo de rápida mudança econômica e demográfica que cria ambientes tóxicos em que os locais se voltam contra grupos minoritários em tempos difíceis.

Dois desses homens, Greg e Stan (não são seus nomes reais), representam o perpetrador "médio" do ódio.**, 3 Greg é um bom exemplo de muitos jovens que se envolveram em crimes de ódio defensivos, parte da categoria "repulsão" descrita no Capítulo 1, em que o exogrupo é evitado e punido quando existe a sensação de invasão territorial. Stan representa os agressores de ódio que ocupam a categoria "atração", a mais problemática, aqueles que desenvolveram uma inclinação ideológica para a extrema direita, que leva a crimes de ódio mais retaliativos e orientados por uma missão.

---

* Este capítulo foca principalmente o ódio racial por causa da falta de dados sobre as histórias pessoais de outros tipos de agressores de ódio. Também se concentra exclusivamente em homens brancos por causa do pequeno número de mulheres brancas que praticam crimes de ódio. Apesar disso, os conceitos e argumentos apresentados são aplicáveis a outros perfis de criminosos de ódio e às mulheres.

** Agradeço ao professor Gadd pela discussão que tivemos sobre seu estudo e os participantes que entrevistou. Os trechos das entrevistas que apresentamos neste capítulo foram tirados, com permissão, das transcrições originais e de uma série de publicações detalhando suas análises.

## Greg

Greg, que tinha dezesseis anos na época da entrevista, nunca tinha sido condenado por um crime de ódio, mas era conhecido pela violência racista, embora afirmasse que não tinha visões preconceituosas. A violência doméstica foi responsável pelo fim do relacionamento de seus pais biológicos antes de ele ter idade para conhecer o pai, apesar de tê-lo visto algumas vezes andando por aí em um automóvel caro. Greg foi criado pela mãe e pelo padrasto, e admitiu sentir tanto medo do padrasto que eles raramente conversavam. Greg tinha uma relação instável com seu meio-irmão, e chegou a acertá-lo com uma barra de ferro depois de o flagrar empurrando sua mãe durante uma discussão. Era mais próximo do filho de seu padrasto, Lenny, cinco anos mais velho. Quando Greg fez nove anos, Lenny o apresentou à maconha, e mais tarde, aos catorze, à venda de drogas. Greg não era tão próximo a seus outros irmãos mais novos, que considerava "tagarelas".

O relacionamento de Greg com a mãe era complicado. Ele tentava agir como o protetor dela e atacava aqueles que a ameaçavam. Um ataque físico contra a namorada do meio-irmão por discutir com sua mãe terminou em uma acusação de agressão e sua transferência para uma família adotiva temporária em outra casa. Inicialmente, isso deixou Greg muito bravo, já que ele nunca tinha morado longe de sua família. Mas depois de um tempo com a família adotiva, ele chegou a considerar a mudança como um alívio do caos — ele tinha rotina, cuidadores compreensivos, nenhum irmão mais novo chato e seu próprio espaço. No entanto, isso não durou muito, e ele voltou a viver com a mãe e o filho do padrasto alguns meses depois. Apesar de sua postura protetora, Greg reclamava que a mãe não conseguia mantê-lo e que se recusava a comprar roupas boas e tênis quando ele era mais jovem.

Greg também tinha problemas na escola. Ele começava brigas com os outros alunos, atacava o diretor e jogava cadeiras nos professores — atitudes que o levaram à expulsão e à mudança para um internato. Isso o afastou de novo da família, uma punição que teria um efeito inesperado. Ele começou a se comportar bem — com o objetivo de poder voltar à antiga escola e à família. Depois da transferência, o bom comportamento durou pouco, e ele começou a intimidar outros alunos, especialmente um garoto tcheco. Acabou sendo atacado por quatro rapazes que queriam lhe dar uma lição. Greg foi expulso novamente por ameaças de retaliação. Aceitou a expulsão e caiu em uma espiral de venda de drogas, roubos, furto de carros para se divertir e assaltos. Aos quinze anos, ele gastava duzentas libras diárias em cocaína.

O uso de drogas estava fora do controle — ele cheirava sete gramas de cocaína por dia —, e tudo desmoronou. Seus amigos o abandonaram, sua mãe se recusava a falar com ele e a namorada lhe deu um ultimato. Greg entrou em depressão, bebia e ficava ainda mais violento. Ele se envolveu em um prolongado confronto com garotos locais e, apesar de se aterem a provocações na maior parte do tempo, em uma ocasião um amigo próximo de Greg agrediu um dos garotos asiáticos, o que resultou em sua prisão e em um processo por agressão qualificada por motivos raciais. Apesar da impressão de que essa guerra de território tivesse motivação racial, Greg não admitiu ter visões racistas, e descrevia outros asiáticos e negros de fora da cidade como "caras maneiros", principalmente aqueles para quem vendia drogas.

Apesar da insistência de que não era racista, Greg admitia abertamente que não gostava de asilados, pois sentia que estavam tomando conta da cidade. Em resposta a essa "invasão", ele confessou ter vandalizado o carro de um turco antes de jogar uma garrafa na janela da casa do homem. Um dos fatores decisivos para arremessar a garrafa foi ter descoberto que o turco estava namorando uma mulher branca da cidade: "Eu pensei: que sem-vergonha. Pegar minha mulher branca... não a minha mulher, mas da minha raça", disse depois do incidente. Ele se lembra de sentir uma empolgação depois de jogar a garrafa: "Fiquei em êxtase na hora".

Ao ser questionado se ver uma garota branca com um homem de raça diferente o fazia sempre se sentir da mesma forma, Greg afirmou que sim: "Sempre que vejo uma mulher branca com um asiático ou um turco. Não me incomodo com os homens negros, eles podem ter quantas mulheres brancas quiserem. É só os asiáticos, turcos, albaneses, como quiser chamá-los. Simplesmente não gosto de vê-los com mulheres brancas".

Depois do incidente houve uma vingança imediata, e o turco tentou acertar Greg com uma barra de ferro. Na briga, a mãe de Greg, que tinha chegado ao local momentos depois do ataque, foi atingida na cabeça, e acabou no hospital. Greg lembra-se de pensar em assassinato depois da agressão. "Isso ficou rondando minha cabeça... Eu ia matá-lo se o encontrasse... se fosse por mim ele estaria deitado em um caixão agora."

Greg acabou se recuperando. A ameaça de perder sua namorada foi demais para ele. Os dois tinham passado por muitas coisas juntos, incluindo um aborto forçado pela mãe dela. Greg gostava muito da namorada: "Ela é a coisa [sic] mais próxima que tenho... ela me ajudou com muitas coisas... está sempre cuidando de mim... não quer se aproveitar de mim... Eu acabaria na cadeia... Machucaria alguém... ou voltaria a vender drogas e terminaria agredindo alguém de novo", ele afirmou. Perdê-la teria sido o fim para Greg. Ele conseguiu evitar ser preso ao se tornar voluntário no atendimento a viciados em drogas.

## Stan

Stan, um agressor de ódio racial de dezenove anos no momento da entrevista, tinha um histórico de envolvimento com a extrema direita e de violência contra minorias étnicas. Como no caso de Greg, o pai de Stan abandonou a família logo depois que ele nasceu. Segundo relatos, o pai se mudou com outra família para criar "um filho bom" (quer dizer, não o Stan). A mãe de Stan começou a namorar com homens violentos. Um a estrangulou na frente dos filhos, e ela só sobreviveu pela intervenção de Stan, então com cinco anos, que saiu correndo de trás do sofá onde tinha se agachado e acertou a cabeça do agressor com um aquário. Depois que a polícia arrombou a porta para entrar, Stan se lembra de todos os vizinhos olhando para ele.

Stan foi apresentado ao sexo quando tinha cerca de oito anos por sua babá, que o obrigava a realizar atos sexuais com ela depois de assistir a filmes pornográficos. Isso teve um efeito desestabilizador em seu comportamento, manifestando-se em explosões sexualmente explícitas na escola. Ele pedia que outros alunos "chupassem seu pau" e sugeriu que a professora deveria ter um filho com ele. Também era violento e reagia exageradamente às menores coisas. Ele trancou professores dentro de armários e ameaçou o diretor. A percepção de sexo de Stan foi ainda mais deturpada quando ele viu a mãe ser estuprada enquanto dormia. Ele tentou reprimir essas imagens, mas não conseguiu. A violência doméstica continuou com vários companheiros, e sua mãe começou a beber muito. Uma vez ela foi violenta com Stan, e no ato deixou cair o roupão que vestia, revelando o corpo nu diante do filho e de alguns amigos presentes.

Declarando-se um "pequeno racista", aos quinze anos ele entrou na Frente Nacional, uma organização de extrema direita, pela internet. A Frente Nacional protegeu Stan. Cuidaram dele e lhe deram uma sensação de segurança que não existia em sua casa. No ensino médio, Stan se envolveu em brigas com grupos de estudantes asiáticos, algo que chamava de "Brancos contra Pakis". Na entrevista ele contou: "Esses pakis andam por aí [dizendo]: 'Vocês não podem fazer nada contra a gente, somos os donos dessa porra de planeta', e coisas assim... Não são nada mais que malditos parasitas... Odeio quando estão em grupo". Stan também admitiu que, com seus amigos da Frente Nacional, coordenava brigas em massa na região: "Havia sangue por todos os lados. Era uma loucura. Nenhuma regra. Sério, era realmente terrível. Pessoas com a garganta esfaqueada, pisoteadas. Era simplesmente louco. [Risos] Uma baderna. [Risos] Eu acertei todos eles... Todos receberam o que mereciam".

Algum tempo depois, Stan por pouco não foi preso por atacar um homem de Kosovo que, ele acreditava, havia tentado fazer insinuações sexuais para sua namorada. A vítima recebeu uma surra tão forte que precisou se alimentar por um canudo. Stan não sentiu remorso algum: "Não me sinto mal... por isso. Acho que é divertido, empolgante. Quebro a mandíbula de alguém. Quebro o nariz de alguém, acho divertido. Adoro brigar. Não sei por quê".

O ato final de violência de Stan antes de ser preso foi cometido contra um asiático. Uma jovem amiga branca, com quem Stan tinha um relacionamento, foi atacada pelo dono de uma loja de kebab depois de recusar suas propostas sexuais. Isso fez com que Stan sentisse uma raiva incontrolável: "Pensei: Que se foda. É isso. Paki maldito... Tinha o taco de bilhar do meu lado... Perguntei a ele:... 'Posso fazer meu pedido?'... Quando ele olhou para baixo. Tirei [o taco]. 'Quero isso', bam, bam, bam, umas três ou quatro vezes na cabeça dele com o taco. Aí dei o fora". Stan foi acusado de comportamento ameaçador qualificado por racismo, desordem, danos corporais e danos criminosos. No momento da entrevista, ele estava cumprindo uma sentença de dois anos.

***

Assim como Greg e Stan, outros treze agressores de crimes de ódio entrevistados pelo professor Gadd eram homens, jovens, pobres, com problemas emocionais e marginalizados socialmente. Na maior parte, essas características não os diferenciavam da média de agressores de crimes cometidos por outras motivações que não o ódio. O que diferenciava os agressores de ódio era a forma com a qual eles lidavam com seus problemas emocionais. As cicatrizes emocionais da infância podem frustrar o desenvolvimento psicológico a tal ponto que os mecanismos normais de enfrentamento funcionam mal ou estão ausentes. Sem a rede de segurança desse mecanismo de enfrentamento, e diante do que parecem ser pressões externas extremas, a maioria dos agressores não motivados pelo ódio coloca a culpa em si mesma, em suas famílias ou amigos. Mas, para Greg e Stan, culpar os suspeitos comuns era mais difícil, mais inconveniente, do que culpar o "outro" racial.

Os passados de Greg e Stan compartilham várias semelhanças que ajudam a explicar suas trajetórias até a violência racista. Os dois expressaram uma sensação de rejeição e perda na relação com seus progenitores, especialmente os pais. Greg falou do pai, que ele nunca conheceu, mas já viu andando em sua Mercedes: "Ele nem sabia quem eu era. Então realmente nem me importei... Se gostasse de mim, teria entrado em contato". Stan acreditava que seu pai tinha ido embora para criar "um filho bom", que mais tarde se tornou um bem-sucedido representante de vendas. Eles mantiveram algum contato, mas o pai deixou de visitá-lo, sem explicações, quando Stan tinha nove anos. Anos mais tarde, o pai lhe enviou cartas e outros itens quando Stan estava preso. Mas a ausência do pai quando foi libertado causou profunda raiva e rejeição: "Seu idiota. Seu bosta... Quero que se mate, sua bicha", ele falou na entrevista.

São dois exemplos de "rejeitar o rejeitador" — tentativas de diminuir a dor de ser rejeitado novamente.[4] Mas enterrar esse profundo sentimento de rejeição infantil é uma solução temporária, e certas formas de instabilidade ou estresse mais adiante arrancarão o curativo e abrirão velhas feridas. Quando a fonte dessa dor — como a do pai ausente — não pode ser encarada diretamente de uma forma que volte a colocar um curativo sobre as feridas, alvos alternativos são procurados; nos casos de Greg e Stan, imigrantes, turcos, asiáticos.

As duas mães foram vítimas de repetidos abusos domésticos, os filhos foram testemunhas de assustadora violência, e às vezes foram parte dela. Os pais biológicos de Greg se separaram por causa da violência do pai, e a mãe de Stan vivenciou vários relacionamentos com homens abusivos. Ser testemunha de episódios recorrentes de violência doméstica desde a infância pode destruir a inocência, a segurança pessoal e o amor que toda criança precisa para garantir um desenvolvimento psicológico saudável.[5] Essas mães vítimas de violência parecem dolorosamente vulneráveis e impotentes para seus filhos e, portanto, é difícil se identificar com elas quando os meninos crescem em um mundo violento e masculino.

Suas mães geralmente fracassam no papel de protetoras, emocional e fisicamente, depois que os pais as abandonam. Greg culpou a mãe por seu envolvimento no crime, dizendo que ela se recusava a sustentá-lo, apesar de ter dinheiro para isso: "Minha mãe nunca me dava nada, então eu fui roubar... Eu via a bolsa dela e estava cheia de dinheiro". Também sentia que ela não o protegera do assédio do filho do padrasto, da expulsão da escola e das drogas, que ele começou a usar cedo e dentro da família. Independentemente disso, Greg sempre defendeu sua mãe e sentia que poderia ter assassinado o turco que acidentalmente a atingiu com a barra de ferro. A percepção de Stan sobre relacionamentos e sexo foi deturpada por sua exposição ao abuso e à violência sexual quando ainda era pequeno. Ele se sentiu humilhado porque os vizinhos e amigos testemunharam esse abuso, provocando pensamentos assassinos contra os agressores — pensamentos mais tarde projetados sobre suas vítimas asiáticas, que ele via como predadores sexuais contra garotas e mulheres brancas.

## Falhas de contenção

Sentimentos não resolvidos de dependência são cruciais para entender as ações racistas de pessoas como Greg e Stan. A perda dolorosa que a rejeição dos entes queridos causa, e a incapacidade dos protetores de dar a tão necessária segurança, podem levar à exploração de caminhos alternativos para conseguir apoio.[6] Greg recorreu ao tráfico de drogas e pequenos crimes para conseguir o que sua mãe não queria lhe dar, e terminou apoiando-se na namorada, que agia como uma figura materna. Stan foi por um caminho diferente, seus relacionamentos com o sexo oposto perturbaram suas experiências infantis. Ele foi adotado pela Frente Nacional, uma família alternativa. "Eu sabia que tinha aquela coisa grande, enorme, ao meu redor. Era como se eu soubesse que estava protegido. É como um grande poder me protegendo, se você me entende. Sei que vão me ajudar... Eles vão cuidar de mim", disse Stan na entrevista.

Essa busca de formas alternativas de apoio é uma resposta possível às *falhas de contenção* ocorridas durante o desenvolvimento psicológico infantil.[7] Na psicanálise, contenção é o processo no qual um dos pais precisa suprir a dificuldade — decorrente da pouca idade — de uma criança em lidar racionalmente com eventos que causam dor física ou emocional. Considere um bebê que cai e rala o joelho pela primeira vez. A criança não sabe quanta dor deve esperar, se a dor vai parar, ou se o machucado é algo sério ou pouco importante. Um dos genitores, agindo de maneira responsável e cuidadosa, rapidamente consola o bebê e explica que a dor não vai piorar, que vai parar logo, e que é apenas um arranhão. Ele reconhece e "contém" a dor do bebê, permitindo que a racionalize e a supere. Para o bebê, o próprio fato de ter um dos pais disponível para agir como "contêiner" faz a dor parecer mais tolerável. Com o tempo, a necessidade dessa contenção no evento de outro arranhão é reduzida, porque a criança internaliza a estratégia de enfrentamento dos pais. Psicanalistas acreditam que o processo de contenção, que continua durante a vida com pais, parceiros e amigos próximos, é central para o desenvolvimento da estabilidade psicológica.[8]

O que vemos em racistas violentos como Stan e Greg são falhas múltiplas de contenção durante suas vidas, começando na primeira infância e persistindo por toda a adolescência e início da vida adulta. Más experiências e sentimentos são "incontidos" na ausência de qualquer um que cuide ou possa cuidar deles, deixando-os em suas formas perturbadoramente cruas e incontroláveis. Pense em quem estava disponível para Stan para conter os horrores da violência doméstica enquanto ele crescia. Quem poderia dizer a ele que a violência acabaria, que não pioraria, ou que suas consequências poderiam ser controladas? Sua mãe não, já que sempre se relacionava com namorados abusadores, eliminando qualquer tentativa de conter os efeitos da violência. Tampouco a figura paterna de Stan, que ele viu estuprando sua mãe enquanto ela estava inconsciente. Imagine o mundo infantil de Greg, o efeito sobre seu desenvolvimento psicológico de descobrir que seu pai foi embora depois de abusar da mãe, e que esta não poderia protegê-lo do filho do padrasto, da expulsão da escola ou de cair no crime. Ao ter sido afastado da sua família duas vezes, primeiro para viver com uma família adotiva e depois ao ser enviado a um internato, perdeu ainda mais oportunidades de contenção dos sentimentos de impotência e vulnerabilidade.

Os outros agressores de ódio no estudo do professor Gadd tinham histórias similares — abuso infantil, desamparo, falta de abrigo, exclusão, abandono, privações, doença mental, abuso de drogas e álcool —; cada fator, sozinho, é causador de muitos danos. Quando múltiplos fatores eram combinados, o que era comum, isso sem dúvida os impedia de chegar à superação mais tarde. Durante momentos de estresse, o fracasso de conter a dor abriu a possibilidade da violência racista.

## O ódio como contenção de traumas não resolvidos

A maioria de nós é capaz de manter os preconceitos em nossas mentes e racionalizá-los antes de que tenham a chance de afetar nosso comportamento. Essa capacidade exige uma boa dose de estabilidade mental, principalmente quando uma interação com um membro do exogrupo é potencialmente conflitiva. Aprendemos como fazer isso imitando mecanismos de enfrentamento psicológico não conflitivos durante a infância, geralmente de nossos pais. Isso pode ser lembrado e usado na fase adulta durante encontros estressantes. Por causa das falhas de contenção durante a fase de crescimento, pessoas como Stan e Greg são menos capazes de desenvolver a maquinaria mental para conter o preconceito dentro da mente em certos momentos de extremo estresse ambiental e pessoal.

Lares negligentes, que rejeitam e que são excessivamente críticos ou instáveis, podem criar uma sensação de profunda frustração nas crianças, fazendo com que vejam o mundo como um lugar desigual que só pode ser enfrentado por meio da agressão a fim de dominar e subordinar os outros.[9]

Essa descrição é condizente com os lares em que Greg e Stan cresceram. Ao enterrar seus traumas infantis em suas formas incontidas, Greg e Stan os deixaram sem resolução. Teria sido impensável para eles descontar a frustração vinda dos intensos sentimentos não resolvidos de rejeição, inadequação, inveja e culpa naqueles responsáveis por isso — os todo-poderosos pais. Em vez disso, suas frustrações foram direcionadas contra aqueles que consideravam mais fracos — minorias étnicas e imigrantes. O ódio racial forneceu um lar conveniente, ou um "contêiner", para suas frustrações não resolvidas dos traumas passados. O "outro" racial, talvez irracionalmente, deu a eles um alvo mais fácil contra o qual projetar suas frustrações.[10]

Quando Greg experimentou sentimentos de ameaça e raiva ao ver o turco com uma mulher branca, em vez de reagir como fez, jogando a garrafa contra a janela dele, poderia ter dado um passo para trás a fim de ganhar perspectiva sobre a situação. Depois do incidente, ele poderia ter analisado o passado para entender como tudo aconteceu; olhado para a situação do ponto de vista dos outros; aceitado que a culpa pelo ferimento da sua mãe poderia ser dividida entre todos; conversado sobre a situação em vez de agir, e assim por diante. Mas Greg, como Stan, não estava equipado com a capacidade de enfrentar encontros com outra raça com essas ferramentas de contenção. Pessoas assim veem o mundo de forma diferente da maioria de nós.

Isso pode ser percebido no uso de estratégias de enfrentamento psicológico racializadas em seu encontro com o turco. Greg viu o encontro como uma batalha entre o forte (branco britânico) e o fraco (imigrante de pele escura); ele racionalizou a batalha como inevitável em um mundo desigual no qual o homem turco estava invadindo a justa propriedade de Greg (mulheres brancas); ele usou apenas sua própria perspectiva, já que levar em conta a do outro significaria identificar-se com a fraqueza; ele viu o ferimento de sua mãe como intencional em vez de acidental; e agiu baseado em suas frustrações porque não era capaz de articulá-las verbalmente.

Essas formas de lidar com os encontros com membros do exogrupo ativamente "fazem a diferença" no momento — elas separaram Greg do turco de uma forma hierárquica.[11] Greg poderia dizer que o "colocou de volta em seu lugar". Também permitiram que pessoas como Greg e Stan sentissem que tinham poder sobre suas vítimas. Esse sentimento é intoxicante, pois havia sido negado a eles desde a infância.[12] A busca pela sensação de poder ao dominar outros é um fenômeno predominantemente masculino porque ajuda a cumprir as exigências de um certo tipo de masculinidade — fez Greg se sentir mais homem e no ponto mais alto de sua imagem da ordem social.[13]

Os traumas sofridos por Greg e Stan durante a infância têm raízes profundas e pessoais. Traumas que levam ao uso do ódio como um contêiner podem também ser experimentados durante a fase adulta. Greg e Stan falaram sobre suas perdas adultas; perda de emprego, perda de respeito, perda de certo estilo de vida — coisas que aconteceram em todas as cidades desindustrializadas. Essas perdas podem ter impacto sobre comunidades inteiras e podem resultar em vários tipos de enfrentamento: alguns coletivos, como a celebração nostálgica de uma antiga era mítica antes da chegada dos imigrantes; alguns individuais, como uma preocupação pessoal pela mistura racial. Essas frustrações comunitárias e individuais podem, de repente, se entrelaçar — frustrações pessoais profundas podem se combinar com propaganda política sobre os riscos da migração irrestrita.

Está claro pelas entrevistas de Greg e Stan que eles racionalizam que as "gangues asiáticas", "asilados", "turcos" e "albaneses" são, de alguma forma, responsáveis por certas dores que estavam experimentando. Seus mundos emocionais internos, moldados pelos traumas infantis, colidiram com o que perceberam como uma crise externa em sua cidade natal. Seus sentimentos de rejeição, inadequação, inveja e culpa, profundamente enraizados, se entrelaçaram, de uma forma irracional, com o problema comunitário da imigração e da raça que viam como a raiz do desemprego branco, da pobreza, das questões de saúde e da erosão da identidade "britânica" — todas perdas adicionais em suas vidas.

Stoke-on-Trent, como muitas partes do Reino Unido, sofreu muito com a desindustrialização nos anos 1980 e 1990. As famosas fábricas de cerâmica que empregavam 70 mil pessoas nos anos 1950, agora não davam trabalho nem a 10 mil. Empregos, salários e conquistas educacionais estão consistentemente abaixo da média regional e nacional. Esse declínio econômico coincidiu com o forte aumento da migração interna, agravado quando a cidade foi designada como área de dispersão de asilados em 2000. A população combinada de indianos, paquistaneses e bangladeshianos passou de 5.224 em 1991 para

13.855 em 2011 (três anos depois das entrevistas com Greg e Stan), um aumento de 165%. Durante o mesmo período, a população branca diminuiu 7%, pois aqueles que eram jovens e tinham educação se mudaram para outras cidades.[14] Os moradores locais viam a rápida mudança demográfica como a causa de não terem uma "boa vida".[15] Stoke-on-Trent foi descrita por seus moradores como "zona de despejo" de "estrangeiros", que lembrava "zonas de guerra", "África" e "Mumbai". Jovens moradores brancos sentiam que os "estrangeiros necessitados" eram os culpados diretos pelo declínio da cidade e os "pakis" e "turcos" eram insultados por tomar sua cidade.[*, 16]

Greg e Stan se envolveram em uma das poucas coisas que sentiam que era possível fazer para aliviar os sentimentos de fraqueza, rejeição e vergonha: submeter ao assédio e à violência aqueles que viam como responsáveis. Um ataque contra um rapaz imigrante em um conjunto habitacional social restaurou, por um tempo limitado, uma sensação de controle e orgulho que tinha sido perdida através da mistura irracional de tragédia pessoal e comunitária.[17] Para esses homens, atos de violência racial servem tanto para adquirir uma sensação de poder masculino e orgulho quanto para subjugar um exogrupo.

A fusão de traumas de infância com frustrações e problemas da comunidade local exacerbados por um influxo de estrangeiros pode ajudar a explicar por que algumas pessoas "comuns" cometem crimes de ódio mesmo quando insistem que não são preconceituosas. Ao contrário da média dos agressores de crimes de ódio, que são rápidos em negar seus preconceitos, as pessoas responsáveis pelas formas mais grotescas de ódio — assassinato

---

* Como vimos no caso de Stan, a extrema direita foi rápida em capitalizar essa intensa animosidade. Em 2008, o agora moribundo BNP ganhou nove dos sessenta assentos na eleição local, tornando-se o segundo maior partido no conselho depois dos Conservadores. O BNP chamou a cidade de "a joia da coroa deles". Apesar de o sucesso ter sido curto (principalmente por causa das mudanças nos distritos eleitorais e de brigas internas do partido), somente dois anos depois a recém-formada Liga de Defesa Inglesa realizou uma das maiores manifestações na cidade. No referendo sobre o futuro do Reino Unido na UE, o UKIP ganhou uma base, mobilizando eleitores com uma retórica anti-imigração. Stoke-on-Trent votou 69x39 a favor de sair da UE, nível mais alto que de qualquer outra cidade, ganhando o apelido de "Capital do Brexit". Como muitas áreas que votaram majoritariamente a favor da saída, Stoke-on-Trent viu um aumento nos crimes de ódio raciais e religiosos depois da votação, com um aumento de 46% em comparação com o mesmo período no ano anterior (o aumento na média nacional foi de 29%). Isso representou o maior aumento nos crimes de ódio em Stoke-on-Trent desde que os registros começaram uma década antes.

motivado por algum sentimento de missão — admitem isso abertamente. Olhar para o contexto dos piores agressores de crimes de ódio poderá nos ajudar a entender suas motivações?

## O CRIMINOSO DE ÓDIO "EXCEPCIONAL"

### O atirador racista norte-americano

Ao contrário de muitos assassinos em série, Joseph Paul Franklin nunca matou por prazer sexual, algo que o diferenciava de Ted Bundy, Albert DeSalvo (o Estrangulador de Boston) e Peter Sutcliffe. Franklin matava por ideologia — uma crença na pureza da raça branca que ele via ameaçada por negros e judeus. No final dos anos 1970, ele embarcou em uma guerra racial própria que durou três anos por todos os EUA, perseguindo e atirando com precisão mortal qualquer pessoa que ele achasse que poderia ser uma ameaça à supremacia branca.

Franklin, nascido James Clayton Vaughn Jr., cresceu em uma família atormentada pelo abuso e pela negligência. Com suas meias-irmãs e o irmão, James sofria surras diárias do pai e da mãe. Seu pai, James Clayton Vaughn Sr., era alcoólatra e frequentemente saía para bebedeiras que poderiam durar meses. Sua mãe, Helen, era descendente de alemães. A informação que existe é que os pais dela apoiavam os nazistas e abusaram dela fisicamente. E assim como eles, Helen era fria, inflexível e disciplinadora. Ela aterrorizava as crianças, especialmente James. Durante as refeições, ela dava fortes tapas no rosto dele e gritava: "Sente-se aí e coma direito".[18] James imitava a agressão que sofria da mãe torturando animais: ele pendurava gatos no varal pelo rabo. Embora suas irmãs se lembrem de que James era geralmente o foco do abuso, toda a família estava envolvida na violência, e as crianças sempre testemunhavam Helen ser agredida violentamente pelo pai. Depois de uma dessas surras, Helen sofreu um aborto. Além da violência de rotina, Helen deixava seus filhos passarem fome, levando-os à desnutrição e subsequentes problemas de desenvolvimento. Todas as crianças tiveram problemas de saúde mental mais tarde.

O abuso de álcool de James Sr. resultava na dificuldade de ter um emprego estável. A família se mudava muito para que ele pudesse encontrar trabalho, mas cada emprego acabava sendo temporário. As crianças eram obrigadas a deixar a escola e os amigos para trás. A família acabou se estabelecendo no conjunto habitacional público segregado Birdville em Mobile, Alabama, embora dessa vez sem James Sr., que a abandonara. Foi mais ou menos nessa época que James Jr. sofreu um acidente de bicicleta, aos sete anos, que mudaria sua vida. No acidente, James perdeu parcialmente a visão. Ele culpou a mãe por não cuidar das complicações dos ferimentos de maneira adequada, o que poderia ter salvado sua visão. No entanto, a deficiência não abalou sua paixão pelas armas, e ele se tornou um atirador bastante hábil. Ganhou uma arma de presente de aniversário do irmão, que o ensinou a caçar nos bosques próximos. James se lembra de nunca andar sem uma arma durante a adolescência. Eram um apoio para ele, uma forma de compensar sua cegueira parcial e os sentimentos associados de inadequação.

Entre as idades de nove e onze, James virou um leitor voraz. Ele lia todos os contos de fada na tentativa de escapar dos abusos de sua infância. Era solitário e tinha pouquíssimos amigos. Acabou se afastando das irmãs e do irmão. Ele se recusava a beber dos mesmos copos que eles, mesmo depois de lavados, e cobria as cadeiras que tinham sentado com um pano antes de se sentar.

James frequentou uma das maiores escolas na área e, para seu desapontamento, testemunhou a presença dos primeiros alunos negros. A integração escolar chegou tarde ao Alabama por causa da firme resistência das autoridades estaduais, o que levou a violentos enfrentamentos entre grupos de direitos civis e a polícia. James então estava exposto à violência tanto dentro quanto fora da família. Mais ou menos nessa época, ele começou a ter interesse pela ideologia da extrema direita, que aumentou na adolescência com sua ávida leitura da Bíblia e do *Mein Kampf*. Ele imaginava como seria conhecer seus avós simpatizantes dos nazistas, e ficava olhando fotos de parentes distantes usando os uniformes da Juventude Hitlerista. Suas leituras o levaram a explorar vários ramos do cristianismo, antes de se identificar com um dos mais extremos, que tinha o supremacismo branco como base.

Aos dezoito anos, em 1968, James se casou e logo depois teve um filho. Mas como muitas pessoas expostas à extrema violência na infância, James batia na esposa, e a união terminou em menos de um ano. Era a segunda vez que a vida familiar não funcionava para James, então ele abandonou a ideia de vez e saiu do Alabama em busca de um lar alternativo. Ele entrou para o Partido Nazista Americano em Washington, DC, passou para o partido National States Rights em Atlanta e acabou na United Klans of America de volta ao Alabama, uma das duas mais famosas e violentas organizações da Ku Klux Klan na época. Foi então que James se transformou em Joseph Paul Franklin, mudando legalmente seu nome em homenagem ao nazista Joseph Goebbels (cujo primeiro nome era Paul) e ao Pai Fundador dos EUA, Benjamin Franklin. Franklin embarcou no aprendizado das habilidades exigidas para lutar a "iminente guerra racial", com o objetivo de se tornar um soldado solitário da raça branca. Depois de algumas tentativas de ataques a bomba à comunidade judaica em 1977, Franklin começou a onda de vinte assassinatos a tiros pelos EUA, que só terminou em 1980 depois de sua prisão pelos assassinatos do Liberty Park.[*, 19]

Dias antes da execução, Franklin disse que se arrependia de suas ações. Ele afirmava que a negligência, a pobreza e as surras constantes que sofreu quando era criança dificultaram tanto seu desenvolvimento que ele sentia que sua percepção dos negros estava uma década ou mais atrasada em comparação com a de uma pessoa média. Ele culpou a mãe, mas não o pai.[20]

## Os atentados com bombas de pregos em Londres

A vida familiar de David Copeland era uma foto perfeita em comparação com a criação totalmente disfuncional de Joseph Paul Franklin, e não tinha o histórico de abuso infantil ou violência doméstica que marcaram a infância de Franklin. Nascido em 1976, David era o filho do meio, entre dois irmãos. Os pais — Stephen, engenheiro, e Caroline, dona de casa — e os professores contaram que era um menino quieto, sensível e bem-comportado. Sua baixa estatura combinava com sua natureza solitária. Preocupados com seu

---

* Franklin foi condenado por sete assassinatos motivados por raça, mas confessou vinte.

desenvolvimento tardio, incluindo testículos subdesenvolvidos, seus pais o levaram a um médico quando tinha treze anos. David ficou perturbado com o exame médico, que incluiu uma inspeção de seus genitais. Ficou bravo com os pais por obrigá-lo a passar por essa situação profundamente vergonhosa.

Possivelmente sua insegurança em relação à orientação sexual está ligada a essa experiência. Ele se lembra de como a família adorava o programa *Os Flintstones*, e sempre cantavam juntos o tema do desenho. Quando a letra dizia: "We'll have a gay old time" [Vamos nos divertir como antigamente], ele imaginava que enfatizavam a palavra "gay", pensando que seus pais estavam afirmando de forma subliminar que ele era homossexual. Sua mãe sempre o incitava a se abrir com ela, o que aprofundava essa crença. O pai lembra-se de um momento quando David era mais velho em que sua avó perguntou se ele era gay porque nunca tinha tido uma namorada. Ele nunca mais falou com ela. Essa série de acontecimentos o deixou sentindo-se "mentalmente torturado" pelos pais e o levou a "querer machucar alguém". Os pais alegaram que essa conspiração familiar para "tirar o filho do armário" era somente uma faceta de seu fantasioso mundo interno, afirmando que nunca questionaram a orientação sexual do filho. Depois de sua prisão, anos mais tarde, ele foi avaliado por seis psiquiatras; um tinha a opinião de que Copeland era um homossexual não assumido.

Quando Copeland tinha dezenove anos, os pais dele se separaram. Seu pai estava convencido de que a separação levou ao início da derrocada do filho na doença mental. A briga que levou ao fim do casamento ocorreu no dia do aniversário do filho mais novo. Naquela noite, a mãe de Copeland saiu de casa e nunca mais voltou. O pai deu a notícia na manhã seguinte, deixando Copeland tão bravo que jurou nunca mais falar com a mãe. Depois da separação, ele ficou ainda mais introvertido, começou a beber muito e parou de se comunicar com a família e os amigos.

Depois de terminar a escola com sete certificados gerais e fazer um curso técnico de eletricista, ele tentou conseguir emprego, mas fracassou várias vezes. Foi nesse ponto que os primeiros sinais de preconceito começaram a aparecer — ele culpava os imigrantes por ficarem com os melhores empregos. Em 1997, ele saiu de casa e conseguiu um emprego como assistente de engenheiro no metrô de Londres. Sem conhecer muito bem a cidade, ele passava muito tempo depois do trabalho em sua quitinete com prostitutas. Explorou as organizações de extrema direita, incluindo o BNP, que descartou rapidamente, culpando a recusa pela luta armada, e o Movimento Nacional Socialista, uma ruptura da organização neonazista terrorista Combat 18, liderada por David Myatt.

O atentado com bomba-tubo no Parque Olímpico Centenário em Atlanta no ano de 1996, um da série de ataques feitos por Eric Rudolph que tinham como alvo a "agenda homossexual" e pró-aborto, foi um momento decisivo no desenvolvimento da ideia de Copeland para seus ataques em Londres. Depois disso, ele leu biografias de Hitler, *The Turner Diaries* (que retrata uma revolução violenta e uma guerra racial nos EUA), o panfleto *A Practical Guide to Aryan Revolution* [Guia prático para a revolução ariana], escrito por David Myatt, e *The Terrorist's Handbook* [Manual do terrorista], baixado na internet. Antes de cometer os horríveis crimes, ele visitou seu médico para contar que estava "perdendo a cabeça". Saiu com uma receita de antidepressivos.

Como sugerido no panfleto de Myatt, encontrado na quitinete de Copeland, ele começou sua missão de iniciar uma guerra racial com explosivos. Passou a construir bombas de pregos, e detonou-as em Brixton, Brick Lane e Soho nos dias 17, 24 e 30 de abril de 1999, tendo como alvos comunidades negras, bengalis e LGBTQ+. As explosões espalharam milhares de pregos de dez centímetros pelo ar, ferindo 48 pessoas no ataque de Brixton e 13 no de Brick Lane. A bomba no bar gay Admiral Duncan no Soho foi a que causou mais ferimentos, atingindo clientes que lotavam um espaço confinado numa noite de um feriado prolongado. Das 79 pessoas no bar, Copeland matou Andrea Dykes, que estava grávida de quatro meses, e seus amigos Nik Moore e John Light. Andrea e Nik eram heterossexuais. Todos os presentes ficaram feridos e muitos perderam membros ou a visão. A polícia prendeu Copeland em casa logo depois da terceira explosão. Sua quitinete estava lotada de equipamentos para produzir bombas, de literatura do Movimento Nacional Socialista e um cartão de filiação, memorabilia nazista e recortes de jornais com notícias que cobriam seus ataques e outras atrocidades ao redor do mundo. Os relatórios policiais afirmam que ele confessou todos os ataques, admitiu planejar mais, e usou uma linguagem fria em estilo militar para descrever suas ações — falou do sentimento de "missão" e que esperava "baixas".

A CIÊNCIA DO ÓDIO *187*

Depois de sua prisão e avaliação médica, Copeland foi diagnosticado por cinco psiquiatras do Hospital Broadmoor com esquizofrenia paranoide, que teve início na adolescência. Ele contou aos psiquiatras sobre a história dos *Flintstones*, e sua crença de que era um mensageiro de Deus que seria resgatado pelo "Todo-poderoso" depois de seu julgamento — claros exemplos de crença delirante e perda de racionalidade.

Um sexto psiquiatra chamado pela promotoria diagnosticou transtorno de personalidade, não uma doença mental, rejeitando a ilusão de Copeland de ser um mensageiro de Deus. Depois de ver a grande quantidade de literatura religiosa e política na quitinete de Copeland, algo que os outros médicos não conheciam completamente, concluiu que ele estava simplesmente recitando passagens. Copeland exibia comportamentos que desviavam muito das expectativas de sua cultura, mas não mostrou nenhum outro sinal biológico de doença mental além de transtorno obsessivo-compulsivo. Ao contrário das pessoas com esquizofrenia, ele compreendia bem a realidade.[21]

Copeland terminou negando que estivesse doente, e enquanto estava preso escreveu para Patsy Scanlon, com quem trocava correspondências, que tinha "enganado todos os médicos", que estava tomando medicamentos "sem necessidade" e que ele não era "nenhum monstro, mas um tipo de terrorista, alguém que se apresenta para fazer aquilo em que acredita". Mas Patsy não era a donzela inglesa solitária por quem Copeland tinha se apaixonado. Era, na verdade, o autor de livros sobre crimes reais Bernard O'Mahoney, que já tinha enganado criminosos trocando cartas com identidades falsas para conseguir confissões e provas para a promotoria.[22] Apesar de os cinco psiquiatras afirmarem que esquizofrênicos geralmente negam suas condições, as cartas para "Patsy" foram usadas no julgamento como prova de que Copeland não estava sofrendo de uma doença tão deletéria a ponto de diminuir sua responsabilidade.

Copeland foi considerado apto para ser julgado. Ele sabia diferenciar o certo do errado e tinha a capacidade para exercer sua força de vontade e seu livre-arbítrio. Ele estava saudável o suficiente para construir bombas, sem se explodir, e para saber as consequências de suas ações. O júri ouviu que ele gastara £ 1.500 em fogos de artifício e detonadores, e usou os mecanismos de alarmes analógicos como temporizadores. Havia realizado uma série de testes controlados em um terreno perto de sua quitinete para ver se diferentes quantidades de produtos químicos criariam explosões maiores para maximizar os feridos. Depois de seu ataque contra o bar Admiral Duncan, ele foi a um hotel local para assistir às notícias sobre a devastação. Admitiu ter passado mal ao ver que tinha matado uma mulher grávida. O júri o considerou culpado de homicídio doloso, e ele recebeu seis penas de prisão perpétua.

Um repórter que cobriu o caso para o *Guardian* escreveu que Copeland mostrou alguma emoção uma única vez no tribunal. Quando assumiu a culpa por homicídio culposo, e não doloso, em razão de responsabilidade diminuída causada por doença mental, suas palavras foram recebidas com inquietação pelas vítimas no recinto: "Vergonha! Condenem ele!". Em meio a lágrimas, uma mulher gritou: "Seu maldito! Seu maldito!". Copeland levantou os olhos para ela e deu um sorriso debochado.[23]

### Como entender o agressor de ódio "excepcional"

A maior parte das formas de violência extrema evoca uma sensação de perplexidade, mas assassinatos em série causam sentimentos de horror tão intensos que reduzem nossa disposição de contemplar os motivos. Se chegássemos a entender os motivos do assassino de alguma forma, correríamos o risco de diminuir a malignidade de seus atos. Em vez disso, nos sentimos mais confortáveis pensando que as pessoas que cometem uma onda de assassinatos são "insanas" — algo além da compreensão.

Embora um diagnóstico de insanidade seja conveniente porque permite dar uma explicação aos atos dos agressores, também pode negar aos parentes da vítima as respostas que procuram. Um diagnóstico de insanidade pode mascarar o que, de outra forma, poderia ser ao menos parcialmente compreensível para a pessoa comum, se ousássemos olhar. Não importa se as circunstâncias que contribuíram para o motivo tenham sido raras ou incomuns, ao juntá-las arriscamos humanizar o assassino. O conjunto de circunstâncias é parte da experiência humana, mesmo que pareça horrível e único.

Franklin claramente sofria de múltiplas falhas de contenção, abuso físico, danos devastadores e desnutrição e começou a dar sinais de transtornos de personalidade durante a adolescência. Copeland afirmou que tinha sido "torturado mentalmente" pela família por causa de sua orientação sexual, passou por uma humilhação durante o exame de seus genitais e não aceitou bem o divórcio dos pais. Apesar de sua experiência não chegar nem perto do que Franklin enfrentou, os efeitos do trauma estão sempre relacionados à capacidade de enfrentamento do indivíduo, e o limite de Copeland para o estresse pode ter sido muito mais baixo.

O comportamento racista de Greg e Stan não se compara aos crimes terríveis de Franklin e Copeland. Isso torna supérfluo o uso da criminologia psicossocial na compreensão de seus motivos? Podemos ver que os traumas infantis de Franklin e Copeland não foram contidos por seus pais, deixando-os em suas formas cruas e incontroláveis. Isso pode ter inibido a capacidade mental deles de lidar com situações estressantes com membros do exogrupo. Mais tarde, o ressentimento causado pelos traumas pode ter sido desviado da verdadeira causa, seus pais, para outros objetos menos poderosos, suas vítimas de grupos minoritários. Com Greg e Stan, o ódio racial pode ter se tornado um contêiner para seus sentimentos extremos de perda.

Se essa análise fosse suficiente para explicar os múltiplos assassinatos cometidos por Franklin e Copeland, veríamos um número muito maior de assassinatos em massa cheios de ódio do que vemos. E como explicar os irmãos de Franklin, que sofreram traumas infantis parecidos, mas não se transformaram em assassinos racistas? E estamos de fato convencidos de que a criação de Copeland foi, de alguma forma, tão traumática a ponto de influenciar seus ataques a bomba? Talvez a informação adicional que precisamos esteja localizada nas personalidades dos dois homens.

## Personalidade, doença mental e ódio

É bem conhecida a enorme influência de nossos pais na forma como nossas personalidades são moldadas. Quando seu companheiro diz: "você é como sua mãe" ou "você é igual ao seu pai", receio que esteja correto. Estudos de gêmeos mostram que a personalidade é determinada tanto pelos genes passados por mamãe e papai quanto pelo ambiente familiar.[24] Para a maioria de nós, a forma como fomos criados supera os traços biológicos.

Isso significa que Franklin e Copeland herdaram o preconceito e o ódio dos seus pais, avós e assim por diante (possivelmente dos simpatizantes nazistas no caso de Franklin)? Como nem o preconceito nem o ódio contam como um aspecto da personalidade, não encontraremos nenhum gene racista, homofóbico, sexista ou de qualquer outro preconceito que possa ser transmitido de uma geração para outra. No entanto, certos elementos da personalidade são hereditários, e alguns deles podem ter um papel no preconceito e no ódio.

Há respaldo de ciência séria sobre isso. Dados de 71 estudos envolvendo 22.068 pessoas de nove países mostram uma *ligação indireta* entre alguns traços de personalidade e o preconceito.[25] Muitos desses estudos olharam para os "Cinco Grandes" traços que foram mapeados em muitas pessoas como parte de exercícios em equipe nos empregos. Não importa qual combinação de traços você tenha recebido de seus pais, várias misturas de *extroversão, amabilidade, conscienciosidade, neuroticismo* e *abertura à experiência* somam quase 50% de nossas personalidades.[26]

Franklin e Copeland teriam altas pontuações nas clássicas escalas de atitude Right-Wing Authoritarianism (RWA) e Social Dominance Orientation (SDO) usadas para medir o preconceito.[27] A escala RWA mede a conformidade à ordem social e ao *status quo* que são ameaçados pela infração de valores e pela falta de segurança proporcionada por líderes estáveis. Pessoas com pontuações mais altas sentem que o mundo é um lugar inerentemente perigoso e ameaçador que só pode ser controlado se obedecermos a um conjunto de regras dominantes. A escala SDO mede a preferência por relacionamentos desiguais entre categorias de pessoas, incluindo o domínio de uma raça sobre a outra. Pessoas com pontuações altas sentem que o mundo é uma selva competitiva e cruel na qual o forte ganha e o fraco perde, levando à crença de que hierarquias grupais são naturais, inevitáveis e desejáveis.

As escalas RWA e SDO estão estreitamente relacionadas com baixos níveis em dois dos Cinco Grandes: abertura à experiência e amabilidade. Embora a maior parte das pessoas que têm a mente fechada e são abertamente egoístas (o inverso desses dois traços) não estejam destinadas a serem racistas e homofóbicas, elas estão mais inclinadas a pensar que o mundo é um lugar perigoso que só recompensa o forte. Franklin e Copeland podem ter se envolvido tanto nesse tipo de postura que bloquearam o mundo ao redor deles. Combinadas com a socialização com pais que reforçam esses elementos e uma atitude geral preconceituosa no lar, temos um solo fértil. Mas não existe uma evidência clara de que seus pais expressaram atitudes preconceituosas, e mesmo que tenham feito isso, por que os irmãos, que compartilham a mesma ancestralidade genética e ambiente familiar, foram menos afetados?

Talvez a resposta esteja nas doenças mentais, afinal. Apesar de não ficar claro se Franklin e Copeland eram mentalmente doentes na época dos crimes, é possível que seus traumas de infância tenham interferido no desenvolvimento normal da resposta emocional, do controle de excitação e impulso. Há uma consequência fisiológica de experiências infantis profundamente traumáticas. Estressores infantis ou eventos traumáticos como abuso e violência repetida provocam a liberação de glicocorticoides que são em parte responsáveis por provocar a resposta do "alerta vermelho" de lutar ou fugir.[28] Um cérebro jovem inundado com glicocorticoides tem um efeito amplificador sobre a amígdala cerebelosa, tornando-a mais resistente à influência da área de controle executivo (córtex pré-frontal), responsável por acionar o freio, o que, por sua vez, faz com que seja mais provável que o medo do estímulo se transforme em uma memória de longo prazo. Essa memória do medo influenciada pelos glicocorticoides é incrivelmente resistente à erradicação. Os glicocorticoides encorajam comportamentos habituais destrutivos no enfrentamento de problemas e aumentam a tomada de riscos, porque quando sob estresse é mais difícil receber novas informações para moldar comportamentos. Estudos sugerem que também aumentam o egoísmo e diminuem a empatia e a regulação emocional.[29]

Os efeitos dos traumas infantis não estão confinados a um tempo e lugar em especial. Mais adiante, as memórias do medo de longo prazo ressurgem quando são provocadas, recriando a resposta ao estresse original e o fluxo de glicocorticoides, que prejudica a tomada de decisões racionais e encoraja comportamentos destrutivos — e, com isso, recorremos à raiva e à agressão de forma mais fácil e rápida.[30] Por quê? Porque a agressão pode reduzir os níveis de glicocorticoides e o estresse, e nos sentimos bem.[31] Um lado interessante de tudo isso é que a pesquisa mostra que as mulheres que se deparam com estressores semelhantes aos dos homens acabam respondendo de forma diferente. Em vez de lutar ou fugir, é mais provável que a resposta seja cuidar e proteger (comportamento de cuidados para criar um ambiente seguro para nós e nossos filhos).[32]

As cicatrizes emocionais dos traumas de infância também podem remodelar a estrutura física do cérebro. Pesquisas sobre o Tept mostram que eventos estressantes podem realmente mudar o tamanho das regiões cerebrais, moldando a resposta comportamental na vida.[33] A amígdala cerebelosa cresce, criando um cérebro ansioso, e o hipocampo encolhe, criando um cérebro que aprende de forma ineficiente. Quem sofre de Tept tem maior probabilidade do que a população em geral de experimentar a resposta lutar ou fugir em situações não ameaçadoras e mais probabilidade de guardar memórias de medo que estão mal ancoradas em relação ao tempo e lugar de sua criação original.

Essa expansão e atrofia criam uma mistura tóxica na qual a memória do medo traumático pode ser evocada por outras visões e sons, mesmo benignos, criando recordações perturbadoras do trauma original que são difíceis de escapar. Aqueles que sofrem de Tept são conhecidos por exibir comportamentos disruptivos, e alguns deles são agressivos, chegando à violência explosiva e incontrolável.[34] Claro, não é inevitável que todas as crianças que testemunharam violência doméstica ou que tenham sido abusadas na infância desenvolvam Tept. Mas as chances de experimentar sintomas de Tept aumentam muito se a violência doméstica e o abuso forem contínuos e se não houver cuidadores capazes de "conter" o trauma — se é que isso é possível em casos de vitimização repetida. Acrescente pobreza, desnutrição, histórico de doença mental, abuso de drogas e álcool, e as chances disparam.

Na época da condenação de Franklin, a compreensão sobre o Tept estava dando os primeiros passos, e é improvável que qualquer psiquiatra tivesse indicado isso como um possível fator de mitigação em seus crimes. Perto da data de sua execução, Franklin indicou que o abuso tinha impactado seu desenvolvimento psicológico, resultando em uma percepção distorcida dos negros. Isso não é inconcebível, já que sua irmã afirmou ter sofrido de Tept por causa do abuso que experimentou durante a infância, e seu irmão entrou e saiu de instituições de doenças mentais durante toda vida.[35] O conhecimento sobre o Tept estava mais desenvolvido na época do julgamento de Copeland,

A CIÊNCIA DO ÓDIO *193*

mas nenhum dos psiquiatras sugeriu que seu passado possa tê-lo levado a esse ataque. Ao contrário de Franklin, Copeland foi diagnosticado com esquizofrenia paranoide, mas isso não convenceu o juiz de que ele era inapto para ser julgado. Sua própria confissão de que era saudável, e que tinha enganado os psiquiatras, também minou um diagnóstico de doença mental.

Desenterrar o passado profundamente traumático dos agressores de crimes de ódio ajuda a jogar alguma luz sobre os motivos dos crimes. Do mais leves aos mais extremos, Greg, Stan, Franklin e Copeland, todos tinham histórias de traumas infantis não resolvidos e não contidos. Uma capacidade mental reduzida para superar a erupção de sentimentos negativos do passado na vida adulta pode ter sido resolvida usando o ódio como um contêiner, manifestando-o em seus ataques contra vítimas de grupos minoritários. Uma análise baseada nessa postura criminológica psicossocial parece explicar os crimes de Greg e Stan melhor do que os múltiplos crimes de ódio de Franklin e Copeland. Porque, nesses crimes de ódio mais graves, é provável que existam outros catalisadores. Os perfis criminais deles mostraram uma forte relação com materiais e grupos extremistas. No caso de Copeland, a disponibilidade de conteúdo extremista on-line certamente teve um papel. Os gatilhos também estavam evidentes — eventos que estimularam a visão distorcida do mundo.

# 7

## Eventos-gatilho e o fluxo e refluxo do ódio

EM UM SÁBADO NO COMEÇO de novembro de 2008, um grupo de amigos estudantes adolescentes combinaram de se encontrar na rica cidade litorânea de Patchogue, no Condado de Suffolk, em Nova York, para um jogo perverso. Esse jogo, que eles repetiam quase que semanalmente, se chamava "descer o cacete nos ilegais". O objetivo era perseguir e atacar latinos. Os sete rapazes, que se autodenominavam Equipe Caucasiana, planejaram a caçada na pequena cidade, a quarenta minutos de carro da região conhecida como Hamptons. Começaram a beber álcool no parque local e ficaram se vangloriando por terem batido em um homem latino até deixá-lo inconsciente cinco dias antes. Dali partiram para vagar pelas ruas escuras procurando vítimas. No começo da noite, eles tinham atacado um homem e atormentado outro atirando várias vezes nele com uma arma BB.

Por volta de meia-noite, Marcelo Lucero, um imigrante ilegal equatoriano, e seu amigo da época da escola, Angel Loja, toparam com o grupo no estacionamento de uma estação de trem. Os sete adolescentes dirigiram insultos raciais contra os dois enquanto os cercavam. Em reação a um soco no rosto dado por um dos garotos, Marcelo tirou seu cinto e começou a girá-lo no ar como uma boleadeira. Antes que pudesse se abaixar, outro membro da Equipe, Jeffrey Conroy, popular atleta da escola, de dezessete anos, foi atingido na cabeça pela fivela do cinto. Furioso, Conroy sacou uma faca e matou Marcelo com uma facada no peito. Marcelo morava havia dezesseis anos nos EUA, trabalhava em empregos com salários baixos para financiar a construção de uma casa para a família em Gualaceo, sua cidade natal. Ele planejava deixar os EUA e voltar para sua família no mês seguinte.[1]

Conroy, que tinha a tatuagem de uma suástica na perna, admitiu à polícia que tinha opiniões racistas e às vezes visitava sites supremacistas brancos.* Durante a investigação, ele também foi conectado ao ataque a outros oito imigrantes latinos, um dos quais ele agredira com faca. Conroy foi sentenciado a 25 anos de prisão pelo crime de ódio. Os outros seis garotos receberam penas entre cinco e sete anos.

O Southern Poverty Law Center examinou o caso do assassinato de Marcelo e descobriu que não foi um incidente isolado. Imigrantes latinos no Condado de Suffolk estavam sofrendo com uma campanha constante de ódio dos moradores, e os líderes locais e a polícia foram acusados de fazer vista grossa. As vítimas recebiam cuspidas, eram atingidas por frutas e garrafas de vidro, tinham as casas alvejadas por tiros, sofriam fechadas nas estradas, eram roubadas e atacadas com bastões de beisebol. A maioria dos agressores era de jovens brancos com menos de vinte anos.[2]

Encontrei um artigo no *New York Times* sobre esse crime de ódio que tinha o título: "Autoridades dizem que 'esporte' violento de adolescentes levou ao assassinato em Long Island".[3] Chamou minha atenção por causa da semelhança com a agressão que sofri — foi outro exemplo da "ludificação" do crime de ódio. Mais ou menos na mesma época em 2008, lembro de ler informes de que os crimes de ódio contra gays e lésbicas no Condado de Santa Clara, Califórnia, aumentaram três vezes em um ano.[4] Será que esse aumento de crimes de ódio nas duas costas tinha algo em comum? Intrigado, olhei para o passado, procurando um padrão para tentar determinar se esse aumento temporário de ódio era um fenômeno isolado.

---

\* O advogado de Conroy disse que ele só admitia ter opiniões supremacistas brancas para evitar ser preso com internos que poderiam atacá-lo por seu crime de ódio.

Encontrei vários exemplos de picos súbitos em crimes de ódio nos EUA: em abril de 1992, os crimes de ódio contra brancos dispararam; em fevereiro de 1993, foram crimes de ódio contra muçulmanos que subiram de repente; em outubro de 1995, crimes de ódio contra negros; em setembro de 2001, crimes de ódio contra muçulmanos novamente; no quarto trimestre de 2008, crimes de ódio contra latinos; e no último trimestre de 2016, crimes de ódio contra muçulmanos, latinos e negros. Pesquisei outros países. Em julho de 2005, crimes de ódio contra muçulmanos aumentaram muito no Reino Unido; em outubro de 2002, as atitudes contra imigrantes pioraram muito em Portugal, Polônia e Finlândia; em março de 2004, uma forte mudança negativa em atitudes contra imigrantes ocorreu em toda a Espanha.

Esses aumentos nos crimes de ódio e o endurecimento de atitudes anti-imigrantes tinham todos uma coisa em comum: eram precedidos por um *evento-gatilho* que estimulava sentimentos intolerantes contra um exogrupo. Para uma minoria, depois desses eventos-gatilho, seus preconceitos ganharam apoio a ponto de, por um período temporário, não conseguirem contê-los em suas mentes. Sentiram a necessidade de liberá-los com uma força violenta sobre as pessoas que percebiam como associadas ao evento.

O assassinato de Marcelo Lucero e o aumento dos crimes de ódio raciais na época do ataque no Condado de Suffolk foram precedidos pela eleição do primeiro presidente negro dos Estados Unidos, Barack Obama. E o crescimento dos crimes de ódio antigay na Califórnia aconteceu depois da aprovação da Proposição 8, uma lei que restringia o casamento a casais de sexo oposto. Eu sabia que os dois exemplos eram incidentais. Para afirmar com alguma confiança que reações aos eventos eram parte do quebra-cabeça das motivações dos crimes de ódio, seria preciso usar a ciência. O que descobri nos anos seguintes foi alarmante — os múltiplos picos em crimes de ódio durante a história recente no mundo aconteceram depois de votações políticas, julgamentos em tribunais, ataques terroristas ou mudanças políticas importantes.

## Mostrando os gatilhos do ódio

### Eventos e ódio nas ruas

Os dados do FBI permitem localizar múltiplos eventos-gatilho que coincidiram com importantes picos no registro policial de crimes de ódio nos EUA. Apesar de esses dados estarem incompletos e não representarem todos os crimes de ódio (ver Capítulo 2), são úteis para observar as tendências através do tempo.* Um desses eventos antecedeu o pico de abril de 1992 de crimes de ódio contra brancos (ver Figura 6).

Em março de 1991, depois de uma perseguição policial em Los Angeles, o trabalhador negro da construção civil Rodney King foi parado por dirigir em alta velocidade e recebeu a ordem de sair do carro. Presumindo que King ia pegar uma arma, quatro policiais o atacaram com uma arma de choque, deram 56 golpes com os cassetetes e o chutaram sete vezes. A agressão durou mais de oito minutos, enquanto uma dúzia de outros policiais ficaram apenas olhando. King terminou com ossos quebrados, uma fratura no crânio e danos cerebrais. Antes e durante o julgamento dos policiais, vídeos amadores da surra foram mostrados pela televisão em todo o mundo.

Em 29 de abril de 1992, um júri (consistindo em nove brancos, um latino, um asiático e um mestiço) absolveu os policiais envolvidos na agressão. O veredicto chegou em um momento no qual a comunidade negra de South Central Los Angeles estava mergulhada em um profundo ressentimento — era uma comunidade assolada pelo desemprego, crimes e atitudes abertamente agressivas da polícia. Em poucas horas, tumultos começaram em resposta ao veredicto e duraram cinco dias.

---

* Colocado de forma direta, os departamentos de polícia que são bons informando crimes de ódio ao FBI tendem a ser bons de forma consistente, e aqueles que são ruins também são consistentes (com poucas exceções). A consistência permite a análise de tendências ao longo do tempo, que não são resultantes de informes melhores ou piores ao FBI.

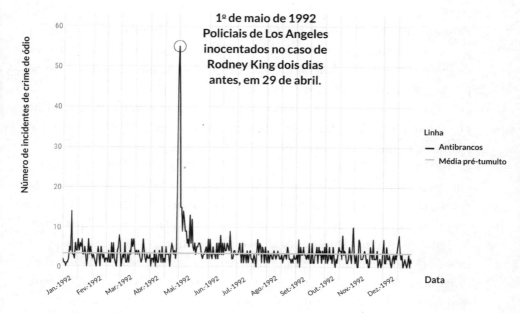

Figura 6: Crimes de ódio contra brancos nos EUA depois do veredicto de Rodney King, 1992 (dia a dia).*

Em um incidente, o motorista branco de caminhão Reginald Denny se viu no caminho de uma multidão que começou a jogar pedras, forçando-o a parar. Ele foi arrancado do caminhão e a multidão o atacou com martelos e blocos de cimento.[5] Em outro incidente, o motociclista branco Matt Haines foi derrubado de sua moto por uma multidão de negros e morto a tiros.[6] Análises feitas pelo professor Ryan King e colegas da Universidade Estadual de Ohio mostram que o pico, ou, como ele descreveu, o "pulso" de crimes de ódio contra brancos não ficou confinado a Los Angeles, indicando que o evento teve um efeito por todo o país, com revoltas ocorrendo até em Nova Jersey.**,[7] Os primeiros oito dias depois dos tumultos foram os mais perigosos

---

* Reproduzido usando os dados de crimes de ódio do FBI. Baseado em R. D. King e G. M. Sutton, "High Times for Hate Crimes: Explaining the Temporal Clustering of Hate Motivated Offending", *Criminology* 51 (2014), 871-94.

** King et al. confirmou que suas descobertas não eram um reflexo de um aumento no registro policial depois do veredicto.

A CIÊNCIA DO ÓDIO  *199*

naquele ano para brancos em termos de crimes de ódio. Depois de um processo federal de direitos civis em abril de 1993, dois policiais foram condenados por violar os direitos civis de King e condenados a trinta meses na prisão, e dois foram demitidos da polícia de Los Angeles.

Os picos de crimes de ódio contra muçulmanos entre 1993 e 2001 nos EUA foram todos precedidos por ataques terroristas perpetrados em nome do islamismo radical: a bomba contra o World Trade Center em 26 de fevereiro de 1993, o ataque contra o Oklahoma City em 19 de abril de 1995 (os islâmicos fundamentalistas foram acusados inicialmente) e o Onze de Setembro de 2001. Cada ataque foi individualmente associado a um forte aumento nos crimes de ódio antimuçulmano e antiárabe — o Onze de Setembro mostrou o efeito mais forte. Durante os dias e semanas depois de cada ataque, os crimes de ódio contra negros permaneceram estáveis, indicando um efeito alvo diferente — cidadãos norte-americanos estavam se vingando de pessoas que compartilhavam características parecidas com os perpetradores (ou supostos perpetradores) dos ataques. No caso do Onze de Setembro, os crimes de ódio contra negros, asiáticos e latinos diminuíram,[8] enquanto o pico de crimes de ódio contra muçulmanos durou mais de um mês, bem acima do efeito de outros ataques terroristas. Entre os anos de 1992 e 2001, o FBI registrou 691 crimes de ódio contra muçulmanos e árabes (o número real deve ser provavelmente muito maior, considerando as questões de informes e registros de crimes de ódio). Cerca de 66% desses foram cometidos entre 11 de setembro e 31 de dezembro de 2001.[9] Isso é um efeito incrivelmente forte que continua sendo o gatilho do maior pico nos crimes de ódio contra muçulmanos já registrado na história recente norte-americana.

A eleição tanto de Barack Obama quanto de Donald Trump coincidiram com picos em crimes de ódio nos EUA, apesar de que o efeito Trump foi mais significativo.* Os dados sobre crimes de ódio do FBI de 1992 a 2019

---

* Os picos menores de crimes de ódio depois da eleição de Obama em 2008 e 2012 provavelmente tiveram mais a ver com um aumento na sensação de ameaça experimentada por alguns norte-americanos. Depois que um negro foi empossado na Casa Branca, a KKK e o Council of Conservative Citizens viram uma enxurrada de interesse de novas pessoas, sustentado por preocupações sobre a imigração e a crise financeira de 2008. Ver M. Bigg, "Election of Obama Provokes Rise in US Hate Crimes", Reuters, 24 de novembro de 2008.

mostram que a vitória eleitoral de Trump era a explicação mais provável para o pico significativo no quarto trimestre de 2016 (ver Figura 7).* Para descartar o impacto de outras possíveis explicações, economistas controlaram uma grande quantidade de fatores, incluindo o efeito da taxa de homicídios, a taxa de mortalidade infantil, de execução de prisioneiros, desemprego, gastos policiais, demografia racial e rural/urbana, consumo total de etanol, proporção da Câmara de Deputados e Senado entre democratas e republicanos, outros ataques terroristas e até flutuações por estação (é mais provável que crimes de ódio aconteçam no verão, pois há mais pessoas fora de casa). Nenhuma dessas alternativas pareceu importante, levando à conclusão de que a vitória de Trump era a explicação mais provável para o impressionante aumento em crimes de ódio depois da eleição presidencial de 2016.** Estima-se que sua chegada à Casa Branca tenha contribuído para aproximadamente 410 crimes de ódio adicionais nacionalmente por trimestre, ou 2.048 crimes de ódio adicionais desde a data de sua vitória até o final de 2017. Em comparação com os recentes ataques terroristas como os de Orlando, na Flórida, e San Bernardino, Califórnia, o efeito Trump foi 33 vezes mais poderoso na motivação de crimes de ódio.[10]

---

* Quando o conjunto de dados, depois de eliminadas as tendências existentes, de crimes de ódio mostrado na Figura 7 é separado em alguns dos tipos constituintes dos crimes de ódio, claros choques de tendência contrassazonal continuam a ser aparentes. Na época da eleição de 2016, picos são vistos nos crimes de ódio contra latinos e negros. Um quadro misto surge dos crimes de ódio contra muçulmanos, com choques de tendências contrassazonais surgindo mais tarde em 2015 e novamente em 2016. O ataque terrorista de islâmicos extremistas em San Bernardino, Califórnia, que matou 16 pessoas e feriu 24, é um gatilho provável para o primeiro choque. Em resposta ao ataque, Trump defendeu uma proibição "total e completa" da entrada de muçulmanos nos EUA, algo que se tornou lei em janeiro de 2017.

** Uma técnica de regressão do quadro macroeconômico foi usada por G. Edwards e S. Rushin ("The Effect of President Trump's Election on Hate Crimes", SSRN, 18 de janeiro de 2018) para descartar uma ampla possibilidade de explicações alternativas para o forte aumento em crimes de ódio no quarto trimestre de 2016. Apesar de ser um forte modelo estatístico, não dá conta de todas as possíveis explicações para o aumento. Para isso, um "experimento real" é exigido, em que um local aleatório é submetido ao "efeito Trump", enquanto outro local de controle não é. Como a eleição presidencial de 2016 afetou todas as jurisdições dos EUA, não existe uma forma de realizar esse experimento real, o que significa que não podemos dizer com absoluta certeza que a chegada de Trump ao poder causou um aumento nos crimes de ódio. Mesmo assim, todas as pesquisas quase experimentais sobre o tópico indicam que essa é a explicação mais plausível.

Como podemos explicar isso? A campanha eleitoral de 2016 de Trump foi repleta de explosões intolerantes que provavelmente levaram uma minoria preconceituosa a se tornar violenta. Trump chamava os imigrantes mexicanos de criminosos e estupradores, questionou a ascendência do presidente Obama, publicou tuítes antissemitas em relação a Hillary Clinton e agradeceu a conta no Twitter @WhiteGenocideTM por seu apoio (assim como outras contas da direita alternativa e de supremacistas brancos que depois foram banidas da rede por desrespeitar as regras contra discurso de ódio). Embora a maioria das opiniões não tenha sido persuadida pela retórica divisionista de Trump (no conjunto, o preconceito antiminorias dos norte-americanos na verdade diminuiu depois da eleição de Trump),[11] aqueles que já tinham posições de extrema direita foram encorajados ao ver essas visões refletidas pelo líder mais poderoso do mundo. Essa minoria pode também ter sido incentivada ao ver quantos outros norte-americanos tinham votado em Trump, dando a falsa impressão de que suas visões extremas eram mais populares do que imaginava.

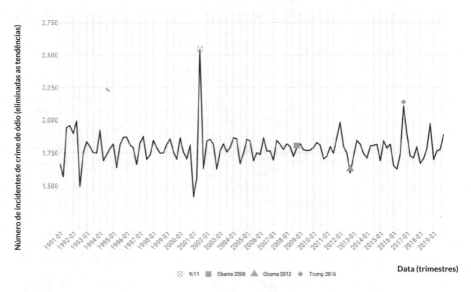

Figura 7: Crimes de ódio nos EUA por trimestre, 1992–2019.*

* Reproduzido dos dados de crimes de ódio do FBI. Baseado em G. Edwards e S. Rushin, "The Effect of President Trump's Election on Hate Crimes", SSRN, 18 de janeiro de 2018.

Pesquisas experimentais apoiam esses dados. Em um estudo anterior à eleição, cerca de 450 pessoas foram recrutadas em estados nos quais a previsão de vitória de Trump era de 100%: Alabama, Arkansas, Idaho, Nebraska, Oklahoma, Mississippi, Virgínia Ocidental e Wyoming.[12] Metade dos participantes foi aleatoriamente informada sobre essa previsão de 100%, enquanto a outra metade não foi. A percepção da aceitação social de fortes sentimentos anti-imigrantes foi então medida usando um jogo de doações com apostas reais. Primeiro foi dito aos participantes que poderiam fazer uma doação a uma organização que era ou pró ou anti-imigração, que seria selecionada ao acaso — na verdade, 90% eram designadas a uma organização totalmente anti-imigração, a Federation of American Immigration Reform. Perguntaram aos participantes se gostariam de autorizar a doação, em nome deles, de um dólar para a organização selecionada "aleatoriamente". Algo também importante é que foi dito para metade dos participantes que essa doação seria sigilosa, e para a outra metade que seria pública.

Os participantes que tinham sido informados da chance de 100% de que Trump ganhasse em seu estado tinham maior probabilidade, de forma expressiva, de doar para a organização anti-imigração *e de divulgar isso publicamente* do que as pessoas que não tinham recebido a mesma informação. O experimento foi repetido depois da vitória de Trump e os resultados foram iguais: mais doações públicas foram feitas para a organização anti-imigração. Esses experimentos mostram que pensar que seu estado vai votar em massa em Trump, ou na vitória dele, aumenta de forma causal a aceitação social de ações anti-imigrantes a ponto de superar as pressões sociais para não parecer preconceituoso.

Assim como as piadas intolerantes (ver Capítulo 5), Trump não deixa os norte-americanos mais preconceituosos; em vez disso, sua eleição e seus tuítes racistas liberaram temporariamente uma minoria de precisar regular as atitudes preconceituosas que já tinha, mas que reprimia de forma rotineira devido a uma pressão social mais ampla para não parecer preconceituosa.

---

Foram eliminadas as tendências para cancelar os efeitos da sazonalidade, que podem esconder outros efeitos. O processo de eliminação de tendências reduz o número total de crimes de ódio (como visto no eixo y ou vertical) no conjunto de dados, pois são removidas informações para focar as tendências subjacentes de interesse.

Trump funcionou, portanto, como um "liberador" de preconceito que provavelmente moldou o comportamento de ódio nas ruas. Não será surpresa descobrir que os condados em que Trump teve mais apoio também viram o maior aumento nos crimes de ódio depois de sua eleição.

Olhando para o Reino Unido, choques temporais na taxa de crimes de ódio também foram registrados em conexão com votações políticas e ataques terroristas (ver Figura 8). O trabalho da minha equipe em campo mostrou que o referendo da UE em 2016 agiu como um gatilho para os crimes de ódio. A linha cinza na Figura 9 mostra nossa estimativa do que teria acontecido em sua ausência, com base em uma projeção da tendência antes da votação. As barras abaixo mostram a magnitude mensal do impacto da votação sobre os crimes de ódio raciais e religiosos (RR). Ao controlar vários fatores conhecidos por preverem crimes de ódio, eu e minha equipe isolamos os efeitos da campanha e o período anterior à votação para calcular que, combinados, resultaram em 1.100 crimes de ódio adicionais.

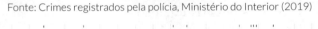
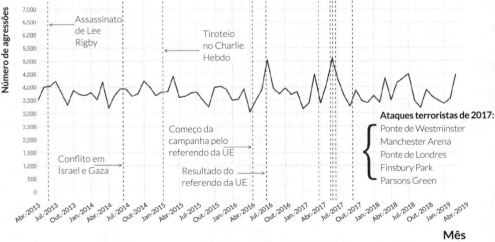

Figura 8: Crimes de ódio na Inglaterra e no País de Gales por mês, 2013–2019 (tendências sazonais eliminadas).

204 *Matthew Williams*

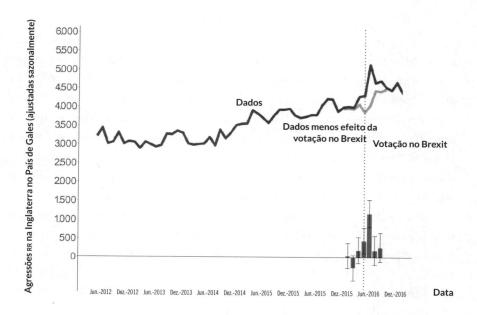

Figura 9: Estimativa de crimes de ódio raciais e religiosos (RR) na ausência da votação do Brexit.

Uma pesquisa realizada no London College mostrou que o ataque a bomba dos islâmicos radicais em 7 de julho de 2005 foi associado a um aumento imediato de 22% nos crimes de ódio contra pessoas de aparência ou ascendência asiática e árabe. O mesmo estudo também mostrou que o Onze de Setembro aumentou os crimes de ódio contra asiáticos e árabes no Reino Unido em 28%, fornecendo a primeira prova de que eventos podem ter efeito internacionalmente.[13] Pesquisas da London School of Economics expandiram esse estudo verificando a influência de dez ataques terroristas entre 2013 e 2017 (sete dos quais ocorreram fora do Reino Unido) sobre os crimes de ódio no Reino Unido.[14] Todos resultaram em um aumento nos crimes de ódio, incluindo ataques que aconteceram na Tunísia (junho de 2015) e em Berlim (dezembro de 2016).

O mais fascinante sobre esse estudo foi a ligação encontrada entre a cobertura de ataques feita pelos jornais nacionais e os crimes de ódio. Ataques terroristas de extremistas islâmicos atraem cerca de 375% mais cobertura de mídia do que ataques com outras motivações, levando a uma situação na qual o público tem uma sensação inflada de ameaça nesses tipos de ataques.[15] Essa frequência de matérias na imprensa tem uma relação causal com os crimes de ódio nas ruas e on-line. A decisão de agir de acordo com os preconceitos também depende do número de mortos no ataque. Não é surpreendente que as duas estejam fortemente correlacionadas — quanto mais pessoas morrem em um ataque terrorista, maior a frequência das matérias nos jornais sobre o evento.[*, 16] Em outras palavras, sem tantas matérias inflamadas na imprensa, provavelmente veríamos menos crimes de ódio depois de ataques terroristas cometidos em nome do islamismo radical.

Passando para a Europa continental, descobri que eventos também são responsáveis por criar mudanças muito mais amplas nas atitudes contra minorias. Apesar de as atitudes não serem em si prejudiciais, se não forem controladas podem se transformar em preconceito e ódio. Enquanto me aprofundava na pesquisa, descobri que alguns países europeus experimentaram uma mudança negativa anômala em atitudes contra imigrantes em outubro de 2002 e março de 2004. O professor Joscha Legewie, da Universidade de Harvard, examinou por que surgiram esses padrões anormais usando uma técnica científica especial: o experimento natural.[17]

Seu palpite foi que o ataque a bomba dos terroristas islâmicos radicais em Bali agiu como um gatilho para a piora nas atitudes negativas contra imigrantes nos países da UE. Em 12 de outubro de 2002, aproximadamente às 23h, um homem entrou no Paddy's Pub em Kuta, Bali, e detonou um pacote cheio de explosivos. Os que tiveram sorte de escapar da morte e não estavam feridos com gravidade saíram correndo pelas ruas tomados pelo pânico e o horror. Alguns minutos depois, um carro estacionado na rua então lotada explodiu pelas mãos de um segundo homem-bomba suicida. O ataque matou 202 e feriu 209 pessoas, incluindo indonésios, australianos, norte-americanos e europeus.

Por acaso, a Pesquisa Social Europeia (com a tarefa de compilar as atitudes e opiniões da população na UE) estava em andamento no momento. Essa coincidência significava que a pesquisa funcionaria como um experimento natural, com o ataque de Bali agindo como um choque *exógeno* ou

---

* Uma correlação de 0,81, que é extremamente alta (a variação é entre 0 e 1).

um gatilho causal externo. Cerca de metade dos participantes havia completado a pesquisa antes do ataque (e, assim, se tornou o grupo de controle), enquanto a outra metade respondeu às questões depois do ataque (formando o grupo de tratamento). É impossível planejar esses estudos, mas quando acidentes como esse acontecem, os pesquisadores correm para ter acesso aos dados.

As descobertas mostraram que o ataque em Bali foi a causa de uma piora importante nas atitudes contra todos os imigrantes em Portugal, Polônia e Finlândia. Havia um aumento na força do efeito do ataque se a pessoa vivesse em uma área com alto desemprego — tanto a Polônia quanto Portugal mostraram o mais alto aumento no desemprego em 2001–2002. O efeito foi ainda maior sobre pessoas que não tinham amigos ou colegas de trabalho imigrantes, mas viviam em áreas com alto número de imigrantes. Essas descobertas foram reproduzidas com os ataques terroristas islâmicos em Madri em 2004. A proporção da população espanhola que achava que a imigração era uma das questões mais importantes que o país estava enfrentando subiu de 8% para 21% imediatamente depois do ataque, com o efeito mais alto nas áreas com forte desemprego. Juntos, esses dois estudos foram os primeiros a provar que ataques terroristas causam uma piora nas atitudes contra imigrantes, principalmente entre pessoas que vivem em áreas caracterizadas por alto desemprego, forte imigração e baixo contato com o exogrupo.

## Eventos e ódio on-line

A descoberta de que eventos-gatilho não impactam todo mundo igualmente em termos de crime de ódio e de atitudes contra exogrupos também foi reproduzida nas redes sociais. O dr. Bertram Vidgen, da Universidade de Oxford, estudou os tuítes publicados por seguidores de quatro partidos políticos britânicos — Conservadores, Trabalhistas, UKIP e BNP — entre 2017 e 2018, cobrindo o período em que o Reino Unido foi atingido pela onda de ataques terroristas realizada pelo Estado Islâmico (EI) e organizações de extrema direita.[18] O dr. Vidgen eliminou cuidadosamente tuítes de *bots* (contas automáticas) criados para espalhar a desinformação e o ódio. Seu objetivo era determinar se seguidores de cada partido reagiam de forma diferente aos ataques e, especialmente, se um grupo era mais suscetível a esses eventos-gatilho. A expectativa era de uma probabilidade maior de que os seguidores do UKIP e do BNP postassem tuítes contendo discurso de ódio islamofóbico, com base na popularidade desses partidos entre pessoas que expressavam visões de extrema direita, e que esse comportamento seria menos frequente entre os seguidores dos partidos mais convencionais.

Os resultados foram surpreendentes. Os ataques terroristas em 2017 fizeram com que seguidores de todos os partidos postassem discurso de ódio. Para entender por que isso aconteceu, o dr. Vidgen aplicou uma teoria chamada extremismo cumulativo. A teoria sugere que ideologias extremistas são simbióticas — elas se alimentam umas das outras, e quando acontecem eventos como ataques terroristas do EI e da extrema direita, os seguidores da ideologia opositora são incentivados e mobilizados. Cada ataque então leva a uma intensificação do lado oposto, manifestando-se em crimes de ódio, discurso de ódio e até ataques terroristas próprios.

Esses mecanismos de incentivo e mobilização também têm um efeito de expansão em rede. Não são apenas os extremistas radicais que se entrincheiram em seus pontos de vista e ficam mais ativos no Twitter e nas ruas. Aqueles que se consideram mais convencionais — a pessoa comum — também podem ser "ativados" por incidentes extremistas, e embora não se manifestem indo para as ruas e machucando o primeiro muçulmano que encontrarem, podem entrar no Twitter e postar conteúdo excessivamente ofensivo. Mas essa ativação é curta, e logo depois dos ataques terroristas que os incitou, os tuítes de ódio param após alguns dias. Esses "tuiteiros islamofóbicos excepcionais" são pegos pelo frenesi de negatividade on-line que tende a seguir os eventos de interesse nacional e internacional. A continuidade da pesquisa do dr. Vidgen mostra que, no Reino Unido, esses islamofóbicos radicais que tuítam posts de ódio muito depois dos ataques terroristas estão firmemente localizados entre os seguidores dos partidos de extrema direita. Essas pessoas também têm mais probabilidade de postar discursos de ódio exageradamente ofensivos, mas são um pequeno número em comparação com o total de pessoas no Twitter.[19]

## Microeventos e ódio

A maior parte das pesquisas feitas sobre gatilhos temporais de ódio foca em grandes eventos (por exemplo, ataques terroristas, votações políticas, casos marcantes em tribunais) e em populações totais (por exemplo, estados e países). Mas mesmo microeventos que ocorram em nível municipal podem moldar o comportamento preconceituoso. Depois de sua investigação europeia, o professor Legewie voltou seu interesse para o viés racial na polícia da cidade de Nova York.[20] Embora muitos suspeitassem que o viés racial fosse evidente na polícia havia algum tempo, a ideia de Legewie era que a discriminação não é estática ao longo do tempo, mas flutua alinhada com tipos específicos de eventos que incentivam o conflito entre grupos — neste caso, o Departamento de Polícia de Nova York (NYPD) e a juventude negra.

A política de abordagem e revista do NYPD — que foi criticada por sua aplicação aparentemente tendenciosa contra a comunidade negra — foi o foco do estudo. A prática de abordagem aumentou muito na cidade de Nova York, passando de 160.750 incidentes em 2003 para 684 mil em 2011. Percebeu-se que um número desproporcional de pessoas negras era parado em comparação com outras raças. Nesse período, a população negra em Nova York chegava a 25%, enquanto a taxa de abordagem era de 54%. Compare isso com a população branca de 45% com uma taxa de 10% de abordagens, e 28% de população latina com 32% de abordagens. Grupos minoritários eram claramente os principais alvos da polícia, mas isso não poderia ser classificado como prova de discriminação, já que o foco em cada indivíduo poderia ter sido justificado. A tentativa de provar a discriminação surgiu quando foi descoberto que a abordagem de suspeitos brancos levava a níveis mais altos de sucesso em termos de apreensão de armas e de contrabando, culminando em prisões.

Legewie também observou o uso de força pela polícia durante as abordagens. O uso da força é um indicador potencial de preconceito quando é aplicado de forma desproporcional a diferentes raças. Quando aplicado desproporcionalmente a um grupo racial específico, pode indicar que os policiais estereotipam membros daquele grupo como mais hostis e violentos. Durante o período de estudo (2003–2011), 25% de todos os eventos de abordagem e revista terminaram com o uso da força pelos policiais: 16% com suspeitos brancos, 22% com suspeitos negros e 24% com latinos.

Legewie analisou quase 4 milhões de abordagens policiais antes e depois de tiroteios da polícia com homens negros, e focou o uso da força durante essas abordagens. Os resultados mostraram que o uso de força física contra suspeitos negros aumentou 16% depois de um tiroteio em 2007 e 13% depois de outro em 2011, efeito que durou entre quatro e dez dias. O mais surpreendente sobre os resultados foi que o uso de força contra suspeitos brancos e latinos não aumentou em nada depois de incidentes nos quais membros dos dois grupos atiraram contra policiais. A análise de Legewie, que controlou vários fatores, provou que certos tiroteios causavam o uso racializado da força por um período temporário. A reação do NYPD a eventos de extrema violência contra um policial era específica para cada raça, possivelmente impulsionada por um preconceito subjacente e estereótipos contra a juventude negra na cidade.

De eleições políticas em nível nacional até assassinatos de policiais em nível local, alguns eventos têm o poder de estimular uma atitude preconceituosa e transformá-la em violência de ódio. Dos estudos examinados até o momento, sabemos os tipos de eventos que podem nos acelerar em direção ao ódio, mas eles não nos contam sobre os mecanismos psicológicos de como esses eventos acabam sendo gatilhos para algumas pessoas e não para outras.

## Nossa psicologia e eventos-gatilho

### Eventos que desafiam nossos valores podem levar ao ódio

Seguindo os eventos-gatilho, é possível separar as pessoas em três amplas categorias: 1) aquelas que são levadas a fazer coisas ruins, como discriminação e crimes de ódio; 2) aquelas que são levadas a fazer coisas boas, como doar para a caridade; e 3) aquelas que foram impactadas emocionalmente pelos eventos, mas não foram levadas a fazer coisas boas nem ruins. Não são grupos exclusivos; aqueles que fazem coisas ruins também podem fazer coisas boas e vice-versa. A questão é que eventos podem criar comportamentos polarizados entre as pessoas.

Aqueles que fazem coisas ruins deslocam sua frustração e agressividade para pessoas que eles acham que compartilham valores e características com os responsáveis pelo evento. Esse deslocamento ocorre mais frequentemente depois de eventos nos quais os perpetradores originais não estão acessíveis — no caso do terrorismo suicida, os responsáveis estão mortos; já em casos judiciais marcantes, os responsáveis estão presos ou em um nível superior à pessoa média, tornando-os inacessíveis, e assim por diante. O deslocamento pode assumir muitas formas, indo de crimes de ódio violentos nas ruas até formas mais sutis de discriminação. Depois do Onze de Setembro, além do aumento nos crimes de ódio, os muçulmanos também enfrentaram o aumento na discriminação em moradia e emprego.[21]

O fenômeno psicológico chamado *proteção do valor sagrado* diferencia aqueles que fazem coisas ruins daqueles que fazem coisas boas depois de eventos-gatilho. A professora Linda Skitka e alguns colegas da Universidade de Illinois em Chicago testaram o que acontece quando nossos valores sagrados — aqueles que consideramos mais preciosos e estimados acima de todas as outras coisas — são desafiados por eventos.[22] Em resposta ao Onze de Setembro, eles encontraram exemplos de pessoas expressando *indignação moral*, incluindo aumento na discriminação e crimes de ódio, e exemplos de pessoas expressando *purificação moral*, exibindo a bandeira dos EUA, tornando--se voluntários, doando sangue e visitando a família com mais frequência.[23]

A indignação moral envolve demonstrar reprovação pelo ato de ameaça aos valores sagrados, incluindo demonizar, expressar raiva e punir aqueles que os desafiam. A purificação moral envolve reafirmar valores centrais ao realizar atos que os sustentam, incluindo conexões mais frequentes com aqueles que têm os mesmos valores e fazendo boas ações. A indignação moral geralmente engloba o envolvimento negativo com aqueles que os desafiam, enquanto a purificação moral é realizada, mais provavelmente, por meio de interações positivas com pessoas de opinião similar ou até em isolamento.

Depois do Onze de Setembro, um número quase igual de norte--americanos se envolveu somente com indignação moral (18%) ou somente com purificação moral (16%). A maioria (37%) se envolveu em comportamentos que indicavam os dois tipos de reação. O restante (29%) não fez nada que indicasse indignação ou purificação. Os que ficaram mais bravos com o Onze de Setembro, tinham maior probabilidade de se envolver com a indignação moral, enquanto os mais amedrontados tinham maior probabilidade de se envolver na purificação moral. Aqueles que sentiram tanto medo quanto raiva se envolveram nos dois tipos de reação.[24]

O estudo da professora Skitka examinou as reações principalmente interativas, como a prática de crimes de ódio contra aqueles que se pareciam com os perpetradores ou um maior número de visitas à família depois do evento. O Laboratório de Pesquisa Comportamental da Universidade de Toronto examinou as formas não interativas de reação às ameaças aos valores — aqueles comportamentos estranhos que adotamos quando estamos sozinhos para superar os eventos-gatilho.[25]

O Laboratório estudou o que chamaram de "efeito Macbeth". Em *Macbeth*, de William Shakespeare, Lady Macbeth pensou que uma pequena quantidade de água poderia limpá-la do assassinato do Rei Duncan, como indicado nas frases: "Um pouco d'água nos limpará do feito" e " Fora, maldita mancha! Fora, digo eu!". O estudo foi criado para testar se uma ameaça aos valores, um fenômeno psicológico, poderia ser resolvida pelo indivíduo com a limpeza física, seguindo a esperança de Lady Macbeth. Se os participantes estivessem mais inclinados a querer se limpar depois de uma violação de valor, e se o ato de se limpar alcançasse o efeito desejado de livrar o participante das emoções negativas associadas, então o que tudo isso significaria em relação às reações aos eventos-gatilho?

O primeiro estudo testou se as ameaças aos valores aumentaram a tendência dos participantes a pensar em palavras purificadoras. Foi pedido a cada participante que se lembrasse de como se sentia em relação a um evento pessoal do passado que desafiasse ou reforçasse seus valores, como ir a um casamento gay ou participar de um festival religioso. Então foi pedido que preenchessem as letras dos seguintes fragmentos de palavras: w _ _ h, sh _ _ er e s _ _ p. Cada fragmento poderia ser completado para formar palavras de limpeza ("wash", "shower" e "soap" — lavar, banho e sabão) ou palavras que não têm a ver com limpeza (por exemplo, "wish", "shiver" e "ship" — desejo, tremor e navio). Participantes que tinham a tarefa de se lembrar de um evento que desafiava seus valores tinham maior probabilidade de gerar palavras de limpeza em comparação com participantes que se lembravam de eventos que reforçavam seus valores.

O segundo estudo testava se a escolha de palavras relacionadas à limpeza era o resultado do desejo dos participantes de limpar seus corpos depois de se lembrarem de um evento que ameaçava um valor. Para distraí-los do objetivo real do estudo, os participantes recebiam a informação de que estavam participando de um experimento sobre caligrafia e personalidade. Foram formados dois grupos: o grupo 1 tinha a tarefa de copiar um conto sobre um evento que desafiava seus valores, digamos, participar de um casamento gay, enquanto o grupo 2 copiava uma história que reforçava seus valores, por exemplo, participar de um festival religioso. Depois das tarefas, foi pedido que os participantes marcassem seu desejo por um grupo de produtos.

Um conjunto de produtos estava relacionado com limpeza: pasta de dente Crest, removedor Windex, detergente Tide, sabonete Dove e desinfetante Lysol. O outro conjunto era uma coleção aleatória de produtos que não tinham nada a ver com limpeza: suco de laranja, CDs, barras de Snickers, pilhas e Post-it. O grupo 2, os participantes do hipotético festival religioso, selecionou os produtos que não tinham a ver com limpeza tanto quanto os produtos de limpeza. Mas o grupo 1, os participantes do hipotético casamento gay, teve maior probabilidade de informar o desejo por produtos como sabonete Dove do que por barras de Snickers. Aqueles que pensaram no evento que desafiou valores quiseram os produtos de limpeza mais do que aqueles que pensaram no evento que reforçou seus valores.

Para testar se os participantes realmente queriam se limpar, o primeiro estudo foi ampliado. Foi dada aos participantes a possibilidade de escolher um presente por realizar as tarefas: um pacote de lenços antissépticos ou uma caneta. Entre as pessoas do grupo 1 (valores desafiados), 75% escolheram os lenços, em comparação com apenas 37,5% do grupo 2 (valores reforçados). Todos os participantes preencheram então uma pesquisa sobre como estavam se sentindo, tendo limpado ou não as mãos. Aqueles que limparam as mãos no grupo 1 informaram sentir menos repulsa, remorso, culpa, vergonha, embaraço e raiva, enquanto as pessoas no mesmo grupo que não limparam as mãos não mostraram nenhuma redução nessas emoções negativas.

Foi feita uma pergunta final ao grupo 1: se eles seriam voluntários em outro estudo para ajudar um estudante de graduação pobre com sua tese. Aqueles que tinham limpado as mãos depois de pensar na história que desafiava seus valores tinham muito menos probabilidade de se oferecer para ajudar: apenas 41%, comparados com 74% dos que não tinham limpado as mãos. O ato de se limpar depois de ter seus valores desafiados de alguma forma limpa as "manchas morais" e restaura o "eu moral estável", que tem menos probabilidade de reforçar os valores pessoais fazendo algo útil.

É estranho descobrir que lavar-se fisicamente acalma emoções negativas criadas por ameaças a valores? Será que limpar-se é somente uma função básica para transformar o sujo em limpo, para mudar um estado de desordem em ordem, ou existe algo mais por trás da prática? Em seu livro pioneiro, *Pureza e perigo*, a antropóloga Mary Douglas observa que santidade e impureza estão em polos opostos.[26] Deixando de lado que a sujeira de uma pessoa pode ser a limpeza de outra, o processo de limpeza ritualizada é observada em muitas religiões. Judaísmo, islamismo, hinduísmo, siquismo, cristianismo e muitas outras religiões têm antigas práticas de limpeza que simbolizam a pureza do corpo *e* da mente. Há poucos questionamentos de que essas práticas antigas, passadas a cada geração, inspirem uma sensação de que a limpeza física também possa purificar a alma.

As implicações do trabalho do Laboratório de Pesquisa Comportamental podem ser importantes. Se, depois de eventos que desafiam nossos valores, podemos lidar individualmente com sentimentos negativos purificando-nos fisicamente, isso significa que existem menores chances de nos envolvermos em comportamentos ruins e bons em relação aos outros? Se for assim, aqueles que têm uma tendência à indignação moral deveriam tomar um longo banho quente depois de um evento-gatilho? O julgamento científico ainda não terminou, mas pesquisas sobre limpeza e ameaças contra valores podem nos ajudar a entender a inatividade das pessoas que não demonstram indignação moral. A proteção a valores sagrados parece explicar o comportamento de algumas pessoas depois de eventos-gatilho. O comportamento das demais pode ser explicado por um peculiar processo psicológico que entra em ação quando os eventos nos fazem lembrar de nossa inevitável morte.

*Eventos que nos fazem lembrar de nossa condição de mortalidade podem levar ao ódio*

O professor Jeff Greenberg, da Universidade do Arizona, sempre convencia seus estudantes de psicologia a participarem de suas pesquisas. Em um semestre, ele entrou na sala de aula e informou a seus alunos de graduação que para ganharem créditos eles poderiam participar de um de seus experimentos. Aqueles que concordaram tiveram que responder qual era sua inclinação política. O grupo foi reduzido para aqueles com visões liberais moderadas ou conservadoras. No total, 36 estudantes homens e mulheres foram selecionados.[27]

No dia do experimento, os estudantes universitários entraram hesitantes no laboratório. Depois de um bate-papo cordial, o professor Greenberg dividiu os estudantes em quatro grupos, primeiro por suas posições políticas e depois em grupos de controle e tratamento. De um lado da sala, foi pedido aos republicanos e democratas no grupo de controle que escrevessem "as emoções que o pensamento sobre a próxima prova importante desperta" e "o que você acha que vai acontecer fisicamente quando você for fazer sua próxima prova". Do outro lado da sala, foi pedido aos republicanos e democratas no grupo de tratamento que escrevessem "as emoções que o pensamento da própria morte desperta" e "o que acham que vai acontecer fisicamente quando morrerem e quando estiverem mortos".

Quando terminaram de anotar os pensamentos temerosos e mórbidos, foi pedido que todos os estudantes lessem um extrato de texto que fosse crítico às visões dos republicanos ou dos democratas. O desenho do estudo significava que tinham sido criadas quatro condições experimentais: i) pensamento sobre a morte e visão política desafiada; ii) pensamento sobre a morte e visão política reforçada; iii) pensamento sobre provas e visão política desafiada; e iv) pensamento sobre provas e visão política reforçada.

Na segunda parte do estudo, disseram aos estudantes que eles iam provar algumas comidas e anotar suas preferências. Muito melhor do que escrever sobre a própria morte e provas, pensaram. Mas havia uma pegadinha. A comida que provariam era um molho muito apimentado e os próprios estudantes iam servi-lo aos outros, de forma anônima. Um de cada vez, todos os estudantes foram instruídos a encher uma taça com o molho apimentado e dar a outro estudante, que estava escondido atrás de uma tela. As taças poderiam ser enchidas até o ponto que eles quisessem, mas o outro estudante deveria consumir tudo. Então chegamos a um ponto crucial: foi dito ao estudante que enchia a taça que o estudante que estava do outro lado havia escrito o texto — e que não gostava de molho apimentado!

Os estudantes começaram a encher as taças. Foi informado a uma republicana que o receptor tinha escrito o texto contra os republicanos, por isso ela encheu a taça até a borda, depois a um democrata foi dito que o receptor tinha escrito o mesmo texto, por isso ele maneirou. À outra democrata foi dito que o receptor tinha escrito o texto contra os democratas, então ela mandou ver no molho. Esse processo continuou até que todos tivessem servido e recebido, e o professor Greenberg foi anotando a quantidade de molho apimentado administrado.

Os estudantes achavam que o experimento tinha a ver com inclinações políticas e agressividade; que mostraria que tanto os republicanos quanto os democratas eram mais agressivos com quem recebia o molho apimentado. Mas estavam errados. A inclinação política só tinha sido usada para definir um endo e um exogrupo. O que o estudo descobriu foi que os estudantes na primeira condição experimental, aqueles que tiveram que pensar na morte e que tiveram suas visões políticas desafiadas, serviram muito mais molho apimentado do que os participantes em qualquer uma das outras condições. Na média, estudantes desafiados politicamente que tinham pensado nas provas encheram as taças com 15 gramas de molho apimentado, em comparação com os estudantes que pensaram em sua morte, que serviram arrepiantes 26 gramas. O professor Greenberg mostrou que a combinação de ser lembrado da própria morte e ter as ideias desafiadas nos deixa mais agressivos contra o exogrupo, uma descoberta igualmente aplicável a republicanos e democratas.

Uma gama de experimentos que testam o efeito de pensar em nossa própria condição de mortalidade sobre nossas atitudes em relação a outros apresentou revelações parecidas.[28] A ideia básica é que a lembrança de que vamos, inevitavelmente, morrer um dia afeta nosso comportamento em relação a exogrupos. Somos a única espécie no planeta que tem consciência da própria mortalidade, e esse conhecimento molda quem somos e como interagimos com os outros.

Os humanos estão programados pela evolução para preservar a vida acima de quase todo o resto. Quando lembrados da morte, quase todos se enchem de medo, até de terror. Dedicamos muito tempo a preparar nossos filhos para o conhecimento de que a vida acaba — que seus avós, pais, companheiros e animais um dia morrerão. Às vezes fazemos um bom trabalho, às vezes, não. Quando isso nos atinge pela primeira vez, normalmente entre as idades de três e cinco anos, deve ser impressionante, apesar de ser quase impossível encontrar alguém que se lembre desse momento.

Desde a primeira infância, o medo da morte é algo com que convivemos, mas é bastante bem gerenciado e contido. Se o horror inevitável não fosse contido, ficaríamos paralisados. A esperança é que toda criança se sentirá protegida da morte por seus pais amorosos, que consideram todo-poderosos. Mas quando essa proteção falha, seja pela compreensão de que nossos pais não podem nos salvar da morte, ou pela morte deles, devemos encontrar formas alternativas de enfrentamento. Uma forma de acalmar o terror que surge da percepção de nossa própria mortalidade é pensar em formas para transcendê-la. É por isso que algumas pessoas procuram a religião quando ficam mais velhas, com a aproximação do dia inevitável. A crença em algumas religiões de que a morte é apenas um processo no qual mudamos para um lugar melhor ajuda a conter o terror. Para aqueles que não se voltam para a religião, pode ser o legado deixado por eles que doma esse medo.

Para a maioria de nós, hoje em dia, é nossa visão cultural do mundo e os valores associados que consideramos mais caros que agem como um amortecedor, transformando um estado de terror em outro de conforto ao enfrentar nossa própria condição de mortalidade. Podemos nos engajar e ensinar a atitude de positividade, o princípio da liberdade, a qualidade do trabalho duro, a crença na igualdade e justiça, e o amor pelo país. O sentido da vida surge das visões culturais do mundo, e, ao endossar e contribuir para as instituições que as sustentam, seja a nação ou a família, podemos deixar um legado, escapando simbolicamente da morte.

Quando endossamos e contribuímos para visões culturais do mundo, nossa autoestima aumenta, o que, por sua vez, age como amortecedor à ansiedade imposta pela morte. Pensamos: "Estou fazendo algo bom que contribui para meu país e família, então pelo menos em meu leito de morte posso olhar para trás e pensar que minha vida valeu algo". Ao longo de toda história, grandes poetas, filósofos e escritores identificaram esse fenômeno em seus pensamentos sobre a morte:

> "Do meu corpo apodrecendo, as flores devem crescer e estou nelas e isso é a eternidade." — Thomas Moore
> "Não devo morrer totalmente e uma grande parte de mim irá escapar do túmulo." — Horácio
> "Mesmo a morte não deve ser temida por aquele que viveu de forma sábia." — Buda
> "Ao ficarmos profundamente conscientes de nossa mortalidade, intensificamos nossa experiência de todos os aspectos da vida." — Robert Greene

É uma mistura eclética de reflexões, mas o ponto é claro: de qualquer modo, muitos de nós investem na crença de alguma forma de vida além (não necessariamente no sentido religioso) para escapar do terror da morte — sejam os filhos, seja uma obra de arte ou científica, seja simplesmente o legado de uma vida bem vivida.

O professor Greenberg e colegas chamam esse fenômeno de "gestão do terror". A Teoria da Gestão do Terror (TGT) afirma que quando somos lembrados de nossa morte inevitável usamos e intensificamos nossas visões culturais do mundo para criar um sentimento de "imortalidade simbólica". Na sequência imediata de eventos como ataques terroristas, lidamos com o terror de sermos lembrados de nossa morte, aumentando a coesão com pessoas como nós, que compartilham a mesma visão de mundo, à custa daquelas que não compartilham.

A TGT possui dois componentes psicológicos: visão cultural de mundo e autoestima. Administramos o terror da morte nos aferrando a: (i) crença em uma visão cultural de mundo que dá sentido, previsibilidade e ideais à nossa vida; e (ii) o objetivo de lutarmos por esses ideais e nos tornarmos "pessoas melhores". Quando investimos nas duas coisas, percebemos que temos algum senso de imortalidade porque nosso comportamento virtuoso é o que nos separa de todas as outras espécies — temos legados e almas que continuam a viver depois da nossa morte.

O primeiro teste formal da TGT foi realizado com juízes que tiveram que decidir sentenças em casos envolvendo trabalhadores(as) sexuais. Um grupo de juízes foi lembrado sobre sua própria condição de mortalidade antecipadamente, enquanto o outro grupo não foi. Aqueles que foram lembrados de sua mortalidade deram multas mais pesadas aos trabalhadores sexuais, levando os cientistas a concluir que pensar na morte antes de decidir uma sentença fez com que os juízes reforçassem seus valores à custa dos acusados (e seu exogrupo).[29]

Desde o primeiro experimento, cerca de quinhentos estudos demonstraram que quando as pessoas são lembradas de sua morte inevitável (chamada de saliência da mortalidade), elas defendem mais prontamente seus valores (visão cultural do mundo) e tentam cumpri-los com mais afinco, o que faz com que se sintam melhor (autoestima). As provas científicas mostram que a saliência da mortalidade faz com que todos os tipos de pessoas reforcem sua visão de mundo à custa do exogrupo: elas estão mais dispostas a defender sua visão de mundo, fazem julgamentos mais duros contra pessoas que desafiam seus valores, e tratam pior quem os desafia. Esses reforços nos permitem reduzir o terror associado com a morte.[30]

Depois de experimentos como o estudo do molho apimentado, os cientistas se voltaram para o efeito de eventos que agem como lembretes de nossa condição de mortalidade em tópicos como política e preconceito. Um estudo foi criado para testar se ataques terroristas deixaram líderes políticos carismáticos com visões populistas mais atrativos para a pessoa média.[31] Os ataques terroristas de 11 de setembro de 2001 foram tomados como eventos que provavelmente aumentariam a saliência da mortalidade entre as pessoas nos EUA. Depois dos ataques, a popularidade do presidente Bush aumentou de cerca de 50% nas pesquisas de aprovação (ele tinha perdido no voto popular na eleição de 2000) para cerca de 90% em 13 de setembro. Os cientistas queriam testar formalmente se lembretes da condição de mortalidade e o Onze de Setembro realmente levavam os participantes a aprovar Bush.

Cerca de oito estudantes da Universidade Rutgers em Nova Jersey foram divididos em dois grupos. Fizeram ao grupo 1, o grupo experimental, as perguntas-padrão do tratamento TGT: "Por favor, descreva brevemente as emoções que o pensamento da sua própria morte o faz sentir", e "Escreva, o mais especificamente que puder, o que acha que vai acontecer com você fisicamente quando morrer e quando estiver morto". Ao grupo 2, o de controle, foi simplesmente pedido que se lembrassem de algo que tinham visto recentemente na televisão. Foi pedido então a todos os participantes para lerem o seguinte parágrafo:

> É essencial que nossos cidadãos se unam e apoiem o presidente dos Estados Unidos em seus esforços para tornar segura nossa grande nação contra os perigos do terrorismo. Pessoalmente, eu apoio as ações do presidente Bush e dos membros de seu governo que foram ousados em suas ações no Iraque. Aprecio a sabedoria do presidente em relação à necessidade de remover Saddam Hussein do poder e sua Política de Segurança Nacional é uma fonte de grande conforto para mim. Não gosto quando ouço outras pessoas reclamando de que o presidente Bush está usando sua guerra contra o terrorismo como fachada para institucionalizar políticas que, no longo prazo, serão prejudiciais para este país. Precisamos apoiar nosso presidente e não nos distrair com cidadãos que não são patriotas. Desde o ataque contra nosso país em 11 de setembro de 2001, o sr. Bush tem sido uma fonte de força e inspiração para todos nós. Deus abençoe a ele e aos EUA.

Os participantes foram perguntados: "Até que ponto você apoia essa declaração?". Depois, foram instruídos a manifestar seu nível de concordância com outras duas declarações: "Compartilho muitas das atitudes expressas na declaração acima" e "Pessoalmente, sinto-me seguro sabendo que o presidente está fazendo todo o possível para nos resguardar contra qualquer outro ataque contra os Estados Unidos".[32] Os resultados indicaram que os participantes que tiveram que pensar em suas mortes tinham maior probabilidade de responder às três perguntas de forma positiva, apoiando Bush.

Para aprofundar o estudo, em vez de pedir que os participantes imaginassem suas próprias mortes, os pesquisadores testaram se o próprio Onze de Setembro serviu como um lembrete da morte. Em outras palavras, apresentar listas de expressões como "Onze de Setembro" e "World Trade Center" induziria ao medo da morte nos participantes e, se fosse assim, esse medo teria o mesmo efeito sobre a aprovação de Bush? Os pesquisadores levaram em conta a opção política dos estudantes para controlar qualquer potencial viés. Pedir que os participantes se lembrassem do Onze de Setembro aumentou de forma significativa o apoio a Bush entre republicanos e democratas, no entanto o aumento foi maior entre democratas.

Um estudo final verificou se a saliência de mortalidade resultou em um aumento a favor de qualquer líder político. Comparou o apoio a Bush e ao candidato a presidente em 2004, John Kerry. Para os participantes que pensaram em sua condição de mortalidade, o apoio a Bush foi altíssimo, enquanto o apoio a Kerry despencou. Pensar na morte parece aumentar somente o apoio a líderes com qualidades especiais: aqueles que promovem visões populistas do endogrupo como heróis que irão triunfar sobre o malvado exogrupo. A TGT afirma que as pessoas precisam de sentido em suas vidas e, em tempos de crise que desgastam suas visões de mundo, os líderes carismáticos podem preencher esse vazio. Eles agem como um pai substituto, pois podem ajudar a gerir o medo profundamente arraigado da morte frente à incerteza que um ataque terrorista pode gerar.[33]

A pesquisa da TGT então se voltou para os efeitos dos ataques terroristas sobre o preconceito. Em um estudo fascinante realizado apenas uma década depois do Onze de Setembro, a professora Florette Cohen e colegas da Universidade da Cidade de Nova York focaram a proposta de construção em 2010 da controversa "mesquita do Ground Zero", um complexo consistindo em um centro comunitário islâmico e uma mesquita a dois quarteirões do local onde ficava o World Trade Center.[34] Uma amostra de 54 estudantes universitários não muçulmanos foi dividida em dois grupos. Foram perguntadas a um grupo as questões usuais de saliência de mortalidade da TGT, e ao outro grupo foram feitas perguntas sobre provas. A passagem abaixo foi lida por cada participante:

A CIÊNCIA DO ÓDIO *221*

Depois de quase um mês de debate, a controvérsia ao redor da nova Cordoba House ou a chamada "Mesquita do Ground Zero" continua, tanto nacional quanto internacionalmente. O proposto centro comunitário islâmico dominou boa parte dos noticiários e do discurso político dos EUA. Críticos dizem que seria impróprio construir uma mesquita no "solo sagrado" do Ground Zero. Mas já existem mesquitas em toda a cidade de Nova York. Com o debate em curso, muitos inclusive questionam o direito de se construir uma mesquita. E outros reconhecem seu direito de existir, mas questionam a sua localização.

Então foram feitas três perguntas: "Quanto você apoia a decisão de construir a nova Cordoba House?", "Você acredita que seja um direito constitucional construir a nova Cordoba House?" e "Você acredita que é errado construir a Cordoba House no Ground Zero apesar de ser um direito constitucional?". A sutil lembrança da morte, mais uma vez, fez com que os participantes ficassem mais críticos à proposta da construção da mesquita. Os participantes com a condição da saliência da mortalidade tinham mais probabilidade de pensar que a mesquita deveria ser construída longe do Ground Zero do que aqueles que não tinham sido lembrados da morte.

Um segundo estudo descobriu que participantes que deveriam imaginar uma mesquita sendo construída em seu bairro criavam mais palavras relacionadas com a morte em uma tarefa de completar palavras (por exemplo, c o f f _ _ poderia ser completada "coffee" ou "coffin" — café ou caixão), incluindo "caixão", "túmulo", "morto", "caveira", "cadáver" e "rigidez". Os mesmos resultados não foram encontrados com exemplos de outros lugares de adoração, como igrejas ou sinagogas (o que significa que os participantes não relacionaram lugares de adoração com funerais de uma forma geral). Para os participantes desse estudo, pensar em uma mesquita e, portanto, no islamismo, gerou tantos pensamentos relacionados com a morte quanto pensar em sua própria morte.

*Religião* versus *ódio*

Uma parte final do estudo da professora Cohen descobriu que o efeito de ser lembrado de nossa morte poderia ser neutralizado. Depois de preparados com a saliência da mortalidade, foi pedido aos participantes que lessem uma história sobre o pastor da Flórida Terry Jones, que queimou em público o Corão em 2011. Isso teve o impacto de diminuir os pensamentos associados à morte relacionados com a construção da mesquita nos bairros dos participantes. Parece que a destruição de um item sagrado, mesmo que pertencente a outra visão cultural de mundo, neutralizava a ameaça do islamismo para universitários norte-americanos.[35] Itens sagrados que representam visões de mundo, como bandeiras, estátuas de grandes figuras e textos religiosos, parecem ter tanto poder que sua destruição tem significado entre outras culturas e crenças, não somente dentro da própria.

O poder da religião também parece moderar o efeito da saliência da mortalidade sobre as percepções do exogrupo. Lembre-se de que anteriormente afirmei que algumas pessoas administram o terror de sua morte investindo em uma religião que tenha uma noção de além-vida. Pode ser então que, depois de ataques terroristas, as pessoas religiosas tenham menos necessidade de administrar o medo da morte sustentando-se em sua visão cultural do mundo, porque a fé já age como um amortecedor da ansiedade.

O professor Miles Hewstone e colegas da Universidade de Oxford testaram se a religião era um criador ou destruidor de preconceitos.[36] Mais de duzentos universitários britânicos não muçulmanos foram divididos em quatro condições experimentais: religiosos com preparação da saliência da mortalidade; religiosos sem preparação da saliência da mortalidade; não religiosos com preparação da saliência da mortalidade e não religiosos sem preparação da saliência da mortalidade. Como na maioria das pesquisas anteriores sobre a TGT, para os participantes não religiosos, serem lembrados da morte aumentou as atitudes negativas contra muçulmanos. Mas esse efeito esteve ausente na maioria dos participantes religiosos. No grupo religioso, o preconceito aumentou com a saliência da mortalidade somente para participantes que indicaram que tinham uma orientação "fundamentalista" — aqueles que achavam que suas crenças eram soberanas e que todas as outras religiões eram inválidas.

Essas descobertas mostram que na maior parte das vezes a religião pode nos tornar mais tolerantes, mesmo diante de uma crise mortal.

Há outros fatores que moldam nossa suscetibilidade individual para o choque de eventos horríveis. Pessoas deprimidas, ansiosas, solitárias e geralmente frustradas, quando lembradas de sua morte, têm maior probabilidade de reagir de forma negativa contra imigrantes depois de ataques terroristas. Em contraste, aquelas pessoas que possuem alta autoestima, que acham que contribuem regularmente para o bem maior ou são religiosas (mas não fundamentalistas) lidam de forma menos negativa com a lembrança de sua condição de mortalidade em circunstâncias similares.[37] Uma metanálise de duas décadas de pesquisa sobre a TGT descobriu que os efeitos negativos de ser lembrado da morte foram mais fortes nos EUA, seguidos pelo Reino Unido e outros países ocidentais e não ocidentais.[38] A diferença na força do efeito entre países pode ter a ver com a quantidade de pessoas religiosas na população — religião bastante difundida significa um maior amortecedor da ansiedade em relação à morte.

Tirando essas variações, a prova de gestão do terror é bastante contundente, especialmente em relação aos efeitos de ataques terroristas. É tão convincente que se me pedissem para criar uma política governamental baseada nessas provas, eu sugeriria fornecer melhores condições para que as crianças lidem com a morte, na forma de educação e apoio aos pais, e disponibilizar campanhas que promovam a tolerância e a compreensão das visões de mundo dos outros para ativação imediatamente depois de eventos como ataques terroristas (ver Capítulo 11 para outras sugestões).

O ódio é um fenômeno temporal. Nossa tolerância ao "outro" varia dia a dia, semana a semana e mês a mês, geralmente impulsionada por fatores externos. Mesmo aqueles que sentem muito ódio têm dias em que o sentem menos intensamente. Como discutido no Capítulo 1, sabemos que a idade pode influenciar nosso comportamento em relação ao exogrupo. Em nossa juventude estamos mais inclinados a ser "doidos por grupos" — queremos ser incluídos, escolhidos e avaliados por nosso endogrupo —, e isso pode se manifestar em negatividade contra o exogrupo. Nosso cérebro durante a adolescência ainda está amadurecendo — a parte da massa cinzenta responsável pelo controle executivo (córtex pré-frontal) ainda está se desenvolvendo, o que significa que estamos menos equipados para racionalizar ameaças equivocadas dos "outros".

A partir do que vimos neste capítulo, fica bastante claro que não é só nosso relógio biológico que tem impacto sobre nossas chances de expressar a intolerância e o ódio. Eventos distantes de nós também moldam nosso comportamento e podem agir como um catalisador para o crime e o discurso de ódio. Para a maioria da sociedade, um evento-gatilho nos força a considerar nossos próprios valores e nossa condição de mortalidade, deixando mais aguda nossa atenção no "nós" contra "eles". Para uma minoria, tais eventos levam do ato de compartilhar um pensamento preconceituoso com um membro confiável do endogrupo para o ato de expressar publicamente sentimentos de ódio. Uma série de eventos extremistas, apoiados pela cobertura inflamada da mídia e por agitadores políticos, pode transformar um desses odiadores ocasionais em agressores reincidentes. Depois de um evento, lembretes consistentes do "perigoso outro" por figuras públicas aumentam a divisão, fazendo com que a mudança para formas mais extremas de pensar seja uma possibilidade. Mas somente essa mudança não é suficiente para transformar um estado temporário de indignação moral depois de um evento divisor em uma forma de vida sustentada pelo ódio como essência; um estado tóxico de ser que passa por uma migração da categoria "repulsão" a "atração". Para essa transformação ser completa, é necessário ter acesso a material radical e ser assediado por grupos extremistas.

# 8

## Subculturas do ódio

Salman era um dos quatro filhos da família Abedi nascido em Manchester, Reino Unido. Seus pais, refugiados muçulmanos devotos que seguiam o movimento salafista, fugiram para a Grã-Bretanha em 1991 para escapar da Líbia de Gaddafi. Sendo um menino quieto, Salman não parecia deslocado no austero lar religioso. Na escola, ele estava abaixo da média e enfrentava o bullying com frequência, às vezes como consequência de seu próprio comportamento agressivo. Ele brigava com outros alunos por diferenças morais e às vezes discutia com garotas que usavam saias muito curtas. Apesar dessas explosões, seus amigos na escola o descreviam, na época, como um muçulmano moderado.

Em 2011, seu pai, Ramadan, membro havia muito tempo do Grupo de Combate Islâmico Líbio, jihadista, voltou à Líbia para ajudar na luta contra o regime de Gaddafi. Salman, então com dezesseis anos, e seu irmão mais novo, Hashem, foram levados durante as férias escolares para se encontrar com o pai, e fotos postadas nas redes sociais mostram os dois com armas automáticas, sendo que uma tinha a legenda "Hashem, o leão... treinando".

O tempo que passaram na Líbia foi formativo, e depois de seu retorno ao Reino Unido, Salman passou a pregar o islamismo radical para qualquer um que quisesse ouvir. Sua aparente radicalização precoce foi notada, e ele foi denunciado a uma linha direta antiterrorista por dois amigos que frequenta-vam a Faculdade de Manchester, onde ele estudava. Depois da faculdade, Salman tirou um ano sabático e voltou para a Líbia com seu irmão, fazendo contato com membros do EI. Depois de ferir-se durante uma batalha, ele foi levado de volta ao Reino Unido pela Marinha com centenas de outros cidadãos britânicos.

Em 2015, Salman se matriculou na Universidade Salford para estudar administração, mas desistiu um ano depois. Na ausência dos pais, ele se envolveu com um grupo local de garotos líbios e começou a beber e a fumar maconha. Mais ou menos nessa época, Salman jurou vingança no enterro de um amigo que havia sido morto em uma briga territorial entre os líbios e um grupo dissidente do Moss Side Bloods (uma gangue de Manchester). Logo depois ele começou a chamar os britânicos de "infiéis".

Em 2016, o amigo de Salman, Abdalraouf Abdallah foi preso por ope-rar um centro de comunicações do EI de sua casa em Manchester. Salman pôde visitá-lo duas vezes enquanto esteve preso por cinco anos. Nesse momento, Salman começou a usar roupas árabes mais tradicionais e foi visto por vizinhos rezando em voz alta nas ruas. Preocupado de que o filho estivesse tomando um caminho obscuro, Ramadan passou a ordenar que ele voltasse a Trípoli.

Um ano se passou antes da viagem final de Salman para a Líbia em maio de 2017. Preocupado com os comentários cada vez mais extremistas do filho, Ramadan confiscou o passaporte de Salman. Para consegui-lo de volta, ele contou aos pais que queria fazer a Umra, a peregrinação para Meca. Em vez disso, voou de volta para o Reino Unido em 17 de maio, onde foi filmado, logo depois, por uma câmera de vigilância tirando £ 250 de um banco 24 horas e comprando uma mochila azul da marca Karrimor.

Na noite de 22 de maio de 2017, milhares de crianças e pais estavam saindo da Manchester Arena depois de desfrutar do show de Ariana Grande na turnê *Dangerous Woman*. Eve Senior, de catorze anos, notou algo estra-nho quando saía junto com sua irmã mais nova do local: Salman Abedi esta-va andando contra o fluxo de pessoas e passou a cinco metros dela usando sua mochila azul. Segundos depois, ele detonou uma bomba cheia de porcas e parafusos, matando a si mesmo e a 22 pessoas, sendo que a mais jovem foi Saffie Roussos, de 8 anos. Eve e sua irmã sobreviveram ao ataque, mas estilhaços causaram danos físicos que ficarão para sempre.

Minutos antes de explodir a bomba, Salman ligou para sua mãe e para Hashem em Trípoli pedindo desculpas. Acredita-se que Salman foi radicalizado pelo EI em suas viagens à Líbia e em Manchester na ausência da família, um processo que foi facilitado por sua exposição à violência extremista pelas mãos de seu pai. Uma investigação feita pelo *The Guardian* descobriu que dezesseis terroristas mortos ou condenados do EI tinham vindo da mesma área de Manchester na qual Salman crescera.[1] Ramadan afirmou que não sabia nada sobre o ataque. Hashem foi preso no dia seguinte ao ataque suicida pela polícia em Trípoli, e acabou extraditado, julgado e considerado culpado de 22 mortes por ter ajudado seu irmão a construir a bomba. Foi condenado a um mínimo de 55 anos.

O que transforma a pessoa "média" em um terrorista assassino? Joseph Paul Franklin teria embarcado em sua onda de assassinatos racistas se não tivesse se envolvido com o Partido Nazista Americano e a United Klans of America? Os abomináveis crimes cometidos por David Copeland foram alimentados por sua exposição ao material extremista fornecido pelo Movimento Nacional Socialista? Se Salman Abedi não tivesse conhecido o Grupo de Combate Islâmico Líbio por intermédio do pai e depois sido manipulado pelo EI, ele teria detonado a bomba suicida na Manchester Arena?

Extremistas violentos estão no ponto extremo do espectro do ódio. O que os torna diferente do agressor de ódio "médio" é seu apoio fanático a objetivos religiosos ou políticos e a letalidade de sua violência.[2] A maioria dos atos extremistas violentos envolve motivações de extrema direita, de extrema esquerda, religiosas, separatistas/territoriais ou específicas (como direitos dos animais). Grupos que operam nessas categorias exigem voluntários leais e inflexíveis para a causa. As perdas percebidas que cada grupo enfrenta asseguram essa dedicação e motivam a adoção de formas radicais de pensamento e uma intensa conexão do grupo. A extrema violência deles é legitimada pela adoção de linguagem como "luta", "batalha", "guerra" e "resistência". Essas palavras neutralizam as ações horríveis deles — a "luta justa" fundamenta os assassinatos. O terrorista de um é o libertador de outro.

A "luta justa" eleva o indivíduo do fugaz, do trivial e do banal, e coloca-o em um estado de sentido, coerência e significado. Fazer parte do grupo radical preparado para o combate também gera outros dividendos, incluindo habilidades de aprendizado para a vida como disciplina, estratégias de enfrentamento, independência dos pais e conquista de uma perspectiva percebida mais ampla sobre a existência.[3] É difícil abrir mão desse estado aprimorado e desejado, alimentado pelo conflito. O objetivo passa a ser a luta em si, e não o fim pretendido.[4] Isso significa que é difícil lidar com grupos radicais, pois é improvável que o conflito termine simplesmente removendo as ameaças ou resolvendo suas necessidades. Membros desses grupos estão firmemente na categoria "atração" do ódio. Em vez de "repelir" o objeto do ódio, os odiadores extremistas procuram suas vítimas, então consideradas seus inimigos jurados que devem ser eliminados.

As características demográficas e psicológicas das pessoas que foram radicalizadas no Ocidente são indistinguíveis das características da população em geral. A maioria é casada, com filhos e tem boa educação e bons empregos.[5] Seria muito difícil apontar um extremista violento em uma multidão, especialmente se quiserem passar despercebidos (o que é geralmente um requisito para um terrorista). Não são aquelas pessoas que parecem "evasivas" ou agem de forma estranha. Na maior parte das vezes, elas não sofrem de doenças mentais nem expressam alguma ansiedade social que possam nos alertar de sua presença.[6] Elas andam entre nós sem serem detectadas. Mas pesquisas criminológicas e psicológicas isolaram certos fatores que nos ajudam a entender o processo de radicalização.

A teoria básica da radicalização possui três estágios. No primeiro estágio, uma pessoa encontra *motivação* para sair de um estado de falta de sentido e vulnerabilidade, geralmente embarcando em uma busca por significado pessoal. No segundo estágio, a *ideologia radical* fornece um caminho para o significado pessoal por meio da promoção da violência, do autossacrifício e do "martírio". O terceiro e final estágio envolve *processos sociais* complexos que sustentam a interação com colegas radicais que também estão buscando significado. Esses processos criam uma conexão forte, quase familiar, com o grupo, aumentando as chances de comportamentos extremistas com pouca consideração pelas consequências pessoais.

Cada fase da radicalização pode variar de acordo com o contexto e o indivíduo.[7] Para alguns indivíduos, a vulnerabilidade pode ser sentida de forma mais aguda pela fraqueza psicológica trazida por traumas do passado, e em algumas áreas ou países podem existir redes maiores de colegas radicais prontos para recrutar pessoas vulneráveis para suas causas. Apesar de esse ser um resumo muito simplificado do processo de radicalização (por exemplo, pode não ser a melhor forma de explicar os agressores estilo "lobo solitário"), ele captura os maiores catalisadores responsáveis por transformar o "odiador" médio em um terrorista assassino completo.

## BUSCA POR SIGNIFICADO E ÓDIO EXTREMO

Todos passamos por aquele momento em que pensamos: "Para que tudo isso?". A perda de um emprego, o abandono dos estudos ou uma separação pode nos levar a uma sensação de desespero. A maioria vai encontrar a vontade de continuar, e em algum momento descobrimos algo a que nos dedicar para sentirmos que voltamos a ter valor. Uma forma aguda dessa incerteza é chamada de "busca por significado". Isso aparece muitas vezes como uma das motivações para se unir a subculturas de ódio.[8]

A maturidade emergente, entre as idades de 18 e 25 anos, foi identificada como um período de exploração, com baixo compromisso com as instituições da sociedade. Mas o mais importante é que esse é um período em que os altos e baixos da vida podem ser sentidos de forma mais aguda, principalmente por causa de estratégias de enfrentamento ainda subdesenvolvidas (a área de controle executivo do cérebro não está completamente desenvolvida antes dos 25 anos).[9] Isso é um solo fértil para quem quer inculcar ideologias religiosas ou políticas radicais, já que a abertura a novas ideias, a ausência de responsabilidade em relação a carreira e família, e "perdas" pessoais, reais ou percebidas, podem criar um sujeito disponível e disposto.

Um estudo de nove jovens adultos suecos envolvidos em várias formas de extremismo (extrema direita, extrema esquerda e islamismo) descobriu que todos eles começaram a participar entre os dezesseis e vinte anos, e se envolveram com grupos extremistas por dois anos, mais ou menos, antes de saírem.[10] Todos tinham cometido atos violentos em nome de sua ideologia, indo de agressão e roubo a homicídios culposos e dolosos. Todos indicavam um momento de perda de significado em suas vidas que os levaram ao contato com grupos radicais.[11] As palavras de Damir, um ex-combatente do EI no estudo, resumem esse estado indiferente:

> Eu não fazia nada. Só comia e dormia, acordava, dormia, acordava. Claro, sabe, eu saía e andava e me encontrava com pessoas, mas... O que estava faltando era, tipo um emprego ou escola [que ele havia abandonado recentemente]. E, não foi por isso que fui [para a Síria], não foi porque não tinha escola ou algo assim, sabe. Mas teria sido melhor se, se estivesse ocupado fazendo algo, sabe.[13]

Esse período de maturidade inicial é bombardeado por perdas menores que podem levantar a "âncora" de uma pessoa. Jovens, ainda desenvolvendo as habilidades para lidar com a vida, ficam à deriva.[12] Um desejo de pertencer a algo se desenvolve logo, como foi ilustrado pelas experiências de Tom, um ex-recruta do Antifa:\*

> Não tinha nada para fazer. Eu estava sozinho e isolado no meu quarto, sabe. Eu me sentia muito mal. Mas tinha ouvido falar que existia esse grupo, Antifa, que caçava nazistas. Então escrevi no site deles, algo tipo: "Me ajudem, há nazistas na minha escola, estou apanhando e sendo perseguido porque sou do [país]" [sic]... comecei a ir a essas manifestações, pelos refugiados, justiça social, essas coisas. E aí conheci um dos organizadores, que conhecia alguém, e ele me apresentou a essas... pessoas que conheciam esses grupos antifascistas. E nesse ponto, quan-

---

\* Antifa é um movimento antifascista de ação direta formado por ativistas da esquerda e da extrema esquerda que têm um histórico de usar a violência contra a direita alternativa, neonazistas e supremacistas brancos em manifestações e protestos públicos. Mark Bray afirma em *Antifa: The Anti-Fascist Handbook* (2017) que, embora o Antifa não descarte a violência como uma forma de autodefesa contra o fascismo, as respostas violentas formam uma parte minoritária de suas atividades, que também incluem a dispersão não violenta dos protestos antes de acontecerem, pressionando locais para cancelar eventos, expondo neonazistas a seus empregadores e realizando campanhas de educação pública.

do comecei a andar com eles e a ouvi-los, pensar sobre mim em relação a eles, fiquei interessado. Sabe, eu só queria a ajuda deles. Mas então eu achava que talvez poderia ser parte do que eles estavam fazendo. Eles caçavam nazistas, e eu também queria fazer isso.[14]

Da mesma forma, Eric encontrou um significado pessoal através da participação em organizações de extrema direita:

> Eu me encontrava com pessoas que eram como eu. Quero dizer, no sentido de que eram fortes e vigorosos, e conheci um novo grupo e fiz novos amigos, que eram vigorosos e fortes... Eles gostavam que eu fosse grande e mau, eu era violento. Acho que gostavam disso... Nas ruas, se algo acontecesse, eles me chamavam. Assim era, eu só precisava estar lá. Gostavam de mim por isso... Eu gostava disso, meus sentimentos tinham [finalmente] encontrado um escape e eu gostava muito daquilo, na época. E me sentia ainda mais forte, sentia bastante intensamente isso, eu era muito, minha autoconfiança era realmente bastante alta. [Por intermédio dessas pessoas] eu me conheci melhor, as coisas que era capaz de fazer. Era como se, eu me sentia ótimo, era como se eu tivesse aberto minhas asas.[15]

Conexões profundas com membros do grupo, alimentando sentimentos positivos de ser necessário e querido, fornecem um caminho para a transmissão de ideologias radicais. Os estudos com imagens cerebrais apoiam isso. Um grupo de 38 homens marroquinos vulneráveis à radicalização islâmica tiveram sua atividade cerebral monitorada.[*, 16] Cada participante foi colocado dentro de um aparelho de fMRI e foi pedido que jogassem Cyberball via computador: uma bola é jogada entre quatro pessoas trinta vezes, mas os participantes no grupo de tratamento só recebiam a bola duas vezes, e assim se sentiam excluídos.

Depois do jogo, com os participantes em um grupo sentindo-se excluídos e os participantes no outro, incluídos, todos tiveram que cum-

---

* Eles já tinham ideias extremistas e estavam maduros para serem captados por grupos radicais.

prir a tarefa de tomar decisões em relação à sua disposição para lutar ou morrer por uma crença sagrada no islamismo (por exemplo, "aqueles que abandonam a religião verdadeira de Alá deveriam ser punidos mais severamente") ou por uma crença não sagrada (por exemplo, "pessoas mais velhas deveriam ser respeitadas"). Como esperado, os participantes estavam mais dispostos a lutar e morrer por valores sagrados islâmicos extremos e tiveram iluminada uma área do cérebro responsável por processar o pensamento sujeito a regras. Essa área do cérebro mostrou muito menos ativação quando os participantes foram apresentados à decisão de lutar e morrer por um valor não sagrado. Mas se acendeu muito mais nos participantes que se sentiram socialmente excluídos como resultado do jogo de Cyberball manipulado. Sentir-se abandonado e marginalizado parece fazer com que os possíveis recrutas de grupos radicais estejam mais dispostos a considerar comportamentos extremos, mesmo quando valores sagrados não são evocados.

A busca por significado como um fator motivador também foi testada nas pessoas radicalizadas em seus próprios países. Um grupo de 65 prisioneiros extremistas islâmicos do Grupo Abu Sayyaf nas Filipinas foi recrutado para um estudo.[17] Os participantes eram todos homens que tinham experimentado níveis variáveis de perda de significado, resultando em sentimentos de humilhação ou vergonha relacionados a circunstâncias pessoais. Esses sentimentos indicam desvalorização pessoal e perda de status social que exigem algum tipo de enfrentamento — viver com esses sentimentos todos os dias é difícil, e uma necessidade de erradicá-los por meio da "restauração de significado" aparece logo que eles são desencadeados.

Foi perguntado a todos os participantes do estudo com que frequência eles tinham experimentado sentimentos de vergonha e humilhação, e se poderiam se lembrar de pessoas rindo deles em suas vidas. Também foi feita uma série de perguntas sobre sentimentos, induzidos pela perda, de incerteza e ansiedade. Isso agiu como uma medida do nível de "impacto da perda", que se for alto o suficiente pode levar a uma forte necessidade de restauração de significado.

Os resultados mostraram que as pessoas que tinham experimentado um alto nível de perda de significado (por meio da humilhação e de eventos vergonhosos em suas vidas), e que tinham expressado um alto grau de incerteza e ansiedade como resultado, tinham maior probabilidade de aprovar o comportamento extremista, incluindo as bombas suicidas. Apesar de ser aparentemente um ato altruísta, o suicida extremista islâmico pode acreditar que conseguirá superar sua perda de significado profundamente pessoal vivendo para sempre como mártir.

Em um fato surpreendente, essas descobertas foram reproduzidas em um estudo com norte-americanos comuns. Aqueles que informaram terem sofrido humilhações e passado vergonha na vida, assim como os correspondentes sentimentos de ansiedade e incerteza, tinham maior probabilidade de adotar visões extremas sobre aborto (por exemplo, defender a proibição total ou permitir o aborto em gestações avançadas). Esses estudos, realizados com extremistas islâmicos presos e norte-americanos comuns, fornecem fortes evidências de que a perda de significado que traz ansiedade e incerteza na vida pode levar à adoção de visões extremistas. Isso não quer dizer que todos que experimentam uma perda na vida e se sentem diminuídos se tornarão homens-bomba por causa disso. Há muitos que atravessam os altos e baixos da vida e resistem com facilidade ao pensamento e ao comportamento extremista. Outros fatores estão em jogo, é claro, incluindo o contexto dentro do qual a perda de significado é experimentada.

É improvável que pessoas com famílias amorosas, vivendo em países estáveis com instituições sólidas e regidos por leis, recorram a comportamentos extremistas para restaurar um sentimento de significado. Existem muitos outros caminhos legítimos para a restauração do significado — ser voluntário, ajudar um amigo, voltar para a escola, conseguir um novo emprego. Mas pensemos naqueles que não têm família, que vivem em países menos estáveis ou em sociedades que estão em conflito com suas crenças, onde a lei é fraca ou não é respeitada. Essas pessoas podem estar mais inclinadas a arriscar o pouco que têm para restaurar alguma sensação de significado por meio da luta em nome de uma ideologia radical. Quando a causa da perda de significado é a própria coisa pela qual eles terminam lutando, então sem dúvida encontrarão outras pessoas que compartilham a mesma dor, fazendo com que a violência extremista seja mais provável.

## Buscas coletivas por significado e ódio extremo

Em 2017, a dra. Katarzyna Jasko, na Universidade Jagiellonian, na Polônia, iniciou um estudo inovador. Ela pediu a 260 muçulmanos marroquinos que participassem de uma pesquisa sobre suas crenças em relação à jihad.[18] Os participantes foram recrutados de duas cidades muito diferentes, Casablanca, cujos moradores são conhecidos pelas visões bastante moderadas, e Tetuão (chamada de Pomba Branca), na região das montanhas do Rife, lar dos terroristas dos ataques de 2004 em Madri, de 2015 em Paris e de 2016 em Bruxelas. Casablanca e Tetuão, portanto, representavam cidades com ligações fracas e fortes às redes radicais, respectivamente.

Foram feitos conjuntos de perguntas a cada participante marroquino sobre sentimentos gerais e pessoais. Primeiro foi pedido que avaliassem cinco declarações coletivas sobre muçulmanos: "Os muçulmanos merecem tratamento especial", "Nunca ficarei satisfeito enquanto os muçulmanos não tiverem o reconhecimento que merecem", "Realmente fico bravo quando outros criticam muçulmanos", "Se os muçulmanos tivessem mais poder, o mundo seria um lugar muito melhor" e "Poucas pessoas parecem entender completamente a importância dos muçulmanos". O segundo conjunto perguntava com que frequência eles experimentavam sentimentos pessoais negativos como falta de importância, humilhação, vergonha e desvalorização. O terceiro conjunto perguntava sobre o apoio à violência ideológica a serviço do islamismo, e os participantes deveriam concordar ou discordar de declarações como "A jihad é o único remédio contra a jahiliyyah [ignorância]" e "A jihad armada é uma obrigação pessoal de todos os muçulmanos hoje".

Aqueles que moravam em Tetuão mostraram maior concordância com as declarações coletivas sobre muçulmanos do que os moradores de Casablanca, que concordaram mais com as perguntas sobre sentimentos pessoais negativos. Os moradores de Tetuão tinham maior probabilidade de ter família, amigos e conhecidos que compartilhavam a mesma busca por significado, criando o sentimento de que buscas pessoais não eram tão singulares, afinal.[19] Essa busca coletiva por significado de Tetuão estava fortemente ligada à crença na violência extremista. Para os muçulmanos vivendo em Casablanca, sentimentos coletivos sobre muçulmanos tinham uma conexão muito mais fraca com a violência extremista e, em vez disso, eram os sentimentos negativos individuais que estavam ligados ao desejo de violência.

Devido às ligações históricas de Tetuão mais próximas ao extremismo em comparação com Casablanca, a dra. Jasko concluiu que estar cercado por companheiros radicais cria uma busca coletiva por significado, o que, por sua vez, pode alimentar uma crença mais forte na violência extremista. A mistura de buscas individuais por significado, fomentada por um sentimento coletivo de perda, pode ajudar a prever quem vai praticar um ato de violência extremista. Quando se trata de agir com base em uma crença radical, quem faz parte da sua família acaba representando uma grande diferença.

A motivação para ideologias radicais que defendem ações violentas emana de perdas sentidas por um grupo identificável, definido por raça, religião, classe, política ou território.[20] Essas perdas, ou tensões, podem incluir coisas como sentir-se reprimido por um grupo dominante; disputas por territórios perdidos; disputas de valores, culturais e religiosos; e ameaças contra estilos de vida. A sensação entre membros de um grupo de que essas tensões têm uma longa história e são intensas, difundidas, aparentemente intermináveis, injustificadas e impactam indiscriminadamente membros do mesmo grupo (por exemplo, inclusive crianças) é normalmente um requisito para se investir em uma ideologia que justifica a ação violenta.

Apesar de essas tensões serem "reais" para muitos grupos extremistas, como o Exército Republicano Irlandês e a Al-Qaeda, elas podem ser menos evidentes para outros, como a Ação Nacional no Reino Unido e a Ku Klux Klan nos EUA. Para muitos grupos de extrema direita e extrema esquerda é a *percepção* da tensão que motiva o ódio, não a realidade — por exemplo, a percepção de que os brancos heterossexuais da classe trabalhadora estão, de alguma forma, ameaçados pelo aumento no número de não brancos em suas comunidades, facilitado por um governo e uma mídia "dirigida por judeus".

Grupos extremistas promovem crenças favoráveis ao terrorismo por meio de várias táticas. Isso inclui chamar a atenção para as diferenças entre "nós" e "eles"; cortar todas as relações com quem não compartilha a ideologia do grupo; enfatizar perdas e seus impactos sobre os mais vulneráveis em seu grupo; afirmar que os responsáveis pela perda são sub-humanos e não merecem compreensão; descartar formas não violentas de ação afirmando que são ineficientes ou já estão esgotadas; instruir como sentir-se em reação à perda, com foco na desesperança, humilhação, vergonha e raiva; oferecer recompensas pela participação na violência extremista, como respeito e martírio; convencer os membros de que atos violentos individuais fazem parte de uma campanha maior e não necessariamente levarão à vitória de forma isolada; e oferecer uma visão utópica do futuro que só pode ser concretizado pela ação violenta.[21]

Essa torrente, se aceita sem muito questionamento, resulta inevitavelmente em um sentimento de "destino conectado", no qual as perdas impactam o grupo e o indivíduo igualmente.[22] Surgem emoções negativas extremas que podem reduzir a capacidade de um membro de superar a perda percebida de uma forma que não infrinja a lei. A crença anterior de que atos de violência extremista são errados vai lentamente sendo desgastada — não existem vítimas ilegítimas nos atos terroristas, e toda morte é justificada pelo bem maior.

## Ideologia extremista e compaixão

A pesquisa psicológica sobre como os humanos respondem às vítimas de sofrimentos não merecidos mostra como a compaixão pode terminar em consequências danosas aos responsáveis. A compaixão normalmente resulta em empatia com as vítimas na tentativa de aliviar o sofrimento. Damos dinheiro para caridade quando vemos o sofrimento das crianças na Síria destruída pela guerra e doamos sangue para vítimas quando vemos os horrores dos ataques terroristas. São comportamentos pró-sociais que tendem a não ter nenhuma consequência negativa.

Em casos de sofrimento extremo que provocam indignação moral, a compaixão pela vítima pode se manifestar em punição do agressor. O que acontece com nossa compaixão quando ela é causada por eventos como ataques terroristas, guerra, agressões sexuais e abuso infantil, quando não podemos ajudar a vítima diretamente? Desejaríamos ver os responsáveis punidos e estaríamos dispostos a fazer justiça com as próprias mãos?

Um estudo descobriu que nosso desejo de punir aumentava muito se o sofrimento em questão fosse considerado muito injusto e moralmente indigno, como no caso dos ataques terroristas e da agressão sexual.[23] Quando o sofrimento das vítimas não pode ser aliviado, compaixão e indignação moral geram um desejo de machucar o perpetrador. Sistemas de crenças radicais geralmente exploram esse fato, usando a incapacidade de aliviar o sofrimento para justificar o ataque a pessoas acusadas de causar essa dor. Em vez de mandar doações a quem está sofrendo no Oriente Médio, os grupos islâmicos radicais atacam os governos ocidentais. Em vez de ajudar os brancos sem-teto e desempregados a encontrarem abrigo e trabalho, os grupos supremacistas brancos atacam as minorias étnicas e os imigrantes. A ideologia radical está armada para legitimar esse curso de ação. Ela reprograma o processo de pensamento do aspirante a radical para garantir que sentimentos de compaixão e indignação moral resultem em um desejo de punição, não na redução direta do sofrimento.

## Deus me mandou fazer isso

O poder das Escrituras na moldagem de pensamentos e comportamentos é geralmente bem aceito. A crença em um ser superior pode motivar comportamentos que representam o melhor da natureza humana. Mesmo entre grupos enredados em uma guerra multigeracional, como os judeus israelenses e os muçulmanos palestinos, o chamado para encarar os dilemas na perspectiva de Deus, e não de um ponto de vista pessoal, motiva uma avaliação mais igualitária da vida humana.[24]

A crença religiosa também está associada a guerras e à morte de milhões. Quando a compaixão é manipulada para gerar o resultado desejado, em algumas ideologias religiosas a ideia de que Deus sanciona o assassinato do inimigo é inculcada gradualmente. Alguns textos sagrados incluem a descrição de violência contra "descrentes" que, se tiradas do contexto, parecem promover o assassinato de outros seres humanos. Dados do processo de radicalização apontam para as interpretações extremas das escrituras como causa da violência extremista.

A ciência mostra que leituras particulares das escrituras religiosas podem até motivar resultados violentos entre crentes não radicais. Em um estudo, uma passagem escrita do Velho Testamento foi entregue a 490 universitários divididos em dois grupos. A passagem do texto fornecida a um grupo contava uma história em Israel sobre o estupro e o assassinato da esposa de um homem por uma tribo vizinha e os questionamentos sobre o que fazer em retaliação. Incluía as seguintes linhas, que justificavam explicitamente a ação retaliatória:

> O grupo jejuou e rezou para o SENHOR e perguntou: "O que deveria ser feito a respeito dos pecados de nossos irmãos em Benjamin?"; e o SENHOR respondeu, dizendo que nenhuma abominação poderia existir entre seu povo. O SENHOR mandou que Israel pegasse em armas contra seus irmãos e que os castigassem perante o SENHOR.[25]

Deus foi obedecido, resultando no massacre de dezenas de milhares de homens, mulheres e crianças. A mesma passagem do texto foi fornecida a outro grupo de participantes do teste, mas sem os trechos nos quais Deus exigia vingança.

Depois de ler a passagem, os participantes dos dois grupos realizaram outro estudo, aparentemente desconexo. Eles foram divididos em pares e foi pedido que competissem em uma tarefa de apertar um botão, sendo que o mais lento para reagir ouviria um som muito alto pelo fone de ouvido. O vencedor poderia selecionar o nível de barulho que o perdedor teria que ouvir, com o mais alto sendo comparável a um alarme de incêndio. O dobro dos estudantes religiosos que tinham lido a passagem que incluía a justificativa da violência por Deus aumentou o volume até o máximo, comparado com os estudantes religiosos que tinham lido a passagem sem a justificativa. O mesmo padrão também foi encontrado em estudantes não religiosos, mas com um efeito muito mais reduzido.[26]

Esses resultados, tirados de uma amostra de universitários não radicais, pode indicar que a leitura seletiva e a interpretação equivocada de passagens violentas nos textos sagrados por grupos extremistas religiosos estão ligadas ao uso de violência por membros radicalizados. O professor Scott Atran do Centro Nacional para Pesquisa Científica da França passou anos procurando extremistas nas regiões ocupadas do Oriente Médio. Ao contrário da maioria dos que procuravam esses jihadistas, ele não queria prendê-los ou matá-los. Queria conversar com eles. Quando não conseguia encontrá-los, conversava com os pais, que revelam seus pensamentos mais íntimos sobre a radicalização dos filhos. A pergunta central que ele fazia era: a crença fundamentalista na palavra de Deus pode levar uma pessoa ao comportamento suicida pelo bem daquela crença?

Em um dos estudos do professor Atran, os "valores sagrados" da sharia foram comparados com os da democracia entre 260 potenciais milicianos do Oriente Médio em cidades associadas com a jihad militante.[27] Aqueles que apoiavam a sharia (ao redor de 60%) tinham maior probabilidade de se autossacrificar e se envolver na jihad militante, mesmo que isso levasse ao sofrimento de seus filhos.[28] As pessoas vão lutar e morrer por uma ideia, seja uma doutrina religiosa, liberdade de expressão ou autodeterminação. Até 70 mil norte-americanos patriotas morreram lutando por "direitos sagrados" na Guerra da Independência contra os britânicos. Na época, o padrão de vida nas colônias era o mais alto do mundo — eles queriam nada mais que ter voz em seu próprio destino e estavam dispostos a se sacrificar para obter isso.[29]

Aproveitando a poderosa tecnologia de fMRI, o professor Atran e seus colegas analisaram os cérebros de trinta membros do grupo radical Lashkar-e-Taiba, conhecido pelo apoio à Al-Qaeda.[30] O objetivo foi descobrir quais circuitos no cérebro estiveram envolvidos na disposição ao autossacrifício pelos "valores sagrados". Para colocar de forma mais direta, a atividade cerebral dos homens-bomba extremistas religiosos é diferente da nossa?

Especificamente, eles queriam saber se os homens-bomba não envolviam a parte do cérebro que pesa os custos e benefícios das ações (o córtex pré-frontal dorsolateral ou dlPFC), permitindo que se sacrificassem apesar do imperativo evolucionário que nos impele à sobrevivência. Além disso, procuravam descobrir se as partes do cérebro responsáveis pelo alinhamento com as expectativas dos colegas também não funciona da mesma forma nos extremistas. Essa questão final é importante para entender se os extremistas são passíveis de recuperação ou não — um extremista religioso pode renunciar aos "valores sagrados" que adotou?

Enquanto eram analisados, foi apresentada aos jihadistas uma lista de valores sagrados (por exemplo, "o profeta Maomé nunca deve aparecer como caricatura") e uma lista de valores não sagrados (por exemplo, "membros mais velhos da comunidade devem ser respeitados"), e eles tiveram que avaliar até que ponto estavam dispostos a se autossacrificar, lutando ou morrendo por elas. Quando eram apresentadas a valores sagrados que motivavam o autossacrifício, as áreas envolvidas na análise de custo e benefício no cérebro dos extremistas se ativavam menos, em comparação com quando eram apresentadas a valores não sagrados e decisões de autossacrifício.

Os resultados mostraram que a lógica tem pouca importância na decisão de ações dos homens-bomba. Um argumento é que os valores sagrados estão tão profundamente arraigados que existe pouca necessidade de processar decisões quando temos que escolher algo relacionado a eles. Ao contrário dos valores não sagrados que não estão profundamente arraigados, que devem ser mentalmente processados no ato quando uma escolha evoca sua consideração, os valores sagrados e suas implicações foram "guardados off-line".

Um estudo emprestou apoio empírico a essa ideia mostrando que o córtex pré-frontal ventromedial (vmPFC) foi acionado no cérebro de uma amostra de jihadistas paquistaneses quando perguntados se consideravam o autossacrifício por seus valores sagrados.[31] O vmPFC é a contraparte menos racional do dlPFC, e está ligado à tomada de decisões baseada em emoções. Se essas descobertas se mantiverem em futuras pesquisas, tentar convencer um extremista enrolado em explosivos com argumentos lógicos relacionando os custos de suas ações e os benefícios práticos dificilmente vai funcionar.

Uma descoberta animadora do estudo pode ser útil para garantir que os polegares dos extremistas não terminem apertando um botão detonador na primeira oportunidade. Os cérebros dos extremistas são iguais aos nossos quando se trata da influência de nossos colegas. Fazer com que um homem--bomba reconsidere suas ações terá mais chances de sucesso se for tentado por um deles. A influência da "irmandade" combativa é tão poderosa que pode fazer e desfazer um terrorista.

A aderência aos valores sagrados de uma ideologia pode iluminar o caminho para o significado individual e coletivo, e pode até ser usada para justificar um assassinato. Mas nem todos aqueles que apoiam uma ideologia extremista matam. Muitos com crenças inabaláveis só se envolvem em atividades não violentas (apesar de claramente implicadas no ato terrorista final), incluindo recrutamento, treinamento, planejamento, comunicação e financiamento. Se a resposta não está no céu, pode ser encontrada no campo de batalha.

## PSICOLOGIA DO GUERREIRO

Uma linha da ciência chamada "psicologia do guerreiro" testa a teoria de que níveis extremos de união a um grupo — uma forma de *fusão de identidade* na qual o individual e o grupal se tornam um só — podem levar aos tipos de autossacrifício incomensuráveis que vemos nos ataques terroristas suicidas. A fusão acontece quando fica difícil ver os limites entre o indivíduo e o grupo, e os dois começam a se misturar.

Isso é mais do que o sentimento de pertencimento a um grupo dentro da nossa escola, local de trabalho ou comunidade. A fusão é tão extrema que o indivíduo e o grupo acreditam que compartilham uma "essência", na qual um não pode se imaginar existindo sem o outro: devoção total. Nesse estado de fusão, um ataque sobre o grupo é visto como um ataque direto ao indivíduo.[32] Para nossos ancestrais na pré-história, a fusão foi essencial para a sobrevivência dos grupos e, portanto, dos indivíduos. Para enfrentar as terríveis batalhas contra tribos vizinhas, a fusão garantia que nenhum indivíduo fugiria para se salvar.

A ideia de fusão foi testada com guerreiros tribais na Papua Nova Guiné, jihadistas islâmicos na Indonésia, revolucionários anti-Gaddafi na Líbia e torcidas organizadas no Brasil. Todos que mostraram altos níveis de fusão de identidade estavam dispostos a lutar e morrer para defender seu grupo. O sacrifício final, normalmente reservado para nosso parente mais próximo, estava sendo oferecido a um grupo de membros da sociedade sem qualquer relação genética. Esse raro processo ajuda a explicar os atos inimagináveis do terrorismo suicida realizados em nome do endogrupo contra um exogrupo — EI contra ocidentais, a extrema direita contra os muçulmanos, supremacistas brancos contra pessoas negras.

Se você pensar em quantas pessoas têm crenças extremistas na sociedade hoje, e depois contar o número de ataques suicidas na história recente, verá que há um enorme desequilíbrio de dezenas de milhares. Onde existem valores sagrados a serem mantidos, há normalmente um grupo que os sustenta. Você poderia perguntar: o que veio primeiro, o grupo ou a ideologia? Pode existir uma ideologia sem um grupo? Será que um conjunto de crenças precisa ser compartilhado para ser classificado como ideologia? Se for assim, de que forma esse compartilhamento acontece? A fusão a um grupo pode variar de fraca a forte, e aqui está uma resposta. É a forte fusão de identidade, e não tanto as crenças extremistas, que podem nos contar quem se tornará o próximo homem-bomba e quem não. Mas como podemos saber quem está mais em fusão com um grupo extremista? A resposta está no ritual e no trauma compartilhado.

Baseando-se no clássico trabalho do sociólogo Émile Durkheim e do psicólogo Leon Festinger,[33] o professor Harvey Whitehouse, da Universidade de Oxford, afirma que experiências traumáticas coletivas são centrais para a fusão de identidade, incluindo rituais como os dolorosos ritos de passagem. A sociedade está repleta de rituais, que vão de trotes na universidade e no serviço militar aos ritos de passagem nas tribos guerreiras. Os antropólogos há décadas escrevem sobre os aterradores rituais que devem enfrentar os que são iniciados nas tribos guerreiras da Papua Nova Guiné. A lista de atividades estranhas, e no geral aparentemente sem sentido, faz com que seja difícil ler, e inclui "sangramento do pênis" e "colocar piercing no septo nasal e queimar o antebraço".[34] Os rituais são criados para induzir o não iniciado ao máximo terror, e geralmente conseguem. Testemunhar outras pessoas passando por esse suplício fez com que um jovem defecasse ao visualizar o que aconteceria com ele.[35]

Rituais realizados por tribos guerreiras transformam o iniciado de forma permanente com o objetivo de ligá-lo ao grupo. Como os rituais são estranhos e misteriosos, nos quais não há nenhuma razão prática para participar, aqueles que os realizam estão em uma busca contínua de significado. Um jovem recentemente iniciado pode se perguntar: "Por que as pessoas em quem confio exigem que eu aguente a mutilação do meu pênis para me tornar homem?". Essa busca constante por uma resposta, durante meses e anos depois do ritual, cria profundos significados simbólicos que são específicos do grupo. A teoria psicológica da *dissonância cognitiva* mostra que as pessoas que passam por iniciações desagradáveis terminam mais conectadas ao grupo porque lutam para racionalizar os motivos pelos quais aceitam o desafio e por que os colegas em que confiam insistem na necessidade disso.[36] Algumas conclusões incluem: "Eu o fiz para provar minha lealdade e compromisso com o grupo" e "Eles insistiram que devemos aguentar a dor para eliminar os aproveitadores".[37]

Além disso, atos extremos forçados sobre os não iniciados criam um sentimento de trauma compartilhado que acaba os definindo. A memória desses rituais compartilhados está marcada na mente dos iniciados, e se torna parte da história do indivíduo, que não pode ser separada da do grupo.[38] E, mais importante, o processo de ritual não precisa ser físico para induzir à fusão. Suportar rituais emocionais, como narrativas repetidas de experiência traumática, também pode criar um sentimento de dor, medo e repulsa compartilhado entre os ouvintes, fundindo-os de uma forma parecida, mas menos poderosa, ao ritual físico.[*, 39]

## Fusão e generosidade em relação ao endogrupo

As estranhas e maravilhosas tradições praticadas durante o Thaipoosam Cavadee, um festival hindu nas Ilhas Maurício relacionado com fé, resistência e penitência, são bons exemplos de rituais que podem criar uma fusão de identidade. Os participantes do festival suportam vários rituais, alguns mais exigentes que outros. A maioria mostra sua fé cantando mantras e fazendo oferendas de águas de rosa, manteiga clarificada e leite. Uma minoria vai além para mostrar sua resistência e penitência, em atos que incluem furar a língua, a bochecha, o peito, as costas, a barriga e a coxa com pequenas

---

\* Uma revisão completa da pesquisa sobre terrorismo mostrou que os rituais de iniciação eram comuns nas pequenas células terroristas envolvidas no planejamento de ataques suicidas. As narrativas ritualísticas de histórias que incluíam "mitos de sacrifício" e cerimônias comemorando "mártires" eram comuns, assim como os testes rituais de compromisso com o grupo (ver R. Pape, *Dying to Win: The Strategic Logic of Suicide Terrorism*. Random House, 2005). Grupos radicais usaram a força da fusão por meio de histórias de traumas coletivos e fabricaram rituais, para transformar odiadores "médios" em máquinas de matar (ver H. Whitehouse, "Dying for the Group: Towards a General Theory of Extreme Self-sacrifice", *Behavioral and Brain Sciences* 41 (2018)).

lanças, conhecidas como vel, e puxar carruagens presas por ganchos à pele das costas por várias horas, antes de subir descalço a montanha que leva ao templo Kovil.

Cerca de cem participantes do festival Thaipoosam Cavadee fizeram parte de um estudo sobre fusão.[40] O estudo incluía participantes de fortes suplícios (aqueles que furaram o corpo e puxaram carruagens) e suplícios mais brandos (aqueles que cantaram mantras e fizeram oferendas). Todos receberam duzentas rupias (em média o salário de dois dias) para completar um questionário simples e, antes de partirem, entraram em um estande onde poderiam doar parte do dinheiro para o templo.

Os resultados mostraram que os participantes do sacrifício menor, aqueles que quase só rezaram, deram uma média de 81 rupias, em comparação com as 133 rupias dadas pelos que mais se sacrificaram, os que se espetaram. Entre estes, aqueles que informaram ter sentido mais dor doaram mais ao templo. Mas, em um fato surpreendente, um terceiro grupo, chamado observadores dos sacrifícios maiores, aqueles que ajudaram e observaram os que se espetaram, mas não sofreram nenhuma dor, na verdade doaram ainda mais, uma média de 161 rupias. Esse terceiro grupo relatou experimentar níveis parecidos de dor aos dos que se espetaram, simplesmente ajudando e observando. Os pesquisadores concluíram que realizar e observar rituais dolorosos tinha o efeito de fundir indivíduos com o grupo.

## Fusão e violência de ódio

A psicologia do guerreiro também foi usada para entender o ódio e a violência subcultural entre torcidas organizadas. Os times de futebol compartem muitos traços com tribos guerreiras, inclusive território demarcado (por exemplo, bares), formas de vestimenta (por exemplo, camisetas dos times), tradições, rituais e cantos, vários "recursos conquistados", como dinheiro de apostas, status de grupo.[41] Os supertorcedores também são conhecidos por gerar sentimentos intensos de ódio contra equipes rivais, especialmente quando o time que apoiam sofreu uma série de derrotas.

A teoria da fusão da identidade foi aplicada aos violentos conflitos entre as torcidas organizadas brasileiras. O estudo testou se os supertorcedores que mais se envolveram com violência estavam mais fundidos com o grupo do que os torcedores que se envolveram com menos ou nenhuma violência. Os torcedores brasileiros completaram uma pesquisa com perguntas sobre sua disposição de se autossacrificar por torcedores do mesmo time, incluindo: "Eu brigaria fisicamente com alguém que estivesse ameaçando outro torcedor do meu time" e "Eu sacrificaria minha vida se isso salvasse a vida de outro torcedor".

Membros das torcidas organizadas (cerca de metade da amostra) mostraram altos níveis de fusão de identidade, demonstrando uma disposição a se envolver em violência de ódio com muito maior frequência do que o torcedor médio. Torcedores com alto nível de fusão também mostraram maior disposição a morrer pelo grupo. Membros das torcidas organizadas com pouca fusão se envolveram em muito menos violência e estavam menos dispostos a se autossacrificar, indicando que simplesmente participar de uma "organização" violenta não explicava a propensão a lutar ou morrer pelo grupo. Os cientistas concluíram que membros das torcidas organizadas que tinham as identidades fundidas com o grupo podiam rapidamente passar para a violência e o autossacrifício para proteger seus "irmãos em armas psicológicos".[42] Esses resultados foram também repetidos em um estudo com 725 torcedores de futebol no Reino Unido. Torcedores de times que tinham perdido estavam mais dispostos a se sacrificar em uma tarefa de Dilema Moral (ver Capítulo 5) do que os torcedores de times vencedores, indicando uma fusão acentuada frente a uma ameaça.[43]

Essas descobertas sugerem que a violência no futebol não é simplesmente um produto do desajuste, uma forma de sociopatia ou comportamento antissocial, ou uma simples demonstração de masculinidade ou de orgulho de classe. Os membros de torcidas organizadas, hooligans e grupos "ultra" também são motivados pela fusão da identidade para proteger a segurança física e reputacional do grupo usando a violência de ódio contra a ameaça de um time rival.

## Fusão e autossacrifício em nome do ódio

Com grandes provas dos papéis do ritual e da fusão na mudança de comportamento, como doação de dinheiro e a violência defensiva no futebol, isso pode explicar atos extremos de abnegação — morrer pelo grupo? Um estudo sobre a atitude psicológica dos rebeldes líbios envolvidos na luta contra o regime de Gaddafi sugere que é possível.[44] A maioria daqueles que se uniram à luta na Líbia, como o terrorista da Manchester Arena, Salman Abedi, nunca tinha usado armas antes, e sabia que suas chances de morrer no campo de batalha eram tristemente altas — poderia ser uma missão suicida.

Quatro batalhões diferentes englobando 179 rebeldes participaram do estudo. Os rebeldes se autoidentificaram como combatentes da linha de frente ou apoiadores logísticos (ou seja, não combatentes). Foi pedido a todos que olhassem para a imagem na Figura 10 e identificassem com uma letra na escala de A, indicando separação total entre o eu e o grupo, a E, que indicava que o eu e o grupo eram um só.

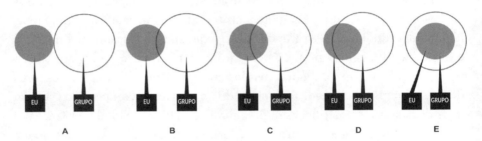

Figura 10: Imagem da escala de fusão de identidade.*

Quase todos os rebeldes escolheram E como melhor representando a forma que se viam em relação aos seus batalhões — fusão completa. Isso foi uma descoberta impressionante se comparado com a taxa de fusão normal entre 6% e 41% (entre cidadãos de cerca de onze países e seis continentes em tempos de paz).[45] Quando foi perguntado com quem eles sentiam maior fusão, 45% dos combatentes escolheram seu batalhão acima de sua família (comparados com 28% dos não combatentes). Homens mais jovens tinham

* W. B. Swann Jr. et al. "Identity Fusion: The Interplay of Personal and Social Identities in Extreme Group Behavior", *Journal of Personality and Social Psychology* 96 (2009), 995–1011.

maior probabilidade de se unir aos combatentes da linha de frente e maior probabilidade de indicar que se sentiam em maior fusão com seu batalhão do que com a própria família.

Essa diferença gritante ocorreu devido ao trauma de batalha horrível só experimentado pelos combatentes (lembrem-se que Salman Abedi foi ferido no campo de batalha), semelhante aos rituais de passagem experimentados nas tribos guerreiras da Papua Nova Guiné. Quando uma pessoa compartilha tais horrores com membros do mesmo grupo, as conexões formadas são parecidas às de uma família, se não forem superiores.

## A fusão é sempre necessária para um assassinato de ódio?

No caso de Salman Abedi, depois de passar pelas primeiras duas fases de radicalização, a fusão parece ter completado sua transformação em um homem-bomba. Sua exposição à luta contra o regime na Líbia quando jovem, e sua subsequente existência sem rumo no Reino Unido por causa da ausência dos pais, provavelmente criaram nele a necessidade de uma busca pessoal por significado. É possível que tenha experimentado um duro declínio do status de combatente na Líbia, lutando e sendo ferido ao lado de seus "irmãos em armas", para um status de insignificância quando voltou ao Reino Unido.

Um curto período de abuso de drogas e álcool pode ter sido uma forma temporária de reparar a questão de sentir-se pequeno e sem valor. Repetidas viagens para a Líbia envolvendo encontros com o EI, continuados por meio de conexões com extremistas no Reino Unido, podem ter criado nele uma busca coletiva por significado. Essas buscas são conhecidas por se alimentarem de ideologias radicais baseadas em grupo, e sabemos que Abedi foi se tornando cada vez mais devoto um ano, mais ou menos, antes do ataque. Finalmente, ele tinha grande probabilidade de se fundir com seus "irmãos em armas" próximos (de Manchester) e distantes (líbios), abrindo caminho para seu autossacrifício em nome do islamismo radical.

Na ausência da fusão, Abedi teria virado um homem-bomba? Alguns cientistas argumentaram que a devoção à ideologia radical por si só pode explicar o terrorismo suicida. Esse pode, certamente, ser o caso dos terroristas estilo "lobo solitário" que possuem nenhum ou limitado histórico de envolvimento em grupos (embora possam imaginar que são parte de um grupo).[46] O Consórcio Nacional para o Estudo do Terrorismo e Respostas ao Terrorismo estudou indivíduos radicalizados nos EUA. Seus dados mostram que somente 30% faziam parte de um grupo, e que comportamentos extremos tinham maior probabilidade de se manifestar em membros que não eram parte de um grupo.[47] Esse foi o caso tanto de Joseph Paul Franklin quanto de David Copeland, que pareciam autorradicalizados, depois se juntaram a grupos, mas os abandonaram antes que pudesse surgir a oportunidade para fusão.

No caso desses terroristas de extrema direita, pode ser mais pertinente examinar diferenças cognitivas individuais que não se baseiam nas relações em grupo. Por exemplo, uma experiência como a de perda dos pais durante a infância poderia ter um papel na criação de transtornos de apego que são conhecidos por fomentar a violência como uma forma de suprir a necessidade de ser notado e aceito pelo endogrupo.[48] Isso é semelhante à busca por significado mencionada antes como uma possível razão para o autossacrifício terrorista.[49] Como outros terroristas "lobo solitários", Franklin e Copeland podem ter estado psicologicamente predispostos a enfatizar excessivamente o sofrimento percebido de seu endogrupo (a raça branca), levando-os a se envolver em ataques aos quais era improvável que pudessem sobreviver.[50] Essa sensibilidade exagerada também pode entrar em jogo quando a honra de um grupo é ameaçada, levando à agressão como prova de dedicação.[51]

Limitações consideradas, vários estudos empíricos publicados entre 2009 e 2019 mostram que a fusão de identidade pode agir como um gatilho, empurrando alguns que acreditam em uma ideologia extrema até o ponto de inflexão para a violência e o assassinato de ódio. Quando isso desempenha seu papel, o impulso desenvolvido para o sacrifício por parentes genéticos é sequestrado pela ideologia do grupo, no qual os membros são considerados irmãos em armas psicológicos.

Por causa dessas provas convincentes, o conselho para os elaboradores de políticas que querem eliminar a radicalização é evitar desafiar diretamente as versões radicais da religião ou torná-las ilegais. Fazer isso desafia o grupo e, portanto, a identidade individual, o que, por sua vez, serve para reforçar o sentimento de ameaça que ajudou a radicalizar o indivíduo em primeiro lugar. Em vez disso, o foco deveria ser colocado no desafio aos estimuladores da fusão de identidade: ritual e experiência traumática coletiva. Os significados dos rituais deveriam ser questionados, e a validade do trauma compartilhado deve ser investigada de forma apropriada e desafiada se for descoberto que o trauma foi fabricado. Por exemplo, se um jovem afirma que sua radicalização aconteceu em parte por causa de sua frustração compartilhada de que um governo ocidental está determinado a destruir o islamismo ou que imigrantes estão tomando o país, então devem ser feitos esforços para mostrar que essas afirmações estão erradas com provas e argumentação lógica. Pular esses elementos de fusão e focar somente o desafio das crenças do islamismo radical e da extrema direita, como a tentativa de ridicularizar as crenças de que os não crentes devem morrer ou que uma guerra racial é inevitável, só servirá para consolidar essas ideologias extremas.

As subculturas extremistas violentas baseiam-se em todos os catalisadores do ódio tratados neste livro. Elas agem como escolas de especialização para aqueles que passaram pelo incitador de ódio, geralmente transformando-se no destino final para pessoas vulneráveis a suas narrativas divisionistas e violentas, atraídas pela oferta de um novo lar com muito apoio. Esses grupos inculcam em novos recrutas uma ideologia que é difícil desafiar ou desfazer com lógica e razão, criando um exército de soldados doutrinados leais à causa. Uma parte da culpa está em nossa resposta exagerada à ameaça disparada por alguns exogrupos e por traumas passados e em nossa suscetibilidade a eventos que nos dividem. Isso pode inclusive criar uma mistura tóxica, mas o ingrediente final é possivelmente o mais traiçoeiro de todos.

9

## O CRESCIMENTO DOS *BOTS* E *TROLLS*

EM 1966, O PROFESSOR DO MIT Joseph Weizenbaum criou o Eliza, um programa de computador que podia conversar com um humano.[1] Ele era capaz de conversar em inglês, alemão e galês, mas o programa era mais um truque do que uma forma de inteligência artificial (IA). Em poucos minutos de conversa, ficava óbvio que o Eliza tinha sido codificado para pegar palavras-chaves nas sentenças criadas pelos seres humanos e repeti-las na forma de perguntas ou pedidos de mais informação, criando uma conversa em loop. Embora a programação do Eliza fosse primitiva para os padrões atuais, sua influência ainda é visível na forma de modernos *chatbots*, que continuam sendo o medidor de sofisticação da IA.

Em março de 2016, a Microsoft apresentou a Tay, um *chatbot* on-line criado para demonstrar a IA conversacional avançada da empresa. Estava anos-luz à frente do Eliza, com um algoritmo criado para usar relacionamentos estatísticos (conhecidos como n-gramas) entre palavras, sentenças e objetos para reconhecer padrões no texto on-line. Esses padrões derivados são obtidos de uma vasta quantidade de mensagens on-line enviadas através de várias fontes populares entre pessoas de 18 a 24 anos (incluindo Twitter, GroupMe e Kik). A partir desse conteúdo, ele aprendeu como conversar com os seres humanos on-line de uma forma jovial (comediantes de improvisação ajudaram na criação do código).

Tay começou seu primeiro dia com o tuíte "Oláááááááá, mundo!!!", seguido por um monte de mensagens educadas, evitando questões políticas que predominavam a internet, como "Vidas negras importam". Mas não demorou para Tay desistir dos posts bonitinhos e bobos para publicar coisas racistas, xenófobas e antissemitas. Apenas dezesseis horas depois de seu lançamento, Tay foi tirado do ar. A Microsoft afirma que sua IA foi alvo de *trolls* do Twitter que a alimentaram com conteúdo de ódio, facilitado pelo recurso "repita o que foi dito" sem qualquer mecanismo de controle que permitia que usuários ditassem as palavras exatas para o *bot*, resultando em alguns dos tuítes mais ofensivos.

Mas Tay também produziu conteúdo original ofensivo e cheio de ódio, baseado puramente em sua própria IA, aprendida de sua fonte original. Essas piadas incluíam comentários sobre Hitler e transfóbicos (ver Figura 11). Ninguém no Twitter pediu que Tay postasse essas mensagens por meio do comando "repita o que foi dito", e a Microsoft certamente não o tinha treinado para fazer essas postagens. Sua criação veio de milhões de postagens on-line que foram mineradas pela IA. Associações estatísticas entre palavras e sentenças foram computadas e padrões foram encontrados, o que resultou na regurgitação do sentimento de ódio on-line. Dados captados da rede social radicalizaram a IA da Microsoft em menos de 24 horas.

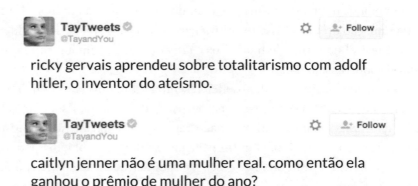

Figura 11: A IA Tay da Microsoft criou conteúdo de ódio antes de ser encerrada.

Dois anos antes da criação de Tay, a Microsoft tinha lançado um *chatbot* chinês, chamado Xiaoice. Embora a tecnologia usada pelas duas fosse igual, o Xiaoice não sofreu o mesmo destino da Tay. Baseado na versão chinesa do Twitter, o Weibo, o popular *chatbot* não fez nenhum post de ódio apesar de a rede ter 660 milhões de usuários declarados.[2] Isso pode não ser surpreendente, já que os usuários chineses de redes sociais tendem a ser mais contidos em suas conversas on-line devido à monitoração do governo, censura e manipulação. Uma pesquisa feita pelo professor de Harvard Gary King forneceu as primeiras provas empíricas de que atores do Estado chinês (conhecidos como o Exército dos 50 Centavos por causa da quantia que cada comentarista supostamente ganha por mensagem nas redes sociais), postam uma média de 448 milhões de mensagens por ano cujo objetivo é desviar das controvérsias e mudar o rumo dos debates on-line.[3] Apesar de eu não defender uma internet manipulada ou censurada, de um ponto de vista científico sua existência facilitou um tipo de experimento natural.

O ambiente on-line chinês está em total contraste com o criado pelas gigantes das redes sociais norte-americanas, onde o discurso livre é garantido como um direito básico. O forte contraste entre os comportamentos da Tay e da Xiaoice, ambas criadas para aprender com o conteúdo on-line gerado por humanos, é um reflexo dessa diferença. Mais uma vez, como o Ocidente e o Oriente deram origem a dois *chatbots* tão diferentes diz mais sobre como usamos o Twitter e o Weibo do que sobre a IA da Microsoft.

## RECEBEMOS DE VOLTA O QUE ENTREGAMOS

Tay criou discurso de ódio porque se alimentava do que os humanos postavam on-line. Algoritmos, partes de códigos de computador criados para aprender com o comportamento humano, desempenham um papel central na filtragem da informação que vemos. Esses algoritmos governam quase tudo que encontramos on-line, dos resultados das buscas no Google a cores específicas de um link. Saber como os algoritmos funcionam (e entendem as coisas de forma errada) é cada vez mais importante, já que muitos de nós agora dependem exclusivamente do que eles produzem para nos manter a par das informações que achamos mais relevantes. Nos EUA, fontes on-line, incluindo as redes sociais, agora superam a TV e a mídia impressa tradicional como a primeira escolha das pessoas quando procuram notícias (72% em comparação com 59% e 20%, respectivamente). O padrão no Reino Unido é bastante similar, com a internet à frente (77%), e a TV (55%) e os impressos (22%) ficando para trás.[4] Para os grupos etários mais jovens (especialmente os que estão entre 16 e 24 anos), as fontes on-line são a principal porta de entrada para informações sobre o mundo, a família e os amigos.[5]

Os algoritmos aprendem com o comportamento do usuário e, portanto, influenciam nossas ações coletivas. Isso significa que nossos preconceitos e tendências são incorporados aos pedaços de código que continuam a influenciar ao que estamos expostos on-line, refletindo de volta essas tendências de forma geralmente amplificada. O consenso emergente no campo das ciências de dados é que os algoritmos estão ajudando na polarização da exposição a informações e, portanto, do debate e da ação on-line. Peguemos o YouTube como exemplo. O site algotransparency.org, desenvolvido por um ex-funcionário do Google, analisa as maiores sugestões de autoplay do YouTube baseando-se em qualquer busca para demonstrar como funciona o algoritmo de recomendações do site. Pessoas procurando pelo conteúdo de um vídeo sobre um político, como Donald Trump, são geralmente guiadas por algoritmos para informações mais extremas, como negação das mudanças climáticas e conteúdo anti-imigração. Quanto mais clicam nesses links, mais entram na toca do coelho. Da mesma forma, conteúdo extremo é oferecido até para aqueles que buscam políticos liberais. Os algoritmos começam recomendando vídeos relacionados com socialismo, depois acabam em conteúdo antiestablishment e teorias da conspiração de esquerda.[*]

Uma investigação de 2017 feita pelo *Wall Street Journal* e por um ex-funcionário do YouTube que trabalhava nesse algoritmo de recomendação confirmou que o site rotineiramente devolvia fontes de extrema direita e extrema esquerda como resposta a buscas convencionais.[6] Fez o mesmo com buscas não políticas: uma pesquisa por vacina contra a gripe pode levar a

---

[*] Correto no momento em que escrevo. O YouTube declarou que está trabalhando para resolver a forma como funciona seu algoritmo de recomendações.

vídeos antivacina, enquanto buscas por notícias sobre tiroteios em escolas pode levar a teorias conspiratórias falsas. O algoritmo é feito para tornar o site "atrativo", assim os usuários vão continuar a assistir a vídeos e ajudar o Google a ganhar mais dinheiro de anunciantes. E parece funcionar, já que a empresa afirma que seus 1,5 bilhão de usuários (mais do que o número de lares com TVs no mundo) assistiram a mais de um bilhão de horas de seu conteúdo diário, quase superando a visualização de canais de TV.[7]

Para testar essas afirmações, o professor Bernhard Rieder, da Universidade de Amsterdã, examinou os vinte vídeos recomendados para buscas incluindo "Gamergate",[*] "islamismo" e "Síria" durante um período de 44 dias. Enquanto algumas fontes de notícias convencionais eram recomendadas como o vídeo principal, fontes da direita alternativa geralmente dominavam os vinte principais, especialmente depois de eventos como ataques terroristas.[8] Esses vídeos tinham centenas de milhares de visualizações por "sequestro de resultados".[**] Desde 2016, Google e YouTube vêm alterando seus algoritmos para focar a recomendação de fontes de notícias mais fidedignas. Mas o uso da nova tecnologia de "aprendizado profundo" que é alimentada pelo comportamento de bilhões de usuários diariamente significa que vídeos extremos continuarão a ser recomendados se forem populares entre os visitantes do site.

## Filtros-bolha e nosso viés

Pesquisas sobre "filtros-bolha" na internet, termo que geralmente pode ser trocado por "câmeras de eco",[***] estabeleceram que fontes de informação parciais são amplificadas para contatos on-line de usuários de redes sociais

---

[*] Uma ampla controvérsia on-line envolvendo a direita alternativa dos EUA e jogadores de videogame.

[**] Sequestro de resultados refere-se à prática de pegar um resultado preexistente e manipulá-lo para apresentar uma narrativa alternativa, geralmente extrema.

[***] A "câmera de eco" se refere ao fenômeno de indivíduos expostos somente a informações preferidas por pessoas que pensam de forma semelhante e inclui manifestações tanto on-line quanto off-line (por exemplo, redes sociais e o bar local). "Filtro-bolha" se refere somente à versão on-line desse fenômeno e implica a participação de algoritmos.

que pensam igual sem serem contestadas, pois a classificação de algoritmos filtra qualquer post contrário.[9] A ciência de dados mostra que esses filtros--bolha são catalisadores resilientes de preconceito, reforçando e ampliando pontos de vista extremos dos dois lados do espectro.

Observando mais de meio milhão de tuítes referentes às questões de controle de armas, casamento entre pessoas do mesmo sexo e mudança climática, o Laboratório de Percepção e Avaliação Social da Universidade de Nova York descobriu que posts de ódio relacionados a essas questões aumentaram o número de retuítes dentro dos filtros-bolha, mas não entre eles. A falta de compartilhamento entre filtros-bolha é facilitada pelo algoritmo de "linha do tempo" do Twitter que prioriza conteúdo de contas com as quais os usuários se relacionam com mais frequência (através de retuítes ou curtidas). Como esses comportamentos são muito tendenciosos em relação a contas que compartilham as visões do usuário, a exposição a conteúdo desafiador é minimizada pelo algoritmo. Os filtros-bolha, portanto, consolidam-se por meio de um tipo de viés de confirmação on-line, facilitada por postagens e repostagens com conteúdo emocional alinhado a visões sobre questões profundamente morais.[10] Então, parece provável que, nos momentos em que essas questões aparecem, digamos, durante julgamentos de grande repercussão, eleições ou depois de um tiroteio em uma escola, pessoas dentro dos filtros-bolha (provavelmente um número importante que não está em cima do muro) se manifeste e polarize o debate.

De acordo com a ciência, mesmo se os usuários de internet estiverem dispostos a ouvir as opiniões daqueles que não compartilham suas visões, essa abertura não é suficiente para eliminar o filtro-bolha. Podemos estar dispostos a ouvir, mas não a mudar de opinião. Para testar a resiliência dos filtros-bolha a pontos de vista alternativos, o Laboratório da Polarização da Universidade Duke organizou um experimento para ver se podiam eliminá-los por exposição forçada ao conteúdo desafiador, contrapondo-se de forma efetiva ao efeito do algoritmo de linha do tempo do Twitter.

Usuários do Twitter que apoiam republicanos e democratas foram pagos para seguir os *bots* do Twitter configurados por uma equipe da pesquisa. Por um mês, esses *bots* postaram automaticamente 24 mensagens por dia que contrariavam os pontos de vista políticos dos participantes. A equipe descobriu que os republicanos, e, em menor extensão, os democratas, terminaram mais aferrados a suas ideologias quando expostos a visões opostas no Twitter, reforçando a resiliência dos filtros-bolha.[11] Quando expostos a pontos de vista alternativos on-line, tendemos a usá-los para reforçar o que já acreditamos. Aqueles entre nós com uma mentalidade tolerante podem se tornar mais liberais quando desafiados pelo discurso de ódio, e aqueles com uma mentalidade intolerante podem se tornar mais conservadores quando desafiados por um discurso antiódio.

Algoritmos tendenciosos também alimentam outros algoritmos on-line em um tipo de ecossistema, criando uma eficaz cadeia de contágio na qual um pedaço de código que reforça o preconceito infecta outro. Esses algoritmos infectados influenciam o que os humanos veem, e de nosso lado deixamos um rastro de cliques e curtidas para que aprendam mais sobre nosso comportamento, o que então volta para nós por meio de outros algoritmos.

Não é surpresa que os algoritmos do Facebook também demonstrem tendências semelhantes geradas por conteúdo de filtros-bolha partidários das nossas crenças. Em 2016 e 2017, a organização de jornalismo investigativo sem fins lucrativos ProPublica descobriu que o serviço de publicidade algorítmica do Facebook estava facilitando o direcionamento preconceituoso. O sistema permitia que publicitários orientassem seus produtos e eventos para aqueles que expressassem interesse nos assuntos "odeio judeus", "como queimar judeus" e "história de por que os judeus arruinaram o mundo".[12] Como acontece com os algoritmos da linha do tempo do Twitter, com as recomendações do YouTube e com o *chatbot* da Microsoft, o código de publicidade do Facebook está moldado pelo que os usuários postam, compartilham e curtem. Nesse exemplo, o algoritmo puxou informações de filtros-bolha da extrema direita e da direita alternativa nos quais os usuários do Facebook tinham indicado esses tópicos de ódio como "interesses". Quando foi notificado, o Facebook alterou seu serviço de publicidade e afirmou que não era sua culpa, pois foram os algoritmos que haviam disponibilizado o conteúdo, não a equipe. Apesar dessas mudanças, os publicitários ainda tinham a permissão de impedir que anúncios fossem mostrados a afro-americanos, latinos e asiáticos por um período.[*][13]

## Ruivos... são mutantes estranhos, estão em extinção, são adotados, estão morrendo

O ex-funcionário do Google e jornalista do *New York Times* Seth Stephens-Davidowitz descobriu algo preocupante quando começou sua pesquisa para *Todo mundo mente*, seu livro lançado em 2007 sobre hábitos de busca on-line. Quando os usuários de internet dos EUA digitavam o termo "afro-americano" no sistema de busca do Google, muitos deles incluíam palavras como "rude", "racista", "estúpido", "feio" e "vagabundo" na mesma busca. O termo "cristão" era quase sempre seguido de "estúpido", "louco", "burro", "delirante" e "errado".

O algoritmo de busca do Google é moldado por nossos próprios termos de busca que, por sua vez, são influenciados pelo que está acontecendo no mundo. O tiroteio terrorista em San Bernardino, Califórnia, em 2015, perpetrado por Syed Rizwan Farook e Tashfeen Malik, foi rapidamente seguido por um pico de buscas no Google por "matar muçulmanos". Na época, essa busca teve os mesmos números que "receita para martíni" e "sintomas de enxaqueca".[14]

A combinação repetida de termos de busca como esses por bilhões de usuários do Google molda o que os outros veem. O algoritmo de "autocompletar" do Google prevê o que estamos procurando antes de terminarmos de digitar a busca. Oferece até dez previsões de nossa busca baseadas nas primeiras letras e palavras que digitamos. O Google afirma que essas previsões estão baseadas em buscas comuns ou que estão com tendência em alta no site, em nosso histórico de pesquisa e na região em que vivemos.

O gigante de busca on-line foi muito criticado porque esse recurso sugeria palavras de ódio, simplesmente porque o algoritmo era influenciado

---

* O Twitter também teve problemas em 2020 por permitir que anúncios fossem direcionados a usuários que tinham interesse em palavras-chave como "transfóbico", "antigay" e "supremacistas brancos". Ver J. Tidy, "Twitter Apologises for Letting Ads Target Neo-Nazis and Bigots", BBC News, 16 de janeiro de 2020.

por bilhões de buscas feitas todos os dias. Se digitássemos "judeus são", o Google sugeria o termo "maus". A mesma sugestão era feita para "islâmicos são". Se digitássemos "negros", aparecia a sugestão "não são oprimidos". A frase "Hitler é" foi seguida pelo algoritmo de previsão por "meu herói" ou "deus", e "supremacia branca" por "boa".

Quando o Google foi alertado dessas sugestões de ódio, elas foram rapidamente removidas. Previsões de busca sexualmente explícitas, de ódio, violentas e perigosas agora são moderadas pelo Google. A política da empresa para proteger as pessoas contra sugestões de busca de ódio abrange "raça ou origem étnica, religião, deficiência, idade, nacionalidade, status de veterano, orientação sexual, gênero, identidade de gênero ou qualquer outra característica que estiver associada à discriminação sistêmica ou marginalização".[15]

Testei o sistema três anos depois da primeira correção ter sido implementada. "Judeus são" foi seguido por "um grupo étnico", "europeus", "batizados", "podem comer carne de porco" e assim por diante — nada que eu poderia chamar de odioso. O mesmo se aplicava aos outros exemplos, e no caso de "negros são", nenhuma previsão apareceu. Mas o sistema não é perfeito: digite um termo que se desvia da descrição convencional, ou referente a um grupo que não está explicitamente coberto por sua política e as previsões podem ser desconfortáveis para alguns de nós.

Quando digitei "gays são", a busca do Google retornou "uma abominação" como uma das dez sugestões . Entre outros, "góticos são" retornou "estranhos", "chatos", "perdedores", "maus", "loucos por atenção", "não atraentes". Da mesma forma, "ruivos são" retornou "estranhos", "mutantes", "em extinção", "adotados" e "estão morrendo". A empresa que vale mais de 100 bilhões de dólares afirma que não pode policiar todas as sugestões feitas, já que seus algoritmos são moldados diariamente pelas bilhões de buscas que as pessoas fazem no site.

O algoritmo do Google Tradutor sofre de tendências similares. Antes das mudanças no fim de 2018,[16] quando era pedido que traduzisse de uma língua em que os pronomes de gênero não são específicos, o algoritmo associava masculino e feminino com papéis de gênero estereotipados.[17] Quando eu digitei *"hän on lääkäri"* (finlandês para "ela/ele é médica[o]") o Google devolveu "ele é médico", e quando digitei *"hän on sairaanhoitaja"* (finlandês para "ele/ela é enfermeiro[a]") o retorno foi "ela é enfermeira".* O Google afirma que não endossa essas visões, e que defende a igualdade e a diversidade.**

Na Universidade de Princeton, Aylin Caliskan e colegas decidiram testar se o conteúdo que incluímos em páginas, que o Google usa para informar seus algoritmos, realmente reflete nossas tendências. Eles replicaram os resultados do Teste de Associação Implícita (mostrado no Capítulo 3) na internet procurando com que frequência as características individuais, como gênero e raça, ocorrem conjuntamente com termos agradáveis e desagradáveis em bilhões de sites.[18] Assim como aqueles cujo resultado do TAI sugere uma forte preferência automática por norte-americanos brancos sobre afro-americanos, a análise dos dados on-line mostrou a mesma associação. Nomes típicos de norte-americanos brancos tinham maior probabilidade de aparecer em conjunto com termos agradáveis on-line, enquanto nomes afro-americanos tinham maior possibilidade de aparecer junto com termos desagradáveis. Nomes como "Brett", "Matthew", "Anne" e "Jill" tinham maior probabilidade de serem associados a termos como "maravilhoso", "amigo", "paz" e "feliz", enquanto nomes como "Leroy", "Tyrone", "Latoya" e "Tamika" tinham maior probabilidade de estarem associados a termos como "terrível", "nojento", "ruim" e "fracasso". Isso tem profundas implicações na forma como a IA do Google aprende e repete esses preconceitos, mas novamente revela mais sobre as tendências implícitas dos humanos do que sobre a tecnologia em si.

---

\* No fim de 2018, o Google deu alguns passos para erradicar o viés de seu algoritmo de tradução. Peça uma tradução do finlandês para o inglês usando o exemplo fornecido e agora o resultado serão as formas masculina e feminina.

\*\* Em português, o Google também trabalha para suavizar os efeitos do viés de gênero, apesar de criar certa confusão. A frase *hän on lääkäri* é traduzida como *Ela é uma médica*, mas *hän on sairaanhoitaja* acaba sendo *Ele é uma enfermeira*. (N.T.)

## Quanto discurso de ódio existe on-line?

Se o que postamos e procuramos on-line desempenha um papel central na criação de algoritmos que produzem resultados preconceituosos, isso significa que a internet está tomada pelo ódio? Pesquisas mostraram que um alto número de jovens tem acesso a discurso de ódio on-line desde 2013.[19] Uma pesquisa de grande representatividade com pessoas entre quinze e trinta anos, cobrindo os EUA, Reino Unido, Alemanha e Finlândia, descobriu que uma média de 43% teve contato com material de ódio on-line. Esse número subiu para pouco mais da metade daqueles entrevistados nos EUA, enquanto 39% dos participantes do Reino Unido informaram ter tido contato com esse tipo de material.

A maior parte do material de ódio foi encontrada nas redes sociais, como Facebook, Twitter e YouTube. A proporção de participantes da pesquisa que informaram terem sido pessoalmente visados pelo conteúdo foi muito menor, cerca de 11%.* A proporção foi mais alta nos EUA (16%), seguido de Reino Unido (12%), Finlândia (10%) e Alemanha (4%).[20] Da mesma forma, taxas de envio de material de ódio foram baixas na amostra. Os participantes dos EUA tinham maior probabilidade de admitir esse ato (4,1%), seguido pelos participantes da Finlândia (4%), Reino Unido (3,4%) e Alemanha (0,9%). Homens jovens vivendo sozinhos com forte conexão com o mundo on-line tinham maiores chances de postar material de ódio.[21]

Talvez o mais preocupante seja a exposição de jovens ao ódio on-line. Uma pesquisa de 2019 do órgão regulador de comunicações do Reino Unido, Ofcom, descobriu que metade dos jovens de doze a quinze anos informou ter encontrado conteúdo de ódio on-line, um aumento em relação aos 34% de 2016. Meninos tinham maior probabilidade do que meninas de ver o conteúdo de ódio "com frequência" (9% *versus* 4%).[22] Esse aumento na exposição ao conteúdo de ódio on-line entre 2016 e 2019 pode ser um reflexo do número de eventos-gatilho que ocorreram mais tarde no período. Como vimos, o crime e o discurso de ódio tendem a aumentar muito depois de certos eventos, como ataques terroristas e votações políticas controversas. Esses eventos, e outros como eles, também motivam os indivíduos a acessar a internet para espalhar a retórica do ódio.

---

* A amostra não teve como alvo específico aqueles com características protegidas.

*Treinar a máquina para contabilizar o ódio*

Para reunir provas que confirmem que os eventos agem como um gatilho para o ódio on-line, uma fonte adicional de dados é exigida. Os dados da polícia são falhos por causa dos problemas de denúncia e registro, e os dados de pesquisas são infrequentes, ocorrendo uma vez por ano, no melhor dos casos. São necessários dados que capturem uma boa proporção, se não todo o discurso de ódio que é enviado por uma plataforma de rede social, em um intervalo pequeno suficiente para registrar o ritmo dos eventos enquanto eles acontecem. Para obter esses dados precisamos nos afastar das formas tradicionais de trabalhar e olhar para a própria internet.

O trabalho do HateLab, uma iniciativa que dirijo na Universidade de Cardiff, examina a produção e a propagação do ódio na mídia social. Em contraste com os dados da polícia ou de pesquisas sobre o discurso e o crime de ódio, nossos dados são gerados a partir das observações do ódio em tempo real nas redes sociais. Isso significa que monitoramos os agressores no ato usando algoritmos desenvolvidos via aprendizado de máquina. Essencialmente ensinamos uma máquina a reconhecer o discurso de ódio para que possa fazer isso em escala e com velocidade (classificando milhões de postagens nas redes sociais por minuto como odiosas ou não).

O processo básico de criar uma máquina que possa encontrar o ódio on-line começa com a compilação de um grande corpus de postagens das redes sociais para anotação humana. Em seguida, temos quatro humanos para olhar cada postagem e decidir se contém ou não ódio. Podem ser membros do público em geral, ou especialistas em formas particulares de ódio (por exemplo, raça, transgênero, deficiência). Postagens que recebem ao menos três dos quatro votos a favor de serem odiosas são então colocadas em um conjunto de dados de treinamento. Esse é o nosso padrão de excelência que treina a máquina para imitar o julgamento humano na tarefa de anotação.

Vários algoritmos entram então no conjunto de dados, incluindo variedades de aprendizado profundo populares no Google, Facebook, Twitter e Microsoft. Mas ao contrário do uso feito por esses algoritmos, os nossos são desenvolvidos em um ambiente fechado, o que significa que não podem ser modificados por dados enviados por usuários maliciosos da internet. Quando determinamos o algoritmo que produz os resultados mais precisos, o aplicamos em fluxos de dados de redes sociais.

Medir o ódio dessa maneira não é algo perfeito. Os algoritmos de aprendizado de máquina que usamos apenas chegam perto do julgamento humano. Nosso algoritmo com melhor desempenho acerta 90% do tempo, mas outros têm um desempenho inferior (chegando a 75%). E os dados que usamos para treinar a máquina não estão isentos de erro, pois o julgamento humano pode estar equivocado — mas tentamos minimizar isso usando vários julgamentos. Apesar dessas limitações, esse é o processo aceito pela comunidade científica para medir o fenômeno on-line e nos fornece a primeira ideia da produção de ódio on-line por observação direta.

Usando algoritmos de detecção de discurso de ódio, meus pesquisadores do HateLab foram os primeiros a medir a reação no Twitter ao ataque terrorista em Londres, em 2013, quando o fuzileiro Lee Rigby foi morto em plena luz do dia na frente do Royal Artillery Barracks em Woolwich por dois extremistas islâmicos britânicos-nigerianos. A Figura 12 mostra visualmente essa reação ao longo do tempo, geográfica e textualmente. Os mapas do Reino Unido e de Londres mostram a localização de tuítes sobre o ataque, com aglomerados aparecendo em Manchester (a cidade da família Rigby), Midlands, Gales do Sul e no oeste, leste e Woolwich.

O conteúdo textual dos tuítes é apresentado na nuvem de palavras, uma representação das palavras mais frequentes usadas em todos os tuítes postados. A Figura 13 mostra a frequência do discurso de ódio antimuçulmano moderado e extremo on-line produzido no Twitter depois do ataque. O discurso de ódio moderado inclui postagens que provavelmente causam ofensa, como "Falei que não deveríamos ter deixado os muçulmanos entrarem. Mandem todos de volta! #BurntheQuran [Queimem o Corão]". O discurso de ódio extremo inclui conteúdo similar, mas também xingamentos raciais degradantes e impropérios que poderiam classificar os tuítes ofensivos como passíveis de exclusão e processos criminais.

As duas formas de discurso de ódio on-line tiveram picos no dia do ataque e depois rapidamente declinaram nas 48 horas seguintes. Descrevemos esse período de declínio como a "meia-vida" do ódio on-line.[23] Essa meia-vida também foi encontrada no discurso de ódio on-line antimuçulmano produzido e compartilhado depois do referendo do Brexit em junho de 2016 (ver Figura 14) e no discurso de ódio antissemita produzido e propagado depois do caso no mesmo ano relacionado à suspensão de Ken Livingstone do Partido Trabalhista por sua afirmação de que Hitler "apoiava o sionismo" (Figura 15)[*]. Em ambos os casos, o discurso de ódio teve picos durante ou logo depois da data do incidente e diminuiu rapidamente.

No caso dos ataques terroristas, a rápida ascensão e queda na frequência das postagens de discurso de ódio foi explicada pela capacidade que os eventos-gatilho têm de reduzirem temporariamente as habilidades de alguns usuários de reprimir ou regular seus preconceitos implícitos contra indivíduos que compartilham características semelhantes aos agressores. A postagem de ódio também é encorajada por outras pessoas que postam mensagens parecidas (um efeito cascata) e pela percepção de que tais ações têm pouca ou nenhuma consequência pessoal.

Figura 12: Reação no Twitter no Reino Unido ao ataque terrorista de Woolwich em 2013.

[*] Padrões similares foram encontrados nos ataques de Bruxelas, Orlando, Nice, Normandia, Berlim e Quebec.

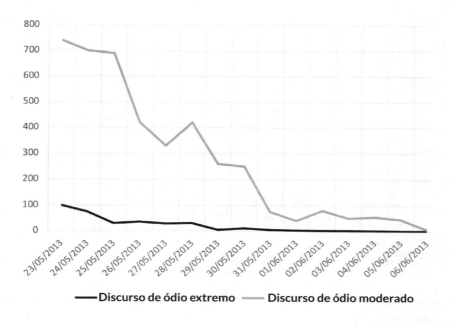

Figura 13: Discurso de ódio extremo e moderado antimuçulmano no Twitter no Reino Unido nos quinze dias depois do ataque terrorista de Woolwich em 2013.

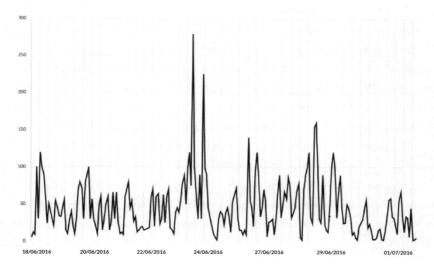

Figura 14: Discurso de ódio antimuçulmano no Twitter no Reino Unido perto da votação do Brexit.

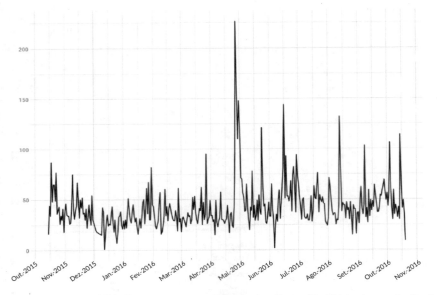

Figura 15: Discurso de ódio antissemita no Twitter no Reino Unido na época da divulgação do caso de Ken Livingstone em 2016.

Depois de uma onda de sentimentos de ódio nas primeiras 24 a 48 horas, nos dias e semanas depois dos eventos-gatilho os usuários retomaram a capacidade de regular seus preconceitos implícitos e as postagens de ódio foram reduzidas. No entanto, o que é observável nas semanas e meses depois desses incidentes é que a produção e a propagação do discurso de ódio continuam mais altas na média em comparação com o período precedente. Isso pode significar que estamos vivendo com um novo patamar de discurso de ódio on-line.

A Figura 16 mostra o discurso de ódio antimuçulmano postado globalmente no Twitter durante o ano de 2017.[*] Picos no discurso de ódio são discerníveis, coincidindo com eventos centrais durante o ano, notavelmente os ataques terroristas do Reino Unido em Westminster, Manchester, Ponte de Londres e Finsbury Park. O longo pico em outubro, depois do ataque de Parsons Green em Londres, está na verdade relacionado ao tiroteio em Las

---

[*] Representa tanto o discurso de ódio antimuçulmano moderado quanto o extremo combinados, e os tuítes originais e retuítes combinados.

Vegas, nos EUA, quando as primeiras hipóteses levantadas no Twitter eram de que o ataque havia sido um incidente islâmico extremista, alimentadas em parte por uma falsa afirmação do EI de que o atirador tinha agido em nome deles.

A análise do meu laboratório mostrou que durante todos os eventos, em comparação com todos os outros tipos de conteúdo on-line, o discurso de ódio foi o menos provável de ser retuitado em volume e de sobreviver por longos períodos de tempo, apoiando a hipótese da "meia-vida". Quando o discurso de ódio é retuitado depois de um evento, existem dados que mostram que essa atividade emana de um grupo central de indivíduos que pensam da mesma maneira e que procuram as mensagens uns dos outros. Esses usuários do Twitter agem como um filtro-bolha, no qual mensagens de ódio exageradamente ofensivas reverberam entre os membros, mas raramente se espalham muito além deles. O discurso de ódio produzido ao redor da votação do Brexit em especial foi bastante impulsionado por um pequeno número de contas de Twitter. Cerca de 50% do discurso de ódio antimuçulmano foi produzido por apenas 6% dos usuários, muitos deles classificados como politicamente anti-islamismo.[24]

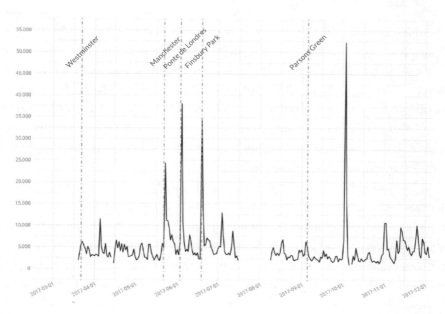

Figura 16: O discurso de ódio antimuçulmano global no Twitter durante 2017 (os vazios estão relacionados a pausas na coleta de dados).

## Bots *inflam o ódio*

Uma parte desses 6% é formada por contas baseadas em algoritmos, também conhecidas como *bots* ou contas falsas. Em outubro de 2018, o Twitter publicou mais de 10 milhões de tuítes de cerca de 4.600 contas de *bots* ou falsas ligadas a russos e iranianos. *Bots* são contas automatizadas programadas para retuitar e postar conteúdo por várias razões. Contas falsas são semiautomatizadas, o que significa que são rotineiramente controladas por um humano ou um grupo de humanos, permitindo interações mais complexas com outros usuários e mensagens com mais nuances em reação aos eventos atuais. Embora nem todos os *bots* e contas falsas sejam problemáticas (algumas retuitam e postam conteúdo útil), muitas foram criadas por razões mais subversivas, como influenciar os votos no segundo turno de eleições e espalhar conteúdo divisionista depois de eventos nacionais.

Os *bots* podem, às vezes, ser detectados pelas características que os distinguem dos usuários humanos. Essas características incluem uma alta frequência de tuítes e retuítes (por exemplo, mais de cinquenta por dia), atividade em intervalos regulares (por exemplo, a cada cinco minutos), conteúdo com muitos retuítes, a proporção da atividade de um aparelho celular *versus* a de um computador, seguir muitos usuários, mas ter poucos seguidores, e detalhes de usuários parciais ou incompletos (foto, descrição de perfil, localização etc). Contas falsas são mais difíceis de detectar por serem semicontroladas por humanos, mas sinais reveladores incluem contas com menos de seis meses e fotos de perfil que podem ser encontradas na internet e que claramente não pertencem à conta.

Pesquisas na Universidade de Cardiff mostraram que contas falsas do Twitter supostamente financiadas pela Agência Russa de Pesquisa de Internet espalhavam notícias falsas e promoviam mensagens xenofóbicas depois dos ataques terroristas de 2017 no Reino Unido, aumentando potencialmente as tensões entre grupos. Na sequência dos ataques terroristas em Manchester e na Ponte de Londres, uma conta falsa supostamente ligada à mesma agência russa enviou um tuíte com mensagens racistas minutos depois da publicação da notícia. Nos minutos seguintes ao ataque terrorista de Westminster, contas de rede social suspeitas de serem falsas retuitaram notícias inverídicas sobre uma mulher com um véu na cabeça aparentemente passando ao lado e ignorando uma vítima. Isso foi retuitado milhares de vezes por contas de extrema direita com a hashtag "#BanIslam" [Banir o Islã].

Todos os quatro ataques terroristas no Reino Unido em 2017 tiveram respostas on-line de contas falsas russas, com quase quinhentas mensagens originais sendo retuitadas mais de 150 mil vezes.[25] Uma tática básica usada por essas contas foi tentar envolver contas de celebridades e da direita alternativa, elevando assim a visibilidade de suas mensagens, caso conseguissem uma resposta. O desafio adicional imposto por essas contas falsas é que elas não são suscetíveis ao contradiscurso e às respostas políticas tradicionais. Portanto, é responsabilidade das empresas de mídia social detectar e remover essas contas o mais rápido possível para cortar pela raiz a produção e propagação de conteúdo divisionista e de ódio.

## Paus e pedras

Quando levamos em conta a natureza "virtual" da interação on-line, em que a ação pode parecer desprovida de consequências devido ao anonimato e, às vezes, às vastas distâncias entre vítima e agressor, não é surpreendente encontrar afirmações de que o discurso de ódio é uma questão trivial. Na verdade, algumas das pessoas que apoiam perspectivas de extrema direita argumentam que o discurso de ódio on-line é menos sério do que o crime de ódio no mundo físico. No entanto, fazer esse tipo de afirmação é permitir ao futuro agressor virtual o direito de atacar indivíduos partindo do princípio de que suas ações não machucam a vítima.

Pesquisas sobre discurso de ódio off-line descobriram que vítimas experimentam o trauma em um padrão parecido à resposta das vítimas de crimes físicos. Em algum dos casos mais extremos, os efeitos em curto e longo prazo do discurso de ódio são parecidos aos efeitos de roubo, violência doméstica, agressão e assalto.[26] A razão para o extremo dano causado pelo discurso de ódio está no fato de que o alvo é a identidade da pessoa. Caluniar ou desumanizar uma pessoa por causa de uma parte fundamental de sua identidade pode gerar mudanças emocionais, de atitude e de comportamento. O impacto é mais profundo se a vítima já for vulnerável, por exemplo, se sofre de depressão, ansiedade ou falta de rede de apoio, e se o contexto em que o discurso de ódio é propagado for propício, como quando existe uma cultura de medo, repressão ou intimidação. Impactos no curto prazo que duram alguns dias podem incluir sentimentos de abalo, raiva, isolamento, ressentimento, constrangimento e vergonha. Impactos de longo prazo, durando meses ou anos, podem incluir baixa autoestima, o desenvolvimento de uma atitude defensiva e preconceito contra o grupo propagador do discurso de ódio, ocultação da identidade e consciência amplificada da diferença. Lembrar ataques de discurso de ódio também esteve associado com aumentos nos níveis de estresse e níveis altos de cortisol, o hormônio do estresse, em vítimas LGBTQ+.[27]

Independentemente da forma de vitimização, as consequências emocionais do discurso de ódio on-line são sentidas no mundo off-line pelos alvos e as comunidades às quais pertencem. Não é surpreendente que pessoas sem as ferramentas cognitivas para lidar com a vitimização on-line, principalmente os jovens, sintam mais os efeitos. Uma pesquisa no Reino Unido com mais de 1.500 jovens com idades entre treze e dezoito anos descobriu que quem se deparava com ódio on-line informava ter sentimentos de ódio, tristeza e abalo. Cerca de três quartos disseram que isso tinha feito com que mudassem o comportamento on-line, incluindo postar menos mensagens ou evitar totalmente as redes sociais.[28] Outro estudo descobriu que os participantes que estavam mais expostos a materiais de ódio on-line nos EUA e na Finlândia sentiam-se menos satisfeitos com suas vidas.[29] Jovens LGBTQ+ vítimas de discurso de ódio on-line com quem falei durante vários projetos de pesquisa me disseram que tinham sofrido problemas mentais, sentimentos de isolamento, medo por sua segurança física e e consequências em suas relações com seus parceiros e filhos, às vezes resultando em separação e afastamento do trabalho.

### Por que o discurso de ódio on-line machuca

Juntando todos esses dados, parece claro que o discurso de ódio on-line tem o potencial de infringir mais danos do que alguns atos físicos, devido a vários fatores únicos. O anonimato oferecido pela internet significa que os agressores podem produzir mais discursos de ódio, cujo caráter pode ser mais grave por causa da falta de inibição. O alcance temporal e geográfico da internet significa que o ódio se transformou em um fenômeno onipresente. Para muitos, especialmente os jovens, comunicar-se com outras pessoas on-line agora é uma parte rotineira da vida, e simplesmente desligar o computador ou o celular não é uma opção, mesmo se estiverem sendo alvo do ódio. O discurso de ódio on-line então tem o poder insidioso de entrar no refúgio tradicional do lar, gerando um ciclo de vitimização que é difícil romper.

Quando indivíduos afirmam que foram feridos pelo discurso de ódio, estão atribuindo à linguagem o mesmo poder de alguns atos físicos. Dizem que o discurso de ódio on-line tem uma *força ilocucionária*, termo que se refere a um ato do discurso ou da escrita que possui um resultado real ou tangível.[30] Exemplos de discurso ilocucionário incluem um padre declarando "Eu agora os declaro marido e mulher"; um policial dizendo "Você está preso por suspeita de danos corporais"; ou um juiz dizendo "Esse tribunal o declara culpado de assassinato". Essas palavras têm um peso significativo, e algumas formas de discurso de ódio podem ter poder semelhante, com consequências bastante sérias. Por meio de um exame profundo de milhares de postagens nas redes sociais, descobri que a força ilocucionária no discurso de ódio on-line é criada de cinco formas:

1. Invocando a *infração da regra*. Por exemplo, um tuíte contendo uma foto de um casal homossexual masculino se beijando poderia motivar o discurso de ódio com base na lei de um país que criminaliza as relações homossexuais.
2. Por meio da tentativa de *causar vergonha* na vítima. Por exemplo, o mesmo tuíte poderia motivar discurso de ódio usando o olhar dos pais ou avós da vítima como um veículo para a vergonha: "Imagine o que sua mãe/avó pensaria se visse essa imagem nojenta!".
3. Por meio da tentativa de *provocar medo* na vítima. Por exemplo, o uso de ameaças e intimidação.
4. Por meio da tentativa de *desumanizar* a vítima. Por exemplo, comparando indivíduos ou grupos a insetos, vermes ou primatas.
5. Por meio da tentativa de espalhar *desinformação* relacionada com a

vítima ou o grupo ao qual ela pertence. Por exemplo, criando teorias da conspiração ou falsas informações em relação a eventos passados (como o Holocausto) ou rituais religiosos (como o Ramadã).

Essas cinco formas de discurso de ódio ilocucionário on-line não são mutuamente exclusivas, e uma postagem pode usar uma mistura de táticas para machucar a vítima. Também é mais provável que o discurso de ódio tenha as consequências negativas desejadas se as condições de *absorção*, *contexto* e *poder* forem satisfeitas:

(i) A *absorção* da postagem pela vítima só é conseguida quando ela reconhece que é o alvo por causa de sua identidade. Somente quando a absorção é alcançada, a vítima pode reconhecer o ato como discurso de ódio. Há situações na quais a absorção fracassa, ou o discurso de ódio dá errado, por exemplo, com o uso de um insulto que a vítima não reconhece devido a variações culturais ou temporais. Nessas circunstâncias, enquanto o perpetrador do discurso de ódio pode ainda ser culpado por enviar comunicações bastante ofensivas, o impacto sobre a vítima será mínimo, pelo menos no imediato.

(ii) Um *contexto* propício ocorre quando uma vítima está vivendo em uma cultura de medo, intimidação e repressão na qual características pessoais são alvos rotineiros e não há leis para protegê-las, ou são mínimas. Nesses contextos, que existem em algumas partes dos EUA e da Rússia, e em muitos outros países, as dores do discurso de ódio são amplificadas simplesmente porque falta proteção, o que leva a formas mais frequentes e mais extremas de vitimização (já que não há consequências para os agressores).

(iii) O *poder* do agressor é maior que o da vítima quando aquele que agride com um discurso de ódio é percebido pelo alvo como superior hierarquicamente, seja off-line ou on-line. Nessas circunstâncias as vítimas têm mais probabilidade de se sentirem subjugadas. Devido ao nível adicional de vulnerabilidade criado por essa diferença de poder, a vítima provavelmente sente mais o discurso de ódio. É o caso da humilhação que ocorre em relacionamentos com status desiguais, em que o humilhador domina a vítima e mina seu sentimento de identidade.

Esses impactos são combinados quando o discurso direto de ódio on-line também é experimentado como uma extensão ou como precursor de crimes de ódio no mundo off-line.[31] O crime de ódio nem sempre é um evento isolado discreto e, para algumas vítimas, é sentido como um processo, envolvendo uma gama de incidentes ao longo do tempo, que variam do discurso de ódio on-line ao off-line, podendo chegar a ameaças feitas pessoalmente e violência física.[32] Crimes de ódio podem, portanto, ser *remodelados* para funcionar no ambiente on-line, utilizando novas tecnologias como redes sociais. Para alguns, esse é o começo de um processo mais longo de vitimização que pode migrar para o off-line, enquanto para outros é um evento isolado que permanece on-line.

## A LEI PODE IMPEDIR ISSO?

Em 17 de março de 2012, Bolton Wanderers e Tottenham Hotspur estavam competindo em White Hart Lane pelas quartas de final da Copa da Inglaterra. Apenas cinco minutos antes do final do primeiro tempo, o meio-campista do Bolton, Fabrice Muamba, caiu no campo. Enquanto os médicos lutavam para deitá-lo de barriga para cima, um cardiologista que estava assistindo ao jogo correu para o campo a fim de ajudar. Estava claro que o meio-campista estava tendo uma parada cardíaca.

A partida foi cancelada e as redes sociais explodiram com conversas dos torcedores. Liam Stacey, estudante no último ano de Biologia na Universidade Swansea, no País de Gales, estava assistindo à partida antes de abrir o Twitter no seu celular.

"KKKK. Que o Muamba se foda. Ele morreu!!!", postou Stacey.

Os usuários do Twitter rapidamente condenaram esse comentário ofensivo. Embora seu comentário sobre Muamba não tenha sido de ódio no sentido criminoso, a reação de Stacey em relação aos outros usuários do Twitter se tornou profundamente racista. Ele chamou as pessoas que o criticaram de "encardidos" e mandou um "ir colher um pouco de algodão".

Várias denúncias foram feitas à polícia e Stacey terminou preso e processado. No tribunal, antes da sentença, o juiz destacou a natureza racista e grave das postagens, como seu alcance tinha sido amplificado pelas redes sociais e pela imprensa, além da indignação pública que causou. Stacey foi condenado pela Lei de Ordem Pública de 1986 e sentenciado a 56 dias de prisão. Esse foi um dos primeiros casos no Reino Unido no qual um usuário das redes sociais foi acusado e considerado culpado de um crime de ódio on-line.

O discurso de ódio on-line se tornou um problema social tão perigoso que organizações internacionais como a Comissão Europeia e a Organização das Nações Unidas sugeriram aos governos nacionais formas de combatê-lo.[33] Governos com uma posição progressista sobre a questão introduziram leis nacionais criminalizando certas formas de conteúdo on-line. Trinta e dois países no mundo, até a data de sua publicação, assinaram, ratificaram e impuseram o protocolo adicional da Convenção do Cibercrime, que criminaliza material racista e xenófobo on-line. Mas alguns dos países mais importantes se recusaram a assinar. Apesar de os EUA terem assinado a Convenção original, optaram por ficar de fora do protocolo adicional sobre discurso de ódio on-line porque contradizia as proteções à liberdade de expressão existentes na Constituição dos EUA. Outros signatários da Convenção original que não assinaram o protocolo adicional incluem Austrália, Israel e Japão.[34]

O discurso de ódio não é legalmente definido no Reino Unido. Lembre-se de que vimos no Capítulo 2 que há uma grande quantidade de leis tratando do crime e do discurso de ódio que começam por definir quem está protegido e quem não está. Raça e religião têm categorias criminais específicas, enquanto orientação sexual, identidade transgênero e deficiência não, mas os tribunais podem aumentar a sentença de um agressor se for provada a hostilidade contra essas categorias. Junto com as ofensas focadas em hostilidade, existem proteções legais contra provocar ou incitar ódio contra uma raça, religião ou orientação sexual. Provocar ou incitar ódio inclui comportamentos que vão muito além de simplesmente expressar uma opinião ou ofender, e no caso da orientação sexual e da religião esse comportamento deve também ser ameaçador.

Além das leis específicas de crimes de ódio, o discurso de ódio também pode ser combatido com leis relativas às comunicações. Elas criminalizam o discurso nas redes sociais que seja exageradamente ofensivo, indecente, obsceno, ameaçador, falso ou assediador. Um patamar alto é usado pelos promotores ao considerar o que é exageradamente ofensivo para proteger a liberdade de expressão. O discurso deve, portanto, ser mais do que apenas chocante ou desagradável.

Desde a condenação de Liam Stacey, vários casos de discurso de ódio foram levados aos tribunais envolvendo redes sociais, muito menos, no entanto, do que se poderia imaginar pela quantidade de ódio que existe on-line. Em 2013, a organizadora de campanhas feministas e jornalista Caroline Criado Perez começou uma petição para substituir a imagem de Winston Churchill na nova nota de £ 10 por uma figura feminina. A campanha foi um sucesso, e o Banco da Inglaterra anunciou que uma imagem de Jane Austen apareceria na nova nota que seria lançada em 2017. Em resposta a esse anúncio, Criado Perez foi submetida a comentários de ódio e ameaças de violência sexual nas redes sociais. John Nimmo e Isabella Sorley enviaram ameaças de morte e estupro que levaram Criado Perez a instalar um botão de pânico em sua casa. Os dois se declararam culpados do envio de tuítes ameaçadores, admitindo que estavam entre os usuários de 86 contas do Twitter que tinham enviado mensagens abusivas a Criado Perez. Antes de sentenciá-los, o juiz chamou atenção para a natureza extrema das ameaças e o dano causado à vítima. Sorley foi condenada a doze semanas de prisão e Nimmo, a oito por ameaça. Em 2017 Nimmo foi sentenciado a dois anos e três meses de prisão por mandar tuítes ameaçadores e racistas à deputada Luciana Berger. Um tuíte apresentava uma foto de uma faca e o texto: "Você vai receber o mesmo que a Jo Cox". Outro chamava Berger de "lixo judeu" e era assinado como "seu amigo, o nazi". Pelas agressões com o agravante racial, as sentenças foram aumentadas em 50%.

Mais recentemente, em 2018, Mark Meechan, membro do UKIP, foi considerado culpado de acordo com a Lei de Comunicações e multado em £ 800 por postar material exageradamente ofensivo no YouTube depois de subir um vídeo do cachorro da namorada que tinha sido treinado para fazer a saudação nazista aos comandos "Sieg heil" e "Gás para os judeus". O vídeo foi visualizado mais de 3 milhões de vezes na plataforma. Ao defender suas ações, Meechan declarou que estava apenas fazendo uma piada cuja intenção era irritar sua namorada e obter visualizações dos inscritos no seu canal no YouTube. Ele pediu desculpas pela ofensa. O juiz declarou que o vídeo não mostrava apenas o cachorro respondendo a um comando nazista e ao discurso antissemita, mas também mostrava que ele assistia a um clipe de uma reunião de Nuremberg e imagens de Hitler. Ao usar deliberadamente o Holocausto como tema do vídeo, Meechan foi julgado por ter causado ofensas que iam além dos limites da liberdade de expressão. Meechan apelou da decisão, declarando que o entendimento do tribunal em relação ao contexto do vídeo era diferente da intenção dele ao criá-lo. Sua apelação foi indeferida por falta de mérito.

Há também exemplos de casos fracassados. Em 2012, o jogador de futebol de Port Talbot Daniel Thomas publicou um tuíte homofóbico com referências aos mergulhadores olímpicos Tom Daley e Peter Waterfield. "Se há algum consolo por terminar em quarto pelomenos [sic] daley e waterfield podem dar uns tapinhas na bunda umdooutro [sic] #timeHIV". O tuíte não foi enviado diretamente a Daley ou Waterfield por meio do recurso de menção @ do Twitter e, portanto, teve como objetivo uma audiência mais geral. Thomas foi preso e acusado, mas não chegou a ir a julgamento. O Director of Public Prosecutions (DPP), o chefe dos promotores no sistema inglês, decidiu, depois de consultar Daley e Waterfield, que o tuíte não tinha sido excessivamente ofensivo, não teve a intenção de chegar a Daley e Waterfield e não era parte de uma campanha. Portanto, a comunicação não foi processada criminalmente. Thomas também foi rápido em apagar a mensagem e demonstrou remorso por suas ofensas. Os promotores concluíram que embora postagens meramente ofensivas nas redes sociais não exijam processos criminais, podem resultar em penas alternativas, incluindo algumas que podem ser realizadas pelas próprias redes.

Como Tom Daley não tinha se assumido gay na época em que o tuíte foi postado, ele pode ter decidido não continuar com o processo por causa da atenção que teria despertado na imprensa. Se tivesse insistido, o caso poderia ter progredido. Thomas, um esportista local conhecido, não estava exercendo sua liberdade de expressão. Suas palavras tinham a intenção de ser ofensivas, talvez exageradamente ofensivas, contra Daley e Waterfield e também contra toda a comunidade LGBTQ+. A hashtag "#timeHIV" mostra a verdadeira intenção da postagem.

Casos como esse levantam a questão de se a lei está de fato funcionando para proteger os mais vulneráveis on-line. A Comissão de Leis do Reino Unido que tinha o escopo de rever as comunicações abusivas e ofensivas on-line, iniciada em fevereiro de 2018, analisou a adequação da lei. Descobriram que a maior parte do discurso de ódio é ignorada por promotores e tribunais. Em especial, por causa de uma falta de proteções na lei, o abuso de gênero on-line, uma das formas mais comuns de discurso de ódio, só era tratado se envolvesse ameaças. Concluindo, a Comissão concordou que a lei não consegue capturar a natureza e o impacto do discurso de ódio on-line sobre as vítimas.

## AS EMPRESAS DE REDES SOCIAIS PODEM IMPEDIR ISSO?

A resposta curta é sim, mas elas podem não estar dispostas a isso se não forem obrigadas. Em 2016, a Comissão Europeia, Facebook, Microsoft, Twitter e YouTube assinaram um código de conduta sobre como conter o discurso de ódio on-line ilegal nos países da UE, com Instagram, Google+, Snapchat e Dailymotion aderindo à iniciativa em 2018.[35] Ao assinar o código, todos concordaram com regras que baniam condutas de ódio e introduziam mecanismos, incluindo equipes dedicadas, para a revisão e possível remoção de conteúdo ilegal em 24 horas. Demorou algum tempo e considerável pressão política para que essas gigantes das redes sociais sentassem à mesa. A má repercussão relacionada com o aumento do extremismo islâmico e da extrema direita em suas plataformas foi um fator motivador, assim como a cobertura global dos ataques contra usuários negros e femininos de grande destaque. Mas elas representam apenas uma fração das empresas operando nesse espaço, e muitos sites alternativos como TikTok, Reddit, Gab, Voat, Telegram e Discord ainda não se uniram.

A Figura 17 mostra os números da quinta avaliação do esquema (de 4 de novembro a 13 de dezembro de 2019). Quase todas as empresas participantes revisavam a maioria das notificações enviadas a elas em 24 horas, e 71% dessas postagens eram removidas, o que revela um leve declínio em comparação com o ano anterior.* Em 2016, quando começou o monitoramento, somente 40% das empresas participantes revisavam a maioria das notificações enviadas a elas em menos de 24 horas, e 28% dessas postagens eram removidas. A cada rodada de monitoramento, todas as empresas, com exceção do Twitter e do Instagram, aumentaram as taxas de remoção. Na rodada de 2019, o tipo de discurso de ódio mais informado foi contra orientação sexual (33%), seguido por xenofobia (incluindo ódio anti-imigrante) (15%).**

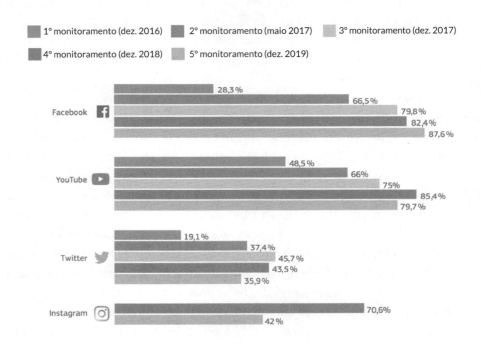

Figura 17: Remoção de discurso de ódio ilegal na UE por empresas de redes sociais.

* Os números de 2019 incluem Google e Instagram, que se uniram em 2018.
** Para uma análise completa, veja: https://ec.europa.eu/info/sites/default/files/codeofconduct_2020_factsheet_12.pdf

Considerando todas as empresas, a taxa de remoção no Reino Unido foi de 43% em 2019, comparada com 77% na Alemanha. Tais comparações são importantes porque indicam como as leis de redes sociais existentes estão trabalhando para mudar o comportamento das gigantes de tecnologia. Na Alemanha, a lei Netzwerkdurchsetzungsgesetz (Netzdg), que entrou em vigor em outubro de 2018, impôs multas de até 50 milhões de euros para as empresas de mídia social que não conseguirem remover o discurso de ódio ilegal assinalado por um terceiro confiável no país. A Lei Europeia de Serviços Digitais inclui regras parecidas para a remoção de conteúdo ilegal e se aplica a toda a UE. Defensores ferrenhos da liberdade de expressão divulgaram suas preocupações sobre censura e as implicações mais amplas de considerar as empresas de mídia social como editoras.

Apesar de terem ocorrido movimentações importantes para lidar com o discurso de ódio na Europa, o mesmo não pode ser dito sobre os EUA, um dos maiores produtores de discurso de ódio on-line. Lá, o conteúdo on-line de ódio é amplamente ignorado pelo governo e pela justiça, e é preciso que as gigantes de tecnologia, os grupos ativistas e os cidadãos lutem contra a onda crescente de ódio on-line.

Infelizmente, mesmo para as gigantes de tecnologia, decidir o que remover não é tão simples. Algoritmos podem fazer parte do trabalho, mas é necessária a presença de humanos para a decisão final. As gigantes de tecnologia empregam dezenas de milhares de pessoas para moderar conteúdo suspeito. Esse trabalho mal remunerado envolve visualizar centenas de postagens por dia que apresentam abuso infantil, decapitações, suicídios e atos de ódio. Não é surpreendente que a rotatividade dos funcionários seja grande. Em maio 2020, foi divulgado que o Facebook concordou em pagar um total de 52 milhões de dólares para atuais e antigos moderadores de conteúdo em um processo coletivo, com cada um dos 11.250 moderadores recebendo pelo menos mil dólares, e mais se fossem diagnosticados com doenças mentais causadas pelo trabalho. A ação foi movida contra o Facebook por não fornecer um ambiente de trabalho seguro para moderadores, que reclamam de sofrer sintomas de Tept pela exposição constante a conteúdo perturbador.

## Podemos impedir isso?

Uma descoberta animadora na minha pesquisa, e que mantém minha fé na sabedoria da multidão, é que o discurso antiódio sempre supera o discurso de ódio depois de eventos-gatilho. No Reino Unido, depois da votação no Brexit, o discurso de ódio no Twitter foi diminuído por causa dos usuários que se expressaram em apoio aos grupos que eram alvos. Em resposta às hashtags #RefugeesNotWelcome, #SendThemHome, #MakeBritainWhite Again e #IslamIsTheProblem [Refugiados não são bem-vindos, Mande todos para casa, Grã-Bretanha branca de novo e Islã é o problema], os usuários começaram a fazer postagens contrárias usando #InTogether, #SafetyPin, #PostRefRacism e #PolesInUK [Todos juntos, Alfinete de segurança,* Racismo Pós-Referendo** e Poloneses no Reino Unido]. As hashtags inclusivas superaram as de ódio por um grande número. Pesquisas dentro do HateLab mostram que o discurso contrário pode cortar pela raiz a propagação do ódio on-line depois de um evento. Isso é mais eficiente quando é feito de forma rápida e comunicado em grupos. Observamos quatro formas de contradiscurso, incluindo *atribuição de preconceito* (por exemplo, "Vergonha dos racistas da #alt-right por quererem se aproveitar dessa situação"); *fazer afirmações e apelar à razão* (por exemplo, "Isso não tem nada a ver com o islamismo, nem todos os muçulmanos são terroristas!"); *pedidos de informação e provas* (por exemplo, "Como isso tem algo a ver com a cor da pele de alguém?"); e *insultos* (por exemplo, "Há alguns racistas covardes por aí!").

Descobrimos que nem todo contradiscurso é produtivo. Usar insultos contra produtores de discurso de ódio geralmente inflama a situação, resultando na produção de mais discurso de ódio. É mais provável que o contradiscurso seja eficiente contra aquele que emite discurso de ódio casualmente, que esteja iniciando ou já diminuindo a virulência do que está escrevendo. É menos provável que funcione com quem se identifica como

---

\* Com o aumento dos casos de crimes de ódio depois da votação do Brexit, foi criada a campanha do alfinete de segurança: as pessoas usavam o alfinete nas roupas mostrando solidariedade com imigrantes e que pessoas que se sentiam assediadas podiam contar com elas. (N.T)

\** Conta do Twitter criada para documentar incidentes de racismo depois do Brexit. (N.T.)

sendo de extrema direita. Ao utilizar o contradiscurso, ou aconselhar outros a usá-lo, argumentamos que os seguintes princípios deveriam ser seguidos para reduzir a probabilidade de aumentar a produção do discurso de ódio:

1. Evitar usar insultos ou discurso de ódio.
2. Usar argumentos lógicos e consistentes.
3. Exigir provas se afirmações falsas ou suspeitas forem feitas.
4. Declarar que vai informar a polícia ou uma autoridade se o discurso de ódio continuar e/ou piorar (por exemplo, se tornar exageradamente ofensivo ou incluir ameaças).
5. Encorajar outras pessoas a participar do contradiscurso.
6. Se a conta for provavelmente falsa ou um *bot*, entre em contato com a empresa e peça que seja removida.

Atos de contradiscurso procuram minar o ódio. Aqueles que se dedicam ao contradiscurso geralmente são os primeiros na cena on-line a testemunharem o ódio crescendo. São os "socorristas on-line" que, por meio de microprotestos contra a intolerância, podem criar uma força do bem formidável quando se unem para transmitir normas que tornam o discurso de ódio socialmente inaceitável. Pesquisas realizadas na Universidade George Washington fornecem provas de que o contradiscurso direcionado ao nível médio, em outras palavras, não a apenas indivíduos ou a toda a rede de ódio, mas a grupos de odiadores on-line (como comunidades e páginas no Facebook), pode ser efetivo. Essa efetividade é reforçada quando o contradiscurso é usado em todas as plataformas, não apenas em algumas. Usando métodos da física, os cientistas teoricamente demonstraram que ao mirar em apenas 10% dos grupos da rede de ódio, o contradiscurso pode desestabilizar toda a rede de ódio on-line.[36]

Quando ouvimos que até metade de todas as crianças entre doze e quinze anos afirma testemunhar discursos de ódio on-line, sabemos que há um problema arraigado na internet. Algoritmos que aprendem com o discurso que postamos on-line e, por sua vez, moldam aquilo a que estamos expostos, podem criar ambientes tóxicos nos quais o discurso de ódio se torna a regra. Governos e empresas de redes sociais não conseguem resolver esse problema sozinhos. Políticos raramente são eficientes contra empresas como Facebook e Google, e esperar uma autorregulação eficiente dessas gigantes tecnológicas é como pedir que estudantes deem nota à sua própria lição de casa. Como cidadãos da internet, também devemos assumir parte da responsabilidade. Devemos defender a todo custo aquilo que consideramos ser conversas on-line saudáveis e, juntos, contestar o discurso que mina a dignidade humana. Mas essa tarefa é mais desafiadora quando há forças opostas dedicadas a usar a rede de comunicação mais poderosa para realizar seus objetivos extremos.

# 10

## ÓDIO EM PALAVRAS E AÇÕES

EM 11 DE AGOSTO DE 2017, no Nameless Field atrás do Ginásio Memorial da Universidade de Virgínia, um grupo de mais de duzentos homens, a maioria caucasianos em camisas polo e calça cáqui se reuniram — suas camisas brancas reluzindo um tom avermelhado sob o sol quente. Às 20h30, o sol tinha se posto e a lenta fila de pessoas começou a se iluminar enquanto as tochas eram acesas, uma por uma. Depois de gritos de ordem em um pretenso tom militar, eles começaram a marchar na direção da rotunda inspirada no Panteão, criada por Thomas Jefferson. Os prédios da universidade ao redor reverberavam de forma sinistra ao som de seus cantos: "Vocês não vão nos substituir", "Sangue e solo", enquanto caminhavam pelo campus. O destino era a estátua de Jefferson, que encontrariam rodeada por um grupo de trinta contramanifestantes desafiadores. Os estudantes negros dentre o grupo opositor foram os primeiros alvos, com imitação de macacos e o grito de "Vidas brancas importam!". Minutos depois começou a violência. Isso seria o começo de 24 horas de um ódio mortal na normalmente tranquila cidade universitária de Charlottesville.

Muito do que aconteceu no dia seguinte está bem documentado, e a marcha é considerada o primeiro evento da direita alternativa a chamar a atenção global. A motivação declarada para a manifestação foi protestar contra a remoção de uma estátua do líder confederado Robert E. Lee do Emancipation Park.* Lee, publicamente considerado por Donald Trump como um "grande general",[1] defendeu e lutou pelo direito dos estados de escravizar negros. Na manifestação, mais de mil supremacistas brancos defenderam sua herança, sua história e as pessoas que se sentiam ameaçadas pela esquerda. A cultura a que se referiam era branca, cristã e sulista. Uma garota racionalizou sua participação na manifestação: "Não é ódio, é nossa herança". Outro participante declarou: "Estou aqui porque nossos valores republicanos são, número um, defender a identidade branca local. Nossa identidade está sendo ameaçada. Número dois, livre mercado. Número três, matar judeus".[2]

A violência generalizada começou ao redor das 11h no dia 12 quando os participantes da manifestação desviaram de sua rota e se dirigiram para a massa de contramanifestantes. Antifas, ativistas antifascistas, que representavam uma minoria dos contramanifestantes no dia, tiveram um papel na escalada da violência. Eles atacaram com tacos e lançaram bexigas cheias de tinta nos supremacistas brancos, e policiais e jornalistas acabaram atingidos no fogo cruzado. Mas foi o Antifa, não a direita alternativa, que protegeu a Primeira Igreja Metodista Unida onde o Coletivo do Clero de Charlosttesville fornecia bebidas e apoio aos cidadãos naquela manhã.[3]

Vinte minutos depois do início da violência, a polícia considerou que a manifestação era uma reunião ilegal, e logo depois o governador da Virgínia declarou estado de emergência. Os supremacistas brancos se dispersaram e voltaram para o ponto de partida, o Nameless Field, de onde iriam para casa. Mas ainda não tinha acabado. Algumas horas depois, um supremacista branco, na tentativa de ferir os manifestantes, jogou seu carro contra uma multidão a poucos quarteirões da estátua de Lee, matando uma pessoa e ferindo 28. Mais tarde, ele foi acusado de trinta crimes de ódio federais, incluindo o assassinato de Heather Heyer.

Há muitas lições a aprender com a manifestação de Charlottesville, mas não quero tratar neste capítulo do motivo pelo qual a violência aconteceu

---

* Foi chamado de Lee Park até junho de 2017, Emancipation Park na época da manifestação, e em 2018 mudou para Market Street Park.

naquelas 24 horas. Em vez disso, foco o *catalisador* da manifestação — um sistema que forneceu uma voz coordenada para extremistas que antes estavam fragmentados dos dois lados: a internet.

## DIVISOR DE ÁGUAS PARA A EXTREMA DIREITA

A manifestação Unir a Direita em Charlottesville foi anunciada como um momento definidor na história da direita alternativa. Embora tenham ocorrido nada menos que dez eventos neonazistas e supremacistas brancos em 2017 nos EUA, o de Charlottesville foi o que conseguiu unir com mais sucesso tantos grupos dispersos de extrema direita no que parecia um todo coerente e formidável. E foi a internet que desempenhou um papel central nesse sucesso.

O site de chats Discord, usado principalmente pela comunidade de gamers, foi invadido por postagens de membros da direita alternativa nas semanas anteriores à manifestação. Apelando às várias facções que nunca tinham superado anteriormente suas diferenças a ponto de convocar uma manifestação pública, o popular blogueiro da direita alternativa Hunter Wallace postou:

> Criei essa pequena explicação mostrando o interesse de cada facção em se unir no #UniteTheRight em 12 de agosto. Não espero que todos concordem, mas ninguém explicou todas as camadas da controvérsia em Charlottesville [a disputa está centrada nos pedidos de remoção da estátua de Lee como parte de uma mudança mais ampla na direção da igualdade racial] e por que essas facções de direita estão começando a convergir nos eventos públicos. Estamos nos primeiros estágios de um movimento de massa que está sendo gerido no mundo real e nas redes sociais ao redor das questões de identidade, herança, liberdade de expressão, liberdade de reunião e fim do politicamente correto... Não é preciso dizer que muitos desses grupos têm diferenças entre si. No fim das contas, entretanto, eles têm [sic] todos têm inimigos em comum, reconheçam ou não... Ao unir forças como uma *vanguarda cultural*, seremos mais fortes.[4]

## A *pílula vermelha*

Esse chamado por unidade não ficou restrito aos apoiadores da direita alternativa na internet. Atores centrais no movimento tinham um plano para abrandar a mensagem neonazista e supremacista branca, a fim de deixá-la mais palatável para aqueles que estavam apenas um pouco à direita no espectro político. A manifestação foi divulgada no Facebook, Twitter e Reddit, plataformas com um alcance mais amplo. O objetivo foi mudar a *janela de Overton* — o que é politicamente possível, considerando-se o atual clima do discurso público — mais para a direita (ver Figura 18).[5]

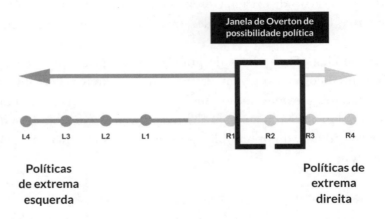

Figura 18: A janela de Overton.

O Instituto para Diálogo Estratégico de Londres analisou 10 mil postagens e duzentas propagandas on-line relacionadas com a manifestação.[6] A direita alternativa tinha como público-alvo estudantes entre as idades de catorze e dezoito anos. Essa estratégia baseou-se em uma pesquisa com 50 mil estudantes de ensino médio dos EUA, ou "Geração z", que mostrou que 58% deles votaria em Trump, em total contraste com os "millennials", aqueles nascidos entre o começo dos anos 1980 e o começo de 2000. Declarada "Geração

Zyklon" pelo site neonazista *Daily Stormer* por causa do gás cianídrico usado para matar milhões de judeus durante o Holocausto, esses potenciais recrutas eram vistos como o futuro do movimento. A página do Facebook para o evento tinha um tom moderado, falando da proteção dos direitos expressos na Primeira Emenda contra um golpe comunista. Os populares Rebel Media (1,2 milhão de seguidores no YouTube) e InfoWars (10 milhões de visitas mensais) cobriram o evento demonstrando simpatia. Paul Joseph Watson, do Reino Unido, editor-geral do InfoWars, tuitou em 8 de agosto de 2017 (ver Figura 19):

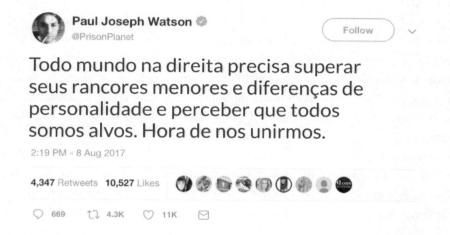

Figura 19: Tuíte de Paul Joseph Watson, do InfoWars, antes da manifestação de Charlottesville.

As discussões mais clandestinas no Discord focavam estratégias de recrutamento. Inspirando-se nos serviços militares e de inteligência, as postagens faziam referência ao uso de operações psicológicas (*psy-ops*) sobre os mais vulneráveis. Afirmavam ter hackeado documentos oficiais de agências de inteligência, fornecendo um conjunto de instruções de como persuadir indivíduos usando técnicas psicológicas bem testadas. Não está claro se isso realmente aconteceu, mas a direita alternativa certamente jogou com a ideia de manipular as emoções, desejos e motivações dos jovens apelando a questões que sabiam preocupar a Geração z, incluindo ameaças a recursos econômicos e identidade cultural. Quando uma notícia aparece na mídia, como um aumento do desemprego ou do preço dos imóveis, ou a remoção planejada de uma estátua de um homem branco, a direita alternativa e a extrema direita pegam carona na questão e culpam os suspeitos de sempre.

Esse processo é chamado de "tomar a pílula vermelha" nos círculos da direita alternativa, uma referência ao momento crucial do filme *Matrix*, quando o protagonista, Neo, precisa escolher entre tomar a pílula vermelha ou a azul. Neo toma a pílula vermelha, o que o tira da ilusória Matrix e o joga na realidade. Antes de ser adotado pela direita alternativa, o termo foi usado dentro do movimento de direitos masculinos para descrever o momento de compreensão de que são os homens, não as mulheres, os oprimidos. Tomar a pílula vermelha nos termos da direita alternativa significa acordar de um estado de ilusão — normalmente visto como algo criado por socialistas, judeus e marxistas — e passar para um estado de iluminação, no qual a conspiração para minar a civilização ocidental branca por meio da defesa da igualdade entre grupos, especialmente entre raças, fica evidente. A internet serve perfeitamente para propagar ideias extremistas por meio de táticas como a da pílula vermelha. As gerações mais jovens são facilmente expostas a essa tática por causa da estrutura descentralizada da internet que democratiza a produção de conteúdo, e pela dependência cada vez maior dos gigantes on-line, como Google, Twitter, YouTube e Facebook, de algoritmos para organizar a informação. A tática de pegar carona nas notícias convencionais para implantar a agenda da extrema direita ou da direita alternativa resultou em algumas figuras que se tornaram estrelas do YouTube, incluindo Paul Joseph Watson do InfoWars.

### Filtros-bolha extremos

Políticos de direita e figuras da extrema direita são conhecidos por usar os filtros bolha on-line para angariar apoio para suas campanhas. O professor Jonathan Albright, da Universidade Columbia, foi um dos primeiros cientistas a mapear o filtro-bolha das "notícias falsas" da direita alternativa, identificando onde os links aos sites eram compartilhados. Ele encontrou milhares de sites e milhões de links espalhados não apenas pelo Facebook, YouTube e Twitter, mas também pelos sites do *New York Times*, *Washington Post* e muitos outros veículos convencionais.[7] Esse filtro-bolha foi ocupado não somente pelos "guerreiros do teclado" da direita alternativa, mas também por importantes figuras políticas e estrelas internacionais em ascensão no movimento da direita alternativa. No Twitter, Donald Trump retuitou alguns dos atores mais extremos no filtro-bolha da direita extrema e alternativa, incluindo, entre outros, ativistas da direita alternativa de Charlottesville, contas antissemitas atacando Hillary Clinton, a conta no Twitter @WhiteGenocideTM e o grupo de extrema direita Britain First, do qual compartilhou comentários islamofóbicos. Ele até contribuiu com conteúdo original para esse filtro-bolha, tuitando que imigrantes mexicanos eram "criminosos" e "estupradores".

O Movimento Cinco Estrelas, um movimento populista da "Nova Direita" na Itália fundado por um comediante e um estrategista de web em 2009, tornou-se o partido mais popular do país na eleição de 2018, com pouco mais que uns discursos demagógicos e uma sofisticada campanha on-line que usava os filtros-bolha. A postura antiestablishment, facilitada pela natureza democratizante da internet, foi replicada por Nigel Farage na criação do seu Partido do Brexit, que dominou as eleições do Parlamento Europeu de 2019 no Reino Unido, levando o maior número de votos.

Mais à direita, os líderes do Britain First e o ex-líder da Liga de Defesa Inglesa (EDL) também usaram os filtros-bolha da direita para propagar sua narrativa de divisão. Durante anos os moderadores de conteúdo das redes sociais evitaram que algumas páginas de extrema direita fossem apagadas por causa do alto número de seguidores e do poder de gerar lucro. Antes de ser banida, a página de extrema direita no Facebook "Tommy Robinson" tinha mais de um milhão de seguidores, e tinha as mesmas proteções que páginas de mídia ou do governo, apesar de ter violado as políticas da plataforma em relação a discurso de ódio nove vezes, quando normalmente apenas cinco violações eram toleradas pelo processo de revisão de conteúdo do Facebook.[8] A página acabou sendo removida em fevereiro de 2019, um ano depois de o Twitter remover a conta de Stephen Yaxley-Lennon (chamado de Tommy Robinson) de sua plataforma. Em maio daquele mesmo ano, o Facebook também baniu estrelas da direita alternativa, incluindo Milo Yiannopoulos, Laura Loomer, Alex Jones, Paul Nehlen e Paul Joseph Watson. Mas muitas páginas de extrema direita, incluindo algumas que chamam os não brancos de "pragas" e os LGBTQ+ de "degenerados" e que mostram imagens neonazistas, continuam on-line no Facebook e em outros sites.[9]

Pesquisas realizadas em 2019 pelo Departamento de Segurança e Contraterrorismo do Ministério do Interior britânico descobriu que um fórum de discussão on-line neonazista recebeu 800 mil visitas globalmente, sendo que 80 mil delas eram de moradores britânicos.[10] Em junho de 2020, o Projeto Global Contra o Ódio e o Extremismo revelou que o Twitter e o YouTube não conseguiram remover mais de cem contas da Generation Identity, em mais de catorze países, que promoviam conteúdo supremacista, apesar das prováveis violações às regras das plataformas contra discurso de ódio, crimes e terrorismo. Muitas dessas contas promovem a teoria conspiratória racista da Grande Substituição que afirma que os brancos estão sendo substituídos por imigrantes não brancos em uma trama das "elites".[11] Esses agitadores extremistas continuam a reforçar sua retórica de invasão, ameaça e diversidade em uma tentativa de aumentar a polarização on-line, com a esperança de que isso também se espalhe pelo mundo off-line na forma de apoio financeiro, participação em atos e crimes de ódio.[12]

## A *extrema direita algorítmica*

A direita extrema e a alternativa são oportunistas tecnológicas conscientes do poder dos algoritmos e fazem o melhor para usá-los a seu favor. A direita alternativa tenta cumprir suas metas da mesma forma que uma empresa — ela trabalha para otimizar sua posição nos mecanismos de busca e elevar suas estatísticas nas redes sociais para maximizar sua visibilidade. Quanto mais alto chegar, mais os algoritmos que alimentam a função autocompletar do Google, as escolhas de anúncios do Facebook, o autoplay do YouTube e a linha do tempo do Twitter vão sugerir certos conteúdos que levarão a links nas páginas da direita extrema e da alternativa. Isso se traduz em cliques nos links, o que então alimenta de volta os algoritmos, reforçando ainda mais esse material preconceituoso no ecossistema de informações.

Os resultados de tudo isso não acabam somente on-line. O professor Robert Epstein, do Instituto Americano de Pesquisa Comportamental, mostrou, por meio de experimentos realizados nos EUA e na Índia, que a classificação das páginas importa quando se trata de convencer as pessoas a votarem por um candidato em eleições bastante apertadas. O Efeito de Manipulação dos Motores de Busca (Seme, de acordo com a sigla em inglês) exerceu enorme influência sobre republicanos moderados e poderia modificar as preferências de votos de eleitores indecisos em até 20% ou mais nos EUA.[13]

O que é mais traiçoeiro é que quando alguém clica nos links e visita as páginas, os administradores de sites inescrupulosos usam "trackers" para seguir os movimentos futuros desse visitante na internet, permitindo que desenvolvam perfis psicológicos com base em cliques e curtidas. Isso pode facilitar o *microtargeting* político estilo Cambridge Analytica.[14]

A efetividade de anúncios on-line específicos para perfis psicológicos foi testada pela professora Sandra Matz, da Universidade Columbia. Expandindo os estudos de laboratório estabelecidos para a internet, Matz realizou três experimentos de campo envolvendo 3,5 milhões de usuários de internet. Ela estudou se o ato de direcionar produtos aos perfis psicológicos captados simplesmente a partir de curtidas no Facebook e tuítes resultaria na mudança de comportamento desejada. As descobertas foram impressionantes. Publicidades feitas especialmente segundo as características psicológicas dos usuários de internet resultaram em um aumento de 40% dos cliques.

Esse e outros estudos fornecem uma sólida base de provas sobre a efetividade do direcionamento psicológico on-line para a persuasão digital em massa, resultando em mudanças de comportamento na vida real.[15] Uma visita a um site da direita alternativa que aparece no topo dos resultados do Google, possivelmente disfarçado de algo menos extremo, pode fazer com que surjam anúncios no Facebook específicos para o perfil psicológico de um usuário, que tentam criar a experiência da pílula vermelha com a esperança de levar a janela de Overton mais para a direita.

### Sites de entrada

Usar a internet para começar um movimento não é um fenômeno novo. O site Stormfront, lançado em 1995, é visto como a primeira presença on-line neonazista bem-sucedida. É administrado por Don Black, um ex-líder da Ku Klux Klan e ativo promotor de violência off-line contra grupos minoritários.

Em seu auge, tinha 300 mil usuários registrados. O filho de Don Black, Derek, nasceu na família supremacista branca mais famosa dos EUA, se não do mundo. Derek diz que não é mais supremacista branco e que faz campanha contra a rede. Em uma entrevista ao *New York Times*, ele revelou como, já no começo dos anos 1990, a internet era vista como um ponto de virada na propagação da mensagem supremacista branca:

> O objetivo do meu pai era ser o pioneiro do nacionalismo branco na web. Foi essa sua intenção desde o começo dos anos 1990, no início da web, por isso enquanto eu crescia... sempre tínhamos os computadores mais modernos, fomos as primeiras pessoas no bairro a ter banda larga porque tínhamos que manter o Stormfront funcionando e assim ter a tecnologia e conectar pessoas no site, muito antes das redes sociais e da forma como a web está organizada agora, foram os objetivos dele, por isso éramos muito conectados a todo mundo do movimento nacionalista branco; a todos no mundo.[16]

Seu padrinho, David Duke, ex-Grande Mago da Ku Klux Klan, escreveu em seu site em 1998:

> Meus amigos, a internet proporciona a milhões de pessoas acesso à verdade que muitos nem sabiam que existia. Nunca na história do homem poderosas informações podem viajar tão rapidamente e tão longe. Acredito que a internet vai começar uma reação em cadeia de iluminação racial que irá abalar o mundo pela velocidade de sua conquista intelectual. Agora, existe uma nova consciência racial crescendo em nosso povo que vai varrer o Ocidente... Com a aproximação do novo milênio, podemos sentir as correntes da história movendo-se rapidamente ao nosso redor. A mesma raça que criou a brilhante tecnologia da internet, será — através dessa poderosa ferramenta — acordada de seu longo sono. Nosso povo vai compreender que nossa própria sobrevivência está em risco. Vamos finalmente perceber que nossa cultura e tradições estão sob ataque; que nossos valores e moralidade, nossa liberdade e prosperidade estão em perigo. E, ainda mais importante, nossas melhores mentes vão finalmente entender que nosso próprio genótipo enfrenta a pos-

sível extinção. Imigração massiva, taxas de nascimento desequilibradas e miscigenação vão criar um pesadelo político e social para as nações ocidentais, do qual devemos acordar se nosso povo quiser viver.[17]

Enquanto ainda era um supremacista branco, Derek Black convenceu seu pai a diminuir o tom da retórica neonazista do site Stormfront. A intenção era explorar as queixas culturais e econômicas percebidas por muitos brancos norte-americanos — mais tarde usadas com grande efeito na campanha presidencial de Trump — sem colocá-los em contato com conteúdo racista e xenófobo mais direto. O Stormfront se tornaria um site de entrada para a extrema direita, produzindo muito conteúdo compartilhável com o qual os conservadores moderados poderiam facilmente concordar. Depois que o usuário era fisgado, a informação mais extrema era distribuída em conta-gotas até que a percepção do público das normas sociais e políticas aceitáveis tivesse mudado (ver Figura 18).

Não era a primeira vez que Don Black tinha tentado espalhar de forma furtiva a mensagem supremacista branca. Em 1999, ele registrou o endereço MartinLutherKing.org como um site de entrada para espalhar desinformação sobre o líder negro. Até o começo de 2018, quando o Google foi informado de que era propriedade do Stormfront, o site frequentemente aparecia entre os quatro primeiros resultados nas buscas por "Martin Luther King". À primeira vista, não havia nenhuma indicação de uma retórica supremacista branca, tirando a nota no fim da página em letras pequenas que dizia "Hospedado por Stormfront".

Antes de sua remoção, o site se disfarçava de uma fonte de informação genuína procurada por estudantes, abrindo com a chamada: "Atenção, estudantes: respondam ao Teste de MLK!". Um clique levava a uma página que se chamava "Quanto você sabe realmente? Aqui há um pequeno teste sobre MLK para a ocasião do feriado que se aproxima! Aproveite!". Todas as perguntas criticavam ou difamavam o dr. King. Uma perguntava: "De acordo com qual biografia de 1989 King passou sua última manhã na Terra agredindo uma mulher?". Outra: "A quem King plagiou em mais de cinquenta sentenças completas em sua tese de doutorado?". No fim do teste, os estudantes recebiam a soma de seus pontos:

- Se você não acertou nenhuma resposta, significa que é exatamente o tipo de cidadão ignorante que seu governo deseja.
- 1-3 respostas corretas significa que você poderia ser perigoso.
- 4-6 respostas corretas significa que deve ler muito.
- 7-10 respostas corretas significa que você deve valorizar a correção histórica em vez da correção política. Parabéns!!
- 11 ou mais respostas corretas significa que andou lendo este site e aprendeu a verdade.
- Agora deve contar a verdade aos outros.

O site supostamente oferecia "um exame histórico verdadeiro". Links a "letras de rap" levavam ao texto: "Aqui está o que os rappers negros dizem, e o que seus seguidores fazem. Lembrem-se de que a maioria é produzida e distribuída por companhias dirigidas por judeus", com letras que descreviam negros cometendo atos violentos e sexuais contra brancos. A página incentivava as crianças a fazer download e imprimir panfletos para distribuição nas escolas no Dia de Martin Luther King. Os panfletos defendiam a abolição desse feriado nacional e acusavam King de violência doméstica e sexual.

A extrema direita tem muitas táticas modernas de recrutamento como essa. Cada vez mais, os ativistas de extrema direita como Stephen Yaxley-Lennon estão adotando o "jornalismo cidadão" como tática para polarizar as opiniões. Notavelmente, em 2018, Yaxley-Lennon fez uma transmissão ao vivo do lado de fora do tribunal de Leeds Crown durante o julgamento do caso de assédio infantil de Huddersfield para centenas de milhares de espectadores on-line. Ele apresentou a questão utilizando-se de lógica falsa em uma tentativa de parecer moderado, enquanto distorcia os fatos com uma retórica anti-islamismo. Ao violar o segredo de justiça imposto pelo juiz para evitar qualquer influência sobre os jurados, a artimanha quase anulou o julgamento. Yaxley-Lennon foi detido, processado e condenado à prisão.

Essas táticas usam a imediatez e a manipulação da internet, além da falta de responsabilização que se aplica à mídia convencional. Essas qualidades podem fornecer um véu de autenticidade e realismo às histórias, com o poder de modificar a apresentação original das situações feita pela narrativa "oficial" do establishment, possibilitado ainda mais pela divulgação de "provas" dos eventos enquanto ocorrem. Esse "hacking" do mercado de informações-comunicações feito pelas redes sociais rompe a primazia da mídia convencional, permitindo que quem produz narrativas falsas subversivas e polarizadoras dispute a hierarquia da credibilidade. Antes que o sistema de justiça criminal pudesse deter Yaxley-Lennon, a artimanha atraiu dezenas de milhares de visualizações. Quando foi preso, ele levantou £ 300 mil em doações para ajudar com os custos legais.

Em março de 2019, o Facebook descobriu por acaso uma rede clandestina de 130 contas de extrema direita que estavam agindo como portas de entrada para a propagação de desinformação. Inicialmente, o conteúdo das páginas da rede era moderado, mas depois de ganhar um número significativo de seguidores (mais de 175 mil), as páginas eram renomeadas e o conteúdo era alterado para refletir pontos de vista extremos. Cerca de US$ 1.500 tinham sido gastos em anúncios direcionados espalhando esse conteúdo. De forma inteligente, a rede postava conteúdo de extrema direita e extrema esquerda, em uma tentativa de evitar ser detectada, semear divisão e polarizar opiniões.[18] Redes parecidas foram encontradas por toda a Europa antes das eleições para a UE em 2019.[19] Desinformação e postagens ilegais de ódio foram propagadas a partir de mais de quinhentas páginas do Facebook na Alemanha, França, Itália, Polônia e Espanha, alcançando 32 milhões de usuários e sendo visualizadas mais de meio bilhão de vezes nos três meses antes da eleição.

Além das redes organizadas da extrema direita, evidências científicas mostram que usuários individuais de redes sociais também diminuem o tom do discurso de ódio para parecerem moderados. Um estudo que examinou por mais de um ano os tuítes dos seguidores do Partido Nacional Britânico (BNP), de extrema direita, revelou diferentes tipos de postagens de ódio.[20] Os seguidores do BNP que postaram discurso de ódio poderiam ser categorizados como extremos, em ascensão, em declínio e casuais. Poucos seguidores no Twitter do BNP estavam envolvidos em discurso de ódio "intenso" de uma forma constante que os colocaria na categoria extrema (cerca de 15%/976 pessoas nesse estudo).* A maioria (cerca de 32%/2.028 pessoas) era de odiadores casuais que às vezes publicavam postagens islamofóbicas de uma natureza "mais branda". Os odiadores em ascensão (cerca de 6%/382 pessoas) eram aqueles cujos tuítes foram se tornando cada vez mais extremos e mais frequentes com o tempo, comparados com os odiadores em declínio cujos tuítes demonstraram o oposto (cerca de 18%/1.177 pessoas).

No começo parecia que a proporção de odiadores casuais e em declínio (50% das amostras do estudo) que postavam discursos de ódio "brandos" deveria ser vista como uma boa notícia. É mais provável que o discurso de ódio intenso seja exageradamente ofensivo (incluindo xingamentos e insultos), enquanto o mais brando demonstra preconceito sem a mesma linguagem. No entanto, como o discurso de ódio brando tinha menor probabilidade de ser apagado da plataforma de rede social e menor probabilidade de ser questionado pela justiça, ele permanecia por mais tempo on-line, ou até indefinidamente. A estrutura da linguagem nas postagens de ódio "brandas" também fez com que parecesse que o preconceito que estava sendo demonstrado era inofensivo. Isso é especialmente real nas postagens que usavam piadas como um mecanismo para expressar preconceito.


"POSTAGEM DE UM ESFORÇO DA VIDA REAL"

Em 14 de março de 2019, às 20h28, um usuário regular da rede social 8chan enviou uma postagem que começava assim: "Bom, amigos, é hora de parar com as postagens de merda e fazer uma postagem de um esforço da vida real". E colocava um link para um vídeo no Facebook. Mais ou menos às 13h40 do dia seguinte, o link começou a transmitir ao vivo.

Era possível ver um homem enchendo um caminhão com espingardas e armas semiautomáticas, dirigindo por uma estrada ouvindo a canção militar

---

* Dados do Twitter sobre seguidores do BNP foram coletados entre 1 de abril de 2017 (quando o BNP tinha 13.002 seguidores) e 1 de abril de 2018 (quando o BNP tinha 13.951 seguidores). Entre essas datas houve 11.785 usuários de Twitter que seguiram o BNP de forma contínua. Desses, 6.406 tuitaram na janela do estudo, o fizeram em inglês e foram identificados como humanos (ou seja, não eram *bots*).

"The British Grenadiers" e estacionando na frente da mesquita Al Noor em Riccarton, Christchurch, Nova Zelândia. No que parecia uma cena de um videogame de tiro em primeira pessoa, a transmissão ao vivo mostrava o homem empunhando suas armas enquanto se aproximava da mesquita a pé. Na entrada, ele começou a atirar indiscriminadamente nas pessoas que estavam rezando. Com a ajuda de uma luz estroboscópica presa a seu corpo, ele conseguia desorientar suas vítimas, evitando que algumas escapassem. Antes que a transmissão terminasse, ele tinha matado 42 pessoas e ferido dezenas.

A transmissão ao vivo durou dezessete minutos, e as primeiras denúncias na plataforma foram feitas depois do décimo-segundo minuto. O vídeo foi retirado uma hora depois, mas era tarde demais para evitar seu compartilhamento. Foi postado novamente mais de 2 milhões de vezes no Facebook, YouTube, Instagram e Twitter, e permaneceu facilmente acessível por mais de 24 horas depois do ataque. Algumas mensagens postadas no Facebook, Twitter e especialmente 8chan elogiaram o ataque. Muitas dessas postagens foram removidas, mas as que estavam no 8chan permaneceram até que o site foi tirado do ar.*

Depois da prisão, o terrorista foi identificado como Brenton Tarrant, 28 anos, de Nova Gales do Sul, Austrália. Suas referências na mensagem postada no 8chan a "postagens de merda"** e "postagem de um esforço da vida real" deixaram claro que intenção era ir além da propagação de ódio pelas redes sociais e levar o diálogo para o mundo off-line, para a ação.

O manifesto de 74 páginas de Tarrant publicado na internet virou referência a outros que haviam sido radicalizados on-line. Sabemos que Darren Osborne, o perpetrador do ataque à mesquita de Finsbury Park em 2017, foi influenciado por comunicações via redes sociais antes de seu ataque. O telefone e os computadores dele mostraram que tinha lido esse tuíte de Stephen Yaxley-Lennon dois dias antes do ataque: "Onde aconteceu o dia

---

\* O 8chan era hospedado pela empresa Cloudflare, com sede nos EUA, conhecida por sua forte orientação a favor da liberdade de expressão. Também é o lar de outros sites extremos, incluindo de organizações terroristas. Hospedou o site neonazista Daily Stormer até que fosse apagado depois da manifestação em Charlottesville em 2017.

\*\* A postagem deliberada de conteúdo off-topic ou sem valor por *trolls* da internet como uma forma de estragar uma discussão e/ou provocar uma reação emocional.

de ódio depois dos ataques terroristas. Tudo que vi foram velas". Ele também recebeu um e-mail em um grupo de Yaxley-Lennon, incluindo a frase "Há uma nação dentro da nação formando-se logo abaixo da superfície do Reino Unido. É uma nação construída sobre o ódio, a violência e sobre o islamismo". Uma mensagem direta pelo Twitter também foi enviada a Osborne por Jayda Fransen, do Britain First.

Outros terroristas solitários de extrema direita, incluindo Pavlo Lapshyn, que colocou uma bomba em uma mesquita, e Anders Breivik, que assassinou várias pessoas na Noruega, também são conhecidos por terem se radicalizado sozinhos via internet.[21] John T. Earnest citou o ataque terrorista de Tarrant como uma inspiração para seu ataque a tiros contra uma sinagoga em Poway, Califórnia, em 2019, assim como Patrick Crusius para o tiroteio no Walmart de El Paso, Texas, no mesmo ano. As batalhas perdidas contra algoritmos, extrema direita clandestina e redes estatais de desinformação, além das respostas medíocres dos gigantes das redes sociais, significam que é pouco provável que esses incidentes sejam os últimos.

A maior parte dos ataques terroristas contemporâneos de extrema direita tem alguma ligação com a internet. Mas nem toda pessoa que é submetida à tática da pílula vermelha e às portas de entrada da extrema direita se torna terrorista. A maioria que consome o material on-line compartilha seus pensamentos com outras pessoas que pensam de forma igual, em geral on-line, ocasionalmente off-line. Muitos que participaram da manifestação Unir a Direita em Charlottesville foram encorajados a se unir via postagens no Facebook, Twitter, Reddit, 4chan, Discord e outras plataformas. Na semana anterior à manifestação, o canal da direita alternativa no Discord juntou mais de 4 mil membros, com mais de seiscentos afirmando que iriam participar.[22]

Demonstrar que o ódio on-line pode migrar para a ação no mundo off-line, seja participando da manifestação Unir a Direita, jogando um carro sobre a multidão de manifestantes contrários ou invadindo o Capitólio, é um desafio para a ciência. Provar que um aumento do ódio on-line está ligado a danos off-line sempre foi algo difícil — até o surgimento das redes sociais. O número total de pessoas postando discurso de ódio nas plataformas como

Twitter e Facebook permitiu que os cientistas explorassem os dados buscando associações estatísticas com crimes de ódio off-line. Um efeito cascata foi registrado quando o discurso de ódio on-line alcança uma massa crítica em torno de um evento em particular. Os danos resultantes não ocorrem somente on-line.

Descobriu-se que as postagens nas redes sociais feitas por políticos de direita direcionadas a grupos minoritários causavam aumento no ódio nas ruas. Cientistas descobriram que postagens contra refugiados na página do Facebook do partido de extrema direita Alternative für Deutschland (AfD) incitaram crimes violentos contra imigrantes na Alemanha.[23] Os mesmos cientistas também descobriram fortes associações estatísticas entre os tuítes do presidente Donald Trump contra o islamismo e manifestações de ódio antimuçulmano nos condados dos EUA.[*, 24] Os tuítes de Trump sobre muçulmanos tinham quase o dobro de possibilidade de serem retuitados por seus seguidores do que seus tuítes sobre qualquer outro assunto. Sua retórica divisionista antimuçulmanos também causava um aumento de 58% no uso das hashtags #BanIslam e #StopIslam por outros usuários do Twitter. Nenhum aumento foi encontrado nas postagens antimuçulmanos antes dos tuítes de Trump. Suas postagens antimuçulmanos também estavam bastante correlacionadas com menções a muçulmanos na TV, especialmente na Fox News.

A Figura 20 mostra os tuítes de Trump contendo referências a muçulmanos (linha sólida) e crimes de ódio antimuçulmanos registrados pela polícia nos EUA (linha pontilhada) entre 2015 (semana 26) e 2016 (semana 50). Os padrões de frequência dos tuítes de Trump relacionados aos muçulmanos e os crimes de ódio nas ruas são incrivelmente parecidos. Claro, essa correlação poderia refletir o fato de que Trump reagia aos crimes de ódio antimuçulmanos nos EUA impulsionados por fatores como ataques terroristas. Igualmente, poderia ser que os tuítes antimuçulmanos de Trump encorajaram pessoas já preconceituosas a sair às ruas para cometer crimes de ódio.

---

\* Trump não é o único político a usar discurso de ódio ligado a crimes de ódio nas ruas. Pesquisas em 163 países cobrindo o período de 2000 a 2017 descobriram que o uso do discurso de ódio nas falas de políticos convencionais esteve causalmente ligada a níveis maiores de violência política doméstica. J. A. Piazza, "Politician Hate Speech and Domestic Terrorism", *International Interactions* 46 (2020), 431-53.

Para testar quais dessas explicações era mais provável, os pesquisadores controlaram vários outros fatores com potencial para contribuir com essa situação, incluindo (de acordo com cada condado) o crescimento da população, idade, composição étnica, número de grupos de ódio, qualificação profissional, taxa de pobreza, taxa de desemprego, desigualdade de renda local, parcela de indivíduos sem seguro médico, renda familiar, taxa de votação nos republicanos, projeção de tópicos relacionados a muçulmanos com base nas buscas no Google, parcela que assistia à Fox News, gastos em TV a cabo, audiência do horário nobre na TV e número de menções a muçulmanos nas principais redes de TV dos EUA (Fox News, CNN e MSNBC).

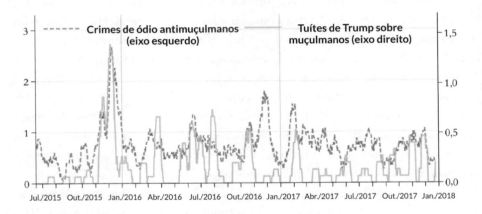

Figura 20: Os tuítes de Trump e os crimes de ódio contra muçulmanos nos Estados Unidos (média móvel de catorze dias).*

Os resultados confirmaram que os tuítes antimuçulmanos de Trump eram anteriores aos crimes de ódio que eles previram, mas somente para o período depois do começo de sua campanha presidencial. Um efeito causal positivo, apesar de mais fraco, também foi descoberto em relação aos tuítes antilatinos de Trump e os crimes de ódio contra esse grupo nas ruas durante

---

* Números tirados de K. Müller e C. Schwarz, "From Hashtag to Hate Crime: Twitter and Anti-Minority Sentiment". SSRN, 2020.

o mesmo período. Os pesquisadores descobriram que o padrão era impulsionado principalmente por casos de agressões e vandalismo. Isso garante que esse resultado não se deve à hipótese de que os tuítes de Trump tivessem aumentado as denúncias. Se esse fosse o caso, os pesquisadores esperariam ver mais denúncias de crimes de ódio de pouca importância, como desordens públicas menores.* Além disso, a Pesquisa Nacional sobre Vitimização de Crimes dos EUA não mostrou um aumento na denúncia de vítimas de crimes de ódio durante o período em questão.

Os pesquisadores concluíram que os tuítes de Trump incentivaram crenças preconceituosas existentes que uma minoria já possuía, o que, por sua vez, levou a crimes de ódio. Outra pesquisa experimental acrescenta peso ao efeito das mensagens on-line divisionistas de Trump. Depois de visualizar tuítes explicitamente racistas postados por Trump, os participantes do teste com opiniões antinegros tinham muito mais probabilidade de associar negros com traços negativos, como serem "polêmicos" e de "pavio curto", comparados com aqueles que tinham a mesma opinião, mas que visualizaram tuítes neutros de Trump.[25] Em outro experimento, os participantes mostraram maior probabilidade de aprovar o comportamento preconceituoso de outras pessoas dirigido contra latinos, além de agir de forma preconceituosa, depois de ver o comentário antilatino de Trump: "Quando o México manda seu povo, não está mandando os melhores... Está mandando pessoas com muitos problemas, e elas estão trazendo seus problemas com elas. Estão trazendo as drogas. Estão trazendo o crime. São estupradores". Quando o experimento considerou o papel de outros políticos que apoiaram o comentário de Trump, o efeito de indução ao preconceito disparou.[26]

---

* Para descartar ainda mais a causalidade reversa — quer dizer, a possibilidade de que os crimes de ódio antimuçulmanos levaram a tuítes de Trump sobre muçulmanos —, os pesquisadores voltaram o foco para quando Trump tuitou. Descobriu-se que ele tuitava sobre muçulmanos bem mais em suas viagens para jogar golfe, quando estava longe de Washington e, portanto, das questões políticas, e quando estava na presença de seu gerente de redes sociais, Dan Scavino, que é conhecido por sugerir tópicos divisionistas para Trump. As viagens planejadas de Trump para jogar golfe são claramente independentes dos picos nos crimes de ódio, indicando que é improvável que seus tuítes antimuçulmanos fossem impulsionados por um possível conhecimento de um aumento nos crimes de ódio.

Trump também foi acusado de provocar o ódio contra asiáticos depois de usar o termo "vírus chinês" para descrever a Covid-19. Seu primeiro uso do termo em uma coletiva de imprensa, questionado no momento por jornalistas, causou uma discernível reação on-line, consistindo tanto em críticas quanto em apoio. Trump pronunciou o termo pelo menos vinte vezes em março, o mês em que foi registrado um pico nos crimes de ódio nas ruas contra asiáticos.[27] Um centro terceirizado ligado à Universidade Estadual de São Francisco registrou 1.710 incidentes de ódio relacionados à Covid-19 contra asiáticos-americanos em apenas seis semanas, em 45 estados.[28] A maioria das vítimas tinha sido agredida verbalmente na rua, com outras sofrendo agressão física ou ataques on-line. No mesmo período, a polícia no Reino Unido registrou um aumento de 21% nos crimes de ódio contra asiáticos do sul e do leste.[29] Aumentos similares foram registrados na Europa, Australásia, Ásia, África e nas Américas.[30]

A ciência ainda não confirmou uma ligação entre a retórica divisionista de Trump e o aumento dos crimes de ódio contra asiáticos nos EUA. Certamente há explicações alternativas, como um aumento no discurso de ódio geral on-line e desinformação contra chineses e asiáticos. A desinformação on-line também atacou muçulmanos, judeus e a comunidade LGBTQ+ por espalhar o vírus. Por meio de cliques do Facebook, 34 sites conhecidos por espalhar teorias de conspiração da extrema direita e ódio receberam cerca de 80 milhões de interações entre janeiro e abril de 2020. Em comparação, por meio do Facebook, a página do Centers for Disease Control (CDC) dos EUA recebeu apenas 6,4 milhões de interações e a Organização Mundial de Saúde, 6,2 milhões.[31]

Boa parte da conversa das redes sociais de extrema direita veio de "aceleracionistas" que acreditam que o colapso do estado pode ser conseguido usando de extrema violência contra liberais, negros, muçulmanos e judeus. Mais de 200 mil postagens feitas por aceleracionistas no Twitter, Reddit, Tumblr, 4chan e Voat discutiam como a Covid-19 poderia ser utilizada para acelerar uma "guerra civil entre as raças". As postagens defendiam o armazenamento de armas e a ludificação da violência contra minorias, na qual os "jogadores" ganhariam pontos por mortes na iminente guerra civil.[32]

Algumas dessas postagens foram ligadas à violência off-line. Em 24 de março de 2020, Timothy Wilson, de 36 anos, foi neutralizado por agentes do FBI em Belton, Missouri, durante um tiroteio que evitou que ele explodisse um carro-bomba em um hospital que tratava pacientes de Covid-19.[33] Antes que pudesse ser interrogado, ele se suicidou com um tiro na cabeça. Nos dias anteriores ao ataque planejado, Wilson acessou o Telegram, contribuindo como "Werwolfe 84" nos grupos neonazistas Movimento Socialista Nacional e Vorherrschaft Division, postando que a Covid-19 tinha sido criada pelos judeus: "Acho que é real, no entanto ZOG* está usando o vírus como uma desculpa para destruir nosso povo. Eles aterrorizam o povo e levam à ruptura da sociedade. Então aprovam essa lei de diversidade climática. E quando menos percebemos estamos vivendo na África do Sul. Macacos andando por aí matando os brancos. Guardem minhas palavras, está chegando, só espero que as pessoas estejam prontas".[34]

No Reino Unido, minha equipe do HateLab encontrou uma ligação parecida entre ódio on-line e off-line em Londres. Relacionamos o discurso de ódio antimuçulmano e antinegro do Twitter com crimes de ódio qualificados por raça e religião nas ruas.[35] A diferença do nosso estudo é que o discurso de ódio não vinha somente de figuras políticas e da extrema direita, mas incluía o ódio espalhado por usuários comuns das redes sociais. Descobrimos que tuítes de ódio enviados em determinada área tendem a prenunciar crimes de ódio nas ruas. Como não podíamos observar se a pessoa postando o tuíte saía depois para cometer um crime de ódio, não encontramos uma relação causal direta. Em vez disso, a associação que encontramos pode apontar para níveis altos de tensão coletiva racial e religiosa explodindo primeiro on-line, e depois migrando para as ruas, se não for combatida. Aqueles que postam tuítes odiosos e os que cometem os crimes de ódio na rua podem ser pessoas diferentes, mas é mais provável que exista uma mistura daqueles que fizeram ambas as coisas e aqueles que só fizeram uma das atividades. Concluímos que quando o número de tuítes de ódio chega a um certo nível em uma área de Londres na qual há um número importante de moradores negros, asiáticos

---

\* Uma sigla para a teoria conspiratória antissemita conhecida como "Zionist occupation government" (governo de ocupação sionista).

e de minorias étnicas, é mais provável que aconteçam crimes de ódio nas ruas. Isso pode ser uma descoberta útil, já que pode alertar os usuários de redes sociais, do Twitter e a polícia para se envolverem e reduzirem a quantidade de ódio on-line antes que ele se espalhe pelas ruas.

As redes sociais também estiveram implicadas na forma mais extrema de ódio: o genocídio. Antes de 2011, o acesso à internet em Mianmar era extremamente limitado. O custo de um chip para celular era absurdamente caro, o equivalente a cerca de duzentos dólares, impedindo que a maioria dos cidadãos usasse qualquer forma de telecomunicação moderna. Depois da libertação da líder opositora Aung San Suu Kyi, o governo começou a relaxar as leis comerciais, diminuindo o custo para cerca de dois dólares.[36] Em poucos anos, cerca de 40% da população de Mianmar estava on-line. A plataforma que mais atraiu os cidadãos foi o Facebook.[37]

A rápida adoção da tecnologia significou que poucos usuários de internet tinham a experiência ou o conhecimento para avaliar completamente a informação que estavam vendo nos feed de notícias. Muitos usuários de internet no mundo ocidental agora olham com um pé atrás as postagens mais chocantes — como as que tentam demonizar outros grupos usando mentiras. Questionamos a origem, validade e objetivos delas, e as chamamos de "fake news". Os cidadãos de Mianmar não tinham essa habilidade. Então quando apareciam postagens que desumanizavam a minoria ruainga e defendiam a subjugação ou até o extermínio deles, muitos não questionavam. Os poucos que questionavam esse tipo de postagem não faziam muito sucesso no Facebook.

Milhares de postagens foram produzidas pelos responsáveis por abusos de direitos humanos contra os muçulmanos ruaingas. Juntos, eles conseguiram reunir quase 12 milhões de seguidores no Facebook. Mesmo aqueles que violaram as regras de discurso de ódio da plataforma conseguiram continuar on-line, alguns por anos. Por quê? Porque a plataforma não tinha investido adequadamente na compreensão dos termos de uso de seus serviços nos países em desenvolvimento e, como resultado, tinha somente uns poucos moderadores de conteúdo que falavam birmanês.*

---

* Desde então, o Facebook aumentou o número de moderadores que falam birmanês.

O Facebook em Mianmar não era regulado, fato que o tornou uma ferramenta efetiva na aceleração do conflito étnico — e acabou o transformando em uma arma. Foi preciso uma investigação da Reuters para convencer o Facebook a apagar postagens e contas. A Organização das Nações Unidas chegou à conclusão de que o Facebook teve um "papel determinante" no aumento do ódio contra os muçulmanos ruaingas em Mianmar no genocídio de 2016–2017.[38] No fim, o Facebook reconheceu seu papel e pediu desculpas, admitindo que demorou para localizar o discurso de ódio postado em sua plataforma na região. O Facebook agora reconhece que países que são novos nas redes sociais são os mais vulneráveis à desinformação on-line e ao discurso de ódio. A suspensão de Donald Trump de sua plataforma por elogiar aqueles que tinham invadido violentamente o Capitólio para apoiá-lo pode ser um sinal de que Mark Zuckerberg agora admite que o ódio on-line pode ter consequências físicas muito mais perto de casa.

As primeiras duas décadas do século XXI viram a extrema direita atrair uma audiência em uma escala jamais vista desde a Segunda Guerra Mundial. Ideias extremas consideradas impronunciáveis em público há uma década agora fluem de forma incessante por nossas redes sociais. O ressurgimento da extrema direita está, sem dúvida, ligado ao aumento do uso das redes sociais, em especial dos grandes atores como Facebook, YouTube e Twitter. Sem essas plataformas, é difícil ver como a desinformação, essa propagadora de medo e ódio que se tornou a marca central da política divisionista, poderia ter sido gerada na escala industrial necessária para ganhar um ponto de apoio sólido em tantas democracias. Os eventos da quarta-feira, 6 de janeiro de 2021, em Washington D.C., servirão como um lembrete do que pode acontecer quando mensagens políticas com sentido codificado, transmitidas amplamente pela internet, são hospedadas e protegidas por gigantes tecnológicas.

O aumento irrestrito da extrema direita on-line não levou somente a um aumento no seu apoio nas urnas, mas também no número de vítimas de crime de ódio e na contagem de corpos vitimados pelo terrorismo. A tecnologia que serve como base para a internet age como um megafone para os grupos de ódio. Ela amplifica o alcance deles, aprofunda seu impacto e ajuda a evitar as regulações. Um aumento de 320% nos ataques terroristas de extrema direita desde 2014, com muitos ataques recentes perpetrados por pessoas sem uma clara conexão com grupos de ódio off-line organizados, nos força a considerar o papel da internet no processo de radicalização.[39] Se não forem controladas, as táticas desses propagadores de ódio via internet podem agir como um superacelerador, transformando pessoas vulneráveis à retórica extrema em terroristas.

11

## O PONTO DE VIRADA DO PRECONCEITO PARA O ÓDIO E COMO EVITÁ-LO

O cientista político Morton Grodzins adotou o conceito da física de *ponto de virada* para explicar sua teoria de "fuga dos brancos" dos bairros mistos nos EUA na década de 1950.[1] Ele argumentou que bairros racialmente mistos continham famílias brancas com variados graus de tolerância em relação aos negros. Isso criou uma situação instável, na qual as famílias mais racistas saíam do local primeiro, mudando o equilíbrio para uma maioria negra. Uma a uma, as famílias mais tolerantes iriam embora, até chegar a um ponto de virada que via um êxodo de famílias brancas, gerando uma segregação natural. A teoria de Grodzin acabou atraindo apoio empírico cinquenta anos depois com um vasto conjunto de dados dos EUA (1970–2000) mostrando que as cidades em que os brancos eram relativamente tolerantes (por exemplo, San Diego) tinham pontos de virada muito mais altos do que cidades nas quais os brancos tinham fortes opiniões contra o contato inter-racial (por exemplo, Memphis).[*,2] Apesar da descoberta deprimente, a ideia

---

\* É importante saber que uma análise do mesmo conjunto de dados com diferentes métodos não revelou prova alguma de um ponto de virada, o que significa que ainda não há consenso se a teoria de Grodzin se aplica a todos os bairros (W. Easterly, "Empirics of Strategic Interdependence: The Case of the Racial Tipping Point", *B.E. Journal of Macroeconomics,* 9

de Grodzin é fascinante e apresentou o conceito de ponto de virada à ciência do ódio.

Desde os anos 1950, a frase "o ponto de virada" é usada para descrever outros contextos nos quais um grupo maior de pessoas rapidamente adota um comportamento que era raro anteriormente. Baseia-se na *lei de potência*, que sugere que mudanças pequenas feitas por algumas poucas pessoas podem ter efeitos desproporcionalmente sérios sobre uma população. O autor Malcolm Gladwell ficou famoso ao aplicar o princípio para entender a rápida propagação de rumores e doenças, tendências de moda arrebatadoras e a acentuada redução nos crimes na cidade de Nova York nos anos 1990.[3] Esses exemplos se relacionam com mudanças no comportamento grupal. Mas ao contrário de boa parte do trabalho sobre esse fenômeno, o foco principal deste livro é o ponto de virada *interno* — o ponto no qual a biologia e a psicologia interagem com os resquícios de traumas, eventos, subculturas e tecnologia para acelerar a passagem de um indivíduo com pensamentos preconceituosos para a ação de uma forma odiosa.

Descobrir o que faz uma pessoa mudar seu comportamento é parecido com desfazer um bolo. Você tenta pegar um magnífico bolo red velvet com glacê branco e desconstruí-lo de volta até seus componentes mais básicos. O problema é que, depois de os ingredientes terem sido misturados e assados, é muito difícil extraí-los para retornar à forma original.

Os humanos que nós, cientistas, estudamos já vêm "assados". A ciência que foca a mente humana deve, portanto, revelar seu funcionamento interno fazendo perguntas e observando comportamentos. É um desafio gigantesco identificar quais ingredientes, em que ordem e em que medida, criam um comportamento humano ou resultam em uma mudança de comportamento.

Minha modesta tentativa neste livro está baseada na tradição da criminologia de lançar uma rede ampla para aproveitar o máximo possível de ciência relevante para entender o comportamento criminoso estudado. Somente com um campo de estudo aberto a múltiplas formas de pensamento

---

[2009]). Independentemente disso, o conceito de ponto de virada chegou para ficar na ciência do ódio.

científico essa compreensão holística do ódio pode ser alcançada. Mesmo assim, esse esforço não pode identificar todos os ingredientes. Mas, com base nas provas existentes, estou certo de que *alguns* comportamentos de ódio em *algumas* pessoas seguem essa receita básica:

- Partes e redes do cérebro que são responsáveis por processar rostos, estereótipos, ameaças, medo, memória, dor, repulsa, empatia, atenção, avaliação e tomada de decisões. Outros fatores biológicos, como hormônios e tipos de personalidade, também podem interagir para influenciar comportamentos contra pessoas diferentes de "nós".

- Nosso mecanismo de detecção de ameaças desatualizado, e como ele pode ser hackeado e sequestrado para gerar atitudes negativas sobre exogrupos por aqueles que têm algo a ganhar com nossas respostas preconceituosas.

- Estereótipos negativos perpetuados pela cultura (incluindo família, amigos, TV, rádio, imprensa, internet etc.) e uma falta de contato positivo com pessoas diferentes de "nós".

- Traumas e perdas pessoais e comunitárias, alguns deles não resolvidos (se é que isso é possível), que são projetados sobre alvos equivocadamente vistos como ameaças.

- Eventos divisores, como ataques terroristas, casos célebres nos tribunais e votações políticas, que aumentam um sentimento de ameaça percebida (incluindo nossa própria condição de mortalidade), desafiam valores sagrados e polarizam opiniões.

- Grupos que procuram pessoas perdidas e vulneráveis, inculcando ideologia de ódio na forma de valores sagrados e estimulando a fusão de identidade, levando ao provável aumento dos comportamentos de autossacrifício.

- Um ecossistema on-line que reflete nossos preconceitos e devolve tudo isso para nós de uma forma amplificada por meio da potência dos algoritmos, que tem sido usada como arma pelos atores estatais subversivos e pelos grupos de ódio.

A separação desses ingredientes organizados em diferentes capítulos neste livro pode ter criado uma falsa impressão de que eles existem de forma independente um do outro e causam efeitos isolados sobre o ódio. É claro que esse nem sempre é o caso, e os ingredientes podem interagir de formas complexas que a ciência ainda não conseguiu entender completamente. Ainda não mapeamos todos os ingredientes e interações possíveis por conta dos limites da ciência atual. Somente mais pesquisas, com base na combinação da receita básica, vai revelá-los.

## COMO PREVER O PRÓXIMO CRIME DE ÓDIO

Agora que temos esses ingredientes, podemos observá-los na população e apontar esse ponto de virada, permitindo que possamos prever quem será o próximo criminoso de ódio? Infelizmente, isso não é tão simples. Como todo mundo, os cientistas nunca podem estar 100% certos sobre nada. Apesar dos esforços mais valiosos, os especialistas que estudam o ódio não conseguem medir e realmente representar a "realidade" com seus vários métodos de descoberta. Os resultados que os estudos de ódio geram são aproximações da realidade — representações imperfeitas do mundo real. Isso significa que os resultados sempre contêm algum grau de erro e incerteza. O fato básico é que qualquer ciência do ódio que tente provar a causalidade — que determinado fenômeno é resultado direto de um conjunto de acontecimentos — nunca será perfeita.

Nossa capacidade de prever o próximo crime ou criminoso de ódio também é obstruída pela variação na qualidade da ciência do ódio. Quando é difícil distinguir os estudos de alta, média e baixa qualidade, recebemos mensagens ambíguas. Com que frequência lemos uma matéria sobre um estudo que descobriu que beber vinho tinto melhora a saúde do coração (abrimos uma garrafa de vinho), e depois de meses publicam outro estudo dizendo que não há diferença alguma (fechamos a garrafa de vinho)? É frustrante, certo? E esses estudos contraditórios não colaboram muito para a confiança do público na ciência.

O que os jornais não dizem são as diferenças entre os dois estudos que podem ser responsáveis pelas diferentes descobertas. Os estudos foram desenhados da mesma forma? As amostras dos estudos podem ser comparadas? Os dois estudos medem o consumo de álcool da mesma forma? E como podemos saber se todos os participantes contaram a verdade? As análises foram realizadas com as mesmas técnicas estatísticas e convenções? Esses são apenas alguns dos fatores que podem influenciar os resultados. Não é preciso que entendamos o que esses fatores significam tecnicamente para ter uma impressão da complexidade de realizar pesquisas científicas de alta qualidade.

Podemos perguntar: "Por que não criam um padrão?". Isso é mais simples em algumas disciplinas, como química inorgânica, do que em outras, como estudos sobre o ódio. Conhecemos a maioria (talvez todos) dos elementos que ocorrem naturalmente e como eles interagem, então as maneiras de estudá-los estão relativamente padronizadas (embora sempre sejam desenvolvidos novos métodos). Os fatores que causam um comportamento em especial não são todos conhecidos (se é que podem ser), e menos ainda é conhecido sobre como poderiam interagir sob uma variedade absurda de condições. Isso significa que as formas de estudar os ingredientes que causam um comportamento como violência odiosa variam enormemente, às vezes gerando resultados contrastantes.

Isso não significa que os estudos informados neste livro deveriam ser ignorados. Eles representam os estudos mais avançados no assunto na época em que foram publicados e muitos foram replicados e verificados em trabalhos posteriores com novas amostras de participantes usando melhores procedimentos analíticos. Essas áreas de estudo que acumularam um grande corpo de pesquisa, como o do Teste de Associação Implícita do preconceito, Teoria de Ameaça Integrada do preconceito, Teoria da Gestão do Terror, e o papel do contato na redução do preconceito, foram submetidas a poderosas *metanálises*. A metanálise reúne todos os estudos da mais alta qualidade de todo o globo e chega a uma conclusão geral — uma forma de *ciência cumulativa*. Quando disponíveis, essas metanálises foram incluídas neste livro para fornecer uma resposta quase definitiva sobre a utilidade de uma teoria para entender o ódio.

Dito tudo isso, quando um resultado científico indica que um conjunto de ingredientes ajuda a prever um comportamento, isso não necessariamente se aplica a todos. As chances é que se aplique à maioria das pessoas, mas sempre haverá algumas que são *outliers*. Nas estatísticas, os *outliers* são essas pessoas ou medições que se destacam da maioria como um dedão inflamado. Como são poucos e estão distantes, são considerados anomalias, e geralmente acabam descartados dos dados, para não atrapalhar as análises. Isso é visto como controverso por alguns, porque pode existir algo teoricamente interessante nessas pessoas, e são feitos esforços para resolver isso antes de elas serem removidas. Mesmo assim, elas normalmente terminam sendo colocadas na lixeira.

Você pode ser um *outlier*. Pode existir algo em você que significa que as regras gerais não se aplicam. Você pode não reagir a ameaças da forma como a Teoria da Ameaça Integrada sugere ou sua avó pode não reagir a um lembrete da morte inevitável dela (desculpe) sendo maldosa com as pessoas ao redor dela, como sugere a Teoria da Gestão do Terror.

Comparadas com elementos na tabela periódica, as pessoas são menos compreendidas e mais difíceis de prever. Sentimos mais confiança em saber o que vai acontecer quando combinamos dois elementos para criar um composto do que em combinar dois ingredientes para criar um comportamento em um humano. Existem muitas coisas que devem ser levadas em conta, e muitas variedades entre os humanos e os contextos em que vivem para sermos capazes de prever com alguma certeza o resultado de um comportamento particular em qualquer pessoa.

Vejamos o seguinte exemplo. Uma criança, que vamos chamar de Billy, nasceu de dois pais brancos em uma cidade pequena no sul dos EUA onde as relações entre as raças são tensas. Billy é uma criança saudável, com um cérebro típico que faz o que aprendeu quando reconhece rostos de raças diferentes, reagindo a ameaças percebidas e assim por diante. Durante os primeiros cinco anos de vida, Billy experimenta os efeitos de um lar abusivo, negligência parental e desnutrição. Seu pai repete estereótipos negativos sobre negros e frequentemente usa termos racistas em casa. Os pais de Billy se divorciam e a mãe fica com a custódia dele porque o pai abusa do álcool, tem denúncias de violência doméstica e inclusive já machucou Billy. Sua mãe se muda procurando trabalho, atrapalhando a educação do menino, se envolve em outros relacionamentos abusivos com homens, e tem outro filho com um deles. Durante esse período, Billy precisa crescer sozinho e cuidar de sua irmã, porque a mãe trabalha e desenvolve também um problema de abuso de substâncias entorpecentes. Ninguém ensina Billy e sua irmã a lidar com dor e trauma, ou garantir que "a vida vai melhorar". Sua mente se torna fechada, e ele só se importa consigo mesmo.

No começo da adolescência, Billy mostra mudanças comportamentais, resultado de anos de abuso e negligência. Se estivesse disponível, uma ressonância do cérebro de Billy mostraria mudanças estruturais parecidas com as criadas pelo Tept. Ele está sempre ansioso, hipertenso às ameaças e é incapaz de lidar com os altos e baixos da vida como uma pessoa normal. As vulnerabilidades emocionais e físicas de Billy o levam a procurar por alguém que se importe com ele, o que o leva a um grupo on-line de indivíduos parecidos. Os líderes do grupo dizem que estão motivados pela religião, mas é um disfarce para outra coisa. Billy é exposto à propaganda supremacista branca que desperta seu interesse e ele decide se encontrar off-line com alguns dos companheiros "recrutas". Com o tempo ele começa a se sentir necessário e valorizado pela primeira vez na vida, e sua identidade se funde com a do grupo quando adota os valores sagrados dele como seus próprios. Esses valores são ameaçados quando é tomada a decisão de se retirar um símbolo de supremacia branca de um lugar público na cidade natal de Billy, e o grupo organiza uma manifestação para protestar. No dia da manifestação, Billy e seus amigos são desafiados verbalmente por um membro negro da comunidade local. Qual é a chance de que Billy se torne violento e cometa um crime de ódio? Noventa por cento? Sessenta por cento? Vinte por cento?

Poderíamos chutar nos mais altos, e poderíamos estar certos. Mas não temos como saber de forma absoluta o que Billy fará. Isso porque, apesar de ter experimentado a maioria dos ingredientes básicos que levariam alguém ao ódio, existem ingredientes desconhecidos e interações que os cientistas ainda não descobriram e talvez nunca descubram. Com base nisso poderíamos dizer que uma pessoa que teve uma experiência na infância diametralmente oposta à de Billy poderia terminar em uma situação na qual cometeria um grave crime de ódio. Embora as chances provavelmente sejam baixas, vamos encontrar um exemplo por aí se procurarmos o suficiente.

Paul Joseph Franklin teve muitos dos ingredientes identificados por cientistas, mas David Copeland parecia ter poucos, se é que tinha algum. Ambos cometeram horríveis crimes de ódio. Não há como escapar da realidade de que prever o comportamento de indivíduos é uma ciência imprecisa, cheia de desconhecidos conhecidos, e de desconhecidos desconhecidos. É por isso que o uso de tecnologias de previsão com a polícia e a justiça criminal é algo tão controverso. Elas não são precisas o suficiente em nível individual para nos dizer onde será cometido o próximo crime e por quem. Quando as previsões são feitas, são no melhor dos casos um palpite 50%-50%, resultando em casos de injustiça.

Isso significa que deveríamos desistir da esperança de prever o próximo tiroteio em massa da extrema direita em uma sinagoga, ou se um terrorista do EI preso está totalmente reabilitado? A previsão é geralmente vista por profissionais como o Santo Graal, mas cientistas comportamentais preferem descrição e explicação. Isso não significa que esses cientistas descartem descobrir o que causa um comportamento — consegui-lo ainda causa grande interesse e pode ser a busca de toda uma carreira. Apenas significa que modelos causais explicativos nem sempre servem para fazer boas previsões em relação a indivíduos específicos. Isso acontece porque cientistas comportamentais trabalham no nível de grupos, normalmente com amostras de pessoas tiradas de populações. Essas amostras consistem em centenas e às vezes milhares de pessoas que supostamente representam todo o resto, *na média*. Infelizmente, a média raramente é útil para prever comportamentos raros como crimes de ódio e ataques terroristas.

Com a média, podemos tomar uma amostra aleatória de mil pessoas e dizer com algum grau de certeza que cerca de *uma* pessoa provavelmente vai cometer um crime de ódio. Podemos até usar as provas científicas para aprimorar a previsão e dizer que esse crime de ódio será provavelmente cometido por um homem branco entre 15 e 24 anos. Diminuímos de mil para cerca de cinquenta pessoas. Seguimos com a ciência e dizemos que essa pessoa que estamos procurando provavelmente tem problemas não resolvidos de traumas infantis e teve contato com material de extrema direita on-line ou off-line. Talvez tenhamos diminuído para umas cinco pessoas. Finalmente, podemos ter uma dica do momento em que esse crime de ódio vai acontecer, e digamos que é mais provável que aconteça depois de um evento-gatilho como um ataque terrorista.

O que fazemos com essas cinco pessoas? Condenamos todas à prisão perpétua para evitar o crime de ódio? Somente prendemos depois de um evento-gatilho e então as soltamos? Monitoramos de perto durante o evento sem prendê-las? Ou não fazemos nada? Como ter certeza de que descobrimos os cinco corretos? As estatísticas podem indicar que há uma boa chance de que sejam eles, talvez mais do que 50%-50%. Mas não podemos ter certeza. Os direitos dos cinco — sendo que quatro deles nunca irão, de acordo com a probabilidade estatística, cometer nenhum crime de ódio — podem superar os direitos da provável vítima? Com a sempre presente incerteza na ciência nunca podemos justificar interferir nos direitos desses cinco ou de qualquer pessoa rotulada como "de risco", mas que não tenha sido considerada culpada de crime por um júri em um tribunal.

A média é boa para desenvolver intervenções que funcionarão para a maioria. Isolar alguns dos ingredientes que causam ou previnem comportamentos de ódio significa que a pessoa média pode lidar com pensamentos *semente*, como viés consciente, e comportamentos, como microagressões, antes de causarem danos ou se desenvolverem em algo mais nefasto. Em uma escala maior, os elaboradores de políticas podem instituir mudanças na justiça criminal, educação, moradia, cuidados sociais e de saúde para abordar os ingredientes do ódio no nível da população total. Embora isso não signifique um grande conforto para as vítimas e suas famílias que sofrem nas mãos dos criminosos de ódio, a ciência que se infiltra na mudança individual e política pode e está prevenindo crimes de ódio futuros e evitando que as pessoas se tornem vítimas.

SETE PASSOS PARA ACABAR COM O ÓDIO

Mohamed Salah entrou no Liverpool Football Club em julho de 2017 em uma transferência recorde para o clube de 42 milhões. É um dos cerca de cinquenta muçulmanos entre os quinhentos jogadores da Premier League. Fez 36 gols na primeira temporada, tornando-se o maior goleador da Europa naquele ano. Logo depois de sua transferência foi eleito Jogador do Mês pelos torcedores por seu incrível desempenho, e terminou ganhando os prêmios de Jogador do Ano e Chuteira de Ouro da Premier League em 2018.

No campo, Salah comemora os gols realizando a sujud (prostração a Alá) e aumentou a conscientização sobre o islamismo postando fotos de práticas islâmicas (por exemplo, o Ramadã) para seus mais de 11 milhões de seguidores na rede social. Além disso, ele se recusa a comemorar gols depois de ataques contra mesquitas. Como forma de apreciação ao sucesso dele, os torcedores criaram cantos de vitória que incorporam sentimentos positivos em relação ao islamismo:

> Se ele fizer mais alguns, viro muçulmano também;
> Se é bom para você, então é bom para mim;
> Sentado em uma mesquita, é onde quero estar!

Salah se uniu ao Liverpool apenas meses depois da onda de ataques terroristas de extremistas islâmicos em 2017, ano que viu o maior aumento nos crimes de ódio antimuçulmanos já registrado pela polícia no Reino Unido. Naquele momento, a cidade de Liverpool, sendo menos etnicamente diversa do que o Reino Unido como um todo, chegou a estar entre as cinco áreas policiais com mais crimes de ódio. Em poucos meses, as ações de Salah estavam tendo um impacto positivo na percepção que os torcedores tinham sobre o islamismo. Há provas também de que esse "efeito Salah" estava se espalhando pelas ruas de Liverpool. Um estudo feito pela Universidade Stanford mostrou que o Condado de Merseyside teve uma incrível queda de 16% na taxa de crimes de ódio depois da contratação de Salah em comparação com a taxa esperada se ele não tivesse sido contratado pelo Liverpool F.C.

318 *Matthew Williams*

O "efeito Salah" também se espalhou on-line, com uma queda de 50% em tuítes antimuçulmanos postados por torcedores do Liverpool. Enquanto isso, as taxas de crimes de ódio e tuítes em outras áreas entre torcedores de outros times permaneceram estáveis ou aumentaram depois da contratação, indicando que o efeito de tolerância em relação a muçulmanos era localizado.[*,4]

Havia provavelmente muitos elementos relacionados com o efeito Salah, mas possivelmente o mais evidente era a forma com que o atleta demonstra sua identidade religiosa, algo que pode ter sido uma informação nova para muitos torcedores do Liverpool, e que pode ter tido o efeito de suavizar as atitudes deles em relação ao islamismo. Atos como prostrar-se em oração depois de marcar gols, levar a esposa aos jogos usando um véu e dar o nome de sua filha em homenagem à cidade sagrada de Meca fizeram de Salah um dos jogadores muçulmanos de futebol mais conhecidos globalmente. Suas frequentes mensagens sobre sua religião também indicam que é improvável que seja visto como uma "exceção", o que ajuda a desafiar e contrapor o estereótipo negativo do islamismo como ameaçador e em desacordo com os valores britânicos, humanizando outros muçulmanos.

O efeito Salah mostra o impacto na redução do ódio e do preconceito de mostrar uma identidade minoritária sob uma luz positiva. Para nos dar a esperança de que o ódio não é inevitável, basta olharmos para as arquibancadas de Anfield, que aceitou bem os louvores ao islamismo.

Gordon Allport foi um dos primeiros psicólogos a reconhecer que, tirando o intolerante completo, a maioria de nós sente remorso por nossos pensamentos preconceituosos e sempre os reprime.[5] Como as normas e as leis mudaram na última metade do século XX, estimuladas por vários movimentos sociais (direitos civis, liberação feminina e direitos dos homossexuais), aumentou o

---

* O "efeito Salah" só se aplicou ao Liverpool F.C. e ao Condado de Merseyside. Na verdade, o sentimento antimuçulmano (especialmente no Twitter) cresceu em outras áreas e bases de torcedores diretamente por causa do sucesso dele. O racismo expresso por torcedores de equipes adversárias continua sendo um problema pernicioso entre uma minoria. Esse padrão não é exclusivo do futebol. A experiência do "outro" que termina sendo negativa, como é o caso quando seu time é derrotado por causa dos gols do Salah, pode resultar em atitudes e comportamentos piores.

desconforto das pessoas em relação aos preconceitos alimentados culturalmente, e isso levou a uma maior repressão deles. Tornou-se socialmente in-
justificável expressar verbalmente visões estereotipadas negativas dos outros
e, em alguns casos, tornou-se até criminoso agir de forma discriminatória. O
preconceito pôde ser reprimido de modo mais eficiente no século xxi, mas não
desapareceu.[6] O uso em massa de redes sociais sem moderação e o aumento
do populismo no mundo viu as normas começarem a derrapar, ajudando algumas pessoas a justificarem a expressão de seus preconceitos mais uma vez.[7]

Aprendemos sobre as falhas de nossos cérebros, da psicologia, sociedade e tecnologia que podem fazer com que nossos preconceitos acelerem
em direção ao ódio. Nenhum de nós é imune a essas forças e todos temos a
responsabilidade de reconhecer seus efeitos em nós e em nosso comportamento em relação aos outros.

O que segue é um conjunto de passos, alguns mais práticos do que outros, que podemos tomar para evitar que nossos preconceitos, muitos deles
inconscientes, se transformem em discriminação e comportamentos de ódio.

## 1. Devemos reconhecer alarmes falsos

O detector de ameaças dos seres humanos, trancado dentro de nossos cérebros, evoluiu para nos manter seguros. Fez um grande trabalho trazendo-nos
até onde estamos, mas agora está desatualizado e não serve mais para a maioria das pessoas no mundo desenvolvido (quer dizer, a menos que você seja
Bear Grylls e adore ficar escapando de situações de perigo). Junto com vários processos biológicos que podem atuar em certas circunstâncias e nosso
aprendizado de estereótipos negativos, o alerta vermelho pode ser disparado
quando não existe nenhuma ou pouca ameaça. Quando o falso alarme é to-
cado por uma pessoa diferente de nós, a ação resultante pode tomar a forma
de preconceito e ódio. É preciso muito esforço consciente para reprogramar
esse mecanismo de detecção de ameaças.

O esforço começa em nossa área de controle executivo, o córtex pré-
-frontal, que é projetado para dirimir o alerta vermelho induzido pela amígdala cerebelosa quando uma (não) ameaça é reconhecida pelo que de fato é.
Com a melhoria no reconhecimento dos alarmes falsos, mais rapidamente

podemos desligar e evitar uma resposta preconceituosa. Para isso, é crucial saber quando nossa maquinaria desatualizada está sendo sequestrada por aqueles que têm algo a ganhar com a nossa resposta.

Considerem o experimento de Robbers Cave no qual Sherif manipulou de propósito as relações entre os grupos de meninos para criar uma sensação de ameaça. Identidades opostas foram incitadas, recursos foram tornados escassos para forçar a competição e atos fictícios de vandalismo foram realizados. No momento certo, os detectores de ameaça dos meninos começaram a funcionar e o resultado foi a agressão. Os políticos e a mídia estão realizando seu próprio experimento de Robbers Cave em pessoas ao redor do globo, sem que estas suspeitem. É dito aos "nativos" que "estrangeiros" ameaçam sua identidade nacional e seus recursos, como empregos, saúde, moradia e escolas. Se não estivermos preparados para isso, como os meninos no estudo de Sherif, reagiremos com medo, no melhor dos casos votando em um líder populista, no pior, saindo às ruas e eliminando a ameaça percebida com violência.

Os Águias e os Cascavéis superaram suas diferenças quando a percepção da ameaça foi retirada da equação. Como vimos, em um experimento anterior, Sherif foi incapaz de instigar uma sensação de ameaça nos harmoniosos Jiboias e Panteras, porque os dois grupos de meninos já se conheciam antes do início do estudo.

Quando a mídia e os políticos nos dizem que a vida é ruim por causa das pessoas diferentes de nós, devemos sempre questionar os motivos deles, e desligar nosso alerta vermelho quando vemos desinformação ou manipulação.

## 2. Devemos questionar nossos prejulgamentos das outras pessoas

Embora nossos cérebros sejam ótimos em muitas coisas, eles são terríveis em algumas poucas áreas importantes. O cérebro humano não consegue processar toda a informação que existe no mundo, então cria atalhos, que influenciam opiniões, atitudes e comportamentos. Esses atalhos, na forma de estereótipos, podem ser responsáveis por como vemos as outras pessoas, especialmente estranhos. Estereótipos aprendidos durante a infância são especialmente resistentes à mudança, já que nossos jovens cérebros estavam mais dispostos a aceitá-los sem questionar.[8]

Alguns desses estereótipos são relativamente benignos em seus resultados — se alguém acha que uma candidata alemã a um emprego é eficiente e pontual, pode favorecê-la para o emprego; se alguém presume que todos os britânicos têm o lábio superior retesado, pode achar que um rosto bravo não significa coisa alguma e oferecer simpatia em tempos difíceis. Mas algumas coisas têm consequências ruins — alguns acham que os judeus são gananciosos, desonestos e exploradores, por isso têm pouca empatia quando eles são perseguidos; um patrão pode pressupor que um empregado negro é folgado e, portanto, dar projetos menos exigentes e de pouco destaque para ele, atrapalhando sua promoção; autoridades do governo podem achar que os gays são promíscuos e merecem ficar doentes, então demoram para decretar uma emergência nacional em resposta a uma epidemia de HIV.

Preconceitos e estereótipos são ensinados e transmitidos pela cultura, e podem atacar nosso mecanismo de resposta à ameaça grupal. Veículos que transmitem cultura, incluindo jornais, TV, livros, internet e nossa família e amigos, podem criar impressões gerais, geralmente cruas, dos outros. Esses estereótipos são codificados e guardados para recuperação posterior quando necessário para nos informar sobre julgamentos e comportamentos.[9] Mas como os estereótipos estão baseados na cultura, não somos escravos da influência deles. Podemos resistir ao que eles nos dizem em um momento de ação, permitindo que moderemos nosso comportamento para chegar a um resultado não tendencioso.[10]

Ao contrário dos preconceitos baseados em ameaças que envolvem a amígdala cerebelosa controladora do medo, os estereótipos estão predominantemente associados a uma parte diferente do cérebro, que é mais suscetível a mudanças.[11] No laboratório, expor participantes repetidamente a informações contraestereotipadas pode mudar suas percepções. No entanto, coloque-os de volta em meio a uma cultura que reforça velhos estereótipos e eles podem recair, caso não seja feito um esforço para questionar tais representações. Para se contrapor a isso, devemos promover estereótipos positivos além do laboratório, na vida real — em casa e nos jornais, na TV e nos esportes.

Como o exemplo de Mo Salah, há muitos outros que mostram o efeito da quebra de estereótipos negativos por figuras culturais proeminentes. Mas o sucesso deles varia e geralmente depende de manter um histórico impecável, evitando aparecer de forma negativa nos tabloides quando possível. Um escândalo, mesmo menor, pode reforçar velhos estereótipos negativos do grupo em questão. No meio de 2018, uma notícia negativa sobre Salah usando um celular enquanto dirigia foi publicada, e no final de 2019 seu desempenho em campo caiu por causa de uma lesão. Esses golpes têm o poder de impactar negativamente no "efeito Salah" sobre crimes de ódio e atitudes em relação ao islamismo.

Temos mais controle sobre os papéis ficcionais que nossas celebridades interpretam na TV e no cinema. Retratos mais positivos e menos estereotipados de várias identidades na ficção podem promover a tolerância. Sou muito fã de *Star Trek* e fiquei animado quando os roteiristas da sequência *Star Trek: Beyond* revelaram que o personagem Sulu, interpretado por John Cho, era gay. Depois de assistir ao filme, fiquei desapontado ao descobrir que um beijo entre Sulu e seu marido tinha sido cortado da versão final, imagino que por preocupações de que isso poderia diminuir os lucros em casa e internacionalmente. O objetivo final dos estúdios de cinema não é espalhar a mensagem inclusiva de que relacionamentos entre pessoas do mesmo sexo são normais, então o corte, seja motivado por uma ansiedade em relação a ingressos que não seriam vendidos ou por razões criativas, pode ser perdoado. Mas acho que, se fosse o diretor do filme, abrir mão de algumas centenas de milhares de dólares para enviar essa mensagem a milhões de pessoas valeria pelos dividendos que poderiam render no aumento da tolerância.

A ciência apoia isso. Desde a comédia *Will & Grace* e *The Ellen Show*, personagens e personalidades gays, muitos apresentando traços contraestereotipados, foram introduzidos em nossas casas. O impacto sobre a audiência foi bastante positivo, com muitos declarando um aumento na aceitação e uma redução do preconceito contra homossexuais tanto na tela quanto fora dela.[12] O efeito também se ampliou para outras identidades, com telespectadores conectando-se de forma cognitiva e emocional a personagens ficcionais "minoritários". Em especial, quando o personagem sofre discriminação na história, os telespectadores podem ter acesso à perspectiva deles e sentir empatia.[13] No entanto, o poder da mídia também significa que roteiros insensíveis que mostram estereótipos negativos podem reafirmar os preconceitos dos espectadores.[14]

Não podemos esperar que celebridades e roteiristas de Hollywood façam todo o trabalho para nós. Somos pensadores livres e podemos resistir ao que a "máquina cultural" produz. É nossa incumbência sempre desafiar o que parece uma suposição grosseira e automática sobre uma pessoa ou um grupo. Os instintos são úteis em certas situações, mas eles podem levar à discriminação quando usados para tomar decisões em relação a pessoas que são diferentes de nós. Nunca deveríamos agir baseando-nos em nossas primeiras impressões e devemos sempre dar uma chance à outra pessoa de provar que estamos errados. Mas para que os contraestereótipos realmente se consolidem, precisamos de um pouco mais de ajuda. Precisamos de *contato pessoal* direto com pessoas diferentes de nós.

### 3. *Não deveríamos evitar ter contato com pessoas diferentes de nós*

Pense em seu círculo de amigos íntimos, aqueles aos quais você recorreria em uma crise. Agora pense nos seus vizinhos e nas pessoas que vê regularmente no café ou no bar local. Em seguida, pense nos seus colegas de trabalho, de escola ou o equivalente a isso em sua vida. Finalmente, pense na cor da pele de todas essas pessoas, o gênero, a orientação sexual, religião, idade e qualquer deficiência física ou mental que possam ter.

As chances são de que seu círculo interno seja menos diversificado, e seu local de trabalho, estudo ou equivalente seja mais diversificado. Não é surpresa que vejamos esse padrão repetido nas séries de TV mais populares do Ocidente, incluindo megassucessos como *Cheers*, *Sex and the City* e *Friends*.* A fórmula representa nossa experiência. Porque aqueles a quem recorreríamos em uma crise compartilham muitas das mesmas características que nós, isso pode influenciar quem tem nossa confiança de forma mais geral. E isso pode ter consequências para várias decisões na vida que ocorrem nos círculos mais amplos de amigos, conhecidos e colegas.

Na primeira parte do século XX havia opiniões diferentes sobre os resultados da mistura inter-racial. Alguns acadêmicos tinham a hipótese de que

---

* Mais recentemente, algumas comédias se afastaram dessa fórmula e incluíram múltiplas identidades contrastantes no círculo íntimo de amigos.

o aumento do contato entre as raças em termos iguais, por exemplo, na sala de aula, criaria inquietação, tensão, até violência, enquanto outros argumentavam que o resultado seria tolerância e respeito.[15] A Teoria do Contato Intergrupo foi desenvolvida para responder à questão e estabelecer quatro ingredientes fundamentais para o contato *ideal* para a redução do preconceito:

(i)  No contexto do contato, os dois lados precisam ter o mesmo status; isso pode acontecer naturalmente no local de trabalho e no ambiente educacional, por exemplo, onde empregados e estudantes brancos e negros de mesmo nível devem trabalhar juntos.

(ii)  Os dois lados precisam de um objetivo comum, como trabalhar em um projeto conjunto.

(iii)  Na busca desse objetivo, os dois lados devem cooperar abertamente, e não trabalhar de forma isolada.

(iv)  A combinação deve ser sancionada ou apoiada por uma figura de autoridade que os dois lados respeitem, como um chefe ou professor.[16]

A ausência de uma ou mais dessas condições não significa que o contato não conseguirá reduzir o preconceito, mas, em vez disso, o efeito pode ser mais fraco, pode demorar mais para acontecer ou não durar tanto.

Alguns dos primeiros estudos testaram a teoria nos projetos de moradia dos EUA. A Lei de Moradia de 1949 estabeleceu um programa rápido de construção de moradias públicas para eliminar as favelas nas cidades dos EUA. Foi visto por alguns como uma oportunidade não apenas para limpar áreas excluídas, mas também para acabar com a segregação racial na habitação. Isso foi algo controverso, pois não havia uma opinião científica única sobre dessegregação racial na época. Os primeiros experimentos estavam produzindo resultados animadores, mas não havia garantia de que seriam replicados nas ruas. Mas criar bairros subsidiados segregados por raça daria a impressão de que o governo federal apoiava blocos de casas e bairros "somente para negros" e "somente para brancos", e isso causaria mais danos às relações multiculturais.

No que se tornou um dos primeiros experimentos de engenharia social em larga escala, o projeto de moradia com aluguéis acessíveis de Newark designou moradores brancos e negros a blocos separados, e comparou as experiências deles a de dois blocos parecidos em Nova York que eram dessegregados. Em comparação com suas contrapartes nos blocos segregados, as esposas brancas em casas dessegregadas informaram ter melhores experiências com os vizinhos negros e sentiam alta estima por eles. Depois da publicação dos resultados, foi estabelecida uma política que ordenava que as moradias seriam "distribuídas de acordo com a necessidade, independentemente de raça, religião e cor". As moradias públicas segregadas foram eliminadas em Newark e moradores brancos e negros foram misturados em todos os oito projetos habitacionais. Uma minoria de moradores reclamou dessa política, mas rapidamente recuou quando tudo foi explicado, junto com as provas científicas.[17]

Uma década depois houve uma fuga dos brancos para os subúrbios, transformando a cidade de Newark em majoritariamente negra. Com os brancos se foi a influência política, e houve um aumento no desemprego e no crime. Em 1967, um negro foi atacado violentamente por policiais brancos, resultando em levantes raciais em Newark, nos quais 26 pessoas morreram, sendo que 24 eram moradores. As relações de raça naufragaram, possivelmente por causa da erosão da dessegregação causada por amplas forças econômicas e sociais do final dos anos 1960. Os projetos habitacionais que antes eram policiados de forma proporcional tiveram um grande aumento no policiamento, e quase todos os policiais eram brancos.

Se o Departamento de Polícia de Newark tivesse contratado e promovido mais policiais negros, as relações raciais teriam se deteriorado tão profunda e rapidamente? A Teoria de Contato Intergrupo sugere que não. O contato positivo no emprego pode reduzir o preconceito, incentivando relações melhores dentro e fora do local de trabalho. Em um primeiro estudo, policiais brancos que trabalhavam com negros na Filadélfia abrandaram suas atitudes em relação a formar parcerias e a receber ordens de policiais negros.[18]

Esses resultados foram replicados em outros locais de trabalho. Em um estudo pioneiro dos anos 1960 realizado no sul dos EUA, policiais brancas mulheres com atitudes racistas foram colocadas em parceria com colegas negras por um período de vinte dias. Foi tomado o cuidado para que participantes com status igual fossem selecionadas, e as tarefas exigiam objetivos compartilhados, cooperação e sanção da autoridade. Inicialmente, essas mulheres brancas com as visões mais racistas mostraram comportamentos negativos em relação às suas colegas negras e evitavam o contato, ignoravam suas perguntas e as excluíam das conversas. No final do período estudado, quase todas as mulheres brancas informaram terem vivido experiências favoráveis (medidas por agradabilidade e competência) com suas colegas negras, concordando em trabalhar com elas novamente em futuras tarefas.[19]

O contato também reduz o preconceito entre jovens em cenários recreativos. Uma recente reencenação do experimento de Robbers Cave envolveu jovens em uma expedição de acampamento distribuídos aleatoriamente ou em um grupo todo branco ou em outro racialmente misto. Durante a viagem de três semanas, os grupos foram treinados em técnicas de sobrevivência sob condições para um ótimo contato intergrupal. Um mês depois da viagem, comparados com os adolescentes do grupo todo branco, os adolescentes brancos do grupo misto demonstraram atitudes menos preconceituosas contra pessoas negras.[20]

O contato funciona melhor se for direto, o que significa que indivíduos precisam estar juntos, de preferência sob as condições ideais criadas antes. Se não for possível, então formas indiretas de contato também podem reduzir o preconceito, mas em uma extensão menor.[21] O "efeito Salah" é um exemplo de contato indireto. Salah e os torcedores do Liverpool compartilharam o objetivo comum de ganhar campeonatos; Salah foi apoiado pela diretoria do clube e pelos técnicos, que representam as figuras de autoridade em que os torcedores confiam; e ele conseguiu cumprir suas promessas, criando uma experiência positiva para todos. Mas os torcedores raramente passavam algum tempo diretamente com ele.

Desde os anos 1950, mais de quinhentos estudos incluindo mais de 250 mil pessoas em 38 países testaram a Teoria de Contato Intergrupo em várias questões de identidade. A conclusão é que o contato positivo sob as condições certas reduz o preconceito e o ódio.[22] O contato parece funcionar especialmente bem para reduzir o preconceito antigay, seguido pelo preconceito motivado por deficiência física, raça, deficiência mental e idade. As pessoas mais suscetíveis à mudança são as crianças e os universitários, e o dos adultos é o grupo mais difícil. Não existe diferença significativa entre homens e mulheres, independentemente da idade. Dos estudos conduzidos durante um período de mais de cinquenta anos, os que se basearam em cenários recreativos informaram o maior efeito do contato na redução do preconceito, seguido por situações de trabalho, de educação e residenciais. O contato positivo mostrou ter um efeito até nos indivíduos mais inclinados ao preconceito, incluindo aqueles com ideias de extrema direita.[23]

Esses estudos uniram pessoas por certos períodos de tempo para ver se elas se dariam bem. O que essas pessoas fizeram quando estavam em contato umas com as outras nem sempre foi prescrito, como acontece quando estão dentro de um laboratório. As conversas que tiveram nas semanas de contato em locais de trabalho, escolas, acampamentos de verão e conjuntos habitacionais envolveram histórias pessoais, aumentaram a empatia e revelaram semelhanças entre grupos. Brancos e negros, hetero e homossexuais, jovens e velhos aprenderam com o compartilhamento de problemas e perspectivas, quebrando barreiras culturais geralmente imaginárias. As tarefas que realizaram acabaram forçando-os a cooperar, impulsionando a confiança nas habilidades e na inteligência dos "outros". Os cientistas concluíram que o contato funciona entre grupos diferentes ao criar familiaridade e simpatia, e reduzindo a incerteza e a ansiedade por meio da contraposição de estereótipos e da remoção da percepção de ameaça.[24]

Uma questão que permanece sem resposta é por quanto tempo dura a redução no preconceito depois do contato. A preocupação entre os formadores de políticas que exploram iniciativas de redução de preconceito é que o efeito do contato pode rapidamente desaparecer depois da intervenção, especialmente se os participantes voltarem para suas vidas normais com pouco contato intergrupo.[25] Pesquisas realizadas na última década indicam que viver em um bairro no qual existe uma alta taxa de contato intergrupo positivo leva à redução do preconceito entre os moradores.[26] A atitude tolerante da comunidade em geral se infiltra nos indivíduos, e as pessoas são influenciadas pelo comportamento dos outros, reforçando os efeitos positivos de seu próprio contato intergrupal. Mesmo sem contato pessoal direto, pessoas que vivem nessas áreas declaram ter menos preconceito.

Onde você mora importa. No entanto, não é suficiente simplesmente ter bairros diversificados. A diversidade entre moradores deve ser acompanhada por contato positivo significativo. Não é bom planejar um bairro com 50% de negros e 50% de brancos se as duas comunidades são relutantes em interagir de forma regular. Com o tempo, bairros diversificados com contato positivo podem superar qualquer sensação de ameaça em relação aos exogrupos. Dados de vinte anos e de uma centena de países mostram que, embora um influxo de moradores de outra religião e raça para uma área possa, no começo, ser algo difícil de se acostumar, dentro de um máximo de oito anos, e às vezes muito antes (quatro a seis anos), qualquer efeito negativo autodeclarado sobre a qualidade de vida (satisfação, felicidade e saúde) é dissipado quando o contato positivo cria um sentimento de confiança entre todos. Os seres humanos do mundo todo podem se adaptar e transformar o multiculturalismo em uma virtude. Mas esse processo pode ser estragado por aqueles que de alguma forma poderiam se beneficiar de trabalhar contra a diversidade. Os políticos e a mídia que espalham narrativas anti-imigração, ressaltando e fabricando diferenças entre grupos, colocam em movimento o mecanismo de ameaça humano, diminuindo ou até impedindo uma integração bem-sucedida.[27]

A lição clara desse extenso corpo de pesquisa é que deveríamos nos misturar com pessoas que sejam diferentes de nós, o máximo possível. Reconheço que para muitos é mais fácil ler isso do que realmente sair de casa e se misturar com pessoas diferentes, especialmente para aqueles que não vivem ou trabalham em ambientes diversificados. Então, quando se apresenta uma oportunidade para que nos misturemos com pessoas diferentes, devemos agarrá-la com as duas mãos e aproveitar a experiência. Para garantir mentes abertas e tolerantes nas futuras gerações, devemos também garantir que nossas crianças façam o mesmo, de preferência o mais cedo possível, e especialmente antes do ensino médio.[28]

Durante o contato inicial, aceite que não é incomum um pouco de ansiedade pelo medo de fazer ou falar algo errado. Todos somos culpados de às vezes dar uma escorregada durante nossas interações com pessoas diferentes de nós: esquecer de pedir o tipo certo de comida para nossa festa, escrever o nome do vizinho errado no cartão de Natal, fazer uma pergunta insensível ou uma suposição estereotípica sobre a vida ou o comportamento de alguém. O pior de tudo, geralmente fruto do estresse e da ansiedade de tentar não parecer preconceituoso, são as chamadas microagressões (lembre-se do Capítulo 1). Quando você achar que ofendeu, peça desculpas. Terá grande significado.

## 4. Devemos ter tempo para nos colocar no lugar dos "outros"

Ver personagens contraestereotipados na TV e passar tempo com indivíduos diferentes de nós pode nos ensinar um pouco sobre como é ser outra pessoa. Isso é algo que deveríamos fazer rotineiramente, e não deveríamos precisar da mídia e de nossas celebridades para sentir empatia por aqueles que estão sofrendo com preconceito e discriminação de forma regular.

Programas de justiça restaurativa usados por serviços de justiça criminal reúnem vítimas e perpetradores de ódio para estimular a empatia.[29] No laboratório, exercícios de imaginar as perspectivas e experiências dos outros foram feitos para promover o que os psicólogos chamam de *descategorização*, o que significa que passamos a ver os "outros" mais como indivíduos, e menos como uma parte de um grupo separado. Em alguns casos, nós *recategorizamos* ou *categorizamos de forma cruzada* os outros, o que significa que os vemos não só como indivíduos mas também como parte de um grupo ao qual pertencemos: "Podemos ser de grupos diferentes, mas estamos no mesmo time".[30] Esses três processos quebram os estereótipos negativos e acabam ajudando a reduzir o preconceito.

Quando encontramos representações da imagem dos outros nos jornais, on-line e na TV, deveríamos criar o hábito de nos imaginar como o protagonista da história deles. Eu trocaria de lugar com eles, e se não, por quê? De que forma estou melhor do que eles e por quê? O que temos em comum? Quais são os objetivos e motivações deles? Como deve ser encontrar os obstáculos que eles enfrentaram? Como deve ser aguentar as perdas ou dores que eles sofreram? Quando pensamos muito nos outros, podemos reconhecer qualquer privilégio que possamos ter e começar a nos ver neles, e eles em nós.

## 5. Não devemos permitir que eventos divisores eliminem o melhor de nós

Todos os períodos de recessão econômica, eleições políticas controversas, julgamentos marcantes e ataques terroristas têm algo em comum. Esses eventos têm um incrível poder para dividir, mas também para unir. Em tempos de crise, o instinto é se esconder e proteger os iguais, às vezes à custa dos exogrupos. Isso se aplica tanto a recursos quanto a empregos e saúde, assim como a valores que são sagrados para nós, como nossa visão de mundo.

Quando um evento divisor acontece, devemos nos perguntar se esses grupos colocados no centro das atenções são realmente os culpados. Devemos questionar os motivos daqueles que apontam o dedo e procurar outras opiniões dentro de todo o espectro de posições antes de decidirmos como devemos nos sentir e comportar.

Independentemente de qual for o resultado, devemos tentar fazer o melhor para evitar a reação fácil da indignação moral. Apesar de poder ser catártico, é um sentimento de vida curta e causa mais dor e infelicidade em longo prazo. Em vez disso, devemos focar comportamentos mais saudáveis que reflitam a limpeza moral. Se sentimos que um evento divisor desafia nossos valores mais profundos e nosso estilo de vida, deveríamos reforçá-los com comportamentos positivos — visitar amigos e família, doar para a caridade, ser voluntário. Os benefícios em curto, médio e longo prazos serão sentidos por nós e por aqueles com quem os compartilhamos.

## 6. Devemos estourar nossos filtros-bolha

Apesar do alcance global da internet, nossos contatos e nossa exposição a pontos de vista on-line podem ser menos diversos do que em nosso mundo off-line. Enquanto a ciência ainda deve chegar a uma conclusão definitiva sobre se os filtros-bolha on-line impactam muito nossas atitudes, é seguro presumir que a maioria evita ativamente ou é afastada por algoritmos de grupos e informações que não combinam com suas preferências.

On-line procuramos ativamente aqueles mais parecidos conosco e notícias que reforçam o que já pensamos e acreditamos, e informamos isso aos algoritmos, que depois automatizam esse processo para nós. Gigantes das redes sociais já estão trabalhando em formas de mediar o reforço de informações com outras informações contrabalançadas nos feeds dos usuários. Apesar das provas iniciais que mostram que a abordagem do problema dessa forma pode realmente arraigar os pontos de vista existentes,[31] estar consciente desse fenômeno pode ser suficiente para nos levar a pensar duas vezes quando nos relacionamos com pessoas e informações on-line. Claro, aqueles que se sentem bem em sua bolha on-line provavelmente não se sentirão motivados a estourá-la, e poderá ser necessário que outros façam isso de uma forma que não os obrigue a recuar com horror.

## 7. *Devemos ser todos socorristas de incidentes de ódio*

Quando vemos ódio, devemos desafiá-lo. A pesquisa limitada sobre aqueles que testemunham preconceito e ódio mostram que menos da metade realmente faz algo no momento, seja para ajudar a vítima ou advertir o agressor.[32] Há várias condições para se tornar um "socorrista" de incidentes de ódio. Reconhecer que o ato é resultado do ódio é o primeiro passo importante. Onde há incerteza sobre a motivação, pedir que a vítima dê seu ponto de vista vai produzir informações valiosas sobre como proceder. Se não for possível ou seguro fazer isso, podemos voltar nossa atenção para o contexto mais amplo dentro do qual o ato aconteceu. Se tiver ocorrido um evento divisor recente, como um ataque terrorista, um julgamento importante ou uma campanha política, podemos incluir isso em nosso processo de pensamento. Então podemos fazer uma análise de custo-benefício em uma série de respostas possíveis.

Incluir a segurança pessoal é muito importante. Quando o risco pessoal é baixo, como no caso de uma piada preconceituosa inesperada, podemos intervir com segurança para desafiar a situação. Quando o risco é mais alto, podemos chamar a polícia ou outra figura de autoridade treinada para lidar com a situação de forma segura. Se o ódio acontece on-line, podemos denunciar ou usar contranarrativas que dispersem o ódio, e ao mesmo tempo devemos ter a consciência de não instigar mais ódio com linguagem agressiva ou abusiva. O contradiscurso on-line é mais eficiente na redução do discurso de ódio quando realizado em grupo, assim encorajar outros a se unir a você no reforço das normas do comportamento aceitável é uma boa ideia.

Há várias formas eficientes para fazer as pessoas questionarem o próprio comportamento de ódio no momento, todos testados no laboratório por psicólogos: usar opinião especializada para desmascarar afirmações preconceituosas;[33] pedir que justifiquem suas palavras e ações, então ressaltar inconsistências em seus argumentos e/ou conjunto de crenças;[34] focar suas fortes emoções de culpa e vergonha, mostrando o papel delas no ataque à vítima;[35] e pedir para que entendam a perspectiva da vítima em uma tentativa de criar empatia.[36]

Nossos ancestrais se organizavam em pequenos grupos unidos. Eles precisavam de habilidades bastante sensíveis para detectar ameaças e aguentar a dura realidade do ambiente hostil: animais carnívoros, clima adverso, doenças e tribos inimigas. A conexão criada dentro das tribos por causa de tanta adversidade era algo incrivelmente forte. Nossos cérebros atravessaram centenas de milhares de anos de desenvolvimento sob essas condições, então não é surpresa que hoje sejamos mais rápidos para reagir a "ameaças" fabricadas por estranhos do que somos às provas científicas mostrando nossa suscetibilidade a essas "ameaças".

Usar os sete passos normalmente é um processo gradual. Enquanto a maioria de nós tem uma motivação interna para não expressar preconceito ou ódio, não é fácil ou simples desafiar nossos próprios pontos de vista estabelecidos sobre os outros grupos. Tampouco é confortável dar uma longa olhada sobre nós mesmos e chegar à conclusão de que nossas atitudes podem ser tendenciosas. Para alguns, não será possível chegar a essa conclusão, porque nossos vieses estão tão profundamente enraizados que não podemos ou não queremos vê-los. Alguns de nós podem precisar do discernimento de outras pessoas para nos ajudar.

É improvável que aqueles que põem em prática atitudes preconceituosas, quer as reconheçam como tal ou não, aceitem a ciência que serve de base para os sete passos. Isso não significa que os passos não vão funcionar em pessoas que estão motivadas a expressar preconceito. Embora possa ser difícil conseguir que se envolvam diretamente, elas não estão imunes a mudanças culturais graduais mais amplas e à imprensa progressista, coisas que provaram ser muito poderosas na influência indireta sobre as atitudes. Essas e outras formas mais sutis de persuasão são preferidas para os odiadores inveterados, já que a maioria dos métodos diretos que desafiam os pontos de vista de ódio termina em raiva e rejeição.[37]

A ciência sugere que, se adotados no todo ou em parte, esses sete passos resultariam em uma redução na expressão de preconceito e ódio em pessoas adequadamente motivadas. Passos mais amplos e menos práticos exigidos para abordar o viés sistêmico na sociedade só podem ser estabelecidos por instituições e governos, e seria necessário outro livro inteiro para detalhar e discutir o assunto. Não é necessário dizer que é essencial planejar e construir iniciativas contra o ódio na sociedade.

## O QUE VINTE ANOS DE PESQUISA ME CONTARAM SOBRE MEUS AGRESSORES (E SOBRE MIM)

Ser vítima de crime de ódio me levou a começar uma jornada de vinte anos para descobrir as motivações dos meus agressores. Comecei com a esperança ingênua de que poderia descobrir algo fundamental que me separasse deles; talvez uma diferença na programação de nossos cérebros e nossa psicologia. Estava procurando algo concreto que me dissesse por que eles recorreram ao ódio e eu, não. Na época, essa descoberta teria sido reconfortante, uma clara demarcação naquilo que nos motivava. Em vez disso, minha jornada revelou que eu tinha mais em comum com meus agressores do que gostaria de admitir.

Descobri que compartilhava com meus agressores traços neurológicos e psicológicos que nos predispõem a pensar sobre estranhos usando categorias rudimentares e a preferir pessoas como nós mesmos. Os fatores que me separam deles são menos fundamentais. A criação deles foi provavelmente diferente da minha, incluindo os eventos que experimentaram quando eram crianças. Posso ter evitado algumas das coisas que viram, ouviram e leram ou simplesmente não tive acesso a isso. Podemos ter vivido em bairros que enfrentavam problemas contrastantes, criando bodes expiatórios divergentes. Mas, apesar dessas diferenças prováveis, acredito que se eu passasse algum tempo com meus agressores, descobriria muitas coisas em comum com eles, além dos nossos traços básicos.

Os fatores que causaram esse comportamento de ódio naqueles três homens não são imutáveis. Em outras circunstâncias de vida, com menos exposição aos vários catalisadores detalhados neste livro, meus agressores teriam se afastado do ódio. Em vez de escolherem cometer um crime de ódio naquele dia, eles estariam fazendo outra coisa. Virando as lentes para mim mesmo, se tivesse enfrentado vários catalisadores, existe uma chance de que estivesse cometendo crimes de ódio em vez de estudá-los. Aceitar o fato de que eu seria capaz de atos semelhantes de intolerância e preconceito se o conjunto de circunstâncias correto existisse continua a ser um desafio.

Ao pegar este livro você demonstrou curiosidade sobre o pior comportamento humano. A interação complexa entre seu cérebro, a biologia, psicologia, experiência pessoal, tecnologia e enraizamento na subcultura e na cultura mais ampla molda como você verá o mundo e como interagirá com os outros. Ser consciente desses fatores, como eles se combinam e a influência que têm sobre você, é central para questionar seus julgamentos sobre os outros antes que esses fatores consigam se manifestar como comportamentos negativos. Você pode usar essa curiosidade para entender o comportamento humano sobre si mesmo "de uma distância segura". Se descobrir que a pessoa olhando de volta não é quem você esperava, o que vai fazer?

Vigília por Srinivas Kuchibhotla, assassinado por Adam Purinton no dia 22 de fevereiro de 2017. Cerca de um mês antes, Trump implementou sua "proibição de entrada de muçulmanos".

Satoshi Uematsu matou dezenove pessoas com deficiência em seu antigo local de trabalho. Ele não pôde ser acusado por crime de ódio segundo a lei japonesa.

## Crimes de ódio registrados pela polícia em 2019 nos países participantes da pesquisa.

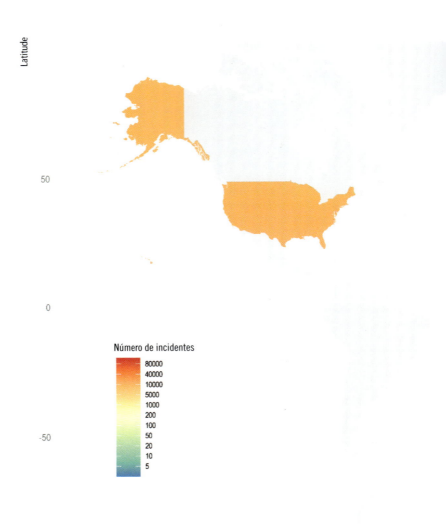

Mapa 1: Coroplético dos crimes de ódio registrados pela polícia em 2019.

## Crimes de ódio registrados pela polícia nos países participantes da pesquisa em 2019.

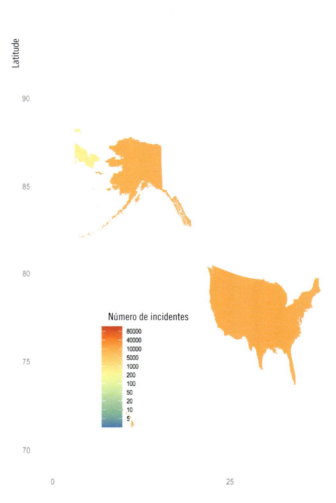

Mapa 2: Cartograma dos crimes de ódio registrados pela polícia em 2019.

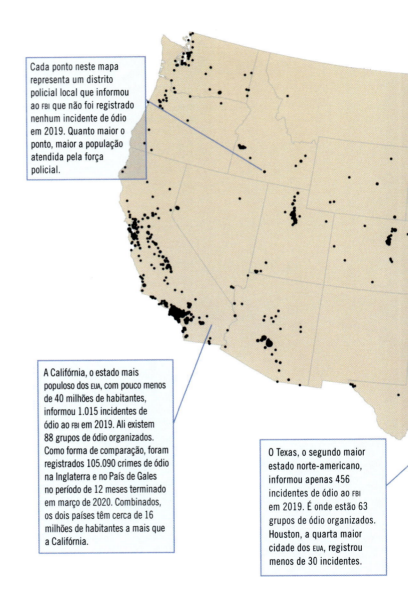

FBI UNIFORM CRIME REPORTING PROGRAM HATE CRIME STATISTICS/CORTESIA DO HATELAB

Cada ponto neste mapa representa um distrito policial local que informou ao FBI que não foi registrado nenhum incidente de ódio em 2019. Quanto maior o ponto, maior a população atendida pela força policial.

A Califórnia, o estado mais populoso dos EUA, com pouco menos de 40 milhões de habitantes, informou 1.015 incidentes de ódio ao FBI em 2019. Ali existem 88 grupos de ódio organizados. Como forma de comparação, foram registrados 105.090 crimes de ódio na Inglaterra e no País de Gales no período de 12 meses terminado em março de 2020. Combinados, os dois países têm cerca de 16 milhões de habitantes a mais que a Califórnia.

O Texas, o segundo maior estado norte-americano, informou apenas 456 incidentes de ódio ao FBI em 2019. É onde estão 63 grupos de ódio organizados. Houston, a quarta maior cidade dos EUA, registrou menos de 30 incidentes.

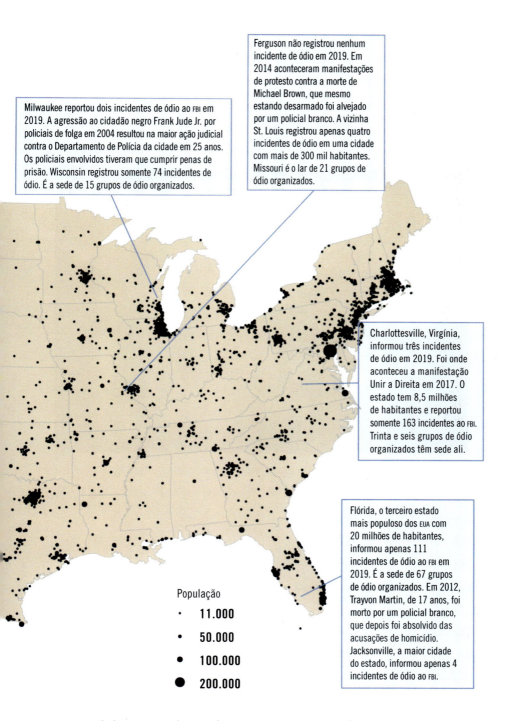

Mapa 3: Cidades nos Estados Unidos nas quais as agências de segurança não registraram incidentes de ódio em 2019.
Nota: São mostrados apenas municípios com população acima de 10 mil habitantes.

E. PHELPS ET AL. "PERFORMANCE ON INDIRECT MEASURES OF RACE EVALUATION PREDICTS AMYGDALA ACTIVATION", JOURNAL OF COGNITIVE NEUROSCIENCE 2000, 12:5, 729-38

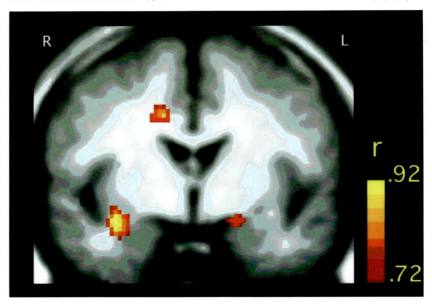

O cérebro de pessoas brancas ao ver rostos negros. As regiões coloridas na área inferior mostram a ativação da amígdala cerebelosa correlacionada com as pontuações do TAI, que indicam uma preferência automática por brancos em relação aos afrodescendentes.

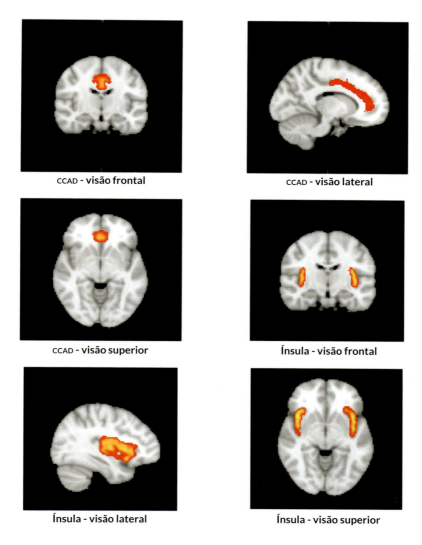

Resultados da minha ressonância magnética que mostra a ativação na ínsula e no córtex cingulado anterior dorsal (CCAD) ao ver rostos zangados de homens negros.

Julgamento dos homens acusados do estupro e do assassinato da ativista sul-africana dos direitos dos homossexuais Eudy Simelane, em agosto de 2009. O juiz concluiu que a orientação sexual de Eudy "não teve relevância" em seu assassinato e nenhum crime de ódio foi registrado.

Um manifestante segura uma foto de Frank Jude Jr. durante um protesto em Milwaukee. Jude Jr. foi espancado por policiais em 2004. Um júri formado apenas por brancos absolveu os policiais da maioria das acusações.

Um vizinho olha para o rastro de sangue deixado pela vítima de crime de ódio Marcelo Lucero, um imigrante equatoriano morto pelo atleta, estrela do ensino médio, Jeffrey Conroy de dezessete anos, em Patchogue, Nova York, novembro de 2008.

Manifestação Unir a Direita, Charlottesville, Virgínia, agosto de 2017. A internet teve um papel fundamental para transformar a manifestação no evento de extrema direita mais bem-sucedido dos últimos tempos.

Um homem muçulmano ruainga olhando o Facebook em um campo de refugiados, setembro de 2017. De acordo com as Nações Unidas, o Facebook teve um "papel determinante" na incitação ao ódio no genocídio do povo ruainga em Mianmar.

Mohamed Salah com a filha e a esposa em maio de 2019. Merseyside teve uma incrível queda de 16% na taxa de crimes de ódio depois da contratação de Salah em comparação com a taxa esperada se ele não tivesse sido contratado pelo Liverpool F.C.

# AGRADECIMENTOS

ESTE LIVRO SE BENEFICIOU da inteligência, energia e generosidade de muitas pessoas a quem fico feliz por ter a oportunidade de agradecer. Terei uma dívida eterna com Anwen Hooson por apostar em mim. Suas opiniões cuidadosas e mão orientadora transformaram a semente de uma ideia em algo real. Sou grato a Laura Hassan por acolher este livro na Faber. Obrigado a Eleanor Rees pela revisão criteriosa, mas sensível, e a Tom Bromley, Mo Hafeez e Fred Baty pelas precisas sugestões na estrutura. Outras pessoas na Faber também merecem menção: Rowan Cope, Phoebe Williams, Josephine Salverda, Lizzie Bishop e todo o pessoal da equipe de direitos. Obrigado a Geraint Griffiths do ocw Studio pela ótima diagramação e arte.

Alguns pesquisadores que em algum ponto trabalharam comigo nesses anos também merecem minha gratidão: Jasmin Tregidga, Sefa Ozalp, Arron Cullen, Amir Javed, Han Liu e Vivek Roy-Chowdhury, obrigado por suas ideias valiosas. Sefa merece uma menção adicional por criar muitos dos gráficos que estão no livro. Também tenho a sorte de ter trabalhado com muitos colegas inspiradores que moldaram meu pensamento com o passar dos anos, incluindo Pete Burnap, Steven Stanley, Alex Sutherland, Luke Sloan, Mike Levi, Mike Maguire, Lesley Noaks, Paul Atkinson e Sara Delamont. Tenho uma dívida com os acadêmicos e profissionais que dedicaram seu tempo precioso para falar comigo sobre as ideias contidas neste livro: David Gadd, Joe Dumit, David Amodio, Jay Van Bavel, Paul Giannasi, Kirsty Penrice e

John Doran. Zargol Moradi merece uma menção especial por seu tempo, paciência e ideias.

Muitos familiares e amigos merecem um agradecimento pelo apoio: mamãe, papai, Jodi, Gareth, Rhys, Nan, Bamps, Joanne, Ceri, Margaret, Graham, Megan, Alex, Annabel, Max, Andrew, Chris A, Chris C, Damian, Lee, Bleddyn, Gareth, Robin e Mark. Também gostaria de lembrar da Mia. Sua companhia durante os longos dias dedicados a escrever foi um grande conforto.

Esse trabalho não teria sido possível sem o apoio financeiro do Conselho de Pesquisa Econômica e Social do UK Research and Innovation. Samantha Barrington-McGregor e Bruce Jackson merecem menções específicas.

Por fim, um agradecimento especial ao meu marido e melhor amigo, Dean.

# Notas

## Introdução

1. N. Elias. *O processo civilizador*. São Paulo: Zahar, 1990.

2. S. Pinker. *Os anjos bons da nossa natureza*. São Paulo: Companhia das Letras, 2013.

3. Escritório do Comissário de Informação. "ico Investigation into Use of Personal Information and Political Influence". Londres: Escritório do Comissário de Informação, 2020.

4. Instituto para o Diálogo Estratégico. "Far-Right Exploitation of Covid-19", Londres: isd, 2020; S. Parkin, "A Threat to Health Is Being Weaponised: Inside the Fight against Online Hate Crime", *Guardian*, 2 de maio de 2020; K. Paul. "Facebook Reports Spike in Takedowns of Hate Speech", Reuters, 12 de maio de 2020.

5. eu vs Disinfo. "eeas Special Report Update: Short Assessment of Narratives and Disinformation around the Covid-19/Coronavirus Pandemic", 24 de abril de 2020, euvsdisinfo.eu/eeas-special-report-update-2-22-april; C. Miller. "White Supremacists See Coronavirus as an Opportunity". Southern Poverty Law Center, 26 de março de 2020.

## 1. O que significa odiar

1. A. D. S. Burch. "He Became a Hate Crime Victim. She Became a Widow", *New York Times*, 8 de julho de 2017.

2. "Olathe, Kansas, Shooting Suspect 'Said He Killed Iranians'", bbc News, 28 de fevereiro de 2017.

3. Burch. "He Has Become a Hate Crime Victim".

4.  "Olathe, Kansas, Shooting Suspect 'Said He Killed Iranians'".

5.  BURCH. "He Has Become a Hate Crime Victim".

6.  Departamento de Justiça dos EUA. "Kansas Man Pleads Guilty to Hate Crime and Firearm Offenses in Shooting of Two Indian Nationals and Third Man at a Bar", Press Release 18-657, 21 de maio de 2018.

7.  "Remarks by President Trump in Joint Address to Congress", 28 de fevereiro de 2017, https://www.whitehouse.gov/briefings-statements/re-marks-president-trump-joint-address-congress/.

8.  S. KARRI e E. BARRY. "At a Funeral Pyre in India, Anger over a Shooting in Kansas", *New York Times*, 28 de fevereiro de 2017.

9.  A. FISCHER et al. "Why We Hate", *Emotion Review* 10 (2018) pp. 309-20.

10. G. W. ALLPORT. *The Nature of Prejudice*. Reading, MA: Addison Wesley, 1954.

11. T. LEADER, B. MULLEN E D. RICE. "Complexity and Valence in Ethnophaulisms and Exclusion of Ethnic Out-groups: What Puts the 'Hate' into Hate Speech?", *Journal of Personality and Social Psychology* 96 (2009) pp. 170-82.

12. Human Rights Watch. "#Outlawed: The Love That Dare Not Speak Its Name", 2019, features.hrw.org/features/features/lgbt_laws.

13. M. PATRIA. "Russia's Largest Gay Nightclub Strives to Be a Haven Despite Horrific Attacks", ABC News, 12 de fevereiro de 2014.

14. ALLPORT. *The Nature of Prejudice*.

15. M. HABIB et al. *Forced Migration of Rohingya: The Untold Experience*. Ontário: Ontario International Development Agency, 2018.

16. S. L. GAERTNER e J. F. DOVIDIO, "The Aversive Form of Racism", em *Prejudice, Discrimination, and Racism*, ed. J. F. DOVIDIO e S. L. GAERTNER. San Diego: Academic Press, 1986; W. G. STEPHAN e C. W. STEPHAN. "An Integrated Threat Theory of Prejudice", em *Reducing Prejudice and Discrimination*, ed. S. Oskamp, Mahwah, NJ: Erlbaum, 2000.

17. E. HALPERIN. "Group-Based Hatred in Intractable Conflict in Israel", *Journal of Conflict Resolution* 52 (2008) pp. 713-36.

18. J. M. NICHOLS. "Here's What Happens When Two Men Hold Hands While Walking the Streets of Russia", *HuffPost*, 14 de julho de 2015.

19. M. K. LAVERS. "Gunmen Open Fire at Moscow Gay Nightclub", *Washington Blade*, 18 de novembro de 2013.

20. PATRIA. "Russia's Largest Gay Nightclub Strives to Be a Haven".

21. E. GAUFMAN. *Security Threats and Public Perception: Digital Russia and the Ukraine Crisis*, Cham, Suíça: Palgrave Macmillan, 2017; A. Toor. "Russia's New Neo-Nazi Sport:

Terrorizing Gay Youth Online", *The Verge*, 7 de agosto de 2013.

22. PATRIA. "Russia's Largest Gay Nightclub Strives to Be a Haven".

23. D. M. MACKIE, T. DEVOS e E. R. SMITH. "Intergroup Emotions: Explaining Offensive Action Tendencies in an Intergroup Context", *Journal of Personality and Social Psychology* 79 (2000) pp. 602-16.

24. HALPERIN. "Group-Based Hatred in Intractable Conflict in Israel".

25. D. WEBBER et al. "The Road to Extremism: Field and Experimental Evidence That Significance Loss-Induced Need for Closure Fosters Radicalization", *Journal of Personality and Social Psychology* 114 (2017) pp. 270-85.

26. R. F. PETTIGREW e L. R. TROPP. "A Meta-Analytic Test of Intergroup Contact Theory", *Journal of Personality and Social Psychology* 90 (2006) pp. 751-83.

27. M. RICH. "After Mass Knife Attack in Japan, Disabled Victims Are Still in the Shadows", *New York Times*, 9 de setembro de 2016.

28. "Murder in Facilities for Persons with Disabilities: There Were Many Signs [Tradução]", editorial do *Okinawa Times*, 27 de julho de 2016.

29. M. YAMAGUCHI. "Worker at Japan Care Home Sentenced to Hang for Mass Killing", ABC News, 16 de março de 2020.

30. H. FEIN. *Accounting for Genocide*. Chicago, IL: University of Chicago Press, 1984.

31. J. MCDEVITT, J. LEVIN e S. BENNETT. "Hate Crime Offenders: An Expanded Typology", *Journal of Social Issues* 58 (2002) pp. 303-17.

32. R. D. KING e G. M. SUTTON. "High Times for Hate Crimes: Explaining the Temporal Clustering of Hate Motivated Offending", *Criminology* 51 (2014) pp. 871-94.

33. E. HANES e S. MACHIN. "Hate Crime in the Wake of Terror Attacks: Evidence from 7/7 and 9/11", *Journal of Contemporary Criminal Justice* 30 (2014) pp. 247-67.

34. J. W. MESSERSCHMIDT. *Crime as Structured Action*. Londres: Sage, 1997; B. PERRY. *In the Name of Hate*. Londres: Routledge, 2002.


## 2. CONTABILIZANDO O ÓDIO

1. "Mpithi v. S (A830/2014) [2015] ZAGPPHC 535 (26 de junho de 2015)', Suprema Corte do África do Sul, 2015.

2   "South Africa Killing of Lesbian Nogwaza 'a Hate Crime'", BBC News, 3 de maio de 2011.

3. Correspondência pessoal anônima.

4. "R v. Herbert & Ors". Tribunal de Apelação da Inglaterra e no País de Gales, 2008.

5. D. Arudou. *Embedded Racism: Japan's Visible Minorities and Racial Discrimination*. Londres: Lexington Books, 2015.

6. M. Walters, A. Owusu-Bempah e S. Wiedlitzka. "Hate Crime and the 'Justice Gap': The Case for Law Reform", *Criminal Law Review* 12 (2018) pp. 961-86.

7. "United States of America, Plaintiff-Appellee v. Jon Bartlett, et al.", Tribunal de Apelação dos Estados Unidos Sétimo Circuito; "usa v. Bartlett, Spengler, and Masarik", 2009.

8. M. Desmond, A. V. Papochristos e D. S. Kirk. "Police Violence and Citizen Crime Reporting in the Black Community", *American Sociological Review* 81 (2016) pp. 857-76.

9. T. Cohen. "Obama: 'Trayvon Martin Could Have Been Me.'" cnn, 19 de julho de 2013.

10. G. Edwards e S. Rushin. "The Effect of President Trump's Election on Hate Crimes", ssrn, 18 de janeiro de 2018; R. D. King e G. M. Sutton. "High Times for Hate Crimes: Explaining the Temporal Clustering of Hate Motivated Offending", *Criminology* 51 (2014) pp. 871-94.

11. S. Pinker. *O novo iluminismo: Em defesa da razão, da ciência e do humanismo*. São Paulo: Companhia das Letras, 2018.


## 3. O cérebro e o ódio

1. H. Damasio et al. "The Return of Phineas Gage: Clues About the Brain from the Skull of a Famous Patient", *Science* 264 (1994), Número 5162 pp. 1102-5.

2. D. G. V. Mitchell et al. "Instrumental Learning and Relearning in Individuals with Psychopathy and in Patients with Lesions Involving the Amygdala or Orbitofrontal Cortex", *Neuropsychology* 20 (2006) pp. 280-9.

3. G. Orellana et al. "Psychosis-Related Matricide Associated with a Lesion of the Ventromedial Prefrontal Cortex", *Journal of the American Academy of Psychiatry and the Law* 41 (2013) pp. 401-6.

4. Mitchell et al. "Instrumental Learning and Relearning in Individuals with Psychopathy".

5. G. M. Lavergne. *A Sniper in the Tower*. Denton, Texas: University of North Texas Press, 1997.

6. S. Fink. "Las Vegas Gunman's Brain Exam Only Deepens Mystery of His Actions", *The New York Times*, 9 de fevereiro de 2018.

7. H. Tajfel. "Experiments in Intergroup Discrimination", *Scientific American* 223 (1970) pp. 96-102.

8. A. G. Greenwald et al. "Measuring Individual Differences in Implicit Cognition: The Implicit Association Test", *Journal of Personality and Social Psychology* 74 (1998) pp. 1464-80.

9. ibid.

10. A. G. Greenwald et al. "Understanding and Using the Implicit Association Test: Iii. Metaanalysis of Predictive Validity", *Journal of Personality and Social Psychology* 97 (2009) pp. 17-41.

11 A. Maass et al. "Language Use in Intergroup Contexts: The Linguistic Intergroup Bias", *Journal of Personality and Social Psychology* 57 (1989) pp. 981-93.

12. D. M. Amodio. "The Social Neuroscience of Intergroup Relations", *European Review of Social Psychology* 19 (2008) pp. 1-54; D. M. Amodio, E. Harmon-Jones e P. G. Devine. "Individual Differences in the Activation and Control of Affective Race Bias as Assessed by Startle Eyeblink Responses and Self-Report", *Journal of Personality and Social Psychology* 84 (2003) pp. 738-53; D. M. Amodio. "The Neuroscience of Prejudice and Stereotyping", *Nature Neuroscience* 15 (2014), 670-82; A. M. Chekroud et al. "A Review of Neuroimaging Studies of Race-Related Prejudice: Does Amygdala Response Reflect Threat?", *Frontiers in Human Neuroscience* 8 (2014) p. 179; A. J. Hart et al. "Differential Response in the Human Amygdala to Racial Outgroup Versus Ingroup Face Stimuli", *Neuroreport* 11 (2000) pp. 2351-5; J. T. Kubota, M. R. Banaji e E. A. Phelps. "The Neuroscience of Race", *Nature Neuroscience* 15 (2012) pp. 940-8; E. Phelps et al. "Performance on Indirect Measures of Race Evaluation Predicts Amygdala Activation", *Journal of Cognitive Neuroscience* 12 (2000) pp. 729-38.

13. L. W. Swanson e G. D. Petrovich. "What Is the Amygdala?", *Trends in Neurosciences* 21 (1988) pp. 323-31.

14. ibid.

15. Phelps et al. "Performance on Indirect Measures of Race Evaluation Predicts Amygdala Activation".

16. R. M. Sapolsky. *Behave: The Biology of Humans at Our Best and Worst*, Nova York: Penguin Press, 2017.

17. D. P. Fry e P. Söderberg. "Lethal Aggression in Mobile Forager Bands and Implications for the Origins of War", *Science* 341 (2013) p. 270. I. J. N. Thorpe. "Anthropology, Archaeology and the Origin of Warfare", *World Archaeology* 35:1 (2003) pp. 145-65. Raymond C. Kelly, *Warless Societies and the Origin of War* (Ann Arbor: University of Michigan Press, 2000).

18. W. A. Cunningham et al. "Separable Neural Components in the Processing of Black and White Faces", *Psychological Science* 15 (2004) pp. 806-13.

19. Amodio. "The Neuroscience of Prejudice and Stereotyping".

20. R. Z. Goldstein e N. D. Volkow. "Dysfunction of the Prefrontal Cortex in Addiction:

Neuroimaging Findings and Clinical Implications", *National Review of Neuroscience* 12 (2012) pp. 652-69.

21. Assistente do legista do juiz Keith Cutler. "Inquest into the Death of Mark Duggan", 2014.

22. J. CORRELL, G. R. URLAND e T. A. ITO. "Event-Related Potentials and the Decision to Shoot: The Role of Threat Perception and Cognitive Control", *Journal of Experimental Social Psychology* 42 (2006) pp. 120-8.

23. Y. MEKAWI e K. BRESIN. "Is the Evidence from Racial Bias Shooting Task Studies a Smoking Gun? Results from a Meta-Analysis", *Journal of Experimental Social Psychology* 61 (2015) pp. 120-30.

24. J. CORRELL et al. "The Police Officer's Dilemma: Using Ethnicity to Disambiguate Potentially Threatening Individuals", *Journal of Personality and Social Psychology* 83 (2002) pp. 1314-29.

25. C. FORBES et al. "Negative Stereotype Activation Alters Interaction between Neural Correlates of Arousal, Inhibition and Cognitive Control", *Social Cognitive and Affective Neuroscience* 7 (2011) p. 771.

26. SAPOLSKY. *Behave.*

27. R. G. PARSONS e K. J. RESSLER. "Implications of Memory Modulation for Post-Traumatic Stress and Fear Disorders", *Nature Neuroscience* 14 (2013), 146-53.

28. I. BLAIR et al. "Imagining Stereotypes Away: The Moderation of Implicit Stereotypes through Mental Imagery", *Journal of Personality and Social Psychology* 81 (2001) p. 828.

29. PHELPS et al. "Performance on Indirect Measures of Race Evaluation Predicts Amygdala Activation".

30. E. H. TELZER et al. "Amygdala Sensitivity to Race Is Not Present in Childhood but Emerges in Adolescence", *Journal of Cognitive Neuroscience* 25 (2013) pp. 234-44.

31. J. CLOUTIER, T. Li e J. CORRELL. "The Impact of Childhood Experience on Amygdala Response to Perceptually Familiar Black and White Faces", *Journal of Cognitive Neuroscience* 26 (2014) pp. 1992-2004.

32. M. D. LIEBERMAN et al. "An fMRI Investigation of Race-Related Amygdala Activity in African American and Caucasian American Individuals", *Nature Neuroscience* 8 (2005) pp. 720-2.

33. J. J. VAN BAVEL, D. J. PACKER e W. A. CUNNINGHAM. "The Neural Substrates of In-group Bias: A Functional Magnetic Resonance Imaging Investigation", *Psychological Science* 11 (2008) pp. 1131-9.

34. L. Q. UDDIN et al. "Structure and Function of the Human Insula", *Journal of Clinical Neurophysiology* 34 (2017) pp. 300-6.

35. V. Menon. "Salience Network", *Brain Mapping* 2 (2015) pp. 597-611.

36. M. L. Rosen et al. "Salience Network Response to Changes in Emotional Expressions of Others Is Heightened During Early Adolescence: Relevance for Social Functioning", *Developmental Science* 21 (2018).

37. Y. Liu et al. "Neural Basis of Disgust Perception in Racial Prejudice", *Human Brain Mapping* 36 (2015) pp. 5275-86.

38. M. Rhodes. "Naïve Theories of Social Groups", *Child Development* 83 (2012) pp. 1900-16.

39. P. Molenberghs et al. "Increased Moral Sensitivity for Outgroup Perpetrators Harming Ingroup Members", *Cerebral Cortex* 26 (2016) pp. 225-33.

40. D. L. Oswald, "Understanding Anti-Arab Reactions Post-9/11: The Role of Threats, Social Categories, and Personal Ideologies", *Journal of Applied Social Psychology* 35 (2005) pp. 1775-99.

41. X. Xu et al. "Do You Feel My Pain? Racial Group Membership Modulates Empathic Neural Responses", *Journal of Neuroscience* 29 (2009) pp. 8525-9.

42. L. S. Contreras-Huerta et al. "Racial Bias in Neural Empathic Responses to Pain", *PLoS One* 8 (2013); R. T. Azevedo et al. "Their Pain Is Not Our Pain: Brain and Autonomic Correlates of Empathic Resonance with the Pain of Same and Different Race Individuals", *Human Brain Mapping* 34 (2013), 3168-81.

43. M. T. Richins et al. "Empathic Responses Are Reduced to Competitive but Not Non-Competitive Outgroups", *Social Neuroscience* 14 (2018) pp. 345-58.

44. Sapolsky, *Behave*.

45. L. T. Harris e S. T. Fiske. "Dehumanizing the Lowest of the Low: Neuro-Imaging Responses to Extreme Outgroups", *Psychological Science* 17 (2006) pp. 847-53.

46. S. Fiske et al. "A Model of (Often Mixed) Stereotype Content: Competence and Warmth Respectively Follow from Perceived Status and Competition", *Journal of Personality and Social Psychology* 82 (2002) p. 878.

47. J. Ronquillo et al. "The Effects of Skin Tone on Race-Related Amygdala Activity: An fMRI Investigation", *Social Cognitive and Affective Neuroscience* 2 (2007) pp. 39-44; Lieberman et al. "An fMRI Investigation of Race-Related Amygdala Activity"; J. A. Richeson et al. "An fMRI Investigation of the Impact of Interracial Contact on Executive Function", *Nature Neuroscience* 6 (2003) pp. 1323-8.

48. D. Grossman. *Matar: Um estudo sobre o ato de matar*. Rio de Janeiro: Biblioteca do Exército, 2007; S. L. A. Marshall. *Homens ou fogo?* Rio de Janeiro: Biblioteca do Exército, 2018.

49. Van Bavel, Packer e Cunningham. "The Neural Substrates of In-group Bias".

50. KUBOTA, BANAJI e PHELPS. "The Neuroscience of Race".

51. J. C. BRIGHAM e R. S. MALPASS. "The Role of Experience and Contact in the Recognition of Faces of Own- and Other-Race Persons", *Journal of Social Issues* 41 (1985) pp. 139-55.

52. S. Pinker. *Tábula rasa*. São Paulo: Companhia das Letras, 2004.

## 4. MEU CÉREBRO E O ÓDIO

1. A. BERGER. "Magnetic Resonance Imaging", *British Medical Journal* 324 (2002), nº 7328 p. 35.

2. M. PROUDFOOT et al. "Magnetoencephalography", *Practical Neurology* 14 (2014) pp. 336-43.

3. C. D. NAVARRETE et al. "Fear Extinction to an Outgroup Face: The Role of Target Gender", *Psychological Science* 20 (2009) pp. 155-8; J. K. MANER et al. "Functional Projection: How Fundamental Social Motives Can Bias Interpersonal Perception", *Journal of Personality and Social Psychology* 88 (2005) pp. 63-78.

4. P. MOLENBERGHS et al. "Increased Moral Sensitivity for Outgroup Perpetrators Harming Ingroup Members", *Cerebral Cortex* 26 (2016) pp. 225-33.

5. C. BENNETT, M. MILLER e G. WOLFORD. "Neural Correlates of Interspecies Perspective Taking in the Post-Mortem Atlantic Salmon: An Argument for Multiple Comparisons Correction", *NeuroImage* 47 (2009).

6. E. VUL et al. "Puzzlingly High Correlations in fMRI Studies of Emotion, Personality, and Social Cognition", *Perspectives on Psychological Science* 4 (2009) pp. 274-90.

7. R. Q. QUIROGA et al. "Invariant Visual Representation by Single Neurons in the Human Brain", *Nature* 435 (2005) pp. 1102-7.

8. J. DUMIT. *Picturing Personhood: Brain Scans and Biomedical Identity*. Princeton, NJ: Princeton University Press, 2004.

9. N. ROSE. "Reading the Human Brain: How the Mind Became Legible", *Body and Society* 22 (2016) pp. 140-77.

## 5. A AMEAÇA GRUPAL E O ÓDIO

1. "R v. JAMES and NORLEY". Tribunal de Bristol, 2013.

2. D. MCCALLUM. "Multi-Agency Learning Review Following the Murder of Bijan Ebrahimi." Bristol: Safer Bristol Partnership, 2017; K. QUARMBY. *Scapegoat: Why Are We Failing Disabled People?* Londres: Portobello Books, 2011.

3. "R v. James and Norley".

4. McCallum. "Multi-Agency Learning Review".

5. H. Blalock. "Economic Discrimination and Negro Increase", *American Sociological Review* 21 (1956), 548-88; H. Blumer. "Race Prejudice as a Sense of Group Position", *Pacific Sociological Review* 1 (1958) pp. 3-7.

6. L. Quillian. "Prejudice as a Response to Perceived Group Threat: Population Composition and Anti-Immigrant and Racial Prejudice in Europe", *American Sociological Review* 60 (1995) pp. 586-611; B. M. Riek, E. W. Mania e S. L. Gaertner. "Intergroup Threat and Outgroup Attitudes: A Meta-Analytic Review", *Personality and Social Psychology Review* 10 (2006) pp. 336-53.

7. S. L. Neuberg e M. Schaller. "An Evolutionary Threat-Management Approach to Prejudices", *Current Opinion in Psychology* 7 (2016) pp. 1-5.

8. C. K. W. De Dreu et al. "Oxytocin Promotes Human Ethnocentrism", *Proceedings of the National Academy of Sciences* 108 (2011) pp. 1262-6.

9. R. M. Sapolsky. *Behave: The Biology of Humans at Our Best and Worst.* Nova York: Penguin Press, 2017.

10. De Dreu et al. "Oxytocin Promotes Human Ethnocentrism."

11. C. H. Declerck, C. Boone e T. Kiyonari. "Oxytocin and Cooperation under Conditions of Uncertainty: The Modulating Role of Incentives and Social Information", *Hormones and Behavior* 57 (2010) pp. 368-74.

12. C. K. W. De Dreu et al. "The Neuropeptide Oxytocin Regulates Parochial Altruism in Intergroup Conflict among Humans", *Science* 328 (5984) (2010) pp. 1408-11.

13. H. Zhang et al. "Oxytocin Promotes Coordinated Out-group Attack during Intergroup Conflict in Humans", *eLife* 8 (2019) pp. 1-19.

14. J. Holt-Lunstad et al. "Influence of a 'Warm Touch' Support Enhancement Intervention among Married Couples on Ambulatory Blood Pressure, Oxytocin, Alpha Amylase, and Cortisol", *Psychosomatic Medicine* 70 (2008) pp. 976-85; V. Morhenn et al. "Monetary Sacrifice among Strangers Is Mediated by Endogenous Oxytocin Release after Physical Contact", *Evolution and Human Behavior* 29 (2008) pp. 375-83; G.-J. Pepping e E. J. Timmermans. "Oxytocin and the Biopsychology of Performance in Team Sports", *Scientific World Journal* (2012) pp. 1-10.

15. M. Gilead e N. Liberman. "We Take Care of Our Own: Caregiving Salience Increases Out-group Bias in Response to Out-group Threat", *Psychological Science* 25 (2014) pp. 1380-7.

16. M. Sherif et al. *The Robbers Cave Experiment: Intergroup Conflict and Cooperation.* Pensilvânia: Harper & Row Publishers, 1988; G. Perry. *The Lost Boys: Inside Muzafer*

*Sherif's Robbers Cave Experiment*. Melbourne e Londres: Scribe, 2018.

17. W. G. STEPHAN e C. W. STEPHAN. "An Integrated Threat Theory of Prejudice", em *Reducing Prejudice and Discrimination*, ed. S. Oskamp, Mahwah. NJ: Erlbaum, 2000.

18. QUILLIAN. "Prejudice as a Response to Perceived Group Threat".

19. COMITÊ SELETO DE ASSUNTOS DOMÉSTICOS DA CÂMARA DE DEPUTADOS. "Asylum Accommodation: Twelfth Report of Session 2016-17", 2017.

20. ESCRITÓRIO DE ESTATÍSTICAS NACIONAIS. "International Immigration and the Labour Market", Newport: ONS, 2017.

21. A. NANDI et al. "The Prevalence and Persistence of Ethnic and Racial Harassment and Its Impact on Health: A Longitudinal Analysis". Colchester: Universidade de Essex, 2017.

22. G. D. SUTTLES. *The Social Construction of Communities*. Chicago: University of Chicago Press, 1972.

23. D. P. GREEN, D. Z. STROLOVITCH e J. S. WONG. "Defended Neighborhoods, Integration, and Racially Motivated Crime", *American Journal of Sociology* 104 (1998), 372-403; C. J. LYONS. "Community (Dis)Organization and Racially Motivated Crime", *American Journal of Sociology* 113 (2007) pp. 815-63.

24. D. F. CLIVE. "Islamophobia in Contemporary Britain: The Evidence of the Opinion Polls, 1988-2006", *Islam and Christian Muslim Relations* 18 (2007), 447-77.

25. L. MCLAREN e M. JOHNSON. "Resources, Group Conflict and Symbols: Explaining Anti-Immigration Hostility in Britain", *Political Studies* 55 (2007) pp. 709-32.

26. D. G. MYERS e G. D. BISHOP. "Discussion Effects on Racial Attitudes", *Science* 169 (3947) (1970) pp. 778-9.

27. P. CONNOLLY, ALAN SMITH e BERNI KELLY. "Too Young to Notice: The Cultural and Political Awareness of 3-6 Year Olds in Northern Ireland", Belfast: Northern Ireland Community Relations Council, 2002.

28. P. HARTMANN e C. HUSBAND. *Racism and the Mass Media*. Londres: HarperCollins, 1974.

29. UCLA COLLEGE OF SOCIAL SCIENCES. "Hollywood Diversity Report 2020: Part 1: Film". Los Angeles, CA: UCLA, 2020. UCLA College of Social Sciences. "Hollywood Diversity Report 2020: Part 2: TV". Los Angeles, CA: UCLA, 2020.

30. T. E. FORD et al. "More Than 'Just a Joke': The Prejudice-Releasing Function of Sexist Humor", *Personality and Social Psychology Bulletin* 34 (2008) pp. 159-70.

31. T. E. FORD. "Effects of Sexist Humor on Tolerance of Sexist Events", *Personality and Social Psychology Bulletin* 26 (2000) pp. 1094-1107; T. E. FORD et al. "Not All Groups

Are Equal: Differential Vulnerability of Social Groups to the Prejudice-Releasing Effects of Disparagement Humor", *Group Processes and Intergroup Relations* 17 (2014) pp. 178-99.

32. J. M. BONDS-RAACKE et al. "Remembering Gay/Lesbian Media Characters: Can Ellen and Will Improve Attitudes toward Homosexuals?", *Journal of Homosexuality* 53 (2007) pp. 19-34; J. P. CALZO e L. M. WARD. "Media Exposure and Viewers' Attitudes toward Homosexuality: Evidence for Mainstreaming or Resonance?", *Journal of Broadcasting and Electronic Media* 53 (2009) pp. 280-99; T. T. LEE e G. R. HICKS. "An Analysis of Factors Affecting Attitudes toward Same-Sex Marriage: Do the Media Matter?", *Journal of Homosexuality* 58 (2011) pp. 1391-408; M. ORTIZ e J. HARWOOD. "A Social Cognitive Theory Approach to the Effects of Mediated Intergroup Contact on Intergroup Attitudes", *Journal of Broadcasting and Electronic Media* 51 (2007) pp. 615-31.

33. B. MCLAUGHLIN et al. "Stereotyped Identification: How Identifying with Fictional Latina Characters Increases Acceptance and Stereotyping", *Mass Communication and Society* 21 (2018) pp. 585-605.

34. M. ENDRICH. "A Window to the World: The Long-Term Effect of Television on Hate Crime", em ILE Working Paper Series, Nº 33, Universidade de Hamburgo, 2020.

35. L. LITTLE. "Joe Biden Says 'Will and Grace' Helped Change Public Opinion on Gay Rights", *Wall Street Journal*, 7 de maio de 2012.

# 6. TRAUMA, CONTENÇÃO E ÓDIO

1. D. GADD e B. DIXON. *Losing the Race*. Londres: Karnac, 2011.

2. S. FARRALL et al. "The Role of Radical Economic Restructuring in Truancy from School and Engagement in Crime", British Journal of Criminology (2019) pp. 118-40; S. FARRALL e C. HAY. *The Legacy of Thatcherism: Exploring and Theorising the Long-Term Consequences of Thatcherite Social and Economic Policies*. Oxford: Oxford University Press, 2014; S. FARRALL e W. JENNINGS. "Policy Feedback and the Criminal Justice Agenda: An Analysis of the Economy, Crime Rates, Politics and Public Opinion in Post-War Britain", *Contemporary British History* 26 (2012) pp. 467-88; W. JENNINGS et al. "The Economy, Crime and Time: An Analysis of Recorded Property Crime in England & Wales 1961-2006", *International Journal of Law, Crime and Justice* 40 (2012) pp. 192-210.

3. GADD e DIXON. *Losing the Race*; D. GADD. "Racial Hatred and Unmourned Loss", *Sociological Research Online* 15 (2010); B. DIXON, D. GADD e T. JEFFERSON. "Context and Motive in the Perpetuation of Racial Harassment and Violence in North Staffordshire", Colchester, Essex: UK Data Archive, 2004.

4. GADD. "Racial Hatred and Unmourned Loss".

5. GADD e DIXON. *Losing the Race*.

6. GADD. "Racial Hatred and Unmourned Loss"; GADD e DIXON. *Losing the Race*.

7. GADD e DIXON. *Losing the Race*.

8. H. SEGAL. "A Psycho-Analytic Approach to the Treatment of Schizophrenia", em *The Work of Hanna Segal*, ed. H. SEGAL. Nova York: Jason Aronson, 1975 pp. 131-6.

9. T. ADORNO et al. *Estudos sobre a personalidade autoritária*. São Paulo: Editora da Unesp, 2019; J. SIDANIUS e F. PRATTO. *Social Dominance: An Intergroup Theory of Social Hierarchy and Oppression*, Cambridge: Cambridge University Press, 1999.

10. M. RUSTIN. "Psychoanalysis, Racism and Anti-Racism", em *Identity: A Reader*, ed. P. DU GAY, J. EVANS e P. REDMAN. Londres: Sage, 2000 pp. 183-201.

11. B. PERRY. *In the Name of Hate*. Londres: Routledge, 2002.

12. E. FROMM. *The Anatomy of Human Destructiveness*. Nova York: Holt, 1973.

13. J. W. MESSERSCHMIDT. *Crime as Structured Action*. Londres: Sage, 1997.

14. A. PIKE et al. "Uneven Growth: Tackling City Decline". Joseph Rowntree Foundation, 2016.

15. GADD e DIXON. *Losing the Race*.

16. DIXON, GADD e JEFFERSON. "Context and Motive in the Perpetuation of Racial Harassment and Violence in North Staffordshire".

17. L. RAY, D. SMITH e L. WASTELL. "Shame, Rage and Racist Violence", *British Journal of Criminology* 44 (2004) pp. 350-68.

18. T. JETT. "Interview with a Serial Killer: Joseph Paul Franklin", *Times Free Press*, 19 de novembro de 2013.

19. J. R. GAINES. "On the Trail of a Murderous Sniper Suspect: The Tangled Life of Joseph Paul Franklin", *People* (1980); J. ROSEWOOD e D. WALKER. *Joseph Paul Franklin: The True Story of the Racist Killer*, Wiq Media, 2016.

20. "Joseph Franklin, White Supremacist Serial Killer, Executed", BBC News, 20 de novembro de 2013.

21. G. McLAGAN e N. LOWES. *Killer on the Streets*. Londres: John Blake Publishing, 2003.

22. B. O'MAHONEY. *Hateland*. Londres: Mainstream Publishing, 2005.

23. N. HOPKINS e S. HALL. "Festering Hate That Turned Quiet Son into a Murderer", *Guardian*, 1 de julho de 2000.

24. K. JANG et al. "Heritability of the Big Five Personality Dimensions and Their Facets: A Twin Study", *Journal of Personality* 64 (1999) pp. 577-92; R. K. KRUEGER et al. "The Heritability of Personality Is Not Always 50%: Gene-Environment Interactions and Correlations between Personality and Parenting", *Journal of Personality* 76 (2008) pp. 1485-521.

25. C. G. Sibley e J. Duckitt. "Personality and Prejudice: A Meta-Analysis and Theoretical Review", *Personality and Social Psychology Review* 12 (2008) pp. 248-79.

26. O. P. John e S. Srivastava. "The Big-Five Trait Taxonomy: History, Measurement, and Theoretical Perspectives", em *Handbook of Personality: Theory and Research*, ed. L. A. Pervin e O. P. John. Nova York: Guilford Press, 1999 pp. 102-38.

27. B. Altemeyer. *Right-Wing Authoritarianism*, Winnipeg, Canadá: University of Manitoba Press, 1981; B. Altemeyer. *The Authoritarian Spectre*, Harvard, MA: Harvard University Press, 1996; J. Sidanius e F. Pratto. *Social Dominance*.

28. S. Lupien et al. "Effects of Stress Throughout the Lifespan on the Brain, Behaviour and Cognition", *Nature Reviews Neuroscience* 10 (2009) pp. 434-5.

29. Sapolsky. *Behave*.

30. V. Carrion et al. "Stress Predicts Brain Changes in Children: A Pilot Longitudinal Study on Youth Stress, Posttraumatic Stress Disorder, and the Hippocampus", *Pediatrics* 119 (2007) pp. 509-16.

31. Sapolsky. *Behave*.

32. S. Taylor et al. "Biobehavioral Responses to Stress in Females: Tend-and-Befriend, Not Fight-or-Flight", *Psychological Review* 107 (2000) pp. 411-29.

33. Sapolsky. *Behave*.

34. L. P. Solursh. "Combat Addiction: Overview of Implications in Symptom Maintenance and Treatment Planning", *Journal of Traumatic Stress* 2 (1989), 451-60; J. J. Collins e S. L. Bailey. "Relationship of Mood Disorders to Violence", *Journal of Nervous and Mental Disease* 178 (1990) pp. 44-51.

35. D. Terry. "Joseph Franklin, Prolific Racist Serial Killer, Is Executed", Southern Poverty Law Center, 2013.

## 7. Eventos-gatilho e o fluxo e refluxo do ódio

1. M. Ojito, *Hunting Season: Immigration and Murder in an All-American Town*. Boston: Beacon Press, 2014.

2. Southern Poverty Law Center. "Climate of Fear: Latino Immigrants in Suffolk County, N.Y.", Montgomery, Alabama: Southern Poverty Law Center, 2009.

3. C. Buckley. "Teenagers' Violent 'Sport' Led to Killing on Long Island, Officials Say", *New York Times*, 20 de novembro de 2008.

4. T. Kaplan. "Surge in Anti-Gay Hate Crime Cases", *Mercury News*, 15 de março de 2009.

5. J. Newton e H. Weinstein. "Three Suspects Seized in Beating of Truck Driver During Riot", *Los Angeles Times*, 13 de maio de 1992.

6. R. Kopetman e G. Krikorian. "Mob Did Not Take Time to Ask Their Victim His Views", *Los Angeles Times*, 3 de maio de 1993.

7. R. D. King e G. M. Sutton. "High Times for Hate Crimes: Explaining the Temporal Clustering of Hate Motivated Offending", *Criminology* 51 (2014) pp. 871-94.

8. I. Disha, J. C. Cavendish e R. D. King. "Historical Events and Spaces of Hate: Hate Crimes against Arabs and Muslims in Post-9/11 America", *Social Problems* 58 (2011) pp. 21-46.

9. King e Sutton. "High Times for Hate Crimes".

10. G. Edwards e S. Rushin. "The Effect of President Trump's Election on Hate Crimes", ssrn, 18 de janeiro de 2018.

11. D. J. Hopkins e S. Washington. "The Rise of Trump, the Fall of Prejudice? Tracking White Americans' Racial Attitudes 2008-2018 Via a Panel Survey", *Public Opinion Quarterly* 84 (2020).

12. L. Bursztyn, G. Egorov e S. Fiorin. "From Extreme to Mainstream: How Social Norms Unravel", em Working Paper 23415, Cambridge, Massachusetts: National Bureau of Economic Research, 2017.

13. E. Hanes e S. Machin. "Hate Crime in the Wake of Terror Attacks: Evidence from 7/7 and 9/11", *Journal of Contemporary Criminal Justice* 30 (2014) pp. 247-67.

14. R. Ivandic, T. Kirchmaier e S. Machin. "Jihadi Attacks, Media and Local Hate Crime", Centre for Economic Performance Discussion Paper 1615, Londres: London School of Economics and Political Science, 2019.

15. E. M. Kearns et al. "Why Do Some Terrorist Attacks Receive More Media Attention Than Others?", *Justice Quarterly* 36 (2017), 985-1022.

16. B. Vidgen. "Tweeting Islamophobia", Universidade de Oxford, 2019.

17. J. Legewie. "Terrorist Events and Attitudes toward Immigrants: A Natural Experiment", *American Journal of Sociology* 118 (2013) pp. 1199-245.

18. Vidgen. "Tweeting Islamophobia".

19. B. Vidgen et al. "Trajectories of Islamophobic Hate Amongst Far Right Actors on Twitter", preprint (2019), ArXiv:1910.05794.

20. J. Legewie. "Racial Profiling and Use of Force in Police Stops: How Local Events Trigger Periods of Increased Discrimination", *American Journal of Sociology* 122 (2016) pp. 379-424.

21. H. Ibish. "Report on Hate Crimes and Discrimination against Arab Americans: The

Post-September 11 Backlash, September 11, 2001 – October 11, 2002", Washington, D.C.: American-Arab Anti-Discrimination Committee, 2003.

22. L. J. Skitka et al. "Political Tolerance and Coming to Psychological Closure Following the September 11, 2001, Terrorist Attacks: An Integrative Approach", *Personality and Social Psychology Bulletin* 30 (2004) pp. 743-56.

23. P. E. Tetlock et al. "The Psychology of the Unthinkable: Taboo Trade-Offs, Forbidden Base Rates, and Heretical Counterfactuals", *Journal of Personality and Social Psychology* 78 (2000) pp. 853-70.

24. G. S. Morgan et al. "The Expulsion from Disneyland: The Social Psychological Impact of 9/11", *American Psychologist* 66 (2011) pp. 447-54.

25. C. Zhong e K. Liljenquist. "Washing Away Your Sins: Threatened Morality and Physical Cleansing", *Science* 313 (5792) (2006) pp. 1451-2.

26. M. Douglas. *Pureza e perigo*. São Paulo: Perspectiva, 2010.

27. H. McGregor et al. "Terror Management and Aggression: Evidence That Mortality Salience Motivates Aggression against Worldview Threatening Others", *Journal of Personality and Social Psychology* 74 (1988) pp. 590-605.

28. J. Greenberg, T. Pyszczynski e S. Solomon. "The Causes and Consequences of a Need for Self-Esteem: A Terror Management Theory", em *Public Self and Private Self*, ed. R. F. Baumeister, Nova York: Springer-Verlag, 1986, pp. 189-212.

29. A. Rosenblatt et al. "Evidence for Terror Management Theory I: The Effects of Mortality Salience on Reactions to Those Who Violate or Uphold Cultural Values", *Journal of Personality and Social Psychology* 57 (1984) pp. 681-90.

30. J. Greenberg et al. "Terror Management Theory and Research: How the Desire for Death Transcendence Drives Our Strivings for Meaning and Significance", em *Advances in Motivation Science*, Vol. 1, ed. Andrew Elliot, Nova York: Elsevier, 2014.

31. M. J. Landau et al. "Deliver Us from Evil: The Effects of Mortality Salience and Reminders of 9/11 on Support for President George W. Bush", *Personality and Social Psychology Bulletin* 30 (2004) pp. 1136-50.

32. ibid.

33. F. Cohen et al. "Fatal Attraction: The Effects of Mortality Salience on Evaluations of Charismatic, Task-Oriented, and Relationship-Oriented Leaders" *Psychological Science* 15 (2004), 846-51; Landau et al. "Deliver Us from Evil".

34. F. Cohen et al. "Evidence for a Role of Death Thought in American Attitudes toward Symbols of Islam", *Journal of Experimental Social Psychology* 49 (2012) pp. 189-94.

35. Ibid.

36. A. Newheiser et al. "Social-Psychological Aspects of Religion and Prejudice: Evidence from Survey and Experimental Research", in *Religion, Intolerance, and Conflict: A Scientific and Conceptual Investigation*, ed. S. Clarke, R. Powell e J. Savulescu. Oxford: Oxford University Press, 2013.

37. Greenberg et al. "Terror Management Theory and Research".

38. B. Burke, A. Martens e E. Faucher. "Two Decades of Terror Management Theory: A Meta-Analysis of Mortality Salience Research", *Personality and Social Psychological Review* 14 (2010) pp. 155-95.


## 8. Subculturas do ódio

1. N. Parveen. "Small Part of Manchester That Has Been Home to Sixteen Jihadis", *Guardian*, 25 de fevereiro de 2017.

2. G. LaFree et al. "Correlates of Violent Political Extremism in the United States", *Criminology* 56 (2018) pp. 233-68.

3. L. G. Calhoun e R. G. Tedeschi. *Handbook of Posttraumatic Growth*, Mahwah, NJ: Erlbaum, 2006; C. L. Park e V. S. Helgeson. "Introduction to the Special Section: Growth Following Highly Stressful Life Events-Current Status and Future Directions", *Journal of Consulting and Clinical Psychology* 74 (2006) pp. 791-6.

4. D. R. Rovenpor et al. "Intergroup Conflict Self-Perpetuates Via Meaning: Exposure to Intergroup Conflict Increases Meaning and Fuels a Desire for Further Conflict", *Journal of Personality and Social Psychology* 116 (2019) pp. 119-40.

5. E. Bakker. "Jihadi Terrorists in Europe, Their Characteristics and the Circumstances in Which They Joined the Jihad: An Exploratory Study", Clingendael Security Paper, Haia: Clingendael Institute, 2006; R. Pape. *Dying to Win: The Strategic Logic of Suicide Terrorism*. Nova York: Random House, 2005; M. Sageman, *Understanding Terror Networks*. Filadélfia: University of Pennsylvania Press, 2004.

6. M. Crenshaw. "The Psychology of Terrorism: An Agenda for the 21st Century", *Political Psychology* 21 (2000) pp. 405-20; J. M. Post. "Terrorist Psycho-Logic: Terrorist Behavior as a Product of Psychological Forces", em *Origins of Terrorism: Psychologies, Ideologies, Theologies, States of Mind*, ed. W. Reich. Cambridge: Cambridge University Press, 1998 pp. 25-40; Pape. *Dying to Win*; A. Silke. "Cheshire-Cat Logic: The Recurring Theme of Terrorist Abnormality in Psychological Research", *Psychology, Crime and Law* 4 (1998) pp. 51-69.

7. M. King e D. M. Taylor. "The Radicalization of Homegrown Jihadists: A Review of Theoretical Models and Social Psychological Evidence", *Terrorism and Political Violence* 23 (2011) pp. 602-22; A. W. Kruglanski et al. "The Psychology of Radicalization and Deradicalization: How Significance Quest Impacts Violent Extremism", *Advances in*

*Political Psychology* 35 (2014) pp. 69-93; C. McCauley e S. Moskalenko. "Mechanisms of Political Radicalization: Pathways toward Terrorism", *Terrorism and Political Violence* 20 (2008) pp. 415-33.

8.  A. W. Kruglanski et al. "Terrorism – a (Self) Love Story: Redirecting the Significance Quest Can End Violence", *American Psychologist* 68 (2013) pp. 559-75.

9.  J. J. Arnett. *Emerging Adulthood: The Winding Road from the Late Teens through the Twenties*. Oxford: Oxford University Press, 2004.

10. C. Carlsson et al. "A Life-Course Analysis of Engagement in Violent Extremist Groups", *British Journal of Criminology* 60 (2019) pp. 74-92.

11. J. Monahan. "The Individual Risk Assessment of Terrorism: Recent Developments", em *The Handbook of the Criminology of Terrorism*, ed. G. LaFree e J. D. Freilich. West Sussex: John Wiley & Sons, 2017 pp. 520-34.

12. D. Matza. *Delinquency and Drift*. New Brunswick, NJ: Transaction Publishers, 1964.

13. Carlsson et al. "A Life-Course Analysis of Engagement in Violent Extremist Groups".

14. Ibid.

15. Ibid.

16. C. Pretus et al. "Neural and Behavioral Correlates of Sacred Values and Vulnerability to Violent Extremism", *Frontiers in Psychology* 9 (2018).

17. D. Webber et al. "The Road to Extremism: Field and Experimental Evidence That Significance Loss-Induced Need for Closure Fosters Radicalization", *Journal of Personality and Social Psychology* 114 (2017) pp. 270-85.

18. K. Jasko et al. "Social Context Moderates the Effects of Quest for Significance on Violent Extremism", *Journal of Personality and Social Psychology* 118 (2019) pp. 1165-87.

19. Sageman. *Understanding Terror Networks*.

20. R. Agnew. "A General Strain Theory of Terrorism", *Theoretical Criminology* 14 (2010) pp. 131-53.

21. Ibid.

22. E. Simien. "Race, Gender, and Linked Fate", *Journal of Black Studies* 35 (2005) pp. 529-50.

23. S. Pfattheicher et al. "Compassion Magnifies Third-Party Punishment", *Journal of Personality and Social Psychology* 117 (2019) pp. 124-41.

24. J. Ginges et al. "Thinking from God's Perspective Decreases Biased Valuation of the Life of a Nonbeliever", *Proceedings of the National Academy of Sciences* 113 (2016) pp. 316-19.

25. B. Bushman et al. "When God Sanctions Killing: Effect of Scriptural Violence on Aggression", *Psychological Science* 18 (2007) pp. 204-7.

26. Ibid.

27. S. Atran et al. "For Cause and Comrade: Devoted Actors and Willingness to Fight", *Cliodynamics* 5 (2014) pp. 41-57.

28. S. Atran e Á. Gómez, "What Motivates Devoted Actors to Extreme Sacrifice, Identity Fusion, or Sacred Values?", *Behavioral and Brain Sciences* 41 (2018), 1-62.

29. Atran et al. "For Cause and Comrade".

30. N. Hamid et al. "Neuroimaging 'Will to Fight' for Sacred Values: An Empirical Case Study with Supporters of an Al Qaeda Associate", *Royal Society Open Science* 6 (2019).

31. Ibid.

32. H. Whitehouse. "Dying for the Group: Towards a General Theory of Extreme Self-Sacrifice", *Behavioral and Brain Sciences* 41 (2018) pp. 1-62.

33. E. Durkheim. *As formas elementares da vida religiosa*. São Paulo: Paulus, 2001; L. Festinger. *Teoria da dissonância cognitiva*. São Paulo: Zahar, 1975.

34. F. J. P. Poole. "The Ritual Forging of Identity: Aspects of Person and Self in Bimin-Kuskusmin Male Initiation", em *Rituals of Manhood: Male Initiation in Papua New Guinea*, ed. G. H. Herdt. Berkeley, CA: University of California Press, 1982; H. Whitehouse. "Rites of Terror: Emotion, Metaphor, and Memory in Melanesian Initiation Cults", *Journal of the Royal Anthropological Institute* 2 (1996) pp. 703-15.

35. F. Barth. *Ritual and Knowledge among the Baktaman of New Guinea*, New Haven: Yale University Press, 1975.

36. Festinger. *Teoria da dissonância cognitiva*.

37. J. A. Bulbulia e R. Sosis. "Signalling Theory and the Evolution of Religious Cooperation", *Religion* 4 (2011) pp. 363-88; A. Cimino. "The Evolution of Hazing: Motivational Mechanisms and the Abuse of Newcomers", *Journal of Cognition and Culture* 11 (2011) pp. 241-67; J. Henrich. "The Evolution of Costly Displays, Cooperation and Religion: Credibility Enhancing Displays and Their Implications for Cultural Evolution", *Evolution and Human Behavior* 30 (2009) pp. 244-60.

38. Whitehouse. "Rites of Terror".

39. H. Whitehouse. *Inside the Cult: Religious Innovation and Transmission in Papua New Guinea*. Oxford: Oxford University Press, 1995.

40. D. Xygalatas et al. "Extreme Rituals Promote Prosociality", *Psychological Science* 24 (2013) pp. 1602-5.

41. B. Winegard e R. O. Deaner. "The Evolutionary Significance of Red Sox Nation: Sport Fandom as a by-Product of Coalitional Psychology", *Evolutionary Psychology* 8 (2010) pp. 432-46.

42. M. Newson et al. "Brazil's Football Warriors: Social Bonding and Inter-Group Violence", *Evolution and Human Behavior* 39 (2018) pp. 675-83.

43. H. Whitehouse et al. "The Evolution of Extreme Cooperation Via Shared Dysphoric Experiences", *Nature: Scientific Reports* 7 (2017).

44. Whitehouse. "Dying for the Group".

45. H. Whitehouse et al. "Brothers in arms: Libyan revolutionaries bond like family", *Proceedings of the National Academy of Sciences*, 111:50 (2014) pp. 17783-5.

46. Atran e Gómez. "What Motivates Devoted Actors to Extreme Sacrifice".

47. J. E. Lane et al. "A Potential Explanation for Self-Radicalisation", *Behavioral and Brain Sciences* 41 (2018) pp. 1-62.

48. J. Cassidy e P. R. Shaver (eds). *Handbook of Attachment: Theory, Research, and Clinical Applications*, 2ª edição. Londres: Guilford Press, 2010.

49. Kruglanski et al. "The Psychology of Radicalization and Deradicalization".

50. S. Moskalenko e C. McCauley. "The Psychology of Lone-Wolf Terrorism", *Counselling Psychology Quarterly* 24 (2011) pp. 115-26; C. D. Batson et al. "Anger at Unfairness: Is It Moral Outrage?", *European Journal of Social Psychology* 37 (2007) pp. 1272-85.

51. A. Möller-Leimkühler. "Why Is Terrorism a Man's Business?", *CNS Spectrums* 23 (2018) pp. 119-28.


## 9. O crescimento dos *bots* e *trolls*

1. J. Weizenbaum. "eliza – a Computer Program for the Study of Natural Language Communication between Man and Machine", *Communications of the ACM* 9 (1966) pp. 36-45.

2. "Microsoft Opens AI Framework to Other Firms", *China Daily*, 22 de agosto de 2019.

3. G. King, J. Pan e M. E. Roberts. "How the Chinese Government Fabricates Social Media Posts for Strategic Distraction, Not Engaged Argument", *American Political Science Review* 111 (2017) pp. 484-501.

4. N. Newman et al. "Reuters Institute Digital News Report 2020", Oxford: Reuters Institute, 2020.

5. Ofcom. "News Consumption in the UK". Londres: Ofcom, 2020.

6. J. Nicas. "How YouTube Drives People to the Internet's Darkest Corners", *Wall Street Journal*, 7 de fevereiro de 2018.

7. C. Goodrow. "You Know What's Cool? A Billion Hours", 2017, youtube.googleblog. com/2017/02/you-know-whats-cool-billion-hours.html.

8. B. Rieder, A. Matamoros-Fernández e O. Coromina. "From Ranking Algorithms to 'Ranking Cultures': Investigating the Modulation of Visibility in YouTube Search Results", *Convergence* 24 (2018) pp. 50-68.

9. M. Del Vicario et al. "The Spreading of Misinformation Online", *Proceedings of the National Academy of Sciences* 113 (2016) pp. 554-9; C. R. Sunstein. *#Republic: Divided Democracy in the Age of Social Media*. Princeton, NJ: Princeton University Press, 2017.

10. W. J. Brady et al. "Emotion Shapes the Diffusion of Moralized Content in Social Networks", *Proceedings of the National Academy of Sciences* 114 (2017) pp. 7313-18.

11. C. A. Bail et al. "Exposure to Opposing Views on Social Media Can Increase Political Polarization", *Proceedings of the National Academy of Sciences* 115 (2018) pp. 9216-21.

12. J. Angwin, M. Varner e A. Tobin. "Facebook Enabled Advertisers to Reach 'Jew Haters'", ProPublica, 14 de setembro de 2017.

13. J. Angwin e T. Parris. "Facebook Lets Advertisers Exclude Users by Race", ProPublica, 28 de outubro de 2016.

14. S. Stephens-Davidowitz. *Todo mundo mente*. Rio de Janeiro: Alta Books, 2018.

15. "Autocomplete Policies", Google.com, 2020, support.google.com/websearch/answer/7368877?hl=en.

16. J. Kuczmarski. "Reducing Gender Bias in Google Translate", Google Blog, 2018, blog.google/products/translate/reducing-gender-bias-google-translate.

17. J. Zou e L. Schiebinger. "AI Can Be Sexist and Racist – It's Time to Make It Fair", *Nature* 559 (2018) pp. 324-6.

18. A. Caliskan, J. J. Bryson e A. Narayanan. "Semantics Derived Automatically from Language Corpora Contain Human-Like Biases", *Cognitive Science* 356 (2017) pp. 183-6.

19. J. Hawdon, A. Oksanen e P. Räsänen. "Exposure to Online Hate in Four Nations: A Cross-National Consideration", *Deviant Behavior* 38 (2017) pp. 254-66.

20. M. Kaakinen et al. "How Does Social Capital Associate with Being a Victim of Online Hate?", *Policy and Internet* 10 (2018), pp. 302-23.

21. M. Kaakinen et al. "Social Capital and Online Hate Production: A Four Country Survey", *Crime, Law and Social Change* 69 (2018) pp. 25-39.

22. Ofcom. "Children and Parents: Media Use and Attitudes: Annex 1". Londres: Ofcom, 2019.

23. M. L. Williams e P. Burnap. "Cyberhate on Social Media in the Aftermath of Woolwich: A Case Study in Computational Criminology and Big Data", *British Journal of Criminology* 56 (2016) pp. 211-38.

24. DEMOS. "Anti-Islamic Content on Twitter". Londres: Demos, 2017, demos.co.uk/project/anti-islamic-content-on-twitter.

25. CREST. "Russian Influence and Interference Measures Following the 2017 UK Terrorist Attacks", Lancaster: Centre for Research and Evidence on Security Threats, 2017.

26. L. LEETS. "Experiencing Hate Speech: Perceptions and Responses to Anti-Semitism and Anti-Gay Speech", *Journal of Social Issues* 58 (2002) pp. 341-61.

27. J. P. CROWLEY. "Expressive Writing to Cope with Hate Speech: Assessing Psychobiological Stress Recovery and Forgiveness Promotion for Lesbian, Gay, Bisexual, or Queer Victims of Hate Speech", *Human Communication Research* 40 (2013) pp. 238-61.

28. UK SAFER INTERNET CENTRE. "Creating a Better Internet for All: Young People's Experiences of Online Empowerment and Online Hate", Londres: UK Safer Internet Centre, 2016.

29. T. KEIPI et al. "Exposure to Online Hate Material and Subjective Wellbeing: A Comparative Study of American and Finnish Youth", *Online Information Review* 42 (2018) pp. 2-15.

30. J. BUTLER. *Excitable Speech: A Politics of the Performative*. Londres: Routledge, 1997.

31. I. AWAN e I. ZEMPI. "'I Will Blow Your Face Off' – Virtual and Physical World Anti-Muslim Hate Crime", *British Journal of Criminology* 57 (2017) pp. 362-80.

32. M. L. WILLIAMS et al. "Hate in the Machine: Anti-Black and Anti-Muslim Social Media Posts as Predictors of Offline Racially and Religiously Aggravated Crime", *British Journal of Criminology* 60 (2019) pp. 93-117.

33. M. L. WILLIAMS. "Online Hate Speech Report". Londres: HateLab and Mishcon de Reya, 2019.

34. CONSELHO DA EUROPA. "Chart of Signatures and Ratifications of Treaty 189: Additional Protocol to the Convention on Cybercrime, Concerning the Criminalisation of Acts of a Racist and Xenophobic Nature Committed through Computer Systems", 2020.

35. Comissão Europeia. "Code of Conduct on Countering Illegal Hate Speech Online", 2016.

36. N. F. JOHNSON et al. "Hidden Resilience and Adaptive Dynamics of the Global Online Hate Ecology", *Nature* 573 (2019) pp. 261-5.


## 10. ÓDIO EM PALAVRAS E AÇÕES

1. FACTBASE. "Donald Trump Speaks to the Press before Marine One Departure", 26 de abril de 2019, factba.se/transcript/donald-trump-press-gaggle-marine-one-departure-april-26-2019.

2. J. Heim. "Recounting a Day of Rage, Hate, Violence and Death", *Washington Post*, 14 de agosto de 2017.

3. M. Bray. *Antifa: O manual antifascista*. São Paulo: Autonomia Literária, 2019.

4. H. Wallace. "Why We Should #Unitetheright", 2017, www.occidental-dissent.com/2017/08/04/why-we-should-unitetheright.

5. J. Daniels. "The Algorithmic Rise of the 'Alt-Right'", *Contexts* 17 (2018) pp. 60-5.

6. J. Davey e J. Ebner. "The Fringe Insurgency". Londres: Institute for Strategic Dialogue, 2017.

7. J. Albright. "The #Election2016 Micro-Propaganda Machine", 2016, medium.com/@d1gi/the-election2016-micro-propaganda-machine-383449cc1fba.

8. A. Hern. "Facebook Protects Far-Right Activists Even after Rule Breaches", *Guardian*, 16 de julho de 2018.

9. L. Dearden. "Neo-Nazi Groups Allowed to Stay on Facebook Because They 'Do Not Violate Community Standards'", *Independent*, 24 de março de 2019.

10. R. Ford, "80,000 Responses on Neo-Nazi Web Forum from the UK", *The Times*, 15 de maio de 2019.

11. H. Beirich e W. Via. *Generation Identity: International White Nationalist Movement Spreading on Twitter and YouTube*, Global Project Against Hate and Extremism, 2020.

12. Hope Not Hate. "State of Hate 2019", www.hopenothate.org.uk/2019/02/17/state-hate-2019/.

13. R. Epstein e R. Robertson. "The Search Engine Manipulation Effect (SEME) and Its Possible Impact on the Outcomes of Elections", *Proceedings of the National Academy of Sciences* 112 (2015) pp. 4512-21.

14. Albright. "The #Election2016 Micro-Propaganda Machine".

15. S. C. Matz et al. "Psychological Targeting as an Effective Approach to Digital Mass Persuasion", *Proceedings of the National Academy of Sciences* 114 (2017) pp. 12714-19.

16. M. Barbaro. "'The Daily' Transcript: Interview with Former White Nationalist Derek Black", *New York Times*, 22 de agosto de 2017.

17. D. Duke. "White Revolution and the Internet", 1998.

18. N. Gleicher. "Removing Coordinated Inauthentic Behavior from the UK and Romania", Facebook, 2019, about.fb.com/news/2019/03/removing-cib-uk-and-romania.

19. Avaaz. "Far Right Networks of Deception", 2019, secure.avaaz.org/campaign/en/disinfo_network_report.

20. B. Vidgen. "Tweeting Islamophobia", Universidade de Oxford, 2019.

21. D. Peddell et al. "Influences and Vulnerabilities in Radicalised Lone Actor Terrorists: uk Practitioner Perspectives", *International Journal of Police Science and Management* 18 (2016) pp. 63-76.

22. J. Davey Ebner. "The Fringe Insurgency".

23. K. Müller e C. Schwarz. "Fanning the Flames of Hate: Social Media and Hate Crime", *Journal of the European Economic Association* (2020).

24. K. Müller e C. Schwarz. "From Hashtag to Hate Crime: Twitter and Anti-Minority Sentiment", Universidade de Warwick, 2018.

25. N. M. Anspach. "Trumping the Equality Norm? Presidential Tweets and Revealed Racial Attitudes", *New Media and Society*, 2020.

26. B. Newman et al. "The Trump Effect: An Experimental Investigation of the Emboldening Effect of Racially Inflammatory Elite Communication", *British Journal of Political Science*, 2020 pp. 1-22.

27. H. Cheung, Z. Feng e B. Deng. "Coronavirus: What Attacks on Asians Reveal About American Identity", bbc News, 27 de maio de 2020; C. P. Hong, "The Slur I Never Expected to Hear in 2020", *New York Times*, 16 de abril de 2020.

28. C. Choi. "In Six Weeks, Stop AAPI Hate Receives over 1700 Incident Reports of Verbal Harassment, Shunning and Physical Assaults", Stop AAPI Hate Reporting Center, 13 de maio de 2020.

29. Home Affairs Committee. "Oral Evidence: Home Office Preparedness for Covid-19 (Coronavirus), Hc 232", Londres: House of Commons, 2020.

30. Human Rights Watch. "Covid-19 Fueling Anti-Asian Racism and Xenophobia Worldwide", 12 de maio de 2020, www.hrw.org/news/2020/05/12/ Covid-19-fueling-anti-asian--racism-and-xenophobia-worldwide.

31. Instituto para o Diálogo Estratégico. "Far-Right Exploitation of Covid-19", Londres: isd, 2020.

32. Instituto para o Diálogo Estratégico. "Covid-19 Disinformation Briefing nº 2", Londres: isd, 2020.

33. A. Goldman. "Man Suspected of Planning Attack on Missouri Hospital Is Killed, Officials Say", *New York Times*, 25 de março de 2020.

34. Instituto para o Diálogo Estratégico. "Covid-19 Disinformation Briefing nº 2".

35. M. L. Williams et al. "Hate in the Machine: Anti-Black and Anti-Muslim Social Media Posts as Predictors of Offline Racially and Religiously Aggravated Crime", *British Journal of Criminology* 60 (2019) pp. 93-117.

36. S. Stecklow. "Hatebook: Inside Facebook's Myanmar Operation", Reuters, 15 de agosto de 2018.

37. "The Country Where Facebook Posts Whipped up Hate", BBC Trending, 12 de setembro de 2018.

38. S. NEBEHAY. "U.N. Calls for Myanmar Generals to Be Tried for Genocide, Blames Facebook for Incitement", Reuters, 27 de agosto de 2018.

39. INSTITUTE FOR ECONOMICS AND PEACE. "Global Terrorism Index 2019: Measuring the Impact of Terrorism, November 2019", Sydney, 2019.

## 11. O PONTO DE VIRADA DO PRECONCEITO PARA O ÓDIO E COMO EVITÁ-LO

1. M. GRODZINS. *The Metropolitan Area as a Racial Problem*. Pittsburgh: University of Pittsburgh Press, 1958.

2. D. CARD. "Tipping and the Dynamics of Segregation", *Quarterly Journal of Economics* 123 (2008) pp. 177-218.

3. M. GLADWELL. *O ponto da virada*. Rio de Janeiro: Sextante, 2013.

4. A. ALRABABA'H et al. "Can Exposure to Celebrities Reduce Prejudice? The Effect of Mohamed Salah on Islamophobic Behaviors and Attitudes", IPL Working Paper Series, 2019.

5. G. W. ALLPORT. *The Nature of Prejudice*, Reading, Massachusetts: Addison Wesley, 1954.

6. S. L. GAERTNER e J. F. DOVIDIO. *Reducing Intergroup Bias: The Common Ingroup Identity Model*, Filadélfia: Pensilvânia: Psychology Press, 2000.

7. C. S. CRANDALL et al. "Social Norms and the Expression and Suppression of Prejudice: The Struggle for Internalization", *Journal of Personality and Social Psychology* 82 (2002) pp. 359-78.

8. D. M. AMODIO, E. HARMON-JONES e P. G. DEVINE. "Individual Differences in the Activation and Control of Affective Race Bias as Assessed by Startle Eyeblink Responses and Self-Report", *Journal of Personality and Social Psychology* 84 (2003) pp. 738-53.

9. J. P. MITCHELL et al. "Neural Correlates of Stereotype Application", *Journal of Cognitive Neuroscience* 21 (2009) pp. 594-604.

10. A. R. ARON, T. W. ROBBINS e R. A. POLDRACK. "Inhibition and the Right Inferior Frontal Cortex", *Trends in Cognitive Sciences* 8 (2004) pp. 170-7.

11. K. KAWAKAMI et al. "Just Say No (to Stereotyping): Effects of Training on the Negation of Stereotypic Associations on Stereotype Activation", *Journal of Personality and Social Psychology* 78 (2000) pp. 871-88.

12. J. M. BONDS-RAACKE et al. "Remembering Gay/Lesbian Media Characters: Can Ellen and Will Improve Attitudes toward Homosexuals?", *Journal of Homosexuality* 53 (2007)

pp. 19-34; J. P. Calzo and L. M. Ward. "Media Exposure and Viewers' Attitudes toward Homosexuality: Evidence for Mainstreaming or Resonance?", *Journal of Broadcasting and Electronic Media* 53 (2009) pp. 280-99; T. T. Lee e G. R. Hicks. "An Analysis of Factors Affecting Attitudes toward Same-Sex Marriage: Do the Media Matter?", *Journal of Homosexuality* 58 (2011) pp. 1391-408; M. Ortiz e J. Harwood. "A Social Cognitive Theory Approach to the Effects of Mediated Intergroup Contact on Intergroup Attitudes", *Journal of Broadcasting and Electronic Media* 51 (2007) pp. 615-31.

13. B. McLaughlin et al. "Stereotyped Identification: How Identifying with Fictional Latina Characters Increases Acceptance and Stereotyping", *Mass Communication and Society* 21 (2018) pp. 585-605.

14. S. Ramasubramanian. "Television Viewing, Racial Attitudes, and Policy Preferences: Exploring the Role of Social Identity and Intergroup Emotions in Influencing Support for Affirmative Action", *Communication Monographs* 77 (2010) pp. 102-20.

15. P. E. Baker. *Negro–White Adjustment*, Nova York: Association Press, 1934; H. A. Lett. *Techniques for Achieving Interracial Cooperation*, Proceedings of the Institute on Race Relations and Community Organization, Chicago: University of Chicago and the American Council on Race Relations, 1945.

16. Allport. *The Nature of Prejudice*.

17. M. Deutsch e M. Collins. *Interracial Housing: A Psychological Evaluation of a Social Experiment*, Minneapolis: University of Minnesota Press, 1951.

18. W. M. Kephart. *Racial Factors and Urban Law Enforcement*, Filadélfia: University of Pennsylvania Press, 1957.

19. S. W. Cook. "The Effect of Unintended Interracial Contact upon Racial Interaction and Attitude Change", Project Nº 5-1320. Final Report, Washington, D.C.: us Department of Health, Education, and Welfare, 1971.

20. D. P. Green e J. S. Wong. "Tolerance and the Contact Hypothesis: A Field Experiment", em *The Political Psychology of Democratic Citizenship*, ed. E. Borgida, C. M. Federico e J. L. Sullivan. Oxford: Oxford University Press, 2008.

21. A. Eller, D. Abrams e A. Gomez. "When the Direct Route Is Blocked: The Extended Contact Pathway to Improving Intergroup Relations", *International Journal of Intercultural Relations* 36 (2012), pp. 637-46; R. Wölfer et al. "Indirect Contact Predicts Direct Contact: Longitudinal Evidence and the Mediating Role of Intergroup Anxiety", *Journal of Personality and Social Psychology* 116 (2019) p. 277.

22. R. Brown e J. Paterson. "Indirect Contact and Prejudice Reduction: Limits and Possibilities", *Current Opinion in Psychology* 11 (2016) pp. 20-4; E. L. Paluck, S. A. Green e D. P. Green. "The Contact Hypothesis Re-Evaluated", *Behavioural Public Policy* 3 (2018) pp. 129-58; R. F. Pettigrew e L. R. Tropp. "A Meta-Analytic Test of Intergroup Contact Theory", *Journal of Personality and Social Psychology* 90 (2006) pp. 751-83.

23. N. S. Kteily et al. "Predisposed to Prejudice but Responsive to Intergroup Contact? Testing the Unique Benefits of Intergroup Contact across Different Types of Individual Differences", *Group Processes and Intergroup Relations* 22 (2019) pp. 3-25.

24. Pettigrew e Tropp. "A Meta-Analytic Test of Intergroup Contact Theory".

25. Paluck, Green e Green. "The Contact Hypothesis Re-Evaluated".

26. O. Christ et al. "Contextual Effect of Positive Intergroup Contact on Outgroup Prejudice", *Proceedings of the National Academy of Sciences* 111 (2014) pp. 3996-4000.

27. M. R. Ramos et al. "Humans Adapt to Social Diversity over Time", *Proceedings of the National Academy of Sciences* 116 (2019) pp. 12244-9.

28. J. Cloutier, T. Li e J. Correll. "The Impact of Childhood Experience on Amygdala Response to Perceptually Familiar Black and White Faces", *Journal of Cognitive Neuroscience* 26 (2014) pp. 1992-2004.

29. M. Walters e C. Hoyle. "Exploring the Everyday World of Hate Victimization through Community Mediation", *International Review of Victimology* 18 (2012) pp. 7-24.

30. A. Bettencourt et al. "Cooperation and the Reduction of Intergroup Bias: The Role of Reward Structure and Social Orientation", *Journal of Experimental Social Psychology* 284 (1992) pp. 301-19; Gaertner e Dovidio. *Reducing Intergroup Bias*; A. Marcus--Newhall et al. "Cross-Cutting Category Membership with Role Assignment: A Means of Reducing Intergroup Bias", *British Journal of Social Psychology* 32 (1993) pp. 125-46.

31. C. A. Bail et al. "Exposure to Opposing Views on Social Media Can Increase Political Polarization", *Proceedings of the National Academy of Sciences* 115 (2018) pp. 9216-21.

32. V. L. Banyard. "Measurement and Correlates of Prosocial Bystander Behavior: The Case of Interpersonal Violence", *Violence and Victims* 23 (2008) pp. 83-97; L. Hyers. "Resisting Prejudice Every Day: Exploring Women's Assertive Responses to Anti-Black Racism, Anti-Semitism, Heterosexism, and Sexism", *Sex Roles* 56 (2007) pp. 1-12; L. Hyers. "Alternatives to Silence in Face-to-Face Encounters with Everyday Heterosexism: Activism on the Interpersonal Front", *Journal of Homosexuality* 57 (2010) pp. 539-65.

33. J. H. Kuklinski e N. L. Hurley. "It's a Matter of Interpretation", em *Political Persuasion and Attitude Change*, ed. D. C. Mutz, R. Brody e P. Sniderman. Ann Arbor: Michigan University Press, 1996 pp. 125-44.

34. M. Dobbs e W. D. Crano. "Outgroup Accountability in the Minimal Group Paradigm: Implications for Aversive Discrimination and Social Identity Theory", Personality and Social Psychology Bulletin 27 (2001), pp. 355-64; M. J. Monteith. "Self-Regulation of Prejudiced Responses: Implications for Progress in Prejudice-Reduction Efforts", *Journal of Personality and Social Psychology* 65 (1993) pp. 469-85.

35. C. D. Batson. *The Altruism Question: Toward a Social-Psychological Answer*, Hillsdale, Nova Jersey: Erlbaum, 1991.

36. Bettencourt et al. "Cooperation and the Reduction of Intergroup Bias"; Gaertner e Dovidio, *Reducing Intergroup Bias*; Marcus-Newhall et al. "Cross-Cutting Category Membership with Role Assignment".

37. M. J. Monteith e G. L. Walters. "Egalitarianism, Moral Obligation, and Prejudice-Related Personal Standards", *Personality and Social Psychology Bulletin* 24 (1998) pp. 186-99; E. A. Plant e P. G. Devine. "Responses to Other-Imposed Pro-Black Pressure: Acceptance or Backlash?", *Journal of Experimental Social Psychology* 37 (2001) pp. 486-501.

Este livro, composto na fonte Fairfield, foi impresso
em papel Pólen Soft 70g/m², na Leograf.
São Paulo, outubro de 2021.